U0921523

态与势

2006

云南文化产业研究

顾问□黄峻 卢云伍

主编□施惟达 副主编□李炎

云南大学出版社

图书在版编目(CIP)数据

态与势:云南文化产业研究/施惟达主编.—昆明:云南大学出版社,2007

ISBN 978-7-81112-422-4

Ⅰ.态… Ⅱ.施… Ⅲ.文化—产业—研究—云南省 Ⅳ.G127.74

中国版本图书馆 CIP 数据核字(2007)第 140956 号

态与势:云南文化产业研究

主编 施惟达 副主编 李 炎

出版发行:云南大学出版社
社 址:云南省昆明市一二·一大街 182 号
云南大学英华园内(邮编:650091)
网 址:http://www.ynup.com
E-mail:market@ynup.com
印 装:昆明市五华区教育委员会印刷厂

责任编辑:林 艺 封面设计:孟涛涛

787mm×1092mm 1/16 印张:22.125 字数:399.4 千
2007 年 9 月第 1 版 2007 年 9 月第 1 次印刷
定价:48.00 元 书号:ISBN 978-7-81112-422-4

前　言

云南文化产业研究院在云南大学文化产业研究院的基础上，于2006年5月挂牌成立，同时成立了广播影视、新闻出版、休闲娱乐、民族民间工艺品、演出演艺、体育、会展、乡村文化、基础理论及综合等十个研究室，聘请校内外相关学者担任各研究室的首席专家，组建了开放式的研究团队。随后我们接受了云南省文化体制改革和文化产业发展领导小组办公室委托的研究课题，对云南省文化产业发展的相关领域进行了全面深入的研究，并对全省文化产业的发展态势作了一个基本的分析。我们的研究要求把云南省的文化产业发展放置于国内外文化产业发展的大趋势及大格局下进行，其中主要依据的是2006年的情况。由于研究涉及的面比较宽，有些领域的界限也很模糊，发展程度参差不齐，统计数据的搜集难度较大，因此所形成的只是一个初步的研究成果。但我们的描述力图接近现阶段的真实状况，并作出合乎实际的思考及建议。

云南文化产业发展的理论已经远远落后于实践，需要我们理论工作者付出更多的辛勤劳动，不仅要能够说明实践，而且要能够指导实践。热切希望从事和关心支持云南文化产业的领导、专家及实际工作者对我们不成熟的研究给予批评指正！

云南文化产业研究院

2007年8月

目 录

蓄势与涌动："十一五"的开局之年

总报告课题组

1. 2006年云南文化产业的发展态势

云南文化产业在"十五"期间，尤其是经过2003年的统一认识年，2004年的文艺繁荣年，2005年的产业发展年，其发展在全省已经形成了相当的趋势和规模。在"政府主导、企业主体、社会参与、市场运作"的总体方针指导下，"十一五"开局的2006年，云南文化产业又取得新的成绩。根据《云南省文化产业统计报表制度实施方案（试行）》中所规定的统计范围和统计方法统计，2005年全省文化产业增加值为183.58亿元，占全省GDP的比重为5.29%。2006年，据初步测算将达200多亿元。[①] 从总的趋势看，2006年云南的文化产业仍然处在一个奠定基础，聚集效能，探索发展的时期，上升的空间还很大。

1.1 宏观政策的保障给产业发展新的动力

2006年新年伊始，文化产业被正式纳入了《云南省国民经济和社会发展第十一个五年规划》之中，《规划》明确提出了以广播影视、新闻出版、文艺演出、文化娱乐、体育、会展和乡村特色文化七大文化产业为重点，把文化产业培育成全省发展较快的新兴支柱产业。在2006年底召开的全省第八次党代会上，白恩培书记在《报告》中再次明确提出今后5年中发展文化产业的任务，就是要积极探索经济文化相融合的发展路子，培育市场主体，壮大文

① 应该说明，云南省的统计指标和口径与全国的略有区别，主要是根据云南省文化产业发展的实际而设置的。例如，体育业就是根据云南的情况而设置的。因此其统计的数字与全国的统计数字有出入是正常的。加之全国对文化产业的统计由于行业的分散性等特点，也存在许多难以统计的疏漏而显得偏于保守。（可参见《2007年中国文化产业发展报告》"总报告部分"）

化企业，形成富有云南特色的文化产业体系。这意味着，全省的文化产业已经纳入经济社会发展的总体目标，从而给文化产业的发展提供了宏观的政策保障和利好的社会环境。

为更好地服务于文化产业发展，2006 年，全省相继成立了云南文化产业研究院（依托云南大学文化产业研究院）、云南文化产业学院（依托云南师范大学商学院），组建了云南文化产业推介中心（中心同时开办“云南文化产业博览”网站）和股份制的“云南省文化产业投资有限公司”，从科学研究、人才培养、项目组织招商及投资等多个方面推动全省的文化产业发展。另外从省到州市、县都加大了对文化事业及文化产业的资金投入。

总之，从政府层面来说，2006 年云南的文化产业被给予了更多的关注与扶持，政府主导的作用发挥得比较充分。政府还通过组织积极的对外宣传，如在香港举办“云南电影宣传推介”系列活动、在北京组织《云岭天籁》大型文艺展演等，进一步树立云南民族文化大省形象和云南文化产业品牌形象。省文产办并与媒体联手，发动企业和市民海选全省文化产业十大杰出企业家（创意人）和十大杰出企业（项目），使文化产业的发展得到全省群众更广泛的认同，进一步调动了企业和群众支持文化产业、发展文化产业的积极性。

1.2 与旅游业关联性强的区域和产业发展迅猛

作为西部边疆省份的云南，其文化产业的发展从一开始就显示出与其他省区不同的特点，借助于旅游业这个基础良好的平台，充分利用已经具有一定规模的旅游市场来发展文化及相关产业是必然的选择。分析 2005 ~2006 年文化产业发展得比较快的地区，都与云南的旅游热区相联系，如昆明、大理、丽江。昆明市发展最快，文化产业增加值对全省的贡献率接近 40%，年平均增长率近 50%，远高于 GDP 的增长速度。大理显示出越来越强劲的发展动力，2005 到 2006 年其对全省文化产业发展的贡献率增长了两个百分点，年平均增长率则达到 37% 以上。丽江自被列为国家级试点以来，文化产业迅速发展，2006 年增加值占 GDP 的比重逼近 10%，年平均增长率保持在 29% 以上。对比三个地区的文化产业发展和旅游业发展，完全成正相关关系，文化产业和旅游业的相互促进已经成为地区产业发展的重要力量。

从行业来看，与旅游业关联性较强的门类发展势头很好。全省演艺业已进入全国行业十强之列。2005 年，云南演艺业总产出22 985万元，在全国排名第八；增加值达到13 594万元，在全国排名第十。近几年来我国演艺业产值一直持续平稳增长。从2004年国家公布的统计数据来看，我国演艺业年度总产出达到23.426 17亿元，增加值7.601 85亿元，在文化产业几大类别中位居第四，仅排在网络文化业、音像业、图书报刊业之后，而全省的演艺业能跻身全国十强，说明发展的前景还很广阔。另外，演艺业的发展也提升了云南旅游业的文化附加值，与旅游业的发展形成良性互动的局面。

凭借日益发展的旅游市场，全省的民族工艺品业也得到长足发展。目前，云南省登记注册的与生产民族民间工艺品为主的企业为7 058家，而更大的、难以计量的生产力则活跃于民间，各地各民族的工匠们以非企业的民间经济形式的"民间状态"发展着民族民间工艺品业，少数工艺水平较高的代表性人物，带出了大批的工艺从业人员。最具有典型性的地方如大理周城、剑川狮河以及鹤庆新华，在民族工艺村的基础上，充分利用旅游工艺品的规模化开发使当地从事手工作业的村民比例达到了60%以上。据初步测算，云南民族民间工艺品已达到80亿元左右的年销售额，其中"云玉"珠宝占到了70亿元。在全省范围形成了三大销售区域，即昆明、滇西和滇西南。昆明市年销售额大概在15亿元以上；包括大理、丽江等在内的市场销售额一年保持在3亿元左右；滇西南旅游市场以腾冲瑞丽珠宝玉石加工销售为主，销售额超过40亿元。根据与现在云南旅游市场的对比计算，在未年3～5年内全省民族民间工艺品还有40亿～70亿元的销售空间，具有很大的发展潜力。①

会展业是又一个与旅游业密切相关的行业。到2006年，全省会展场馆建成总面积约20万平方米，其中，昆明占15万平方米（昆明国际会展中心一期5万平方米、二期7万平方米）。全年举办大小会展20余个，基本上月月有全国性或区域性大展，展览数量在全国名列前茅。2006年累计完成产值约20亿元，实现签约金额约450亿元，占全省GDP总额的11%。昆明成为仅次于北京、上海、广州、深圳、大连，在全国城市中属于会展先进的城市。② 除昆明外，会展业也在向条件较好的周边城市发展，如玉溪、楚雄、曲靖、大理等。大理已经建成总面积为7 690方平米国际标准的龙山国际会议中心，国际旅游论坛会址将落户大理，必将带动大理会展业的进一步发展。目前全省共有500多家企业专门从事各类会展活动的承办、会展场馆的装修与搭建、展品运输等服务工作，加上与会展相关的上千家广告、文化传媒、节庆礼仪、

① 见本书中的《云南省民族民间工艺品研究报告》。
② 见本书中的《云南省会展产业研究报告》。

旅行社等企业，从业人员已超过两万人。会展业虽然自身的直接产值并不是很高，但对其他产业的带动性强、关联度高、影响面广，对提高城市知名度和美誉度、刺激地方经济的发展都有非常好的作用。云南的会展业要获得更大的发展空间，需要提升会展业的科技含量，用科技手段来弥补因交通距离远、参会参展成本高的不足。节庆也是云南省结合旅游业发展文化产业的重要行业之一。2006 年，云南共举办与旅游业相关、体现民族民间文化特色的各类节庆活动 64 项。其中一般的节庆活动都是从民族民间传统节日发展而来，如傣族“泼水节”、哈尼“长街宴”、彝族“火把节”等；也有依托当地特色产品、旅游资源等举办的节庆活动，如罗平“油菜花节”、玉溪“米线节”、元谋“番茄狂欢节”等；专门对地区整体形象进行宣传的节庆活动近年来也呈增长趋势，如“新华文化旅游节”、“东巴文化旅游节”、“香格里拉文化旅游节”等；其他比赛、系列活动也不断开展，如世博园系列活动、云南民族村民族文化系列活动、2006 年中国东川汽车越野赛等。节庆是特色文化、优势资源展示和提升地方文化形象的最佳舞台，迅速发展的旅游业催生了近年来云南省越来越丰富的节庆活动，节庆活动反过来为云南省的旅游业、文化产业的发展提供了巨大的动力。节庆作为综合性极强的活动，民族服饰、饮食、礼仪习俗、传统文化、手工技艺等都在其间以最为凝练的方式展示出来，吸引了大量游客的参与。目前，云南的节庆业已发展成为一项产业，在节庆活动中产生的巨大经济效益更多的是在当地百姓的收入中体现，因此难以计量，但众多地方以政府引导搭台、让民众自己过好节日的措施和方法，大大地推动了节庆活动的繁荣，促进了地区文化产业的迅速发展。节庆产业具有较长的产业链和巨大的带动性，应该引起各地政府的高度重视，并给予合理的引导和开发。

2006 年，云南比较活跃的文化产业还有休闲娱乐业，创造的增加值约为 50 亿元，这是随着全省人均 GDP 的增长和城市化水平的提高而有很大发展前景的产业。同时，乡村文化演艺业正在全省各地逐渐兴起。由农民自己组成的演出队把民族的传统与现代的生活相结合，既满足了广大农民群众的文化消费需求，又找到了一条脱贫致富的新路子，是值得高度关注的气象。典型的例子有曲靖市的陆良县、师宗县，玉溪市的峨山县等。

1.3 试点县（区）各有收获，文化产业项目逐渐落实，全省文化产业发展的区域布局基本形成

2003 年，在丽江被确立为国家级文化体制改革和文化产业发展试点的同时，云南省也确立了大理州、腾冲县为省级试点，紧接着又在广泛调研的基础上扩大试点范围，确立了 6 个州市为试点。试点地区在发展中体现出明显的成效，因此云南省进一步扩大试点范围，2005 年在全省遴选了 15 个拥有资源优势和具备一定条件的县作为文化产业特色试点县，同时 10 个县被确定为文化建设试点县。云南试点扩大到全省范围内，涵盖了所有的州（市），并且体现了不同地区、不同文化类型、不同发展方向的特点。2006 年，省文产办组织省内高校和研究机构的相关人员对 25 个试点县及州（市）级试点进行了考核评分，大部分的试点都取得了较好的成绩，8 个试点州市实现文化及相关产业增加值 135.96 亿元，占全省文化及相关产业增加值的 74.06%；25 个试点县（市、区）文化及相关产业增加值 39.8 亿元，占全省文化及相关产业文化及相关产业增加值的 21.68%。

以项目带动产业发展，是云南文化产业发展的战略安排。全省各州市在制定文化产业"十一五"发展规划中都明确了近中期所要实行的项目，并建立项目库。2006 年一年，全省文化产业项目增加了 420 个，总拟投资额增加了 384 亿元。全省文化产业项目库所收集到的项目总数从 2004 年的 602 个增加到1 259个，总拟投资额达到1 364亿元，截至 2006 年已签约项目 283 个，其中民营投资项目 168 个，实际实施项目 268 个，实际到位资金 99.09 亿元。一大批重点项目已经建成或正在加紧实施：楚雄彝人古镇文化旅游园区 1.8 亿元资金全部到位；陆良县投资 1 亿元的爨文化公园已经基本建成并投入使用；大理州由四川万泰集团投资 2.4 亿元的西部大峡谷温泉生态园资金到位，"地热国"一期工程已投入使用；投资 1.2 亿元的普达措公园资金全部到位；投资 5 亿元的"昆明老街"项目正式启动，预计在 2007 年内基本建成；顺城影视项目 8 亿元资金已到位；投资 1.8 亿元的大理南国城项目已经全面启动；投资 1.2 亿元的《印象丽江·雪山》已开始公演；总投资额达 16 亿元的中国·禄丰恐龙世纪城正在筹备建设中；红河州力抓文化基础设施建设，在建和已建 155 项，总投资达 23 亿多元。同时，红河还着力打造演艺、影视、体育等产业，组建成立了红河新闻传媒集团、红河演艺集团、红河影视集团和

红河体育产业有限公司。近三年来，云南省平均每年实施的文化产业项目都在100项以上。

云南省文化产业经过“十五”期间的发展，“十一五”起始之年已经形成基本的布局，即滇中核心区、滇西特色区、滇南开放区。

滇中核心区主要指以昆明为中心，旁及玉溪、楚雄、曲靖所形成的一个区域。此区域集中了云南省主要的文化产业人才、企业及重大项目，同时也是全省文化消费市场最具规模的地区。2005年，滇中区域本地纯文化消费额约为24.6亿元，占全省的43%；① 滇中区域外来游客的文化消费约为81.04亿元，占全省的47.1%。② 新闻出版、影视传媒、休闲娱乐等行业的企业公司和全省60%以上的会展，57%以上的报纸，70%以上的报纸读者，互联网、手机短信等都集中在昆明。2005年，滇中核心区文化产业增加值达到115.8亿元，占到全省增加值183.58亿元的63.1%，滇中文化产业的发展早已占据了全省的大半壁江山，对全省的文化产业发展起着带动和示范作用。

滇西特色区，包括了大理、丽江、迪庆、怒江、保山、德宏6个州市。该区域充满优美的自然生态、深厚的历史文化和多姿的民族风情，是整个云南省文化资源最为丰富的一块区域。在与旅游业的互动中，文化产业迅速发展，文化产业的增加值占地区GDP的份额为全省最高，已经形成云南省文化产业发展的重要区域。2005年，滇西区域的旅游总人次占全省接待旅游人次的41.4%。除怒江外，该区域4个州市是云南省确定的文化产业试点州市，而丽江则是国家级试点，2005年文化产业增加值占GDP的比重都超过5%，大理和丽江分别为8%和9%，全省最高。此区域也是云南省连接东南亚、南亚的重要地区，2005年怒江州口岸入境一日游人次较2004年增长12%，口岸入境一日游外汇收入比2004年增长9.6%；德宏州口岸入境一日游游客达到89.49万人次，是全省最高。2005年德宏州对外贸易额达到39 012万美元，也是全省最高。除大理和迪庆外，4个州市2005年对外贸易额都比2004年增长

① 其中，滇中区域城镇居民纯文化消费12.2亿元，占全省的50.4%；农民纯文化消费12.4亿元，占全省的34.7%。计算方法：城镇居民纯文化消费=［人均文化、教育、娱乐消费－（教育+文化耐用品）］×人口；农民纯文化消费=［人均文化用品和娱乐服务消费－（教育+文化耐用品）］×人口，其中农村文化消费中教育的比重根据城镇居民教育消费占文化消费44%的比重提高到60%计算。城镇居民和农民的文化耐用品都按文化用品消费的50%计算。

② 计算方法：外来游客文化消费=旅游总收入×40%。说明，目前国际上计算人均旅游消费中60%用于文化消费，由于云南省处于边疆地区加上交通、住宿等成本较高，因此降低比率到40%计算。

30%以上。随着交通条件的进一步改善，此一区域的重要作用还将更加显现。该区域存在着发展不平衡的问题，丽江、大理等州市依托旅游业的发展迅速走在了全省甚至大部分西部州市的前面，同时也有像怒江这样开发程度很低，但民族文化资源丰富、具有极大开发潜力的区域。而该区域也首先呈现出了连片发展的趋势，大理—丽江—香格里拉作为云南省的黄金旅游线路被推出后，对云南旅游业和文化产业的发展都起到了积极的作用，保山、德宏和怒江等地受滇西旅游线路的影响和推动，也逐渐地异军突起。

滇南开放区包括临沧、红河、思茅、西双版纳、文山等州市。此区是云南省面向东南亚的主要通道，具有绝佳的区位优势。2006 年红河进出口 7.1 亿美元，占全省进出口总额的 23.7%；西双版纳进出口 1.1 亿美元，占全省的 3.6%。除省会昆明和德宏以外，红河对外贸易额在全省最高。除了西双版纳的旅游业重振雄风外，2006 年此区的普洱茶持续升温，成了轰动内地及港台地区的大行业。另外红河的影视业也异军突起，取得不俗成绩。

1.4 云南文化品牌初步树立，效应日益发挥

经过几年的努力，云南文化产业发展在全国产生了一定的影响力。一批耳熟能详的名词频繁出现在全国的新闻媒体和文化产业相关领域中，如"七彩云南"、"云南映象"、"普洱茶"、"茶马古道"、"香格里拉"、"丽江"、"大理"、"纳西古乐"等。这些词语都是云南文化产业发展的标志，它们的频繁出现意味着云南文化品牌的形成。文化品牌的形成日益对云南产业的发展发挥着带动作用。

"云南映象"首先是以舞台艺术形式体现的一个文化产品，但当其形成文化品牌以后，对其他一些行业门类的发展也发挥着品牌效应，与民族原生态艺术相关的民族服饰、工艺品等得到前所未有的关注，以"云南映象"为品名的矿泉水、普洱茶相继诞生，甚至有房地产也以"云南印象"、"云南印象社区"等名字命名。

迪庆州旅游业是从 1999 年才开始突飞猛进的。2002 年，迪庆州中甸县获准正式更名为"香格里拉县"，"香格里拉"品牌战略在迪庆州得到全面实施，2002 年到 2005 年 4 年间，迪庆州的旅游人次和旅游总收入以年平均 30%以上的速度增长，① 尤其是外来游客人数和旅游外汇收入增长迅速。"香格里

① 2003 年由于受"非典"影响，大部分地区旅游业都呈下滑趋势，因此没有计算在内。

拉县”更名后，迪庆州进一步加强了区域和周边地区的旅游合作与联系，加大了旅游促销宣传力度，先后举办了“香格里拉艺术节暨中甸县更名为香格里拉县庆典”、“德钦弦子节”、“维西兰花节”。通过“名人体验香格里拉”、“企业家走进香格里拉”等一系列活动，进一步扩大了香格里拉品牌的影响，促进了旅游业的迅猛发展。目前“香格里拉”已不仅仅是一个单一的旅游品牌，其影响力已扩展到酒业、烟草业、酒店业、演艺行业和时尚杂志，其区域影响早已跨出云南成为世界品牌。“香格里拉”已经逐渐成为一系列有品位、高档次文化消费的标志之一。

“普洱茶”从一种茶产品发展到辐射全国的文化品牌，体现了云南文化品牌发展的一种基本路径。普洱茶是云南茶业的第一品牌，2005 年普洱茶占云南茶叶产量的44.83%，普洱茶产值占到云南全省茶业总产值的52%。截至2006 年年初，云南普洱茶年产量3 000吨以上的企业有 5 家，1 000吨以上的企业 33 家，200 吨以上的企业 98 家，茶叶专营批发市场 7 个，分布在昆明以及几个普洱茶主要产地。省级茶叶研究所、茶树良种场、茶学院各 1 个，精制茶厂1 000余个。作为普洱茶主要原产地的思茅在 2007 年 4 月 8 日正式更名为普洱市，其市级刊物《普洱》作为普洱茶的专业期刊在国内外发行。在普洱茶影响范围逐渐扩大的同时，其作为地域识别范围也得到了相应的扩大。2005 年 10 月 31 日，云南“普洱茶”地理标志商标经国家工商行政管理总局商标局核准注册，该年度普洱茶品牌效应逐渐凸显，普洱茶主要生产企业销售收入均在千万元以上，甚至出现了超亿元的企业。在云南普洱茶产业的发展及全国的“普洱茶热”中，云南文化产业树立的云南品牌形象、茶马古道品牌及普洱茶文化的推广发挥了十分重要的作用。据不完全统计，近几年来有关普洱茶书籍出版了数百种，和“茶马古道”相关的 200 多种，这些许许多多的普洱茶和“茶马古道”书籍的内容涉及普洱茶的历史文化、冲泡收藏、品茶鉴赏、茶区民族风情乃至普洱茶投资、销售及茶人的逸闻趣事等方面内容。普洱茶的音像制品也不少，全国最大的网上出版物销售渠道“当当网”在全国范围内就销售有多种普洱茶的音像制品，市场上与普洱茶有关的音像制品则不下 100 种，甚至已经有名为“普洱茶”的流行歌曲。

“云南旅游”也逐渐成为一个品牌，在全国的旅游市场上占据着越来越重要的位置。但总的来说，云南文化品牌在数量上还不多，在品牌内涵上大都还有很大的附加值提升空间，其发挥的效应也还远未达到应有的程度。相信经过合理的布局和规划，快速发展的“文化产业”将在未来成为云南最大的一张"名片"。

2. 云南文化产业发展的瓶颈与问题

云南文化产业在2006年取得了稳步发展，许多领域显示出广阔的成长空间，但同时，云南的文化产业也存在明显的瓶颈与问题，制约着发展的速度。认真分析，主要表现在几个方面：

2.1　文化企业及从业人员数量都明显不足

2004年，全省共有属于文化产业的单位7 697个（其中法人单位6 077个），从业人员14.66万人，占全部从业人员2 401.39万人的0.61%，占城镇就业人员371.4万人的3.94%；2005年，全省有文化单位数9 601个，从业人员15.01万人，这时全省从业总人员有2 461.3万人，其中城镇就业人员410.37万人，文化产业从业人员占全省从业人员的百分比基本与上年持平，但占城镇从业人员的百分比降至3.65%。而在2004年，全国共有属于文化产业的单位34.6万个（其中法人单位31.8万个），文化产业的从业人员为996万人，占全国从业人员7.52亿的1.3%，占城镇从业人员（2.65亿人）的3.8%。以上数据表明，云南省的文化产业发展首先表现为量的不足。具体来看，例如，云南省虽然在2004年5月发布的《关于深化文化体制改革、加快文化产业发展的若干意见》中已提出把影视产业列为要做强做大的主导产业，但从2006年国家广电总局颁布的广播电视节目制作经营许可证核发名单来看，云南省合格的影视制作经营机构数量处于全国中偏下的地位。2004～2006年，云南合格的影视制作经营机构只增加了3家，总数为33家。同期广东省拥有390家，浙江省的增长率则为250%。全省拥有的影视制作经营机构由2004年全国排名第十二位下降为第十八位。而这33家机构在2006年申请电影电视剧的机构只有5家，仅占总数的15%。有12家甚至未制作过任何影视节目。

政府在文化产业的发展中发挥着重要的主导作用，这个主导作用既表现为宏观政策的制定，也表现为政策的保障落实。现在党中央所强调的提高执行力问题，就是从第二方面着眼的。据北京市发展文化创意产业的政府主导来看，除了建立政策引导体系外，还建立了服务支持体系及产业促进体系，努力通过政府各个部门、各个环节的鼓励、支持、促进，让社会和企业真正感受到政府所提供的发展文化产业的优惠政策和条件，感受到做文化产业的好处和便利，从而调动社会和企业参与发展文化产业的积极性。从云南省的情况来说，虽然从2000年以来已经制定了多项发展文化产业的政策，但缺乏贯彻政策的具体措施和办法，也缺乏相关部门的联动，主要只有宣传和文化部门的积极性，因而政策规定的相关优惠或便利条件并未落实，所以企业的积极性和社会的参与性明显不足。

2.2 主导产业不明晰

2004年5月，云南省委省政府发布了《关于深化文化体制改革、加快文化产业发展的若干意见》（云发［2004］15号），确定了全省文化产业的七大主导产业，即广播影视、新闻出版、文艺演出、文化娱乐、体育、会展和乡村特色文化。在2005年出台的《云南省2005～2006年深化文化体制改革和文化产业发展工作意见》（云办发［2005］5号）提出组建文化产业集团作为云南文化产业发展的龙头，第一批组建的是云南出版集团、云南日报报业集团和云南广播电视信息传输网络股份有限公司。但从实际运行的结果看，并未形成对全省文化产业发展的拉动作用。

2005年，由广播影视、新闻出版、文化艺术服务构成的核心层占全省文化产业增加值的41.62%，的确起到了核心的作用。而在这个核心层中，尤其以出版发行和版权服务为重，此一项占了整个核心层增加值的91.95%，占全省文化产业增加值的38.27%。但这样一个大的格局，主要是由传统的中小学教材教辅的出版发行所支撑，其成长性也与省内中小学生人数的增加相关联。随着全省教材招标试点工作的开展，出版集团的效益出现明显的下滑趋势。据统计，以云南出版集团为主体的云南出版界8家出版社2005年实现销售收入16 667.04万元，2006年实现销售收入17 956.60万元，增长率为7.74%；图书出版税后净利润2005年达到3 871.22万元，2006年达到1 735.81万元，下降55.17%。

2006年，在全国广播电视创收收入排序中，云南位居第21，收入14.13亿元；在全国广播电视广告收入中，云南名列第二十一，收入5.75亿元，处于中下游；在全国有线广播电视收视费收入中，云南排名第十六，收入4.91亿元。2004年广播、电视电影服务单位共936个（包括法人单位427个，活动单位509个）；网络文化服务共88个（包括法人单位82个，活动单位6个）。2005年全省广播电视电影服务单位共900个，网络文化服务单位93个。

广播、电视、电影服务单位减少 36 个，网络文化服务单位增加 11 个。据统计，云南省约有 241 万网民，其中 1/3 的网民通过网吧上网。截至 2006 年 3 月，全省共有合法网吧3 731户，计算机近 20 万台。网吧业在文化部主管的歌舞、文物、音像、艺术品等 11 大文化市场项目中成为最大的亮点，但在省文化产业统计中并没有对网吧业进行统计，网络文化、网吧和网络游戏等仍是云南没有引起重视也较为薄弱的行业。

从报业的情况看，云南省的报纸出版量为 48 种，而广东、湖南、四川三省的报纸出版量分别是 107、62 和 94 种。据云南省新闻出版局 2006 年的调查报告显示，云南省报纸年总发行量37 822万份，平均年总发行量为 787 万份。期发量 10 万份以上的有 7 种报纸，2006 年，平均期发量最高的是《春城晚报》，达 32 万份。而据 2006 年广东统计公报显示，广东全年报纸发行总量为 37.39 亿份，平均每种的年发行总量为3 494万份。其中，《南方都市报》期发行量达到 103 万份，《南方周末》发行量达到 130 万份。

上述龙头产业集团其发展势头不足，一是由于全省本身的资源及市场条件都十分有限，对这类现代都市文化产业的发展带来很大的制约；二是虽然挂牌为集团，但体制改革滞后，文化生产力没有得到释放。同时由于全省发展旅游业的基础较好，大型民营企业或外资进入文化产业主要集中在与旅游有关的设施及房地产投资和演艺业上。

2.3 产品低端化，单一化

云南省现有的文化产品，以传统的老产品为主，如出版业主要是纸质媒介的，音像电子及其他新媒介的出版物发展不足；同样，演艺产品虽然服饰华美，布景绚丽，但都偏实，科技应用手段表现不够；民族民间工艺品制作不精良，大多属于简单的低端产品。2006 年，云南的旅游人数和产值创历史新高，达到7 900多万人次，产值接近 500 亿元，但是，个人消费却在减少，购物消费总额 125 亿元，人均只是 158 元，比 2005 年减少近 50%；[①] 在云南 80 亿元的工艺产品中，无论是以玉、大理石、铜、锡还是以木、竹藤、泥陶、布料生产加工的工艺品有六至七成是作为初级原料被销售出去的，[②] 市场效应不容乐观。换句话说，云南省在铸造旅游大省的同时，旅游总人数及总产值

① 参见本书中的《云南省民族民间工艺品研究报告》。

② 参见本书中的《云南省民族民间工艺品研究报告》。

的绝对增加，并未带来产业旁测效应和连带效应的增加，或者说，由于文化产业的发展不足，文化产品的附加值提升不够，从而导致了旅游业效应产出不足。而且，一个产品开发出来后，没有复合产品及延伸产品的开发，营利模式过于单一。

2.4 创意、经营人才匮乏

云南省有丰富的民族文化资源，但我们的创意人才匮乏，依据这些资源创造的产品不多。如自2006年4月国家广电总局发布《电影剧本（梗概）备案、电影片管理规定》以来，云南电影剧本（梗概）备案立项情况不容乐观。国家广电总局2006年电影剧本（梗概）备案公示情况显示，第一批公示68部，第二批公示20部，第三批公示46部，第四批公示38部，第五批公示40部，第六批公示42部。其中，第一、三、四、六批公示均无云南的项目；第二批有1部，不同意拍摄；第五批有4部，其中不同意拍摄1部。

另一方面，云南也出了一些好作品，不少作品在全国甚至国际上获得了不同等次的奖项，但除了少数作品外，大多数作品市场效益不佳，推广不出去，这一方面说明作品不对市场的路，另一方面说明我们缺乏优秀的市场营销人才。

3. 云南文化产业的发展趋势与对策建议

3.1 找准定位，在差异化的发展中形成优势

根据《国家“十一五”时期文化发展纲要》，我国在“十一五”期间文化产业发展的区域布局和重点是：以建设文化创意产业中心城市为核心，加快产业整合，形成长江三角洲、珠江三角洲和环渤海地区三大文化产业带；积极发展我国西南、西北等具有鲜明地域和民族特色的文化产业群。重点发展的文化产业是：影视制作业、出版业、发行业、印刷复制业、广告业、演艺业、娱乐业、文化会展业、数字内容和动漫产业。显然，云南的文化产业在全国的布局中是发展具有鲜明地域和民族特色的文化产业群。这种大的定位是符合云南省实际的。按云南的经济总量，“十一五”期间云南的GDP将达5 000亿元，如果文化产业增加值占全省GDP的6%～8%的比例，“十一五”期间文化产业增加值将达300亿～400亿元，这对云南是一个不小的成

绩，但与东部发达省区是不能相比的，云南的文化产业，只能定位于"产业群"的发展。所谓"产业群"，其特点是由众多相近相关、主业特征突出的企业所构成，但一是规模和总量不及"产业带"，二是涉及的产业门类没有"产业带"涵盖面宽泛。在全国文化产业的布局中，长江三角洲、珠江三角洲、环渤海地区构成三大文化产业带，是我国发展文化产业的主体力量；而西部地区的特色文化产业群构成主体力量的补充。需要指出，补充力量也具有重要的地位和作用，是文化产业的发展所不可缺少的部分。云南的文化产业发展，只有放在全国的大格局中，才能找到准确的位置和发展方向。因此我们的文化产业的发展，不在于比规模、比总量，而在于比特色、比作用。问题在于，我们的战略选择是重点发展哪些产业？怎么发展？或者说，是哪些产业更能突出我们鲜明的地域和民族特色？怎么突出？从而塑造云南省文化产业发展的优势和核心竞争力，并发挥文化产业对其他产业的影响和拉动作用。

毫无疑问，文化旅游业是最直接突出云南省民族文化资源优势的产业，与此相关联的有演艺业、会展业、工艺品业、休闲娱乐业。这几个产业，应是我们在发展文化产业时优先考虑、重点扶持的产业。除娱乐业外，这几个产业是可能在全国发展为领先产业的。除此而外，影视制作业、出版业、设计业、广告业、数字内容和动漫产业，甚至体育业，也能充分利用地域和民族文化资源的优势，做出影响、做出特色。但是，这样一些产业的发展，不宜走大而全、规模化的道路，而要坚持小而精、特色化的方向，以众多的中小企业构成产业群来分割市场。另外，云南省是面向东南亚、南亚开放的重要枢纽，以昆明为中心，昆明—思茅—西双版纳—老挝—越南、昆明—大理—保山—德宏—缅甸—印度、昆明—楚雄—临沧—缅甸—印度、昆明—蒙自—河口—越南的四条高速公路和铁路的建成将会极大地改善云南和东南亚、南亚的交通条件，密切云南与东南亚、南亚的往来与交流，除了文化旅游业、会展业得到很好的发展机遇外，印刷复制业、发行业也会在国家的文化实施"走出去"战略中开拓出新的市场。

事实上，文化产业发展对其他产业的拉动和对社会的促进作用在云南已从三方面显现出来：第一，文化产业是做品牌的产业，文化产业的品牌效应可以提升云南的认知度和美誉度，从而为云南的产品，特别是具有地方特色的经济产品，如农副产品、生物制品等树立更好的市场形象，这方面的作用是绝不可低估的。第二，具体的文化产品品牌与特色经济产品相结合，可极大增加特色经济产品的文化附加值，同样质量和数量的产品可以获得数倍于前者的经济效益。第三，大量中、小型文化企业甚至是个体文化户的发展不仅为社会创造就业机会，而且也是农民脱贫致富的新路和社会主义新农村建设的重要内容。

3.2 确立主体，在市场的开拓中寻求发展的动力

在“十五”期间，云南省文化产业的发展主要是各级党委和政府，尤其是由党委宣传部门所推动。而在传统体制的作用下，推动作用就成了主体作用。实际的情况往往是党委和政府拿出钱来或引资进来做项目，企业只不过是具体的执行者。在现有的体制下，这种运作模式有其合理性，但也有时效性，它取得了很多的成绩和较广泛的社会影响，为“十一五”的发展奠定了良好的基础。

“十一五”期间，云南文化产业发展的一个重要任务，就是变政府主体为企业主体。政府在宏观政策制定、服务环境塑造、企业成长支持等方面发挥不可或缺的重要主导作用，而让企业成为自主经营、自我发展、独立面对市场的主体。由于云南文化产业的发展定位是走差异化发展、特色化发展的道路，不强调规模化和普遍化，如电影的“高投入、大制作”、电视的“超女”、出版的畅销书等，它所面对的或需要开拓的就不是一般化市场和大众化市场，应该是特色化市场和分众化市场。实际在今天的市场发展中，特色化市场和分众化市场已经占据了越来越重要的位置，特别是对于文化市场，情况就更突出。甚至就像“春节联欢晚会”这样已经成为中国的一种“新民俗”的文化活动，也不能说它就满足了所有人的需求，仍然有相当数量的人除夕之夜并不看“春晚”。当然也不能否认的确也还存在相对一般化和大众化的市场。企业的规模、产品的生产，是由市场所决定，最终是由消费需求所决定。特色化的市场有多大，分众化的市场有多大，满足它的企业就有多大。一般来说，对于特色化市场和分众市场，中小型企业有最好的灵活性和适应性。从国际的经验看，文化产业大国固然有许多堪称巨无霸的文化企业集团占据了很大的市场份额，但同时仍然不乏数量庞大的中小型文化企业甚至文化个体户在适应特色化市场和分众市场的需要。只有在这样的市场中，才真正找得到云南文化企业的生存根据和发展的动力。

3.3 培养人才，激发文化产业发展的活力

创造力不足、制作力不足、营销力不足是云南省文化产业存在的软肋。

有丰富的民族文化资源但缺乏创意难以转化为产品，有创意但缺乏精良的制作技术和手段导致产品在低端徘徊难以体现其价值，有好的产品但缺乏营销人才去发现市场、开拓市场从而制约产品的生产与开发。云南文化产业的发展缺乏启动的资金、技术，但尤其是缺乏人才。创意人才、制作技术人才、有市场眼光的经纪人才、有开拓能力的营销人才才是能使产业发展的真正活力所在。认识这一问题的重要性，加快人才培养步伐才能使云南省文化产业在"十一五"期间及今后的很长一段时期内获得广阔的发展空间。

鼓励高校和研究部门，通过学科建设、项目研究加快培养平面设计、网络设计、游戏、动漫设计、演艺策划、工艺设计研发等高端人才；通过评选、奖励等办法，鼓励高校、研究部门的具有创意设计潜力的人才参与文化创意、民族文化产品的设计，提升全省创意设计能力。

通过政府引导，以项目研究为目标，设立研究基金的方法，鼓励有条件的高校、研究机构与企业、地方政府和传统民族工艺生产基地联合设立传统民族工艺研发中心。通过具体的创意、设计、研发、市场营销过程培养一批具有创意设计和生产制作的高端人才。

制订并启动"百千万传统民族工艺人才"培养工程，通过省州（市）县三级政府评选省级百名传统民族工艺大师、千名传统民族工艺名师和万名传统民族工艺师，培养传统民族工艺制作生产人才。

借助国内外高校以及著名培训机构的力量，通过学历培训和短期培训的方式，重点培养一批文化企业经营、管理和营销的高层次后备人才；在完成对基层文化产业管理干部的培训后，应重点加强民营文化企业，尤其是文化中介人的培训，培养大批具有文化眼光、市场意识的文化经纪人。

3.4 保护资源，走文化产业可持续发展之道

云南省丰富的民族文化资源是发展文化产业的宝贵财富。民族文化资源中的物质文化遗产部分是不可再生甚至是濒危的，如古建筑、古遗址、古村落、古崖画等；民族文化资源中的非物质文化遗产部分是可传承可发展的，但也面临"失传"或"失真"的危险。现代社会生活的变迁往往导致其失传，而不恰当的产业化开发往往导致其失真。所谓"失真"，指它脱离了特定民族群体的真实生活、精神气质和个性特征，成为无根据的伪文化空壳。这种"伪文化空壳"会窒息真实的文化生命，而"伪文化空壳"一旦被市场所识破并抛弃后，真实的文化也不复存在。另一方面，合理的产业化开发必须

遵循文化自身的规律，保持文化的真实性，保持它与特定民族群体的社会生活、精神情感和个性特征的血脉联系，同时使开发程度控制在原有文化（特别是物质文化遗产）的承载力范围之内。合理的产业化开发会强化文化的传承能力与自我发展能力，使文化资源保护与文化产业发展形成良性的互动关系，从而实现二者的可持续发展。

通过立法的形式保护民族文化资源是世界各国的通行手段。在认真普查民族文化资源的基础上，用法律法规的形式明确保护的对象、范围及保护的方法。民族文化资源的持有者必须在文化资源的产业化开发中受益，从而激发他们保护文化资源的自觉与热情。建立民间艺人信息库，通过评选民间工艺师、民间文化传承人、落实继承人、给予生活补贴等方式，提高民间艺人，尤其是老艺人的社会地位，加强对民间艺人、民族文化传承者的保护和培育。通过知识产权法保护民族文化作品不受侵犯、歪曲或盗用；保护创意者的合法权益，保护民族文化品牌的建设和发展。遴选一批有潜力的民族文化品牌，如云南演艺、传统民族工艺、茶马古道、云南影视、云南古镇、腾冲等民族文化品牌，通过政府引导、企业打造、社会关注、媒体协助、产品支撑的方式，提升品牌的影响力，使其进入国内、国际品牌的行列；营造品牌发育的良好环境，打造一批具有地方影响力的中小文化品牌，包括特色工艺村、民俗文化村、民族产品、民间艺人、文化名人、演艺名人、创意设计机构、创意人才、文化中介机构、文化企业、刊物、频道、栏目，促进云南省文化产业的全面发展。

承上启下，2006 年是“十一五”的开局之年，云南文化产业在经历了几年的基础构建后，轮廓渐清，特色凸显，正蓄势待发。云南文化产业将在新的历史时期通过产业集群的效应，取得更大发展。

（执笔：施惟达　林　艺　李　炎　刘建华　王　佳）

云南省新闻出版产业研究报告

新闻出版产业研究室

新闻出版业是一个地区经济与社会发展的晴雨表。它不仅具有政治影响，还具有经济和社会影响。在我们的研究中，2006年云南新闻出版产业表明，该产业资产总额达到166亿元，从业人员9万人，销售收入131亿元，完成增加值40.04亿元。这些数字，显示了新闻出版业与地区经济及社会发展的深层联系，同时也勾勒出2006年云南新闻出版产业变化与发展的线条。

让我们沿着这个线条，从报纸、图书、期刊三个方面对2006年度云南新闻出版的产业进行一个深入的阐述。

1. 报 业

□ 现状与评估

1.1 现 状

1.1.1 发行数量

云南省现有报纸总数63种。其中党委机关报24种（含少数民族文字版6种，政协报1种），占报纸总数的38%；行业类报纸10种，生活服务类报纸2种，文摘类报纸1种，晨、晚报及都市类报纸5种（统称社会文化生活类报纸），占报纸总数的29%；高校校报21种，占报纸总数的33%。

在省会城市昆明出版的报纸有36种，其中，以社会文化生活类报纸为主，占报纸总数的57%；16个州市共有党报和高校校报27种，占报纸总数的43%。[①]

① 云南省新闻出版局办公室，《云南省新闻出版业行业发展状况调研报告》，pp. 39～40，2006。

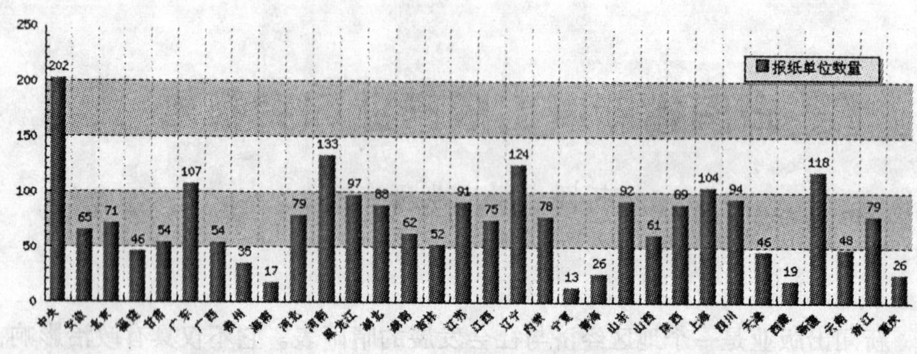

图 1　2006 全国报纸出版量统计

资料来源：中国记者网

据云南省新闻出版局 2006 年的调查报告显示，云南省报纸年总发行量 37 822万份，平均期发量 181 万份。平均期发量 10 万份以上的有 7 种报纸，除《云南日报》外，其余 6 种均为晚报都市类报纸，占报纸总数的 11%；5 万份以上的有 2 种报纸，均为社会文化生活类报纸，占报纸总数的 3%；州市党报平均期发量 1 万～3 万份，占报纸总数的 27%。[①] 据春城晚报社管理委员会主任张光旭所说，2006 年，平均期发量最高的是《春城晚报》，达 32 万份。全省发行量最低的是少数民族文字报和高校校报，一般只有 400～1 000份，70% 以上的报纸平均期发量在 2 万份以下。[②] 作为云南报业"四强"，《春城晚报》、《都市时报》、《生活新报》、《云南信息报》的总发行量超过了 24 种党报发行量的总和。[③]

与云南相比，作为东、中、西区域的三个代表省份的报业情况呈现很大的差别。广东现有报纸 167 种，总印数 40 亿份，定价总金额 36. 3 亿元，从业人员1 2413人，资产总额 62 亿元。[④] 据中国记者网有关数据显示，广东、湖南、四川、云南四省的报纸出版种数分别是 107、62、94 和 48。

2006 年广东统计公报显示，全年出版报纸 37. 39 亿份，各类期刊 2. 09 亿册，图书 2. 69 亿册。[⑤] 早在 2001 年，在全国报刊数量 2111 种、总发行量为

① 云南省新闻出版局办公室，《云南省新闻出版业行业发展状况调研报告》，P43，2006。
② 云南省新闻出版局办公室，《云南省新闻出版业行业发展状况调研报告》，P43，2006。
③ 云南省新闻出版局办公室，《云南省新闻出版业行业发展状况调研报告》，P44，2006。
④ http：//www. xwcbj. gd. gov. cn/menu/tjzl_ more. asp statistics_ sort = 2。
⑤ http：//www. gdstats. gov. cn/tjgb/t20070226_ 44515. htm，2007 - 4 - 13。

351 亿份的背景下，广东省报纸发行总量就有 38 亿份，占 10.8%。其中，广州日报报业集团发行量达到 170 万份。南方日报报业集团发行量达到 80 多万份，其所属子报《南方都市报》发行量达到 103 万份，《南方周末》发行量达到 130 万份。2002 年，全国报纸总发行总量为 367.83 亿份时，广东省为 41 亿份。① 2006 年湖南统计公报显示，全省出版报纸 88 种，图书4 560种，期刊 246 种。期刊出版量 1.04 亿册，图书出版量 2.75 亿册。全年新闻出版业销售收入 142.19 亿元，利润总额 11.83 亿元。② 2006 年四川统计公报显示，全省地方报纸出版 90 种，出版量 16.3 亿份；期刊出版 334 种，出版量7 892.9万册；图书出版5 014种，出版量18 129万册。③

截至 2005 年 7 月，全国共出版报纸1 926种。其中，中央级报纸 218 种，占我国报纸总量的 11.3%；省级报纸 806 种，占总量的 41.8%；地市级报纸 848 种，占总量的 44%；县市级报纸 54 种，占总量的 2.8%。在各省、自治区、直辖市中，出版报纸最多的省份为广东省，共出版 100 种报纸；出版报纸最少的为宁夏回族自治区，共出版 15 种报纸。④ 新闻出版总署副署长石峰在第七届世界传媒经济学术会议发言中介绍，目前，我国年出版报纸 1900 多种，总印数 400 多亿份，平均期印数 2 亿份，定价总金额达到 250 多亿元人民币。⑤ 2006 年全国统计公报显示，全国出版各类报纸 416 亿份，各类期刊 30 亿册，图书 62 亿册（张）。⑥

世界报业协会最新分析报告显示，在其调查的 216 个国家和地区中，付费日报7 700张，加上免费日报共计7 862种。2005 年，全球付费报纸发行量达到了历史新高：平均每日发行 4.39 亿份，与上年相比增长了 0.56%，与过去 5 年相比增长了 6%，这些增长的主要贡献来自亚洲。如果加上免费报纸，2005 年全球报纸平均日发行量达到了 4.64 亿份，与上年相比增长了 1.21%，与过去 5 年相比增长了 7.8%。免费日报的发行比重已攀升到了 6%，欧洲更是高达 17%。

全世界最大的 5 个报业市场分别是：中国，报纸平均日发行量9 660万份；

① http：//www.journal.whu.edu.cn/research/read_ research.php? id =298。
② http：//hn.rednet.cn/c/2007/01/26/1111998_ 11.htm，2007 -4 -13。
③ http：//www.chinagateway.com.cn/chinese/jj/68352.htm，2007 -4 -13。
④ http：//news.qq.com/a/20050806/001026_ 2.htm。
⑤ http：//www.guangzhou.gov.cn，转引自新华网。
⑥ http：//www.stats.gov.cn/tjgb/ndtjgb/qgndtjgb/t20070228_ 402387821.htm。

印度，7 870万份；日本，6 970万份；美国，5 330万份；德国，2 150万份。在这5个最大报业市场中，只有中国、印度保持了良好的增长势头，总发行量分别比上年增长了8.9%和7%。而德国、美国、日本继续呈现下降趋势，分别下降了9.63%、2.35%和0.97%。[①] 世界报业协会一项研究中显示，全世界的日报数量在2005年首次突破1万种，达10 104家，比2001年增长了13%；全球付费和免费报纸发行量在5年间增长了9.95%，全球每天发行的报纸超过了4.5亿份，收费报纸拥有14亿读者。[②]

1.1.2 读者结构

云南报业，总体来看，党报比重较大。据新闻出版总署的统计，在剔除大学报等特殊系列的报纸后，云南省党报在全省报纸中所占的比重为55%。而在全国，党报比重超过50%的省区只有西藏和云南（西藏为57%），浙江、江苏的比重不到20%。[③]

从产业化角度来看，云南真正实行市场化经营的报纸实际上很少，因此，我们可以从《春城晚报》、《都市时报》、《生活新报》、《云南信息报》四家报纸入手来分析其读者结构（其他指标分析也主要以此四家报纸为例）。

据央视CTR市场研究调查机构2007年3月发布的昆明报业市场及广告价值分析报告显示，[④] 2006年，《都市时报》、《春城晚报》、《生活新报》、《云南信息报》四大市场报的平均每期读者规模分别是45.2、42.8、41.7、15.3万人；平均每期阅读率分别是19.8%、18.7%、18.3%、6.7%。另据春城晚报社管理委员会主任张光旭说，2006年《春城晚报》发行量为32万份，读者规模为100万人（这与CTR数据有很大差距，笔者推断有可能是这100万人可能包括了州市读者市场，不过，一般来说，州市读者市场规模应当不会高于昆明市场的）；《都市时报》总编辑赵健吾说其发行量为31.6万份。由此来看两者的发行量应当是旗鼓相当的，总体来看，昆明报业市场的读者规模145万人左右，加上州市市场，全省大概不超过200万人左右。

从读者的人口统计特征来看，四大报纸读者结构的性别特征是：《都市时报》在男性人群中的阅读比例是20.6%，《春城晚报》是17.6%，《生活新

① http://www.npes.com.cn/info/B20DEBF7-9525-4174-AB86-624A4B11A003.asp

② http://wufeng.bokee.com/6119639.html，转引自《环球时报》。

③ 云南省新闻出版局办公室：《云南省新闻出版业行业发展状况调研报告》，pp.39～40，2006.3。

④ 说明：该报告由《都市时报》向央视CTR市场研究机构购买并提供给新闻出版研究室。

报》是16.9%，《云南信息报》是9.0%；在“上班族”和“白领”中的阅读比例分别为：21.2%、18.1%、19.2%、7.6%与19.0%、18.5%、15.7%、6.8%；四大报纸读者的家庭及个人月平均收入分别为：2 406、2 259、2 172、2 016元与1 255、1 084、1 072、993元，由此推断，云南报纸读者平均家庭及个人月收入分别为2 213与1 101元；从年龄来看，《都市时报》的读者主要集中在25～34、35～44岁这个年龄段，分别为29.6%、24.3%，合计为53.9%；四大报纸的读者主动性（即通过个人订阅、自己和家人购买获得报纸，这种读者称为主动性读者）分别为：92.7%、88.4%、87.9%、86.3%，由此推断，云南报业平均读者主动性为88.8%，这说明这些报纸的市场化程度是很高的；在读者对报纸版面阅读的“几乎所有版面”和“大部分版面”两项指标的阅读比例中，四大报纸分别是：9.0%、8.0%、14.3%、10.1%与36.6%、36.1%、29.0%、31.7%，由此我们可以推断全省报业这两项指标的平均值大致为10.35%与33.35%。

在广东报业市场上，2006年，《广州日报》发行量继续上升，最高发行达到185万份[①]。由此推断，其读者规模保守估计与云南全省报业的读者规模相当，甚至更多。《羊城晚报》的读者群具有学历较高、职业较稳定、收入较高、消费能力较强等特点，因此成为房地产、汽车、电讯、家具等耐用消费品行业塑造品牌的平台。另外，《羊城晚报》的读者以家庭订户为主，他们对健康、教育、休闲、娱乐比较关注，因此，医药、文化教育、食品保健品、旅游等广告在《羊城晚报》也占有较大比例。[②]《南方都市报》20～45岁之间的读者群占78%以上，75%以上的读者年收入2万元以上，稳定拥有社会的主流消费群。[③] 在湖南报业市场上，2004年，《潇湘晨报》社长兼总编龚曙光认为：“长沙就只有150万人口，它所能容纳的报纸不可能超过50万份，那么谁能在这50万中占有最大的份额，他就必然是所有媒体中过得最好的。”长沙作为全国的一个中等城市，其广告市场蛋糕在15亿元左右，其中，作为当地强势媒体的电视分割的比例在50%以上，而留给平面媒体的只有40%左右，也即6亿元左右。[④] 从长沙与昆明报业的广告额比较中（昆明报业大概在4亿元左右），估计2006年长沙读者规模从逻辑上推理应当要高于昆明。据

① http：//www. medialeader. com. cn/ad168/200702/20070205160944_ 5957. html 2007. 4. 13。

② http：//soft. chinabyte. com/190/2593690. shtml。

③ http：//www. adebank. com/show_ news_ vip. asp? Newsid =1046。

④ http：//blog. sina. com. cn/u/49a49572010003a6 2007. 4. 13。

2004年四川省报业发展报告显示，其报纸整体读者结构如下：性别结构，男性读者比例为51.1%，女性读者比例为48.9%；年龄结构，平均年龄为37.7岁，其中20岁以下占6%，21～30岁占28%，30～40岁占29%，41～50岁占22%，50岁以上占15%，读者主要集中在21～50岁这一年龄段，占79%；职业结构，党政机关读者占13%，事业单位读者占12%，商业企业单位读者占40%，退休读者占12%，学生及其他职业读者占23%；读者收入结构，读者月收入在500元以下的占29%，500～1 000元的占56%，1 000～2 000元的占12%，2 000元以上的读者占3%。

从全国来看，2005年，报纸的日到达率下降了0.2%，降到68.9%，这表明报纸的读者规模在向其他媒体转移；读者平均每天接触报纸的时间是40分钟，较2004年下降了3分钟，平均每天阅读报纸的份数是1.4份，下降了0.2份；34岁以下读者较2003年下降了1.7%，45岁以上的中老年读者比例上升了1.5%，读者平均年龄增加了0.5岁。①

1.1.3 经营收入

在云南报业"四强"中，《春城晚报》和《都市时报》为强中之强，是二元结构竞争中的老对手。2005年，全国报业遭遇拐点，全国若干品牌大报如《北京青年报》等广告收入大幅下滑，云南的《春城晚报》和《都市时报》却绕过此劫，平安着陆，两报的广告收入不仅未下滑，反而一路攀升，2005年分别达到1.6亿元和1.1亿元，2006年分别达到2亿元和1.2亿元。此外，2006年，《生活新报》、《云南信息报》的广告收入大致分别为8 000万元和3 500万元左右，云南报业2006年广告收入保守估计为4.55亿元。在发行方面，据春城晚报社管理委员会主任张光旭透露，其发行收入可以忽略不计，由此可推断云南报业的发行方面基本是零收入状态。以下为《春城晚报》、《都市时报》2005年、2006年广告收入比较表1：②

表1 《春城晚报》、《都市时报》最近两年广告收入比较

	春城晚报	都市时报	差额
2005年度广告收入	1.6亿元	1.25亿元	3 500万元
2006年度广告收入	2亿元	1.4亿元（大约）	6 000万元

数据来源：《西部大开发与云南报业经济》。

① 崔保国：《2006：中国传媒产业发展报告》，pp.139～140，社会科学文献出版社，2006。

② 郑思礼：《西部大开发与云南报业经济》；http://www.zhengsiLi.blog@sina.com。

根据央视市场研究（CTR）的广告监测数据，2005 年报纸广告刊登额为 451.36 亿元，比上年同期增长 6.59%。[①] 另据有关数据显示，2006 年报纸广告收入比上年增加了 5%，由此可知 2006 年报纸广告收入为 473.93 亿元左右。从 2005 年报纸广告前 20 位城市可以知道，广州市为 35.56 亿元，成都市为 12.07 亿元，长沙市为 9.72 亿元。[②] 而昆明市榜上无名，2005 年其广告收入大致为 3.3 亿元左右。[③] 对四个城市的报纸广告收入进行比较，昆明大大落后于其他三个城市，是排在第三的长沙市的三分之一。

1.1.4　运作模式

云南省现有自收自支的报纸 16 种，主要是社会文化生活类报纸，占报纸总数的 25%。《春城晚报》、《都市时报》、《生活新报》、《云南信息报》、《大众消费报》等一批文化生活类报纸，率先步入市场，在市场运作中不断壮大，发展较为健康。

全省实行全额拨款的报纸有 31 种，主要是高校校报和民族地区党报及少数民族文字版报纸，占报纸总数的 49%。全额拨款虽然解决了这些报纸的生存问题，但是很难使其发展壮大。这些报纸大多数只能出版月报，条件最好的只能出版周报。

差额拨款的报纸有 14 种，主要是党委机关报，占报纸总数的 22%。差额拨款的报纸也不同程度地存在办报困难。从近年来部分州市报纸财政投入和非财政投入的情况来看，只有小部分州市的报纸生存主要是靠非财政投入来支撑的，而且，投入经费要远远超过财政，比如《玉溪日报》、《思茅日报》、《临沧日报》、《曲靖日报》、《楚雄日报》，而另外一部分州市报纸主要依靠财政支持，比如《德宏团结报》和 2003 年才创办的《迪庆日报》，财政投入比例逐年加大，而非财政投入有减少的趋势。结合这些州市的经济发展状况，我们不难发现，经济发展状况良好与否决定了报纸的生存状态，比如玉溪，在全省的经济发展都是靠前的，而且当地的企业有能力拿出一部分资金为企业的形象宣传在媒体投放广告，如此一来，当地的报纸就可以分得一杯羹，报纸有了一定的收入，也就解决了生存难的问题。

云南日报报业集团，是全省现有的唯一报业集团，自 2001 年 9 月成立以

① 崔保国：《2006：中国传媒产业发展报告》，P.129，社会科学文献出版社，2006。
② 崔保国：《2006：中国传媒产业发展报告》，P.131，社会科学文献出版社，2006。
③ 刘建华：《云南报纸产业价值链的塑造与经营模式的重构》，http：//www.chuanboxue.net/。

来，旗下的9报3刊1网站和1个影视中心，融政治经济、文化、生活等类报刊为一体，并且实现了跨媒体经营，在全省的传媒业一直发挥着主流平面媒体的重要作用。尤其是所辖的《春城晚报》，1980年创刊以来，一直是云南发行量和广告收入最大的都市类报纸。据央视调查咨询中心调查，在昆明地区发行量居前10位的报纸中，《春城晚报》的读者群、传阅率、读者层次、性别年龄职业结构合理度、读者满意度均居优势。

1.2 评 估

通过以上比较，站在全国乃至全球的传媒产业背景下，我们可以尝试着对云南省报纸产业的现状做一个基本估量。

1.2.1 云南报纸发行市场较小，且还不成熟，市场潜力有待挖掘

首先，报纸数量较小，党报机关报占的比重偏大，相比广东、湖南、四川出版量的107、62、94种及全国的1 900多种报纸，云南报纸的出版量只有48；其次，发行量很小，全年只有3.78亿份，而广东有33.79亿份，四川有16.3亿份。

1.2.2 读者市场质量较优，收入中等，以年轻人居多，集中度高，主要偏于省会城市，州市读者市场开发乏力

其读者平均收入在1 000元左右，而同处西部的四川报业，其读者平均收入50%以上集中在500～1 000元左右，这说明四川报业的州市读者市场与省会城市的比例要大于云南报业。这在一定程度上说明云南报业的读者市场空间还很大，今后的方向应当致力于州市读者市场开拓上。

1.2.3 广告市场蛋糕较小，省内广告空间有限，应当要积极开拓新资源

这需从两个方面着力，一是开拓本省的广告盘子，主要从旅游业等文化产业入手；一是开拓省外及东南亚的广告资源。相比广州市的35.56亿元，成都市的12.07亿元，长沙市的9.72亿元广告收入，云南省的4.55亿元实在太小。当然，从四省的GDP来看，2006年，广东为25 968.55亿元，排在全国第一；湖南为7 493.17亿元，排在第十三名；四川为8 637.8亿元，排在第九名；而云南为4 001.87亿，排在第二十三名。① 这四省的人均GDP及人均收入分别是23 603、10 366、9 140、7 833元与14 770、9 524、8 386、9 266元。②

① http://zhidao.baidu.com/question/20210103.html。
② http://hi.baidu.com/binggo/blog/item/2ec48044e1c8384d500ffe4c.html。

2006 年在全国 25 个省会城市经济实力排名中，广州为第一名，长沙排在第十四名，杭州为第三名，昆明为第十五名。[①] 从这些数据来看，云南 GDP、人均 GDP 都低于其他三省，媒体广告额相对要少是可以理解的，不过考虑到其人均收入高于四川，从全省角度来看在理论上应当不会低于四川，但是成都的经济实力远高于昆明，加上两省的报纸媒体的广告市场都集中在省会城市，云南报纸广告远远低于四川是必然的。因此，从这些数据来看，云南报业更应当着力于州市及省外的广告市场开拓。

1.2.4　*云南报业市场主体力量过于弱小，报业集团的经营收入实际上是某一子报的经营收入，产业链处在一个死结，没有发挥资源优化组合利用的效用*

为此，需要报业集团及单个传媒进行结构调整，精简管理运作程序，使各环节链上的资源充分运转起来。在 2004 年媒介单位广告额及发行量排序和 2004 年入围世界日报发行量百强的中国报刊排序图表中，我们可以看出，广东有 7 家报纸入围世界百强，湖南、四川、云南都没有，但这并不说明云南和其他两省处在同一层级上，《春城晚报》虽然有 2 亿元的广告收入，但不如《华西都市报》4 亿多元的广告额，远远不如 2004 年排名第八的《羊城晚报》9.2 亿元的广告收入。在发行量上，2006 年 32 万份发行量的《春城晚报》也只是 2003 年《南方都市报》117 万份的四分之一。因此，云南报业急需培养强有力的媒介市场主体。

□ 特点与问题

1.3　特　点

1.3.1　*云南报纸产业结构*

云南报纸行业存在二元结构，即省报和市报同时存在，并由此带来对峙和竞争。如李文在《中国西部报业发展状况分析》中指出的："以省委机关报为龙头的母报和子报构成的报业阵营与以市委机关报为龙头的报业阵营，在西部各省、市、自治区构成了两大竞争阵营。这是西部报业基本的竞争态势，成都、昆明、兰州等城市均是如此。"[②] 本来，同行竞争有相当的好处，可以促进发展，然而，云南报业因行业二元结构而导致的竞争较一般行业更为激烈，主要表现为：

---

① http://zhidao.baidu.com/question/14126247.html。

② 转引自郑思礼，《西部大开发与云南报业经济》，http://www.zhengsiLi.blog @ sina，com。

（1）昆明一个城市就有《春城晚报》、《都市时报》、《云南信息报》、《生活新报》四家相对较强的都市类报纸；这四家同处一城，新闻资源有限；到目前为止，四家报纸中仅有《生活新报》是私人投资的报纸，除此之外没有大的报业集团介入，如此就形成了小范围、小资源、小资本的“三小”竞争局面。

（2）四家报纸无论从运作模式、运作能力上来看，基本处于同一水平，而各家报纸的内容都没有什么特色，同质化现象严重。

（3）由于“生计”所迫，各家报纸竞争激烈，态度强硬，相互对抗，抢夺同一目标市场，各家厮杀到最后，政府看不下去，各市场主体也都强烈要求政府来干预。

（4）除了四家报纸的竞争之外，事实上，《云南日报》和《春城晚报》之间也存在“母子”夺食的竞争局面，二者面对的受众群不同，但是在广告业务方面还是存在一定的竞争关系。

1.3.2 云南报纸核心竞争力

所谓核心竞争力，就是要拥有在市场竞争中能够胜出的能力，也就是拥有特有的资源，这些资源是别人所没有也无法模仿的。比如说，《南方周末》所拥有的深度文章和调查报道所需要的人力资源、社会资源、品牌资源是别人无法模仿的；《华尔街日报》专做深度类财经新闻所拥有的资源也是别人所难以超越的；这些都是媒介的核心竞争力的体现。

对于媒介市场主体来说，为了营造核心竞争力，必须从新闻资源、媒介资源、社会资源、广告资源及受众资源几个方面入手。新闻资源主要是指媒介所获得新闻信息的来源和渠道广泛，能够第一时间获得资源；媒介资源是指媒介市场主体自身拥有的硬件和软件设施资源，主要包括媒介采编工具和技术、办公条件、区域位置和采编人才、经营管理人才及战略人才等；社会资源是指媒介与政府、企业、社团、组织及党派的良好关系；广告资源是指媒介与工商企业有良好的业务合作关系，且拥有优质的广告资源；受众资源是指媒介拥有优质的受众群体，其占领的受众是社会行动能力很强的人，是社会的主流人群，因此，媒介也就有大众化媒介和主流媒介之分，后者是指那些质量很高的受众。

对于云南报纸媒体来说，如果我们从这五个方面来进行审视，各市场主体是否拥有或大略拥有这些资源，并形成核心竞争力或准核心竞争力呢？

基本来说，云南报业并未出现拥有核心竞争力的报纸市场主体。在同质化很严重的今天，要拥有独特的资源是较为困难的。尤其是创意类的文化产业，在版权无法很好维护的情况下，好的创意很快就会被别人模仿。因此，在媒介资源及新闻资源方面，没有谁能说自己可以绝对的领先。当然，在社会资源、广告资源、受众资源方面，某些市场主体可以说拥有较为优势的竞争力的。这在《春城晚报》、《都市时报》等媒介上都有体现。

就《春城晚报》来说，其在媒介资源及新闻资源方面几乎没有什么优势，同样重要的新闻，《都市时报》、《生活新报》、《云南信息报》都可以在同一天同一时候加以报道；广告资源方面也没有太大的领先优势，一些大的客户也是多年前攒下来的，这也是靠了市场占位早的优势；受众资源方面前些年有老龄化倾向，不过，据其管委会主任张光旭说，2006 年其读者主要是 30 岁上下的中青年人；尽管这四个资源不具优势，《春城晚报》的社会资源应当是领先的，具有绝对的优势，因为其省委机关报党报背景，《春城晚报》与政府、社会团体、高校、党派等社会组织的关系是很好的，具有独一无二的社会资源。

对于《都市时报》来说，根据央视市场研究机构（CTR）2007 年 3 月发布的“报业市场及《都市时报》广告价值分析”报告显示，[①] 其在受众规模、男性中和白领中的阅读比例、读者年龄构成及个人月平均收入、读者的主动性、在家庭汽车预购者中的比例、覆盖手机用户比例、在全球通用户中的比例及在化妆品消费者中的阅读比例等指标中，它都高于或优于其他报纸。从这些操作性指标来看，在逻辑上我们可以得出一个结论，尽管《都市时报》在其他资源方面不具较强的优势，但是在受众资源上处于绝对领先地位。

由此观之，云南报业还未出现五大资源领先的拥有核心竞争力的媒体，但是只要某一方面拥有优势，其在报业市场上就有很强的说话权。同时，我们也要看到，与全国其他强势媒体相比，云南报纸所拥有的所谓核心竞争力是不堪一击的。

1.3.3 云南报纸要素市场格局

新闻资源市场：目前，云南新闻资源的来源比原来要广多了，除了惯有的从政府、组织机构获得新闻资源外，各媒介主体拓展了及时获得新闻原始素材的渠道。《生活新报》等报纸率先实行了新闻线人制度，媒体专门设立了新闻热线，只要谁发现了新闻素材，一个电话打到报社，很快会有记者前去采访，第二天会根据所刊登新闻的重要性付给新闻线人必要的报酬，数额从 50 ~ 500

---

① 说明：该报告由都市时报社向央视 CTR 市场研究机构购买并提供给新闻出版研究室。

元甚至1 000元不等。由此，专门的新闻线人应运而生，他们游走在社会城市的角落，学会选择很有价值的新闻，然后把这些素材卖给报社，一个新的新闻资源市场逐渐形成了。

当然，云南报业的新闻资源市场远还没有成熟。首先，对于时政、经济类新闻而言，除了特别重大的新闻，媒介都是凭特殊的个人关系去获得的，从而导致了新闻媒介过于依赖顺从于政府的结果，不能发挥媒介社会公器的作用；其次，有些媒介为了获得广告收入，不惜愚弄受众，把广告作为新闻来发布；再次，从业人员为了应付任务，制造大量的垃圾新闻，未能发挥新闻把关人应有的作用；最后，新闻线人的素质还不是很高，大多数报料石沉大海，挫伤了其积极性，全民皆新闻线人的新闻资源渠道市场难以形成。总之，云南报业的新闻资源市场还有待于培养和提高。

人力资源市场：无论是哪家报纸想要在竞争中不败，首先要考虑到人的因素，对报纸而言，最缺的就是会办报的人才、会经营的人才，还有既会办报又懂经营的复合型人才。报纸是舆论宣传的工具，报纸的舆论导向作用历来为各国政府所重视。仅懂办报的采编人才做出来的报纸很多时候并不能够与市场完全的相适应；但是仅懂得办经营的人在很多时候又往往因为经济利益的驱使，而忘记报纸自身应该担负起的社会责任。

一组2004年的数据：云南省报社总人数共有3 738人，其中：管理人员578人，占报社总人数的15%。报社的正式人员1 831人，占报社总人数的49%；聘用人员1 907人，占报社总人数的51%。采编人员1 914人，占报社总人数的51%；经营人员1 060人，占报社总人数的28%。

学历构成：博士2人，硕士31人，本科1 487人，占报社总人数的40%；大专1 061人，占报社总人数的28%；中专以下1 072人，占报社总人数的29%。高职总人数350人，占报社总人数的9%；中职658人，占报社总人数的18%；初职554人，占报社总人数的15%。[①]

从这组数据，我们不难看出，云南报业人才的缺乏主要表现在两个方面，一是经营人才，二是采编人才。从前者来看，各个媒体的发行、广告等经营部门不是靠团队的规范化运作来取得效益的，广告客户是跟着经营人员走，谁的人脉多，谁就拥有绝对的领导权，由于这种广告客户资源未能成为报社价值链的一环，因而总是游离在报社外部，报社从未对其进行综合管理和利

① 云南省新闻出版局办公室：《云南省新闻出版业行业发展状况调研报告》，P. 47，2006。

用。如此一来，一旦某经营人员离开，就把这种资源带走了。由于云南报业经营人员如此少，因而他们在报社有绝对的话语权，从而影响到报纸内容的生产，结果是采编人员的素质越来越低，日益从属于经营人员，从而导致整张报纸的可读性降低。这又反过来影响经营人员的工作业绩，形成恶性循环，最终导致两类人才的力量日益萎缩。从后者来看，除了前面原因之外，本土高校培养的新闻专业学生流向报业甚至整个云南传媒业领域之外也是导致采编人才过度缺乏的原因之一。从学校来看，云南大学每年毕业的学生少说也有七八十，但真正进入传媒的人却很少，如2006届毕业生只有五分之一在媒体工作，且在报业的不多，最多也只是在《春城晚报》工作，很多学生都分流到了政府、事业、工商企业等部门中。究其原因，是报社和学生对对方都不满意，前者认为新闻系的学生只能写点“短、平、快”的新闻稿，其他事一窍不通，既不会做深度文章，也不懂得经营，因此宁愿要其他专业学生甚至初高中学历的人士都招纳进来；而后者认为前者太急功近利，把人才当做牛马使，未能为从业者提供一个发展的平台，且认为报社已有的工作人员素质太差，进去之后无法与其共事，存有一种鄙夷心理，不屑与之为伍。结果是谁也不肯屈就对方，导致的局面是云南报业人才急剧贫乏，而高校的新闻专业人才又学无所用，浪费的是云南整个报业的资源。由此，与人才的缺乏紧密相连的是生产管理——即报纸的采编工作，四大都市报内容的同质化也是受人才缺乏的影响。

表2　2004年部分地区报纸消费水平：①

名次	省区	城镇居民平均每人每年消费（元）	平均每人每年消费报纸（元）	报纸消费占文化娱乐用品消费比例（%）
1	上海	11 040	73.94	12.59%
3	广东	9 636.3	53.06	14.06%
14	重庆	7 118.1	11.44	4.57%
16	四川	5 759.2	10.04	4.39%
23	西藏	8 045.3	7.23	5.38%
29	云南	6 023.6	5.49	2.16%
31	青海	5 400.2	4.17	1.91%

资料来源：《中国传媒产业发展报告》。

① 崔保国：《中国传媒产业发展报告》(2004～2005)，北京：社会科学文献出版社，2005。

根据总署的统计，在2004年，云南的报纸消费水平排列倒数第三。也就是说，云南省居民只拿出相当一小部分用于消费的钱来购买报纸。当然这与整个云南省居民的文化素质有很大的关系，而且交通条件的限制也是一个主要因素。“新闻变成旧闻”，还有多少人想要关心已经发生过“很久”的事呢。这也从另一个侧面说明，云南的报业还有很大一个读者群有待培养，报纸在云南还是有很大的市场的。

读者市场的开发直接关系到报纸的生存，因此，各家报纸都从多方面来稳固老读者，并着力开发潜在人群的购买欲。纵观云南报纸，从读者受众来看，由于整体素质较差，文化欣赏水平和判断能力较弱，其结果是乐从于简单的、粗糙的新闻传媒产品和俗化性娱乐，未能意识到那些分析性、观点性和深度性的专门化媒介对他们的重要性，这也误导了办报人的价值选择，认为大拼盘式的媒介产品在云南是畅行无阻的。[①] 因此，各家报纸为了争夺读者，极力迎合受众的趣味，走向“低俗化”，这对于一份报纸的生存来说无疑等于慢性自杀。

广告市场：众所周知，传媒的发展与当地经济的发展是正相关的。某区域经济状况良好，其企业数量也很多，则该地的媒体就有足够的广告收入，因而当地传媒业的营业收入是很高的，如北京、上海、广州、深圳、成都皆是如此。当然，经济一般的省份比如湖南，其广电产业也发展得不错，综观全国情况，这毕竟是少数。从理论上来讲，云南地处西部边陲，经济落后，当地传媒不发达是正常的。但是，如果从云南的GDP来看，云南报业乃至整个传媒业当前的状况应当是说不过去的。从云南报业所处的全省产业经济布局来看，云南现有报纸赖以生存的广告基础相当狭窄。

我们先来看看云南的支柱产业，分别是第二产业的医药、旅游、烟草、矿业、电力。矿业和烟草业是云南的经济发展的龙头产业，但前者却是非竞争性行业，其产品也无需做广告，更何况云南的矿业以原材料和初级加工品居多（如磷矿、铝矿等就是向省外大量输出原材料，这倒是对铁路运输有利，但铁路是垄断性行业，他们也是不做广告的），而后者属于国家禁止做广告的行业，即使做些形象广告，也是在全国性的媒体上做，因此这两者对广告营业额的贡献率也几乎为零，电力属垄断行业，也是如此，只有医药业对云南的广告有较大的贡献，但是目前，全国对医药广告进行整顿，控制严格，所

① 刘建华：《云南报纸产业价值链的塑造与经营模式的重构》，http：//www. chuanboxue. net/。

以对于云南报业来说是一个“打击”；第三产业对云南广告贡献最大的行业主要是汽车、房地产服务业、餐饮业、招生招聘业、美容化妆业、信息业及旅游业等，除了旅游业，其他行业对云南广告的投放规律与全国是一样的，但是作为比重很大的云南旅游业却对云南广告的贡献是不尽如人意的，有相当一部分流向了省外媒体，因此，云南媒体在这方面还有很大的空间。[①]

由此，我们可以看出，医药业和第三产业对云南的广告贡献最大，然而第三产业的企业营业收入很小，不能推动云南广告业迈上一个台阶。第一、第二产业的非竞争性企业中，旅游业也占据一部分，因此，云南传媒的发展与全省的 GDP 严重不成比例是在所难免的。

资本市场：到目前为止，云南的报业市场仅有《云南信息报》是在 1999 年由原云南省计委办的一张行业机关报，因为与《成都商报》签署了合作办报协议，注入 600 万元资金，才成为一张市场化的报纸。而最终，《成都商报》退出，该报又成为云南省新闻出版局下属的报纸。另外，《生活新报》由云南省残联主管的机关报改版，是云南报业中注入私人资本的报纸之一。除此，并没有像广州、北京地区的大报介入，更没有默多克那种报业大鳄介入云南报业市场，因此，云南的报业市场呈现小资本的特点。这与云南的自然地理环境不无关系。

从自然地理环境来看，云南报业发展的回旋空间受到了很大制约。这可以从该省在全国的地理位置和省内城市群落分布两方面来观察。从其所处国内地理位置来看，云南虽然是联结中国与东盟的桥头堡，但其在国内甚至在西部区域的行动影响能力是有限的，不论在政治、经济、文化和社会生活方面，云南无法主导全国或者西南区域某一方面的潮流和走向；另一方面，经济的欠发达严重制约了报业的发展速度，纵观西南地区，除了成都以外，没有几个城市能与昆明相互呼应，协同作战，形成合力带动整个区域的发展。因而依靠其他邻近省份的资本来推动云南报业的发展现实可能性是比较小的，跨国进入其他传媒市场更是不可能，这就迫使云南报业走向内生型扩展的道路。

在云南，除了昆明这个特大型城市外，没有一个中型城市，小城市遍布全省，且间隔较远，交流不畅，仅玉溪、曲靖、大理等城市勉强可以自立，但若想作为一支重要的力量来支持云南报业的发展，这些几十万人口的小城

① 刘建华：《云南报纸产业价值链的塑造与经营模式的重构》，http：//www.chuanboxue.net/。

市不能同时承载四大都市报更进一步扩张的梦想，所以，四大都市报要想在全省范围内共生大发展是不大可能，更不用谈在昆明共生发展了。我们可以从各州市党报的办报情况来管窥当地的经济发展状况，以下是部分州市报纸财政投入和非财政投入的情况。①

表3　云南各地市五年来报业投入状况　　单位：万元

		2000 年	2001 年	2002 年	2003 年	2004 年
玉溪日报	财政	381.8	314.7	348	382.5	468.5
	非财政	162	220.6	528.5	576.2	618.2
迪庆日报	财政				124	169.5
	非财政				9.2	12.5
思茅日报	财政	81	33	30	60	62
	非财政	166	162	167	134	287
临沧日报	财政	128.7	101.8	106.3	128.8	155.8
	非财政	68.4	121.9	159.5	178.3	238.1
曲靖日报	财政	122	122	138	152	179
	非财政	130	133	140	150	155
楚雄日报	财政	85	220	70	85	80
	非财政	329	385	506	526	614
德宏团结报	财政	108.17	133.57	153.71	202.67	276.22
	非财政	80	74.3	109.9	86.1	22.03

资料来源：《云南省新闻出版业行业发展状况调研报告》

由此可知，云南报业发展的自然地理环境位置是很不利的，既没有几个力量相当的大城市，又无法形成资源互补的城市群落，如果都挤在一个碗里抢食，势必会恶性抢夺、无序竞争从而是整体受伤乃至死亡。

① 云南省新闻出版局办公室：《云南省新闻出版业行业发展状况调研报告》，云南省新闻出版局办公室。

1.4 问 题

1.4.1 经营模式单一

云南目前的60多种报纸中，一半以上是党报机关报，靠行政全额或差额拨款生存，其市场意识不强，基本上不存在广告经营和发行经营的概念。在剩下的不到一半的报纸中，只有不到10家报纸在进行市场化经营，考虑到其中部分是周报模式运营，其市场化经营力量太过薄弱，因此，真正实行市场化运作的报纸是《春城晚报》、《都市时报》、《生活新报》、《云南信息报》四家报纸。

这四家报纸，由于其发展空间、经济实力、发展历史、生活环境等要素尚不利于成熟的报业市场形成，因而基本上是单一的经营模式，即纯粹通过广告赚钱，发行收入几乎可以忽略不计，并且，所有报纸的广告几乎都依赖房地产、医药、汽车、手机等一些行业，分类广告很不成熟。根据媒介经营一般规律，广告占该媒介经营收入的70%以上，某行业产品在广告额中所占比重超过40%以上的媒介都是很危险的。而昆明这四家报纸无一例外符合这一规律，广告收入几乎占其经营收入的100%。因此，目前云南报业急需开拓其他的经营模式。

1.4.2 体制机制障碍

尽管中央14号文件对文化产业中传媒产业的体制改革作了明确规定，即公益性文化事业与经营性文化产业、采编与经营两分开。但是，在实践中真正要做到这一点还是非常困难的。采编和经营就像车子的两轮，是很难做到严格区分的，所以，这从宏观的方面对传媒业的发展形成了不可逾越的体制障碍。《春城晚报》、《都市时报》无法做到两分开，就连民营资本背景的《生活新报》也无法做到，因为其采编要受到政策、制度的许多严格限制。

从微观角度来看，云南报业内部机制也是其发展的一个障碍。尤其是党报机关报，管理经验陈旧，人员活力不够，激励机制乏力，内部运作流程迟滞，无法充分发挥内部各种资源协同作战的功效，媒介没有形成良好的内部运营价值链。即使市场化运作水平较高的《都市时报》、《生活新报》，亦是如此。

1.4.3 广告资源开发创新不足

尽管云南报业经营的重点落在广告上面，但是其对广告资源的开发创新力度是疲软的。几乎所有媒介通过两种形式服务广告客户：一是直接卖广告版面做形象广告；二是针对不同的行业做所谓的财富专刊来吸引广告商。当然，这两种方式比较有用，但是较为陈旧，远远不能满足广告商的个性化需求。

媒介应当要开发多种形式的广告资源供广告商进行购买和选择。比如说在版面大小上要有不同尺寸的空间，为广告商提供其指定的栏目版面空间；在广告运作方式上，要通过线上线下相结合的样式做广告，如通过举办活动来推进广告效果；在媒介内容构成上，除了通常的新闻、评论、副刊、广告样式，应当尝试把广告与其他三项进行结合，提供广告新闻、广告评论、广告副刊等杂交形式的广告资源。

1.4.4 营销力度滞后

传媒的营销工作主要集中在三个方面：一是自身的品牌形象宣传营销；二是新闻产品的营销；三是广告产品的营销。对于云南报业来说，这三个方面都有所动作，个别市场主体甚至也下了一定的功夫，如各报都喜欢在自己的头版刊载庆祝其发行量突破 20 万、其广告收入达到几亿元的形象宣传广告。但是，这还不够，几乎没有哪家媒体在其他类型媒介（尤其是在省外）如电视、杂志、户外等上面做形象宣传。

在新闻传媒产品和广告产品的营销上，其力度也较滞后。主要表现在对营销的理念、资金投入、方式方法、市场开拓、售后服务等要素的乏力上。

1.4.5 从业人员素质偏低

云南报业从业人员素质偏低主要表现在以下几个方面：一是采编人才尤其是记者队伍的年龄太过年轻，大部分是 20 刚出头的小伙子，年轻固然是好，有活力、有闯劲，但是其最大的缺陷是没有经验，无法生产出高质量的传媒产品；二是人才队伍学历较低，大部分是大专以下学历（这些数据前文已有详述），不能适应媒介高质量创意产品生产的要求；三是各个行业的专门人才较少，虽然近些年报社大力招聘不同专业的人才，但一半以上的从业人员是新闻或中文背景，经济、金融、管理、法律方面的人才所占比例还较低；四是经营队伍素质较低，或者是学历低，或者是根本不遵循广告行业市场科学运行规律，或者是既不懂新闻又不懂经营，或者是这两方面缺其一，所有这些都严重束缚了媒介广告市场的发展。

1.4.6 州市区域传媒崛起疲软

在一定程度上，昆明报业几乎可以说就是云南报业，因为绝大部分市场化媒介都集中在昆明，州市还未出现有市场化经营趋向的报纸。从另一个方面来说，州市又是一个报纸发展极有前景的空间，如2006年成立的红河传媒集团就是一例，它由该州的党报、电视台、歌舞团等文化实体组建而成。但是，尽管有了这么一个框架，红河传媒集团能否有所发展还是一个大大的问号，因为其缺乏一定的资金、人才、技术、设施，媒介产品和广告产品市场较小。而这些是州市所有报纸面临的最大问题，从而导致州市媒体崛起疲软。

1.4.7 政策支持力度不够

在对媒介发展的政策支持力度上，各省都不一样。由于各省的媒介实力不同，各省的政策也应当不相同。就广东来说，由于媒介的实力很强，政府部门只要给予一定的政策空间就可，而不一定在资金上进行支持。但对于云南报业来讲，其还处在变革、改制、转型当中，不仅要给予灵活的政策，应当还要有一定的资金扶持。

然而，在实际工作中，传媒集团和媒介个体还是纳税大户，不仅要交企业所得税，而且也得不到财政部门的资金支持。如云南日报报业集团，它从1999年开始就是本省的占前几名的纳税大户，财政部门把它作为摇钱树，财政补贴逐年减少甚至没有。实际情况是，《云南日报》及其他媒介的技术设施改造需要大笔的资金，但无法获得资助，因而改造工作迟迟不能实现，从而阻碍其采编、经营工作的改进，新闻产品市场和广告产品市场徘徊不前。因此，当务之急是要对各个层级的媒介给予尽可能多的财政支持和税收优惠，以促进其发展壮大。

1.4.8 融资渠道有限

云南报业当前最缺的是资金，各市场主体力量薄弱，就连云南日报报业集团也才2亿多元的经营收入，其他报纸就更不用说发展了。云南报业要想获得发展资金的渠道是有限的。第一，由于体制所限，媒介要获取业外资本的机会很少；第二，报纸要想从金融业获得贷款的门槛较高，受到方方面面的制约；第三，云南适合报纸发展的市场环境并不是很好，一些业外资金也不愿进来；第四，上市融资的可能性几乎为零，因为还没有一家实力较强的能够上市的报纸；最后，本省其他行业的国有资本（如旅游业、烟草业、矿产业等）由于不熟悉传媒市场，也没有投资传媒业的计划。因此，云南报业必须从小资本引进着手，并着力引导本省其他行业的国有资本进入传媒业，然后尝试引入省外资本甚至国外资本，做大做强，最后实现上市融资。

□ 趋势与对策

1.5 进一步推进体制、机制改革创新，加大投入，配套实施优惠的财税政策

“十一五”期间，云南省深化文化体制改革旨在培育一批有实力的文化集团，报纸产业急需推进体制机制改革创新，争取在五年内培育 2 ~ 3 个在全国较有实力的报纸传媒集团，如云南日报集团、红河传媒集团等。为此，需要财政、税收、工商、金融等部门加大对其的倾斜力度，实行财政专项资金补贴，降低税收甚至减免，工商部门为其营造更好的市场环境，金融部门对其融资给予尽可能多的优惠政策。

1.6 整合媒体，细分消费者个性化需求，多元专门性周报将成为主流

随着社会阶层的分化，受众市场日益呈碎片化趋势，首先是社会观念的碎片化，其次是消费需求的碎片化，也就是说，没有哪个市场主体能够生产出一统天下的消费品。

这就要求报纸媒介适应碎片化的要求，细分消费者市场，根据不同碎片的需求定制出各种不同的特殊产品。加上数字化、信息化、网络化的迅猛发展，传统媒体特别是报媒受到新媒体（如互联网、楼宇电视、手机等）的强烈冲击，其根本不具时效优势。这两方面的压力导致综合性日报的生存越来越困难，今后的趋势将是报团内有一家综合性日报（党报如《云南日报》），一至两家综合性都市类（走市场）的日报（或晚报），其余多为专门化周报，针对不同的碎片创办多种专门化周报，从而满足其对深度新闻的个性化需求。因此，将来的报业市场中，综合性日报的地位衰退，而样式繁多的专门化周报将成为主流。

对于云南报业来讲，需要做好两个层面的工作，首先，对云南报业进行市场主体组并、建构一个大型的报业集团。目前云南传媒市场上只有一个云南日报报业集团，然而，如果南方报业集团入主《云南信息报》（在洽谈中）成为事实的话，云南报业将面临一个强大的竞争对手——南方报业集团。就现有情况看，同城报纸的同质化竞争只能是浪费资源，四大都市报的竞争就可以说明这个问题。倘若效仿国际办报理念“一城一报”的办报模式，即“一城（省）一报团”。像昆明这么一个 600 万人的省会城市，一个报团就足

够了，因为发行和广告市场份额是有限的；进而言之，云南省只要有一个报团也足够了，因为云南10来万人口的小型城市较多，容不下几大报团竞争。随着传媒业的发展，将来的云南市场必然是广电集团（现在还未成立，但这是迟早的事）、云南报业集团、省外传媒集团三股力量在较量，因此，当前云南报业还有一定的时间去进行市场主体组并，构建全省性的大型报业集团。

当然，这个报团的构建要沿着两个序列进行，第一个是党报群序列，即省委党报和各州市党报形成一个序列，各党报的主要任务是起舆论导向作用；第二个是市场报群序列，在舆论导向上是对党报起补充辅助作用，主要任务是做受众的“信息管家、时事顾问、意见领袖”。要达到这个目标，当前的报业市场主体就必须进行定位取向划分，构建一个新的全省视野下的市场报序列体系。基本的轮廓应当是这样，即《春城晚报》、《都市时报》（最好是其中一家）还是做综合性日报，面对省市都市人群（这是其核心受众），兼顾经济发达的乡村受众；《生活新报》、《云南信息报》、《大众消费报》、《滇池晨报》、《民族时报》、《东陆时报》、《大观周刊》等报刊转变成定位于省市不同纯度受众的专门化周报（或日报）。一个纯度为一条自省到地方的纵线，如《民族时报》就以从省到地方的关注民族文化、经济的高纯度人群为一条纵线，《她时代》以省市都市女性为一条纵线，如此一来，各周报都有明确而独立的市场定位，有针对性极强的目标读者，因而才有各自生存的平台。

当然，这些分化改组，在目前不完全市场竞争的情况下，仅靠市场力量自发调控是不能实现的，然而时不我待，省外媒体对云南市场虎视眈眈，时机转瞬即逝，因此，当务之急是需要政府运用宏观调控手段来实现这一规划。

1.7 民族文化传媒集团构建是其未来发展的立足点和目标

目前，传媒集团都在寻求新的发展空间，不断实行系列化、一体化和多元化发展战略。尤其是向多行业推进，在相关行业投资进行多元化经营，以增强实力。南方日报报业集团于2006年改名为南方文化传媒集团就是为了拓展更大的市场空间。对于云南报业来说，利用本省的民族文化资源，组建民族文化传媒集团将是其未来发展的立足点和根本目标。将来的文化传媒集团的基本构架应当是这样的：以新闻传媒作为核心和基础业务，呈发射型向外拓展民族歌舞演艺、乡村文化、民族工艺品、民族旅游文化、会展经济等各大行业，从而建构大型的文化传媒集团。目前红河州的“红河传媒集团”基本具备这种雏形，但离理想要求还相差甚远。

1.8 开拓农村市场，发展少数民族地区市场媒体

新闻出版总署的“十一五”规划中明确指出要大力发展农村报业市场和少数民族区域报纸市场。云南是多民族的省份，有25个少数民族，具备少数民族报刊发展的极大潜力空间；另外，云南省区域发展极不平衡，除了昆明这个特大型城市外，其他都是小型城市，几乎没有一个中型城市，这决定了其大部分人口都生活在农村，因此，适合报纸发展的农村市场几乎还没有开发。这两个因素大大有利于云南报业向农村市场特别是少数民族农村市场进军。

1.9 开拓东南亚市场，打造强势华文媒体

近十年来，随着中国经济实力的增强，中国在世界的影响力也日益扩大，中国与世界各国的经济、文化联系也日益广泛，世界各国由于与中国贸易和了解中国文化的需要，因此学习华文的人越来越多，再加上遍布世界各地的华人移民，华文报纸拥有一个很大的世界读者市场。“十一五”规划中也把开拓华文报市场作为报媒发展的一个突破口。

对于云南报业来说，相对于其他省市报媒，他们具备很好的开拓华文报市场的地缘优势。作为连接中国和东南亚国家的桥头堡，云南报业在发展东南亚华文报纸方面具有极大的主导权，因此，对于云南报业来说，当前要做的工作就是进驻缅甸、泰国、越南、印度等东南亚传媒市场，加快市场占位步伐。

1.10 数字化转型，力争成为首批多媒体手机报纸的运营者

2005年是中国传媒的转折年，刚上市的北青传媒在上半年的利润缩水竟达99%，网络媒体的营业收入呈70%的速度增加，而报业首次以个位数字在增长，有些报纸甚至是负增长，2006年报纸的广告增长率是5%。这一切都在说明，传统媒体尤其是报纸遇上了严重的生存危机。面对这种情况，数字化、网络化转型是报纸摆脱困境的一条出路。如报纸上网、手机报等都是报纸积极求生存和发展的一种尝试。就云南报业来说，数字化转型的热情还不是很高，当然，春城晚报社已迈出了这一步，出版了云南省第一张手机报。不过，就报业整体生存而言，数字化转型应当需要各个市场主体的协同努力。

1.11 拓展融资渠道，大力吸收第二产业资本，加快非公资本进驻步伐

云南报业的融资渠道目前仅在于金融部门贷款及政府财政补贴等有限的几个方面。要做大做强报纸，需要积极利用业内和业外资本，业外资本就是积极吸引民营和外资的进驻；业内资本除了吸引省内外传媒业资本外，更要致力于引进其他产业的国有资本。如云南报业就应当努力说服第二产业的国有资本投入到传媒业中，尤其在吸引外资方面政策受限和上市融资可能性不大的情况下，吸引第二产业的国有资本应当最具现实可能。

2. 图书业

出版物，在某种意义上是集各种思想、文化、科学、技术之大成，反映了各个国家与民族的经济、政治、文化及社会生活的情况。出版物无论是印刷本型还是电子数据，其载体无论如何发展，它的作用始终如一——架起超越种族和国界的桥梁，用于人与人之间的互相交流与沟通，实现全人类信息知识共享，推动世界和平与进步。

刚刚出炉的《2006 年：中国传媒产业发展报告》称：2005 年，中国传媒产业总产值达到了3 205亿元，比上年上升了 11.9%，其中，2005 年图书出版占据传媒市场的最大份额，约为 36%；电视广告市场份额位居其次，占了 12.4% 的比重；排行第三的是手机短信，占 9.5%；以下分别是广告公司、期刊发行和报纸发行，分别占 9.3% 和 8.4%，而报纸广告则在 2005 年出现了低增长，从而退居第六位。中国传媒产业与中国经济发展具有密切的正相关关系，“十五”期间中国经济保持了持续、稳定的发展态势，而中国传媒业尽管经历了 2005 年的风风雨雨，总体上仍然呈现出良好的增长势头。

□ 现状与评估

2.1 概 况

云南出版作为传媒产业的重要部分，经历了从 2005 到 2006 年的发展与转型，据调查统计，截至 2005 年末，云南全省新闻出版业资产总额为 140 余亿元，比起 2004 年的 115.7 亿元，全年完成增加值 24.3 亿元，实现利润约 10 亿元。2005 全年销售收入近 120 亿元，比起 2004 年的 91.64 亿元有了大幅

增长。目前，全行业有从业人员近10万人，占全省第三产业就业总量的2.12%。从全省经济发展状况看，云南省新闻出版业占全省GDP的1.16%，已基本形成书、报、刊、音像、电子出版物等门类齐全，编、印、发、供、贸和教育、科研等各个环节相互配套的新闻出版体系。①

出版事业初步呈现繁荣发展的局面，为发展社会主义先进文化，传播科学技术知识，丰富人民群众的精神文化生活发挥了重要作用。“十五”期间，累计出版图书8 000多种，40多种出版物获国家图书奖、国家音像电子出版物奖，国家期刊奖、“五个一工程”一本好书奖及中国图书奖。有3家出版社获全国良好出版社称号。有4种期刊进入国家百种重点期刊行列。“十五”期间，全省版权贸易达324种，其中，引进版权299种，输出版权25种。②

云南传媒产业的大发展和大改革，其宏观背景是近年来逐步深入的文化体制改革。2005～2008年是中国传媒产业的起飞期，从产业整体角度来讲，云南传媒产业能否实现真正的企业化转型，是决定其能否具备足够发展后劲、成长为国民经济支柱产业的关键一搏。为了正确、清晰地评估云南省出版产业在全国的发展地位，作者分别选取西部、中部、东部三个省——四川、湖南、广东，希望以他们的出版产业发展状况作为参照，从而促进云南出版产业进一步发挥优势、弥补不足。

2.1.1 从新闻出版业资产总额看

云南：2005年，云南全省新闻出版业资产总额为140余亿元，实现利润约10亿元。

四川：2006年，四川出版业资产总量达到192亿元，报业经营总收入突破25亿元，期刊发行收入和广告收入达到4.3亿元。全省出版物总销售额达49.8亿元。印刷企业年产值实现95亿元。③

湖南：2005年，湖南省新闻出版行业总资产达到156.75亿元，完成销售收入134.02亿元，实现利润10.20亿元，比2000年分别增长78.59%、67.13%和26.24%，年均增长率分别为12.30%、10.82%和4.77%。④

广东：据2002年不完全统计（未含报社、期刊社的经营部分和无法统计

① 云南省新闻出版局：《云南省新闻出版“十一五”规划》，P.2，2006。

② 云南省新闻出版局：《云南省新闻出版“十一五”规划》，P.4，2006。

③ http：//www.scppa.gov.cn/viewpage.jsp id =532。

④ http：//www.hnpg.com.cn/eOffice/Info/InfoShow/InfoDetail.asp? InfoID =2009&CatalogID =37。

的社会发行机构数据），广东省新闻出版行业资产总额635亿元。[①]

由于不是同一年份的数据，很难具体比较，但广东的出版业明显可以看出与云南不是一个档次，还在2002年，它的出版业资产总额就已远远超过了云南，从全国来看，广东新闻出版业的发展水平也居于前列。仅从数据上看，云南与湖南比较相近，但从后面的比较可以看出，湖南出版业的生产和销售能力远远高于我们。

2.1.2 从出版单位和出版物数量看

云南：截至2005年末，全省拥有出版社13家，其中音像、电子出版社5家，年出版各类出版物2 000余种，从业人员785人；有报刊189种，从业人员4 600多人；有各类印刷复制单位4 650家，从业人员3.7万人。新批准成立了1家光盘生产复制企业，已获准引进光盘生产线2条（4头）。有出版物发行单位（含音像）8 000多家，从业人员5.4万人。[②]

四川：全省有各类出版单位503家，其中16家图书出版社，11家音像出版单位，3家电子出版单位，4家网络出版机构；134种报纸和335种期刊；有音像电子出版物制作单位110家，印刷复制企业3 930家；有出版物批发和零售企业5 500多家，其中批发企业214家，零售单位5 384个。出版从业人员13万余人。2006年，全年新出图书3 339种，出版音像电子出版物870种。[③]

湖南：截至2006年，湖南省共有图书出版社12家，音像和电子出版社10家，网络出版机构1家；报纸76种，期刊247种；印刷企业5 107家，音像和电子出版物复制企业6家；新华书店101家，书报刊交易市场6家，出版物批发单位148家，各种经济形式的出版物零售经营户5 834家，邮政报刊营销网点4 353个，社会报刊发行站6 870个；新闻出版从业人员共计11万余人。[④]

广东：2002年，广东省20家图书出版社出书4 621种，其中新书2 777种，总印数3.25亿册，总印张1 958 737千张，总码洋18.91亿元，从业人员1 390人，资产总额9.8亿元。2002年，广东省共有音像出版单位21家，电子出版物出版单位4家，光盘复制企业40家，光盘生产线189条，音带像带复制厂42家，全年出版音像制品2 811种，21家音像出版单位有从业人员973人，资产总额4.1亿元。有各类书报刊发行单位及零售网点17 129个，各类印刷企业

---

① http：//www.xwcbj.gd.gov.cn/xwfb/news_ brow.asp？id＝2355。

② 云南省新闻出版局：《云南省新闻出版“十一五”规划》，pp.2～3，2006。

③ http：//www.scppa.gov.cn/viewpage.jsp？id＝532

④ http：//www.hnppa.com/manage/article/shownews.asp？ArticleID＝546。

13 785家，从业人员 49 万多人，年工业总产值 422 亿元，固定资产总额 520 亿元。①

据 2002 年的统计数据分析，在各省市的排名中，广东的图书出版品种数居第四位，定价总金额居第六位；期刊品种数居第四位，发行量居第一位，其中发行量在 25 万册以上的品种有 11 种，为全国最多的省份；报纸品种数和发行量均居全国第一位；录音制品品种、数量居第二位，录像制品品种、数量居第一位；印刷企业和光盘复制企业及生产能力均居全国首位。从图书销售市场看，广东市场的图书纯销售额居全国第一位，是全国最大的图书市场之一。②

2.1.3 从出版集团实力看

云南：云南先后组建了云南日报报业集团和云南出版集团公司两大龙头骨干企业。

云南出版集团公司于 2005 年 1 月 25 日成立，是一个以图书、报纸、期刊、音像、电子出版物、软件及互联网的出版、印制、发行、物资供应、版权贸易为主业，由省政府授权经营的国有独资企业。所属成员单位共 13 家，即云南人民出版社、云南教育出版社、晨光出版社、云南科技出版社、云南美术出版社、云南新华印刷实业总公司、云南国防印刷有限公司、云南新华书店集团有限公司、云南省印刷物资公司、云南省印刷技术研究所、云南报刊发展中心、云南信息报社、云南画报社。云南出版集团公司与所属 13 家单位实行母子公司制。从业人员8 000人，专业技术人才 979 人，其中高级专业技术人才 125 人，中级 324 人，初级 530 人。2004 年出版集团所属 13 家成员单位实现销售收入 27.29 亿元，利润总额 1.26 亿元，清产核资后经中介机构审计，截至 2004 年 9 月，拥有总资产 21.6 亿元，净资产 8.7 亿元。③

四川：四川省基本形成了以“五大集团”为龙头、成都市为核心、其他市（州）中心城市为重点的产业框架。出版综合实力位居西部第一，产业经济总量占西部地区 30% 以上。四川新华发行集团公司继跻身“2004 年中国最大1 000家大企业集团”之后，在最近国家统计局统计中心、中国企业联合会、中国企业家协会联合发布的“2006 年中国服务企业 500 强”排行榜上列居第

---

① http：//www. xwcbj. gd. gov. cn/xwfb/news_ brow. asp? id =2355。
② http：//www. xwcbj. gd. gov. cn/xwfb/news_ brow. asp? id =2355。
③ 龙雪飞：《云南新闻出版产业发展状况综述》（未刊稿）。

二百四十六位。其中，在新闻出版、图书发行和销售、广播影视等文化产业里列第五名。①

湖南：湖南出版投资控股集团有限公司是湖南省政府授权投资经营机构，目前，集团拥有25家子（分）公司。2004年，集团总资产和总销售双双突破50亿元，连续四年入围国家统计局信息中心发布的中国最大企业集团500强。据国家文化产业研究基地——北京大学文化产业研究所对涵盖全国新闻出版、广播电视、文艺演出和广告旅游等文化行业的行业调研报告，集团位居前5位。②

2007年初新闻出版总署图书司对我国已经批准成立的25家出版集团和16家年销售额在2亿元以上的在京出版单位的各项主要经济指标进行了统计。这41家出版单位在整个出版业的发展中具有举足轻重的地位，基本上反映了我国出版产业发展的状况和总体态势，对分析整个图书出版行业具有重要的参考意义，由于云南出版集团拥有云南最好的出版资源，现将云南出版集团在这41家出版单位中的情况进行简单对比，一定程度上能够反映出云南出版业的状况：

图书品种：

2006年，41家出版单位共出版图书品种132 345种，约占全国出书总品种的54%；其中新书58 542种，约占全国新书总品种的44%。相比之下，云南“十五”期间5年累计出版图书8 000多种，平均每年大约1 600种，据云南出版集团介绍，云南出版集团在全国排名13位，而全国共有出版集团25家。

总资产、净资产、销售收入分析：

2006年，41家出版社（集团）的总资产规模达到933.52亿元，净资产总计为518.07亿元，销售收入达到737.61亿元，造货码洋和发货码洋分别达到409.83亿元和440.42亿元，全年共创造利润总额（税前）52.60亿元。与2005年相比，25家出版集团资产规模增长了8.43%，净资产规模增长了7.45%，销售收入增长5.22%，而税前利润增长了0.68%。从2004年到2006年，16家大社名社的资产规模都有了大幅度的增长，总体增长率平均每年达到9.84%，净资产规模、销售收入以及利润总额每年平均增长率分别达

① http：//www.scppa.gov.cn/viewpage.jsp？id=532。

② http：//www.hnpg.com.cn/eOffice/hnpg/introduce/default.asp。

到15.38%、13.87%和12.56%。①

2005年末，云南出版集团公司所属13家单位总资产22亿元，净资产10.34亿元，年销售收入22亿元，利润总额1.24亿元。② 相比之下，云南出版集团的排名如图2：

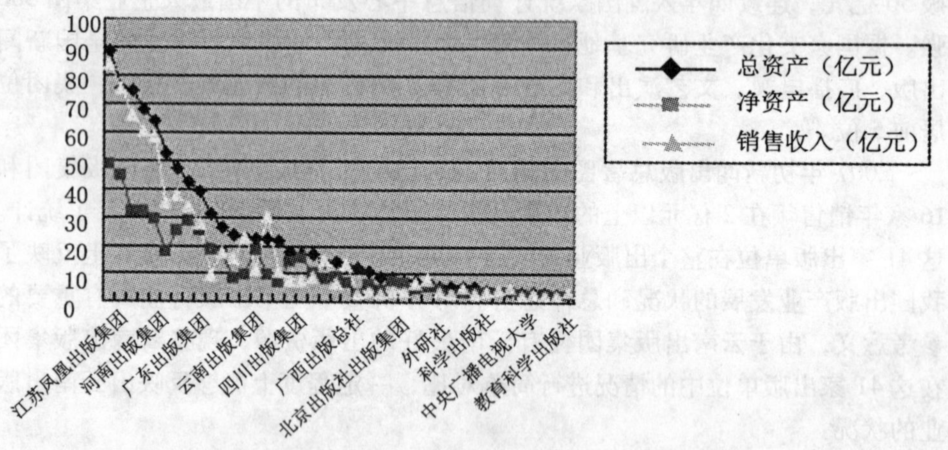

图2 2006年41家出版社销售排名情况

图片来源：中国图书出版网。

总资产分析：

江苏凤凰出版集团以88.94亿元的资产规模名列榜首。共有6家出版集团的总资产规模超过50亿元，其他几家集团分别是浙江出版集团、山东出版集团、湖南出版集团、河南出版集团和中国出版集团。在各家出版集团之间，规模差距非常明显，有3家出版集团资产不到10亿元，读者出版集团总资产只有6.26亿元，是资产规模最大的凤凰集团的7%。云南出版集团资产总额22亿元，排名居中。

净资产分析：

与总资产指标一样，各家出版社（集团）的净资产规模分布也呈现出差别较大的特点。净资产超过20亿元的有9家，最大的江苏凤凰集团的规模是最小的电子工业出版社的20倍。排在总资产和净资产前20名的除了高等教

① http：//www.bkpcn.com0SpecialView.aspxid=20070009。

② 云南省新闻出版局《云南省新闻出版“十一五”规划》，P.3，2006。

育出版社和人民教育出版社外，全部是出版集团，而云南出版集团依然排名中间，净资产额为10.34亿元。

销售收入分析：

把41家出版社（集团）的销售收入进行排名，排在前6名的是江苏、浙江、山东、湖南、河南、河北等地方出版集团，中国出版集团排在第七位。虽然多数出版集团销售收入都高于大社名社，但读者、重庆、北京、上海文艺出版总社4家出版集团的销售收入低于很多大社名社，云南与四川的水平相当。

利润总额分析：

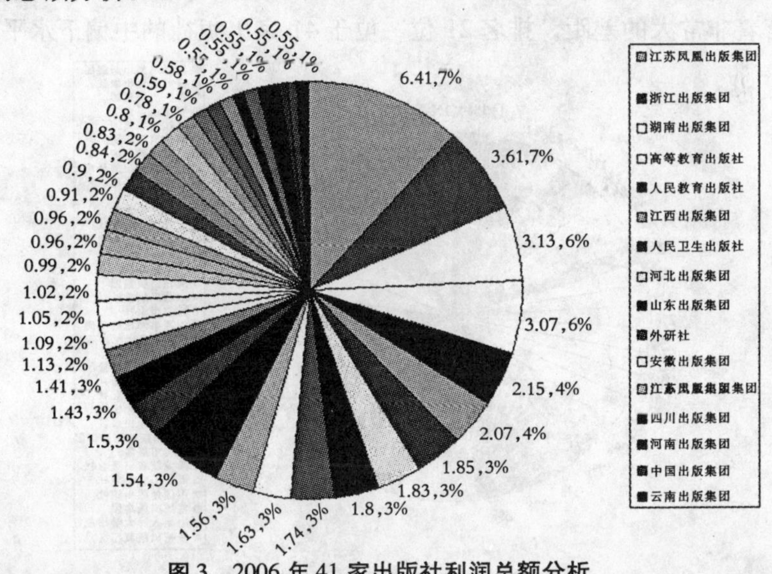

图3　2006年41家出版社利润总额分析

图片来源：中国图书出版网。

从利润情况看，江苏凤凰、浙江和湖南依然排名靠前，但是高等教育出版社、人民教育出版社、人民卫生出版社和外研社等大社名社都进入了前10名。云南出版集团税前利润为1.41亿元，排名位于中国出版集团之后，但与第一位的江苏凤凰集团相比，还有很大的差距，仅为凤凰的约22%。

云南相比辽宁、吉林、山西等资产规模都超过20亿元的出版集团，虽然资产规模相当，但这几家税前利润却不足1亿元，我们相比又有一定的优势。此外，黑龙江、北京、重庆等资产规模较大的出版集团，税前利润也落后于大多数大社名社，在41家出版社（集团）排名中靠后。据统计，除机械工业出版社未提供数据外，有数据的40家出版社（集团）无一亏损。

造货码洋分析：

图书造货码洋在一定意义上代表了一个出版社或集团图书出版或生产能力，是主营业务的体现。因为很多出版集团包含了发行集团，因此造货能力主要体现了集团内出版社的生产能力，可以看出高等教育出版社和中国出版集团虽然在总资产及净资产排名中落后，但分别排在造货码洋的第二、三位，与排名第一的江苏凤凰出版集团一样，它们的经营情况良好，主营业务较强。而云南出版集团虽然在利润总额上与中国出版集团排名相当，但在造货码洋上却有着非常大的差距，排名21位，位于41家出版社的中偏下水平。

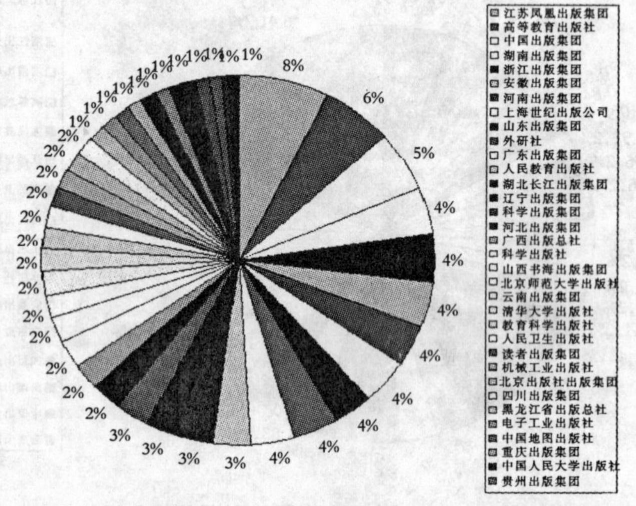

图4 2006年部分出版社造货分析

图片来源：中国图书出版网。

造货码洋前20名的出版单位中，大社名社占了5家，包括高等教育出版社、外研社、人民教育出版社、科学出版社和北师大社，从一定程度上可以说明我国出版社对教材类书籍有一定的依赖。

发货码洋分析：

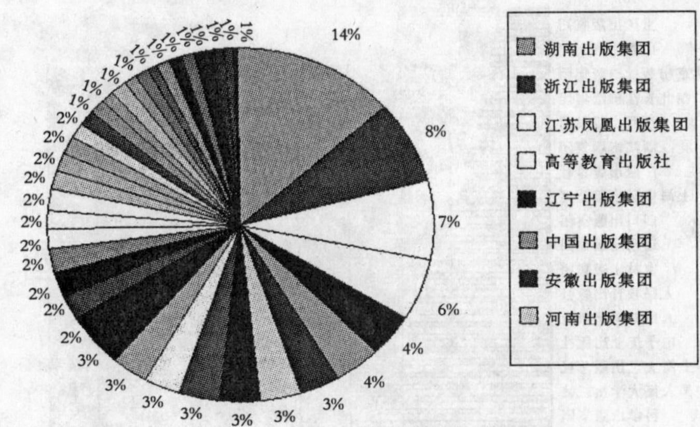

图5 2006年41家出版社发货码洋分析

图片来源：中国图书出版网。

发货码洋的排序和前面几项指标略有不同，前面各项都排在第一的江苏凤凰集团在这项指标中降为第三，排在第一的是湖南出版集团，总发货码洋超过62亿，几乎是第二名的两倍，虽然云南出版集团的位置并没有标注出来，但仅从这一点，就可以看出云南出版集团与东部、中部的差距。

资产利润率、净资产利润率和销售利润率分析：

图6、7、8分别提供了各家出版社（集团）具体的资产利润率、净资产利润率和销售利润率排名。一个明显的现象是，大社名社普遍好于出版集团。

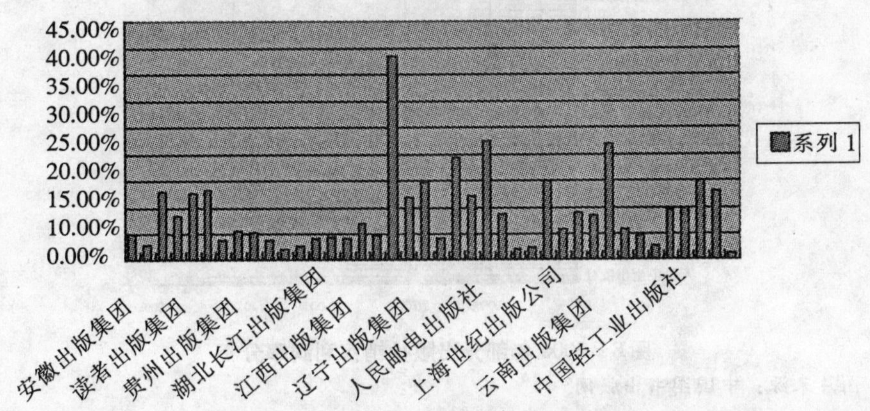

图6 2006部分出版社资产利润率分析

图片来源：中国图书出版网。

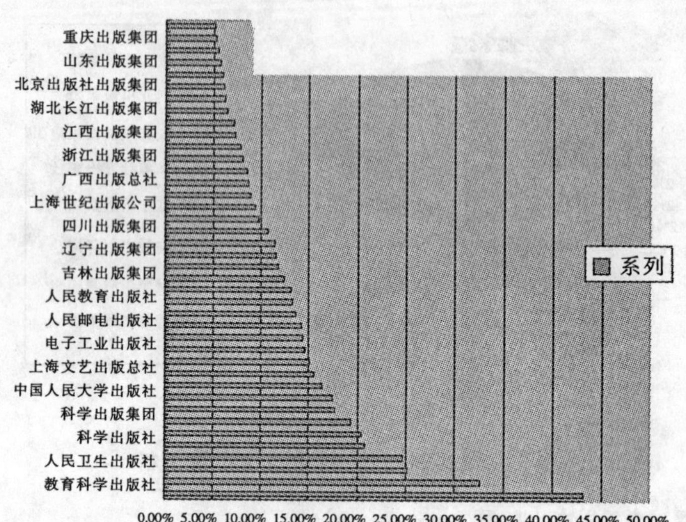

图7 2006 年部分出版社净资产利润率分析

图片来源：中国图书出版网。

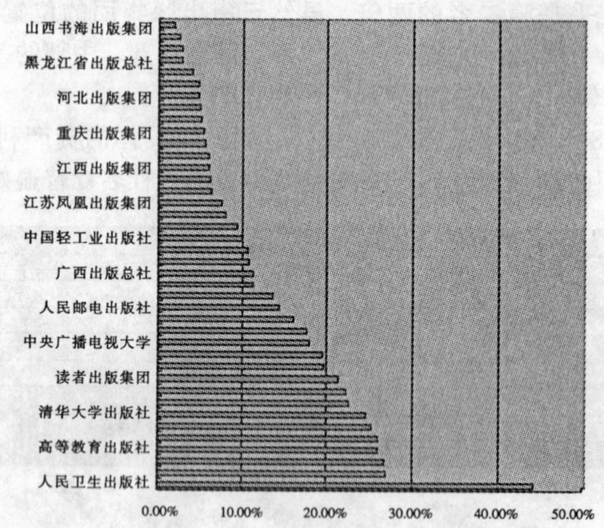

图8 2006 年部分出版社销售利润率分析

图片来源：中国图书出版网。

据统计方数据，25 家集团的平均资产利润率为 4.37%，净资产利润率为 8.36%，销售利润率为 5.52%，而 16 家大社名社的平均资产利润率为

13.94%，净资产利润率为17.32%，销售利润率为20.42%，分别比集团高出9.57%、8.96%和14.9%。

排在资产利润率前10位的除了个别出版集团外都是大社名社，而排在后20位的都是出版集团。销售利润率的排名情况也与此类似。这表明大社名社资产优良，具有很强的盈利能力。

库存情况分析：

2006年41家出版单位的总库存为188.11亿元，库存率（库存码洋/造货码洋）为46%，从总体上远远低于图书全行业的库存率（2005年全行业库存率约为98%），其中大社名社的库存率为43%，又略低于这41家出版单位的平均值。浙江出版集团、高教社、湖南出版集团、中国出版集团、辽宁出版集团、吉林出版集团、上海文艺出版总社7家出版单位的库存率都超过了70%，而吉林出版集团高达200%，浙江出版集团、上海文艺出版总社库存率超过100%。①

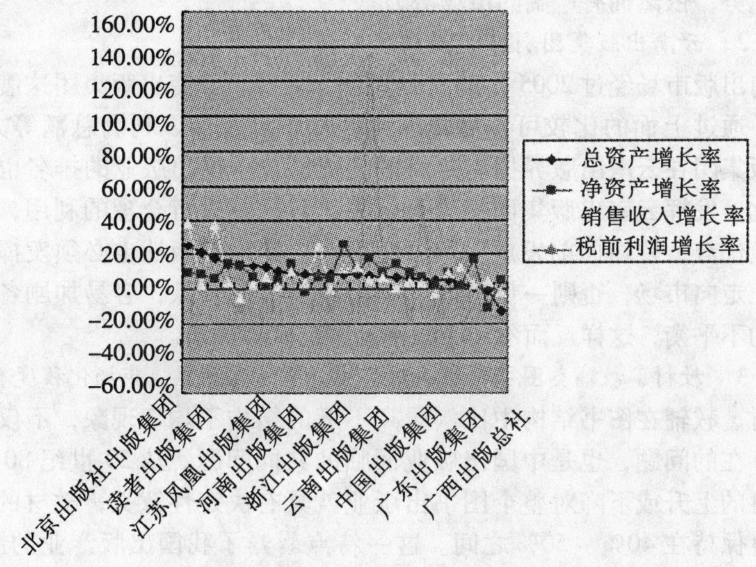

图9　出版集团2006年与2005年经济指标对比

图片来源：中国图书出版网。

① http：//www.bkpcn.comOSpecialView.aspxid=20070009。

图9中提供了与2005年相比，25家出版集团2006年总资产增长率排名，云南排名靠前，居第六位。与2005年相比，25家出版集团资产规模增长了8.43%，净资产规模增长了7.45%，销售收入增长5.22%，而税前利润则只增长了0.68%。这样的变化主要是由于有多家出版集团成立于2004年及以后，成立当年由于进行资产重组、出版社合并等，规模变化较大，云南亦是如此。

2.2 评　估

2.2.1 云南出版挑起云南文化产业大梁

目前，云南省文化产业占全省GDP的4.01%，其中，新闻出版业占全省GDP的1.28%，几乎占有文化产业中32%的份额。当然，这与全国的形势相同，新闻出版在全国传媒业中的比例高达36%。从比例上看，云南出版的市场份额相对较大，但与全国的比例相比，还有发展的空间，因此，云南出版有市场优势，依然拥有广阔的市场潜力。

2.2.2 云南出版集团引领云南出版市场的走向

云南出版市场经过2005年的资源整合，拥有了云南出版集团这艘出版业的大船。通过上面的比较可以看出，无论从资产总额、利润总额等方面看，云南出版集团在云南出版界拥有绝对的优势，在全国出版业的排名也居于中间。因此，发挥云南出版集团的带头作用，对资源进行合理的利用，有利于发挥规模优势，整体向前发展。但另一方面，其他出版社也必须发挥自身特色，全面走向市场，否则一旦出现“一枝独秀”的现象，容易加剧各出版单位之间的不平衡，这样反而不利于云南出版的整体进步。

2.2.3 教材、教辅类图书在经济增长指标中作用明显，市场化程度有待加强

教材、教辅在图书结构中比例居高不下的结构不均衡现象，不仅是云南出版业存在的问题，也是中国出版业面临的共同问题。从20世纪80年代以来，教材的上升或下降对整个图书出版业就具有决定性意义，教材的总印张比例一直保持在40%～50%之间。这一特点暴露了我国出版产业的脆弱性，出版的市场化已成为发展的必然，不仅所有的环节都要用市场的眼光来重新考量，教材的垄断也很快打破，由于教材市场扩容有限，对教材的过度依赖很不利于出版产业的持续健康发展。

2.2.4 云南出版与东部、中部地区有着明显的差距

云南出版与东部、中部地区有着明显的差距，尽管在资产总额上云南在

全国排名居中，但在生产和销售能力上，差距是非常明显的。全省的8家图书出版社年出版图书2 000种左右，销售收入不足6亿元，集约化、规模化程度很低，全省印刷业销售收入仅40余亿元，不及广东的十分之一。作者在新闻集团、新闻出版局采访过程中听得最多的一句话就是“守”，是“保持”现有水平不要沦为最差和最后，然而，只“守”不“攻”，最后的结果就是连现在的位置也要失去，因为我们不动并不表示别人不动，如果人人都在进步，我们还能不能“守住”这现有的位置？估计很难！那么，不进则退，在出版市场发展和繁荣的过程中，我们只有落后。

□ 特点与问题

2.3 特 点

2.3.1 产业的双重属性

产业（Industry），是具有某种同一属性的经济活动的集合。[①] 出版产业是大众传播业的一个部分，属于信息产业群的一个子产业，工业社会后信息产业的崛起，加之社会主义市场经济的发展，出版业首次作为“出版产业”出现，出版物的商品性质也得以显现。

云南出版产业在国际背景和国内出版产业的发展趋势下，从国有事业单位向企业转变，经营性更强，开始作为一个独立的市场主体运作。但另一方面，出版业的意识形态功能从来没有消逝，它的社会教化功能、文化传承功能从来没有弱化，从出版物的属性看，出版物既是私人物品，也是公共产品；既是物质产品、也是精神产品。出版业的双重属性决定了出版产业的特殊性，它必须重视社会效益，甚至把社会效益放在首位。2006年，云南出版集团共出版发行《江泽民文选》2 050 000套，销售码洋1 900多万元，既满足了干部和群众的学习需要，也获得了良好的经济效益，一定程度上体现了出版业的双重属性。

2.3.2 云南出版产业的核心竞争力

云南丰富多彩的民族文化和旅游资源的推广，蕴含着新闻出版业新的发展机遇，民族文化和旅游文化类图书当仁不让，成为云南出版产业的核心竞争力量。近几年，介绍云南文化的出版物比重不断攀升，各出版社出版了大

---

① 周鸿铎：《中国广播电视经济管理概论》，P. 31，国际文化出版公司，1994。

批展示云南特有民族历史文化、民族风情和秀丽自然风光的优秀图书、音像和电子出版物。“十五”期间，有《纳西象形文字谱》、《澄江动物群——5.3亿年前的海洋动物》、《世纪木鼓》、《壮丽中华》、《云南野生动物》等40多种出版物获国家图书奖、国家音像电子出版物奖、国家期刊提名奖、“五个一工程”一本好书奖及中国图书奖。[①]

无论从市场销售还是获奖图书的种类看，民族文化和旅游文化图书都占据了相当大的分量，尽管这类图书深受大众欢迎，也有一定的市场，但也不可否认，这种发展战略表现出云南出版明显的“单腿走路”的特征。市场是多元的，某一类图书不能满足消费者的众多口味，也不可能长时间占领市场，长此下去，云南图书出版的市场竞争力将大大减弱，不仅导致市场占有率低下，利润也将受到严重损害。

2.3.3 出版结构

从出版环节看，云南图书出版结构失衡的问题非常明显，出版、发行业都严重依赖教材。滇版一般图书在全国图书市场的占有率偏低，缺乏富有生命力的原创精品和两个效益俱佳的力作，具有传承价值和社会影响力的传世之作更为罕见，出版社、新华书店利润的大部分来自中小学教材。由于产业发展过度依赖规模、数量的扩张和品种、定价、广告等的增长，云南出版业经营方式粗放，质量效益亟待提高。

根据中国图书出版网的数据，全国25家出版集团中，税前利润增长情况不容乐观。一是出现利润下滑的出版集团数量多，二是下滑幅度大，其中主要原因就是因教材招标而出现的降价导致收入减少，25家出版集团共减少了16.51亿元的收入。[②]这一信号显然给云南出版业敲响了警钟，我们如果继续依赖教材、教辅，出版业走向市场将变成一句空话。

2.3.4 印刷、发行结构

从印刷环节看，一方面，产品结构比较单一，另一方面，“三小印”单位数量众多，缺少规模效应，这两个方面相互作用，大大制约了云南出版市场的发展。在云南市场上，实力雄厚、技术先进、积极开拓省内外市场的市场领跑企业很少，多数是小印刷厂，而且企业之间地区发展不平衡，昆明、玉溪、红河、曲靖等地印刷业占全省印刷能力四分之三，销售收入主要依赖烟

---

① 云南省新闻出版局办公室：《云南省新闻出版业行业发展状况调研报告》，P.8，2006。

② http：//www.bkpcn.comOSpecialView.aspxid＝20 070 009。

草等某一个行业，而失去了大量的其他收入来源。根据云南省包装协会和云南省新闻出版局统计，依靠烟草行业的收入约占全行业收入的77%，但即使这样，每年也有12亿元左右的商标、烟标印刷品市场被外省企业抢夺，加上药品、食品等行业和精品出版物的损失，云南全省每年有近23亿元产值的印刷品市场份额流向省外。

从发行环节看，没有充分应用现代物流科技和手段，依然停留在传统的发行方式上，由于新华书店以经营教材、教辅为主要项目，一般图书在品种上优势不大，加之一般图书的进货渠道一直是省新华书店统一供货，使得基层书店的一般图书缺乏应有的竞争力，有的州市的群众反映在新华书店买不到自己需要的图书。民营的新知图书城在全省的各个州市全面铺开业务后，新华书店的这一缺陷更加凸显。

在版权贸易方面，一直存在逆差，2006年全省进口版权40种，出口仅5种。

2.3.5 图书销售渠道

选题是出版环节的起点，质量是出版物的生命，价格是竞争的有效手段，渠道是销售的保障，四者相辅相成，共同构成出版产业的核心竞争力。目前云南出版业的销售以各省的新华书店为主渠道，配合以各种民营的销售副渠道，按云南人民出版社发行部一位工作人员的话说，“我们的销售渠道几乎遍布全国各地，甚至在网上也非常健全”。的确，在发行网络上，我们对市场的开发相对充分，但销售网点多分布在全国主要城市和地区。[①] 一般来说，城市网点分布集中，且大多竞争激烈，同等条件下消费者往往选择质量、价格、出版社的知名度作为参考，而这些，并不是云南出版及云南出版物的优势。因此，云南出版产业的竞争力，并不存在于渠道、价格和质量上，而在于出版物的选题和质量上，在全国来看，云南图书的竞争力依然不强。

2.3.6 图书市场的需求变化趋势

云南图书的需求近年来呈现出下列一些新的变化趋势：

第一，从学科结构上看，近几年的科技图书、应用性学科如法律、工商管理、计算机等类的图书需求量持续上升，图书的需求呈现比以前有了更强的功利性特征。第二，从产品结构上看，随着素质教育观念的深入人心，课本的需求稳中趋降，而以提高大众的人文和科学素养的读物的需求呈现上升

① 云南省新闻出版局办公室：《云南省新闻出版业行业发展状况调研报告》，P.14，2006。

趋势。第三，从国内外图书的需求看，引进版图书的需求持续上升，国内的图书精品出版物已满足不了社会不断增长的需求。因此，策划出一批中国特色的本版图书，完全有可能成为图书业新的增长点。第四，从图书形式看，人们对“纯文本”图书装帧形式更加注重，呈现所谓高档化趋势，而图文并茂或以图片为主的形式将更受读者欢迎，轻松化的“读图时代”正向我们走来，这类图书的出现对满足人们消闲的需要、缓解人们的工作压力起到一定的作用。第五，从人群结构看，现在的读者以在校学生和所谓的“白领”阶层为主，但随着我国社会的老龄化来临，将来适合中老年阅读的休闲性、趣味性读物的需求将呈上升趋势。第六，随着“学习型社会”的兴起，各类适合在职学习的培训类图书的需求会大幅上升，培训类图书市场将和培训市场一起成为快速增长的领域。①

2.3.7 出版物的农村市场

云南省新闻出版局曾对元阳等县农民的读书用书情况做过抽样调查，88%的农民表示一般不大看书，81%的农民表示每本书可接受的价格为5元，而78%的农民表示只愿意购买科技书籍。对这种情况，新华书店反映，到农村发行图书，平均要投入20元的成本才能卖出1元钱的书。②

这样的局面怎么办？很显然我们不能因为农村的购买力低下就放弃这个市场。农村的购买力受到其经济环境的制约，这是客观存在的，然而云南出版过度依赖中心城市消费群体，没有足够重视和开发农村市场也是不争的事实。一方面农村购买力低下，但另一方面也意味着农村市场的巨大潜力，有数据表明，全省服务社会主义新农村建设的图书、音像、电子出版物品种以每年20%的速度增长，因此，两者矛盾的调和需要出版各界做出不懈的努力，目前正在进行的“农家书屋”、“三下乡”等活动显然只是暂时解决农村对出版物的需求，从长远看，我们还应该培育更加规范的农村出版市场，并使之不断发育和壮大。

2.4 问 题

2.4.1 市场缺乏图书品牌和畅销书

众所周知，品牌图书是市场运作的关键，是质量、规模、特色的综合体。

① 周蔚华：《出版产业研究》，P.48，中国人民大学出版社，2005。
② 云南省新闻出版局办公室：《云南省新闻出版业行业发展状况调研报告》，P.15，2006。

商务印书馆的“汉译世界学术名著丛书”和工具书，三联书店的文化学术类图书，北京大学出版社的学术著作和人文图书，在市场上长年不衰，无可替代，就是因为品牌和特色。品牌是一种战略资源，是核心竞争力的重要源泉，未来图书市场的竞争在一定意义上就是品牌的竞争，品牌所带来的效益将惠及整个出版的产业链，然而，目前云南出版业的市场多依赖于教材、旅游类图书出版的成果，缺乏以品牌为核心对企业内部营销资源、手段的有机整合，这样很难谋求到市场效应的最大化和企业价值链的最佳凸显。

2.4.2 供求脱节，库存严重

相对于其他竞争性商品来说，云南省图书产业的市场化程度较低，长期以来图书供求矛盾一直较为突出，表现为：供给方对需求方的实际需求缺乏严密、科学的分析和研究，主要根据经验判断，选题论证程序过于简单，以致读者抱怨要买的书买不到，而出版社却有书卖不出，导致群众需要的文化产品供应还不足，滞销、库存图书比例却逐年增长，甚至还有群众不需要的书却大量重复出版。供需脱节导致大量图书积压，库存严重，不仅浪费了资源，而且成为制约云南省出版产业的瓶颈。当然，库存问题不仅是云南省出版业的问题，也是中国图书出版的致命伤，有数据表明，2003 年我国图书库存率接近 87%，已远远超出一般公认的 30% ~50% 的警戒水平。[①]

2.4.3 出版信息沟通不畅

在图书市场，读者查询图书相关信息时，往往只能获得书名、作者、价格、出版社这几项简单的图书信息，这还依赖于最近几年网络的应用和普及。然而国外的出版者和经销商都建立了专门的信息服务和促销机构，通过各种媒体为读者提供尽可能详尽的信息服务，包括新书预告，图书的各种编目事项，本书的内容、题材和特点，能体现本书特色的一些事实和数据，作者情况以及来自业内外专家对本书的评论等。因此，从出版物的流通角度看，出版者、经销商、读者之间必须建立一种牢固而信赖的关系，这不仅能保证渠道的畅通，还有助于出版信息的流动。

2.4.4 新闻出版单位体制、机制改革和观念转变滞后，真正的市场主体尚未形成

一是云南省新闻出版单位的行政管理色彩还比较重，对新闻出版业意识形态属性和商品属性的统一性和联系性认识不足，只强调新闻出版业的意识

① 周蔚华：《出版产业研究》，P.52，中国人民大学出版社，2005。

形态属性，忽视其商品属性，忽略其生产力特征，没有把社会效益和经济效益有机统一起来。国有新闻出版单位的观念上还习惯于在政策保护环境下垄断经营，市场意识淡薄，如资源配置、经营管理、干部管理等方面，还较多依赖行政手段，缺乏市场化运作机制，需要在管理体制和经营机制上进一步深化改革。二是危机意识、竞争意识不强，满足于现状，在调整结构、推进技术进步等方面缺少紧迫感，造成市场拓展不足。三是在政策准入的范围内，民营经济规模小，数量少，形成了生产技术装备先进的企业机制不活，机制灵活企业的资金不足、技术装备落后。

2.4.5　地区发展不平衡

各州市新闻出版业的发展不平衡，差距较大，严重影响云南省新闻出版业整体发展水平。根据各州市统计上报的数据，按照2004年销售收入排列，分别如下表：①

表4　云南10个州市图书出版销售状况

地区	销售收入（元）	地区	销售收入（元）	地区	销售收入（元）
昆明市	596 800	大理州	27 811	德宏州	2 431
楚雄市	57 559	保山市	9 893	怒江州	1 625
昭通市	54 558	临沧市	8 902	西双版纳州	1 345
红河州	53 184	思茅市	8 751	迪庆州	1 126
曲靖市	40 144	丽江市	6 802		
玉溪市	39 504	文山州	6 011		

资料来源：《云南省新闻出版“十一五”规划》。

从数据上看，销售收入不足万元的有9个州市，占全省16个统计州市的56%，这样的情况要想盈利恐怕很难，销售收入在10万元以内的有6个州市，但最多的还不足6万元，而昆明市的销售收入占有绝对地位，接近60万元，这种极度的不平衡状况大大降低了云南省出版业的发展速度，要想以一个地区带动整个产业是非常困难的。

2.4.6　新闻出版秩序有待进一步规范

全省出版活动和出版物市场中非法出版活动和非法出版物屡禁不止，侵

① 云南省新闻出版局：《云南省新闻出版“十一五”规划》，P.5，2006。

权盗版现象还大量存在，对正版出版物造成冲击，加强社会监管面临很重的任务。出版物市场秩序不规范，中小学教辅的非法出版和音像制品的盗版活动仍很猖獗，图书“高定价、低折扣”的无序竞争仍然存在。另一方面，各级行政管理部门机构队伍建设滞后，管理机构不健全，职责不明确，行政管理人员和执法人员的整体素质不高，管理观念、管理方式和管理手段还比较落后，存在重审批、轻监管，重执法、轻服务的问题。部分生产经营者诚信缺失，出版物市场秩序不够规范，影响了新闻出版业的健康发展。

2.4.7 高素质的专业人才严重不足

人才资源是最重要的战略资源，出版业作为高知识含量、高技术含量的行业，更离不开人才的保证与支持，但现实情况是，我们的出版队伍人才数量严重不足。以云南出版集团公司为例，从员工结构比例看，各类专业技术人员只占职工总数的12.22%，高级专业人员更少，只占职工总数的1.66%，而市场意识强、知识面广，特别是具有策划、营销能力的复合型人才，还达不到这个比例。① 总的来说，我们缺乏熟悉和掌握现代出版规律、具有国际眼光、善经营懂管理的复合型人才；缺乏市场意识、创新意识强的策划人才和市场营销人才；缺乏熟悉现代信息技术特别是网络技术的专业技术人才和精通编辑业务的高级编辑人才；缺乏技术熟练的高级技工。

2.4.8 经济发展水平对出版业有一定的制约

云南社会、经济、文化发展相对落后，全省贫困人口较多，人口素质参差不齐，这在宏观上制约了云南出版业的发展，由于出版物的消费主要集中在城市，而城市市场的需求总量始终有限，加上在农村市场推广出版物存在各种困难，出版市场相对狭小，客观上制约了出版业的发展。中国社科院制定的《小康社会指标体系及2000年目标的综合评价》中，把出版物的人均消费水平作为我国全面进入小康社会的重要标志之一。比如报纸，每千人每天要达到75份。到2005年底，即使全省实现了“十五”规划的日发行200万份，也只达到每千人45份，大大低于国家标准。

□ 趋势与对策

随着全国产业结构调整步伐加快，实施出版产业结构战略调整的结果是，从地域来看，随着大型出版集团的崛起及其分支机构的建立，目前出版格局

① 云南省新闻出版局办公室：《云南省新闻出版业行业发展状况调研报告》，P.21，2006。

的平衡将很快被打破。将来的出版机构将向出版资源和市场资源都较丰富的地区集中，在国内将形成几个大的出版中心，其他省区出版业的地位将逐步弱化，客观来讲，落后省区很难把出版业作为支柱产业。全国最终将形成以市场竞争力强大的大型出版集团为主导，以实力比较雄厚的大社名社为基础，以众多的各具特色的中小出版单位为补充的出版产业结构。由于巨型出版集团的覆盖面广、市场控制能力强、出版资源丰富、资金雄厚，因而品牌优势明显，出版的集中化程度将会更高，很可能形成几大出版巨头占有绝大部分市场份额的局面。而大量的小出版社，只有靠“小而特，小而优”的战略，蚕食和填补边缘的市场空间。

在这样的发展趋势下，云南出版业的发展应该考虑以下这些因素和做法：

2.5 出版资源的整合

出版资源包括作者资源、读者资源、市场信息资源、政府主管部门的行政资源等等。出版资源竞争是比选题竞争、价格竞争范围更广、层次更高，更具有根本意义的竞争，说到底，是各种出版资源的优势整合。作者资源是选题和质量的保证，读者信息和市场信息是出版业的直接动力，掌握了读者，就掌握了市场，贝塔斯曼不惜投巨资建立读者信息资源库，就是通过读者占领市场，如今这个消费者至上的时代，抓住了读者的需求就等于掌握了市场发展的方向，对企业来说是事半功倍的做法。另一方面，我们的市场经济还处于不完善的摸索状态，抓住政府资源对抓住选题、读者和市场都有着巨大的帮助，加上出版业的性质依然是“事业单位”，我们在市场行走的时候一定要把握好这一点。

2.6 文化资源的利用

旅游和文化资源一直被视为云南省出版业的核心竞争力。因为随着云南省独特的民族文化、历史文化和自然景观在国内、国际上的影响力日益增强，国内外朋友对云南文化越来越感兴趣，来了解云南文化的人越来越多，带动了新闻出版空间的拓展，但应该看到，区域文化资源的丰富并不等于出版资源的丰富。从出版产业的视角来看，云南存在大量没有出版价值和公众阅读价值的文化资源，很多选题的策划出版其实混淆了文化价值和出版价值的概念，这是导致全省出版产业投资屡屡失误，产生大量库存积压，最终报废的一个重要原因。因此，如何将文化资源成功转变为出版资源，抑或文化资源能不能转化为出版资源，在我们大力发展出版业的时候，冷静地考虑这样的问题，对我们客观理性地分析云南出版产业具有很强的现实意义和指导意义。

2.7 发挥区域经济合作优势

加强区域经济合作已经成为一种大趋势和大环境。大湄公河区域合作经济会议的召开和泛珠三角合作机制的建立，使云南省新闻出版业的发展也纳入到了区域经济发展的过程中，当前，泛珠三角出版合作框架已建立，并正在发挥作用，这给新闻出版业的发展带来了很大的机遇。在云南出版业的“十一五”规划上，已经将利用这一优势写在了规划的总体思路上，并要利用这一优势作为出版业的主要经济增长点，但具体要怎样利用这一优势，还需要出版界做出深入的思考，否则“区域经济合作”就只是一句口号而已。

2.8 将现有优势做大做强

印刷业是云南省出版业的龙头行业，由于主要依赖烟草、教育、医药产业的优势，印刷业占全省新闻出版产业整体份额的三分之二以上，但目前的印刷市场，每年有12亿元左右的商标、烟标印刷品市场被外省企业抢夺，加上药品、食品等行业和精品出版物的损失，云南全省每年有近23亿元产值的印刷品市场份额流向省外。这对于我们是极其大的损失。要发展出版业，就必须使优势变成强势，我们必须抓住烟草这些行业给我们带来的发展契机，否则这样的机会就轻易让别人抢去了。

2.9 发挥集团优势彻底走向市场

新闻出版集团和云南报业集团是云南出版的优势企业，无论是资源还是市场份额，都拥有其他企业无法企及的优势，然而集团内部依然存在很多的问题，比如组织形式不规范，约束和激励机制不到位等问题。很多时候，企业经营的业绩，既不和负责人的考评直接相关，和其奖励及分配机制也无直接的关联性，导致不少企业负责人既无压力也无动力，因为在企业干多长时间上级说了算，而一旦离开这个企业，企业的好坏与自己毫无关系，于是产生了很多不负责任的短期行为，给集团发展造成难以估价的损失。从宏观上看，两大集团依然存在政企关系不规范、产权关系不明晰等身份问题，这也在很大程度上影响了集团市场化的进程。

2.10 打造图书名牌，出版畅销书

缺少图书品牌是制约云南出版的一个很大问题，对于这一点，前面已有所论及，这里还想谈一下畅销书的问题，尽管畅销书不等于图书品牌，在利润制造上不如图书品牌这样的长期战略产品，甚至很多畅销书的生命周期很短，但畅销书却能够在短时间内为出版社制造相当大的利润和声誉，因此，我们必须将出版畅销书和打造图书品牌放在一起进行考虑，使出版社无论是短期还是长效都能够盈利。

总体来看，尽管“十五”期间云南的出版业实力有了很大的提升，但无论在资产总额、出版数量、集团规模和销售收入上，云南都远远落后于中、东部的出版大省，哪怕是与同为西部的四川省相比，我们也还有很大的差距。当然，这与云南的经济发展水平密切相关，地区经济差异是导致云南省出版物的市场需求和购买力不足的主要原因，但我们也有特殊的区位优势，比如药材、烟草、茶叶等领域的迅速发展，刺激了云南省出版业及印刷包装业的发展，使云南省出版业具备一些独特的发展潜力。因此我们必须走一条符合云南特色的新闻出版之路。

3. 期刊产业

□ 现状与评估

2006 年全年我国共出版期刊9 386种，总印数28.5 亿册，总印张134.7 亿张，定价总金额140 亿元（数据来源于《中国新闻出版报》）。同我国的近邻日本相比较，日本期刊总印量达30 亿册，但按人均计算是我国人均期刊拥有量的10 倍。

云南地处祖国西南边陲，过去一段时期社会经济和文化事业长期处于欠发达状态，期刊事业的发展也较为滞后。改革开放以来，在社会经济、科学技术和教育文化事业迅速发展的全方位推动下，云南省期刊事业有了一定发展，我们可以从期刊的规模、结构、质量和社会效应等方面深刻地感受到这种发展和变化。但云南整体的文化和教育都比较落后，期刊业发展与东中部地区相比，还存在差距。2002 年以来，云南几乎很少有新创的刊物，而东部的广东至少有6 种新刊面世，中部的湖南也有6 种新创刊物出炉，可见云南

的期刊业发展水平比起东中部地区还很落后，即使和西部的四川、陕西和甘肃相比，也有差距。四川有时尚先锋类杂志《优雅》、《都市丽人》，科普类杂志《科幻世界》；陕西有《爱人》；甘肃《读者》的影响力足以让云南所有刊物望其项背。云南期刊的现状主要有以下几个方面：

3.1 发行情况

2005年，全省有公开发行的期刊126种。其中：社会科学类期刊79种，自然科学类期刊49种。社会科学类：党刊1种，文化生活类18种，文艺类12种，工作指导10种，学术理论8种，对外宣传3种，高校学报25种。自然科学类：科普类3种，行业指导及学术类38种，高校学报类8种。昆明出版的有117种，占云南期刊总数的93%，州市出版9种，只有1种自然科学类。

2005年，云南省期刊年总发行量2241万册，期发行量158万册，平均期发行量10万册以上的3种，平均期发行量最高的是《云南支部生活》，达40万册。[①]《学生广角》（现名《漫画 party》）、《奥秘》、《车与人》、《人与自然》、《华夏地理》、《生态经济》几种杂志的全国发行量也比较不错。到2007年，期发量最大的杂志为《漫画 party》，最高期发量已达到62万册。[②] 发行量最低的是少数民族文字期刊、高校学报和自然科学学术期刊，一般只有500～1 000册；80%以上的期刊平均发行量在1万册以下。

就期刊数量、期发行量和期刊总印数而言，云南与全国发达省区相比，仍然落后。以广东、湖南、四川为例，2003年，广东省期刊总印数约为2.28亿册，排各省市第一位，湖南省期刊总印数也有上亿册，排在全国前八位。[③] 西部的四川虽然期刊总印数没有进入全国的前八名，但《健美风采》、《都市丽人》等杂志的发行量和销量都很不错。2004年，云南省126种期刊，期发量仅为158万册，不及甘肃《读者》一份杂志的1/5。[④]

3.2 读者数量

传媒经营的不仅是其品牌及内容产品，还经营受众。读者和受众从某种

① 云南省新闻出版局办公室：《云南省新闻出版业行业发展状况调研报告》，2006。
② 参见张军访谈录。
③ 李频：《中国期刊产业发展报告 No.1》，P.10，社会科学文献出版社，2005。
④ 云南省新闻出版局办公室：《云南省新闻出版业行业发展状况调研报告》，P.52，2006。

程度来说就是传媒的衣食父母。目前中国地区，每日拥有杂志读者的总体规模约为2.31亿元，占居民总数的19.25%。①

表5 目前中国拥有的期刊读者数量与规模分析（表中内地居民系四岁以上）

单位:%，亿人

	占内地居民总数比例	读者的人口规模
每月拥有的杂志读者（每月至少读1次者）	59.36	7.12
每周拥有的杂志读者（每周至少读1次者）	39.97	4.80
每日拥有的杂志读者	19.25	2.31

资料来源：《中国电视观众现状报告》，中国广播电视出版社，2003。

可见，中国内地杂志阅读人群不多，根据对上海读者的调查显示，大、中学生、离退休人员杂志阅读量较高，其中，女性读者高于男性读者。云南属于边疆省份，经济、政治、文化发展比沿海地区落后，尤其是一些少数民族山区，交通不便，有时候到达村子里的报纸都是一个星期以前的，更不用说杂志了。很多偏远地区的人们只能偶尔看到几本杂志，文化教育的落后、信息的不畅通限制了杂志的到达率和人们的接触率。城市里面，读者群体较多，但也是以高校学生、白领阶层和收入相对稳定的人群为主。由于期刊出刊的时间不同，在报刊亭挂刊的时间也不同，市面上能见到的700多种杂志基本上都是销量不错的杂志。② 云南本地的杂志在云南省内市场上很少能见到，时尚类杂志《大观周刊》、《女性大世界》因其地域和资源限制，内容品质不太高，读者更愿意购买省外知名的刊物，因此，云南本土杂志的读者群不大。即使是销量较好，有一定知名度的《奥秘》，平均期发量维持在10多万册，其潜在读者大约有40多万人，读者数量也不多。③

云南的整个教育和识字水平不高，在社会经济文化总体发展的前提下，云南省的教育及相关部门应加强全社会阅读兴趣的培养，特别是针对城镇居民对报纸、杂志、图书的阅读，有关部门可以开展丰富多彩的“读书日”、报刊优秀文章评选、读者有奖等活动，让阅读进入到社区、学校，提高市民的

① 李频：《中国期刊产业发展报告No.1》，P.4，社会科学文献出版社，2005。
② 参见张军访谈录。
③ 参见高崇华访谈录。

阅读热情，从而推动报刊消费。

3.3 发行和广告收入

目前中国期刊业的主要经营收入（80%）来自于发行收入，但2000年以后的一个明显趋势是，广告主导型杂志越来越成为期刊市场上的英雄，到2003年，广告经营总额达1 078.68亿元。而在中国，发行量大不代表广告经营额高。比如，2001年，在中国发行量最大的杂志《故事会》，其广告收入没有进入中国期刊广告20强，广告额排名第一的是《时尚—伊人》，2001年的广告额为12 066.7万元。[①] 在2001年报刊广告额前20名城市排名中，广州第二，成都第五，兰州第十九。2004年中国期刊广告收入大约20亿元人民币，发行收入129亿元人民币，显然发行收入是主要经济来源，但同期美国期刊广告收入100亿美元，发行收入100亿美元。2005年1~6月与2006年1~6月，期刊广告收入的增长速度都超过15%，是报纸广告增长率的2倍多，期刊广告占报刊业广告总额的比率接近10%。可以看出，我国期刊业的广告收入与发行收入的比例过低。从这样一个大的背景看，中国期刊广告的潜在市场极大。

表6 2004年中美广告收入与发行收入对比

国家	广告收入	发行收入
美国	100亿美元	100亿美元
中国	20亿元	129亿元

资料来源：《中国期刊产业发展报告No.1》

云南省期刊靠财政拨款的状况十分突出，现在由财政拨款的期刊有102种，占期刊总数的75%，而财政拨款所能投入的经费十分有限，最高每年达200万元，最低2万元，平均每年15万元，2004年，由财政拨款1519万元。自收自支或由企业承担经费的期刊有24种，占期刊总数的17.6%，共吸纳资金的总额为4 651万元。2004年，全省期刊总收入7 212万元，广告收入1 669万元，发行收入4 879万元，非主业收入297万元，上缴利润356万元，[②] 比上

① 资料来源：《中国新闻出版统计资料汇编（2002）》，《中国媒体广告市场研究（2001年）》。

② 云南省新闻出版局办公室：《云南省新闻出版业行业发展状况调研报告》，pp. 44~45，2006。

年都有所增长。从这些数据可见，云南期刊的收入还是以发行收入为主，《奥秘》的主编告诉我们，《奥秘》的发行收入与广告收入基本持平，也是要靠广告收入来补贴印刷成本。2002 年，湖南省期刊年销售收入就达19 789. 19万元，年广告收入2 631. 57万元，四川省年广告总收入3 611万元，其中《都市丽人》和《科幻世界》的广告量增长幅度最大。云南与广东、四川、湖南相比，期刊销售收入和广告收入远远不及东中部发达省市。

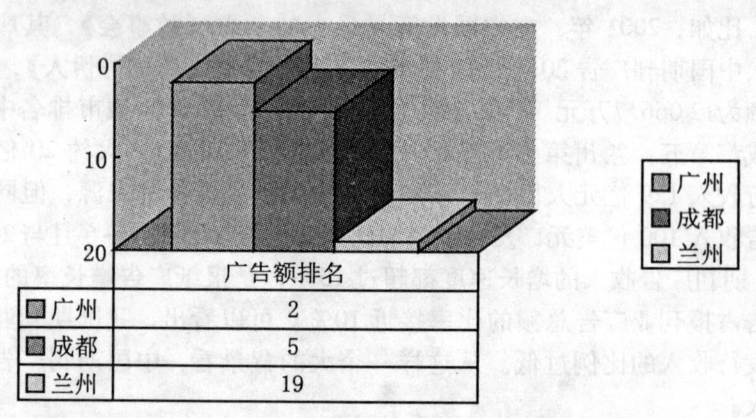

	广告额排名
广州	2
成都	5
兰州	19

图 10　2001 年中国报刊广告额：城市排名情况

此图表根据《中国媒体广告市场研究（2001 年）》里相关数据由新闻出版产业研究室整理而成。

3. 4　运作模式

在我国9 000多种期刊中，有1 400多种是党政部门所办刊物。全国发行量在25 万册以上的134 种期刊中，党政部门所办的工作指导类期刊有46 种，约占34. 3%；教育教学类期刊23 种，约占17. 1%。而面向市场、由读者自愿选择、自费订阅的期刊只有65 种，约占48. 5%。全国发行量在100 万册以上的24 种期刊中，党政部门所办刊物有10 种，约占41. 6%；教育教学类刊物有7 种，约占29. 2%；面向市场的大众阅读的刊物只有7 种，约占29. 2%。从上述数字中我们看到，在中国期刊业中发行量最大的期刊群体并不一定是市场影响最大的主体。因为这些期刊依托行政权力在系统内发行，或摊派到基层单位，导致这些期刊虽然具有主体地位，但因为远离市场，难以发挥市场的主体作用。期刊经营主体产生的这种错位，使得优胜劣汰的市场机制难以形成，很多报刊仍然是“事业管理企业化运作”。

表7 全国发行量在25万册以上的各类型期刊所占比例

党政部门指导类期刊	教育教学类期刊	自费订阅刊物	发行25万册以上的期刊
34.3%	17.1%	48.5%	134种

随着市场经济的深入，国家减少了对报刊的资金支持，新刊物如雨后春笋般涌现，每个刊物都想在市场上分得一杯羹，竞争的加剧让所有期刊都绞尽脑汁创收。目前国内期刊的运作模式主要有市场化（商业化）运作和非商业化运作两种。有的全商业化杂志如《时尚》、《瑞丽》等凭借资本和品质优势已经独占鳌头。一些传统类刊物为了市场不被挤占，先后成立了期刊集团，整合优势资源，发展子刊。2000年湖北知音期刊出版实业集团有限责任公司成立，随后，广东的家庭期刊集团等一系列有影响、有实力的期刊开始产业化。然而，国家对期刊业模棱两可的态度，使得期刊业在“事业”与“企业”之间不能明确，因此期刊业的改革还有待进一步探索。

2004年初，国家有关部门对于出版社“企业”身份的正式承认，使得各出版社成为市场法人主体，而社办期刊成为出版社新的一道风景。据有关部门统计，全国560多家出版社出版了280多种期刊。[①] 云南的社办期刊也不少，如《大家》、《漫画party》等都是社办杂志。

近年来，不断有外资进入中国的期刊市场，中外期刊合作办刊越来越多，外资进入中国期刊市场的主要模式有：共同投资模式、共同出版模式、版权贸易模式。中国与外国合办的时尚类刊物越来越多。中国体育报业总社和法国桦榭菲力柏契合作出版《健美女性》（Made Clair）、时尚杂志社与美国赫斯特集团再度合作出版的《娇点》（Cosmo Girl）、上海文艺出版总社出版的《秀》（和日本讲谈社《With》杂志合作）作为与外资合作的排头兵首先占领了高端市场。此外，还有一些国外优秀杂志的中国版，这类杂志的大部分内容是国外优秀杂志的内容，并适当填充一部分国内内容，广告由国外与国内市场广告组成。代表性刊物有《哈佛商业评论》（中国版）和刚成立的时代华纳旗下的《体育画报》（中国版）。外资的进入，对国内的期刊市场是种挑战也是种更新，一方面拓展了内容的来源，展现了最新的产品和技术，另一方面，也培养了一批新型的专业人才。

就云南的期刊市场来看，大部分的期刊还是挂靠在政府和事业单位内，

---

① 李频：《中国期刊产业发展报告No.1》，P.272，社会科学文献出版社，2005。

市场化运作程度比较低，例如属于云南省科协的《奥秘》，虽然是市场化运作，却依然摆脱不了行政管理。云南的期刊主要还是靠政府的财政拨款，完全市场化运作的刊物不多。

□ 特点与问题

3.5 特 点

云南的期刊市场尚未形成产业和集团，有的期刊隶属于报业集团或者是出版社，没有独立的期刊集团形成品牌效应。品牌的形成有利于产业化和建立集团，《知音》、《家庭》、《读者》、《女友》、《瑞丽》等期刊就是从大众品牌走向产业化的。笔者认为云南期刊主要有以下几个特点：

3.5.1 产业化程度低，没有全国知名的品牌期刊

期刊主体基本处于小打小闹、各自为政的境地。云南现有《漫画 party》、《车与人》、《奥秘》、《华夏人文地理》（原《山茶·人文地理杂志》）等发行量较大的刊物，但在全国的知名度都不算高。调查采访的结果表明，云南省内刊物除了《大观周刊》、《漫画 party》、《青年与社会》、《奥秘》等少数刊物在市面有售外，大多数期刊都不见踪影。《女性大世界》是云南省唯一一份关于女性生活的社会时尚类杂志，可报刊亭负责人反映，这本杂志从2007年以后就再也没有出现在市面上。一些报刊售卖者自己都不清楚云南有哪些期刊，认为云南省内就很少有期刊，仅有几种在市面上销售，销量也不好。

3.5.2 云南期刊竞争力有待提高

云南的文化教育事业比较落后，但在人才辈出的时代，云南期刊的竞争力比起过去有了提高。《漫画 party》在全国卡通杂志中的领先优势见证了新一代杂志和杂志人的成长。目前云南有针对不同年龄层次和读者的期刊读物，旅游文学方面有《华夏人文地理》，主要针对经济收入和学历水平较高的人群。《华夏人文地理》原来是云南省社科院下的一个文学类杂志《山茶》，由于市场导向变化，逐渐向旅游文学等高端期刊市场发展，2002年改版后归属到了《时尚》旗下，这是云南本土刊物向外寻求出路后获得成功的案例。文艺类的《金沙江文艺》、《云南画报》、《边疆文学》等，主要针对文学和文艺爱好者。青年时尚型杂志有《青年与社会》、《大观周刊》等。《漫画 party》、《少年科普世界》等是针对学生群体的；此外，《车与人》、《蜜蜂杂志》、《现代物业》等行业类杂志，读者群固定，销量和广告收入也不错。《人与自然》、

《生态经济》《奥秘》等杂志也逐渐转变办刊思路，努力向发达地方寻求合作和学习的机会，以更好地适应市场环境，提高竞争力。

尽管云南有126种期刊，可在全国有影响的很少，主要原因是云南地处边疆，经济、政治、文化相对落后，信息的落后必然会导致期刊的同质化程度高，模仿借鉴能力不足，就使得省内期刊风格与外来期刊风格重合，没有特色。在没有品牌、市场化不高的情况下，内容和风格的重复、不丰富，使期刊竞争力不能与外地期刊抗衡。与沿海地区其他女性类杂志相比，云南的女性时尚类杂志在内容、设计风格、图片上都显得比较陈旧，在女性时尚类杂志风起云涌的今天，竞争力显然不够。《大观周刊》创刊8年来，发展很快，里面包括吃喝玩乐等各种城市时尚信息，但是内容的可读性并不高，况且主要针对昆明市场，与外来时尚期刊相比，也没有多少竞争力可言。昆明并非时尚前沿之都，因此打好有特色的内容战、创有特色的品牌期刊才能有市场竞争力。

3.5.3　社科类期刊唱主角

在云南的所有期刊中，社科类有77种，占全省期刊总数的61%，自然科学类49种，占期刊总数的39%。其中主要以行业指导与学术类杂志和学报类为主。《华夏人文地理》、《漫画party》、《大家》、《思想战线》等社科类刊物影响较大，自然科普类除了《奥秘》的读者群比较固定外，其他刊物都很少耳闻。

3.5.4　发行渠道单一

“杂志主要看铺量和销量，有的在一段时间内花钱在各个报刊亭铺点挂出，以便吸引广告客户，而不是靠增加发行量来提高收益。”① 云南的期刊的发行渠道主要是由各个期刊的发行部门通过邮局、代理商发售，也就是说有的是以零售为主，有的是以订阅为主。政府和事业单位内部自办的刊物基本上很少在市面上流通，一般是当成“内刊”被自己人消化掉了；另一部分期刊主要靠层级间的征订，省内期刊在省内报刊亭销售得比较少。要扩大发行渠道，就要采取整合营销战略，利用各种渠道、多种方式、点面结合、综合编排、多渠并进，使期刊的发行面广量多。

3.5.5　读者群体有限

读者以青年人和学生群体为主，另外还有就是政府事业单位工作人员。

---

① 参见张军访谈录。

《云南消防》、《云南税务》等都是针对具体单位成员的。时尚类杂志以女性读者为主；《奥秘》、《车与人》、《人与自然》等科普、技术类杂志以男性读者居多；《漫画 party》、《少年科普世界》等以中小学生群体为主。有调查显示，期刊的“标准读者”大致为：女性，平均年龄 34～35 岁，拥有大学专科的教育背景，其收入水平较一般居民高。① 云南期刊的读者群体十分有限，除了少数知名杂志在中青年和学生群体里流传外，一些社科和自然科学类的期刊只能在大学图书馆才能见到。

3.5.6 期刊广告市场分类化明显

由于云南读者市场很小，广告收入不及报纸高，资本市场也不够强大，24 种自收自支的期刊状况不甚喜人，靠政府拨款的期刊财政上更是受限制。尽管如此，不同类型和风格的期刊，还是显示出了广告的分类化效应。《车与人》的广告主要是各种汽车、汽配、汽修方面；《华夏人文地理》的广告以酒店、旅行社、航空公司、科技产品为主；《现代物业》以房产类广告、家装等广告为主；《蜜蜂杂志》则以养蜂户和蜂产品销售、加工的广告为主。据国家工商行政管理总局《广告年报》上的数据显示，投放期刊广告前 10 个行业有：房地产、医药、计算机、通讯、酒类、机动车、化妆品、家电、教育、旅游餐饮。

3.6 问　题

3.6.1 市场化经营程度低

就云南省而言，绝大多数期刊出版单位未能真正成为自主经营、自负盈亏、并以其全部法人财产独立承担民事责任的法人实体和市场竞争主体。离现代企业制度的要求还有较大差距，还未从根本上转变经营机制，经营管理粗放落后、水平低下，融资手段和渠道单一，积累和投入不足等问题得不到有效解决，大大降低了期刊在市场中竞争、生存的能力，阻碍了其进一步改革和发展。期刊出版部门经营规模小，集约化程度低，资源分散，配置不合理，形不成规模经济效应。②

过时的观念、陈旧的体制和落后的运行模式是制约云南省报刊发展的三大障碍。据 2004 年统计，云南省实行事业单位企业化管理的报刊不足 1/4，

① 李频：《中国期刊产业发展报告 No.1》，P.4，社会科学文献出版社，2005 年。
② 胡刚等：《云南省人文社科期刊新世纪发展战略研究》，云南财贸学院学报，2002.12。

多数期刊难以打破旧的模式，绝大多数期刊还依靠财政全额或差额补贴。[①] 许多期刊的经济效益低下，处于勉强维持的状态。在统计的81种社科类期刊中只有《大观周刊》是周刊，有22种月刊，其余大部分是双月刊和季刊。[②]

3.6.2　期刊缺乏读者号召力

从接触频度看，绝大多数的杂志读者的阅读行为不是每天必做的“功课”，内地地居民每天接触杂志的只有3.93%，从不接触或很少接触的为40.64%。[③]

表8　中国内地居民接触杂志的频度分布

从不或很少接触	很少（每月不少于1天）	有时（每周不少于一天）	经常（每周不少于3天）	几乎每天
40.64%	19.27%	21.3%	14.74%	3.93%

资料来源：《中国电视观众现状报告》，中国广播电视出版社，2003。

与人们对其他主要传媒的接触时间做比较，杂志的每日阅读时间是最少的，这至少说明，阅读杂志对很多人来说并非必不可少。在这种情况下，怎样开发受众群体，使期刊拥有固定的消费者成为一个难题。期刊不像报纸每天都有，如果能开发出一个消费群体对某一固定期刊感兴趣，并且经常买来看，这就可以为期刊带来广告收入。《奥秘》的主编告诉我们，经过20多年的发展，《奥秘》已经拥有了相对固定的读者，大约有40万左右，但在科普类读者群日益萎缩的今天，如何维护现有读者、扩大其他读者依然是个困难的问题。很多期刊社并没有做好市场调研，没有针对特殊受众做好期刊内容，也没有对已有的读者予以很好的回报，因此固定读者减少，消费市场疲软。

3.6.3　广告资源不足

云南期刊的广告比报纸广告少，广告主要以房地产、旅游、普洱茶、餐饮酒店等为主，化妆品、服装、教育广告等时尚文化类广告较少。部分期刊存在强拉广告、高额版面费、有偿报道等问题，没有稳定的广告客户，开拓新广告客户的能力较弱。在市场化环境里，读者数量不多的情况下，广告资源不足意味着期刊收入将受损。

① 云南省新闻出版局办公室：《云南省新闻出版业行业发展状况调研报告》，P.52，2006。
② 胡刚等：《云南省人文社科期刊新世纪发展战略研究》，云南财贸学院学报，2002.12。
③ 李频：《中国期刊产业发展报告No.1》，P.4，社会科学文献出版社，2005。

3.6.4 整体营销策划欠缺

在各种期刊的宣传力度上略显不足，没有很好的期刊广告词让人记住。期刊的整体包装上没有凸现品质和档次。例如，广州的《周末画报》随着内容风格的改变曾三次变换口号，云南的杂志目前没有哪个杂志有过深入人心的口号。另外，受众定位不准也给营销带来难处。《漫画 party》的主编认为，面对越来越激烈的竞争，应该将市场逐步细分，《漫画 party》是针对学生的，可具体是哪个阶段的学生呢？这就需要前期的调研。搞笑类漫画就收到高小和初中低年级学生的追捧，在做杂志的基础上，还要看到读者的其他需求，好的连载漫画，可以小册子的形式成集出版，像《阿衰》就很受欢迎。杂志的整体包装和营销，包括与读者的互动，都需要有明确的目标、合适的人才。

3.6.5 从业人员素质偏低

从人员上看，云南省期刊社总人数为 886 人，其中博士 28 人，占期刊社总人数的 3%；硕士 27 人，占期刊社总人数的 3%；本科 507 人，占期刊社总人数的 57%；大专 205 人，占期刊社总人数的 23%；中专以下 60 人，占期刊社总人数的 7%。[①] 从人员的学历上来看，期刊从业人员整体水平并不差，但创新力和人员素质上还有待提高。另外，期刊经营管理方面的人才匮乏，使得期刊在策划、广告、发行等市场运作方面处于弱势。就期刊的信息资源来看，主要以省内人士投稿为主，外地稿源不丰富。此外，怎样建立“新进老退”的循环机制和人才激励的模式，留住人才，也是一个问题。

3.6.6 行政化管理严重

长期以来，期刊行政管理工作习惯于直接且过多干预实际操作，行政调控范围过宽、过细，随意性强、缺乏稳定性，使得下面的各个部门在操作过程中缺乏连续性。部分领导的观念未转变，还是喜欢下发行政命令，不考虑市场的变化，总是被市场牵着鼻子走。期刊出版单位的市场法人地位不明显，一些期刊市场化运作并非出于主动，而是因为经费不足或者市场大环境的推动才不得不做出改革。有的已经进入市场的期刊还是依托于行政管理，停留在企业法人，事业运作的层面上。这种不完全面向市场的经营状况，无法使期刊具备良好的市场竞争力，也就没有良好的经济效益。在科技方面，现在很多出版社都利用网络平台开办网络电子杂志，把杂志放到网上，扩大影响力，部分杂志还会附有光碟版，云南整个出版行业在科技化、电子化的管理

① 云南省新闻出版局办公室：《云南省新闻出版业行业发展状况调研报告》，P.47，2006。

上还比较滞后。

3.6.7 缺乏细分化的期刊监管机制

经费投入不足是制约期刊发展的一个主要原因，在半市场化的条件下，一些期刊的经济来源主要依靠政府的财政拨款或差额补贴。少数民族文字期刊、公益类刊物的出版方面，政府没有给予足够的经费和政策支持，令这部分刊物只能勉强维持生存。省会昆明集中了云南117种刊物，却没有一种集约化的管理政策，对各类社科类期刊缺少评估机制，对重点期刊缺乏必要的品牌扶持。此外，同仁办刊的现象也时有出现，如果缺少相关的监管机制，各自为政，各分蛋糕的情况到最后是谁都吃不到好蛋糕。

3.6.8 走不出去的州市期刊

州市出版的刊物只有19种，以文艺类为主，《大理文化》、《金沙江文艺》、《玉龙山》这三种的期发量相当，《大理文化》近年来的发展势头较好。这19种刊物里，其中有9种是学报，2种民族文字报，大部分刊物都靠拨款维持生计。教育和文化的落后，使州市的读者群体窄小；信息不发达、观念不开放、人员配备和设备不足阻碍了州市期刊的发展。州市期刊在云南省内都很难打响知名度，省外更是鲜有闻之。

3.6.9 融资渠道窄小

云南期刊的资金渠道主要来自于政府拨款、差额补贴，部分期刊的融资来源于企业资金。云南基本没有引进外来资金和国外资金，光靠政府、单位来融资，资金流通一旦出现问题，很容易造成各个部门衔接不上，人心涣散、期刊质量下降、发行量下降等问题。因此，应该要打开多种融资渠道，不能光靠政府及企业，还应该通过与传媒集团联手、与有实力的公司联手、与外资企业联手来吸纳资金。

□ 趋势与对策

进入21世纪以来，期刊越来越向中心城市靠拢，中国的期刊区域市场逐渐形成。广东有《家庭》、《少男少女》、《女报》、《深圳青年》、《人之初》等一系列品牌期刊；上海有《故事会》、《上海服饰》、《咬文嚼字》、《上海一周》等知名品牌；武汉有《知音》、《今古传奇》、《爱情婚姻家庭》等名牌产品；西部的甘肃有《读者》。品牌优势区域化开始明显，各品牌都开始抓住机遇建立刊群，有的甚至还向期刊以外的文化、教育、地产方向发展。期刊市场的竞争越来越激烈，市场化、产业化程度不高的云南期刊将何去何从呢？

笔者认为云南期刊若能转变经营管理模式、积极融资、转变思想、打造特色文化产品、坚持高品质路线，就一定会在期刊市场上分得一杯羹。

3.7 实现产业化和集团化经营

中国期刊集团的数量很少，大大小小加起来不过几十个。而在美国出版三种以上杂志的期刊集团有 500 个。中国9 000多种期刊分散在5 000多家杂志社中，平均每家杂志社运作 1.6 种杂志，由此可见，中国期刊集团化的程度很低。西部的云南就没有期刊集团，这比起东、中部来说更要落后。要实现期刊集团化，就要加大内外融资、合作力度，遵循市场规律，改变原有的行政机制，提高整体竞争力。在各期刊社兼并、合并过程中，整合不同期刊的文化；在期刊集团里，可以发展文化产业，把目光放长、放远，有计划地向其他领域渗透。同时，各个刊物要拓展出一条适合本社本刊的生存之道：要明确办刊目的、确定受众人群、严把内容质量关、拓宽发行渠道、全方位立体化推广宣传、提供给读者增值服务等。

3.8 做好品牌工程

将一批质量高、销量好、有实力的主副期刊，集中起来形成产业化集团，对于西部实力较弱的期刊来说，是一条发展之路。要形成期刊的产业化、集团化、跨地区、行业的新格局，首先就要打造品牌效应。品牌建立的过程通常要经历三个阶段："品牌塑造——品牌升级——品牌延伸。"[①] 目前云南期刊在国内市场上未形成规模经济，要想形成期刊品牌化，就要实现：厚刊化、多版化、广告化、对接产业化、出版方式网络化。[②] 我们可以对云南的所有期刊进行评估，评估的前三名可以成为重点扶持对象，加大对其的投入，坚持并深化一贯的办刊思路，提高其市场竞争力，扩大在国内的影响力，借势形成品牌。比如，云南期刊《奥秘》和《漫画 party》的发行和销量相对较好，就可以重点扶持这两种刊物，进一步提高刊物的质量和内容，鼓励其在同类型刊物中走出差异化道路。再如，新的特色刊物《普洱江湖》高调出世，走精品路线，有一定发展潜力，这就需要加大宣传推广力度，树立品牌形象。

期刊的集团化发展要靠品牌产品支撑，这需要政府和有识之士共同打造，

---

① 彭长城：《读者精神：打造中国的名牌期刊》，中国出版社，2003。

② 张伯海、田胜利：《中国期刊年鉴 2002/2003》，P. 280，中国百科全书出版社，2003。

积极推进期刊的品牌化战略，建立品牌的过程就是期刊成长壮大的过程。

3.9 建立有特色的民族期刊

七彩云南是民族文化大省，省里近年来十分重视民族文化产业的发展，《云南映象》等民族文化精品拓展到了国内外。报刊作为文化里的重头是云南文化产业里薄弱的环节，既然省里下决心壮大民族文化，期刊出版可以利用这个契机，大力发展有地域文化特色的栏目和内容，整合资源进行栏目策划，创出一条民族文化与时代背景紧密结合的新路子，走与省外优秀刊物有差异化的道路。我们可以借鉴《知音》模式，整合几家以民族文化为主的刊物，分类并细化市场，主副刊共同发展。将有民族特色的刊物形成集团化经营，市场化运作，是未来的发展趋势。

3.10 整合资源，压缩部分期刊

云南127种期刊中，大部分期刊销量不好，效益很低，对于这些期刊，该关的关、该重组的重组。由于大多数期刊都集中在昆明，部分同类型期刊可以进行资源整合，成立专业化的期刊集团或者成立多种经营的传媒集团。例如，云南市场上的科普类读物有三四种，其中发行量最好的是《奥秘》、《少年科普世界》，主要针对中学生群体，可以将两家杂志社的资源整合，重新细分读者市场，再对内容、小形式进行调整，进行整体策划。《少年科普世界》开始可以副刊或增刊借助《奥秘》的名气打开市场，时机成熟后再独立出刊。

3.11 细分消费者市场

中国目前正式发行的期刊种类有：综合类、哲学社科类、自然科学类、技术类、文化、教育类、文学类、艺术类、少儿类、读物类、画刊类。每个媒体都要根据自己的定位来确定受众，从而针对特定受众群体发布信息，期刊也不例外。期刊的办刊思路必须明晰，市场必须明确，大的方位定下后，还要再次细分市场。《青年文摘》和《读者》同是做文摘，依然有细分，《青年文摘》主要针对25岁以下的年轻人，《读者》则面向大众市场，《读者·乡村版》面对中低端的农村和中小城镇市场，《读者欣赏》面向高端市场，以大中城市的白领为目标受众。云南的《大家》和《华夏人文地理》是属于定价比较高的刊物，《华夏人文地理》每册定价为20元，高价位的刊物在云南本

土市场是很难消化的，于是，这两种刊物主要面对省外经济相对发达的地区发行，同时也瞄准了热爱文艺和旅游的中高端人群。市场细分有助于制定期刊的营销策略，便于回收读者的信息反馈，使得期刊发放更能有的放矢。

3.12 大力开拓农村市场，进军东南亚市场

随着国家新农村建设的深入，党中央对农村经济、教育等问题的日益重视，农村成为商家们争夺的第二战场，十亿农村人口是媒体的巨大受众群体。农村的教育水平正在逐年提高，农民对科技、文化娱乐、时事资讯等新鲜事物有着越来越多的需求，开发农村市场是一些大众媒体的良好选择。《辽宁青年》、《知音·打工》等许多刊物都是针对部分农村人口和进城务工人群的，在低端市场上很受欢迎。云南有94%的山区，大部分人集中在边远山区，如果能拓展农村的报刊消费群体，打造受当地老百姓和少数民族喜欢的内容，既能产生经济效益，也能达到很好的社会效益。

最早的中文期刊就是在东南亚的马六甲创立的，云南现在作为中国面向东南亚的门户，有着独特的地理优势。随着东南亚与云南两地的经济、文化交流的增多，两地之间的联系日趋紧密，很多东南亚的留学生来到云南学习交流。利用云南特殊的优势，开拓东南亚的华语媒体市场，让东南亚人民了解中国和云南，既能使两地互通有无，同时可以达到很好的国际效果。开拓东南亚市场可以先从航空杂志做起，同时面对在华的东南亚留学生，可以开办双语杂志。

3.13 实现期刊电子化

手机成为第五媒体，手机报出现，手机读报、看电影已经成为现实。报纸新闻都能上手机了，杂志内容也可以利用手机、网络等新媒体扩大受众范围，而不只局限于纸媒。电子杂志兴起，为云南的杂志提供了范本，我们可以将精美的版面和文字转化成网络电子版，还可以将杂志内容制作成光碟附送给读者或者做促销。目前，休闲杂志、美容电子杂志等在网上很火，李静的《静》杂志、鲁豫的《豫约》等都是新兴的个人电子杂志。去年，昆明巨洲文化传播有限公司的《假日旅游》杂志，开创了精美的电子版，将纸媒和网络有机结合，使云南期刊电子化迈出了新的步伐。

除了以上七点以外，我们还应该积极拓展融资渠道，争取到更多外来资金，改变现有的靠财政拨款办刊的结构。另外，广告资源的多样化是必经之

路，要大力吸收优质的、稳定的广告客户。当然，广告收入的提高离不开阅读量的上升，因此还得培育一个相对固定的读者群体，只有购买率和阅读量上升，广告主才能继续投放广告。而要使阅读量上升，刊物就得有符合读者兴趣的内容，精美的版面设计等品质。有了品牌导向，才能让读者形成品牌忠诚度。只有继续深化办刊思想，才能稳住长期的阅读者。云南的期刊还没有真正做到市场化运营，没有自始至终地贯穿品牌意识，想要赶上东中部期刊业发展水平，还有一段距离，但近年来，省委、省政府高度重视云南的文化产业，这给省内的刊社带来了机遇和挑战。如何弘扬云南的民族文化，紧跟市场，办出高质量的刊物，以推动云南文化产业的发展，是每个期刊人应该思索的问题。

（执笔：郑思礼　刘建华　李　可　陈斯华　牛新华）

云南省广播影视产业研究报告

广播影视产业研究室

2006 年是我国广播影视业贯彻落实“十一五”规划的开局之年，也是云南广播影视产业继续向前发展的关键之年。在体制没有发生结构性制度变革的大前提下，2006 年的中国广播影视产业“没有颠覆，秩序仍在”。在《开局之年 和谐之旅——2006 年广播影视年度发展报告》的开头有一段话：“回首这一年来的广播影视业发展与建设，有两组关键词值得我们关注和思考：一是以村村通广播电视等为重点工程的公共服务，二是有了重大突破的广播影视数字化。”

2006 年，云南将发展文化产业作为产业升级的重要手段，年初在《云南国民经济社会发展的十一五规划》中，确定将文化产业作为新的经济支柱产业来发展，以此作为调整云南经济结构的一个重要途径。根据国家统计局关于文化产业的划分，广播电影电视居于文化产业核心层，尤其是在云南，更显示出其突出的地位。近年来，云南文化产业发展迅猛，影视产业出现了空前繁荣，在全国引起了极大反响，被誉为“云南现象”。加之拥有丰富的影视资源，国家广电总局于 2005 年 12 月举行了“中国云南影视产业实验区”的授牌仪式，使云南成为全国第一家、也是唯一一家省级影视产业实验区。《云南文化产业发展要点纲要》将广播影视业列为云南文化产业的七大主导产业之一，指出广播影视业要推进专业化制作、企业化经营、集团化管理、规模化发展，力争使全省广播影视营业收入年均增长 15% 以上。这一切，为云南广播影视产业的发展提供了指导思想和契机。

1. 全国广播影视产业发展状况

1.1 广播电视①

2006 年，全国广播电视产业的发展总体上呈现出广电高新科技市场化快速发展与广播电视节目制作播出进一步稳定增长的趋势。

全国村村通工作取得重大突破。2006 年 1 月 17 日，李长春、刘云山、陈至立同志到广电总局召开了村村通工作现场办公会议，明确提出要把村村通工程作为政治工程、文化工程、基础工程、民心工程和农村文化建设一号工程，以超强的力度、超常的措施强力推进。2006 年村村通工作取得了重大突破：一是由过去只解决盲区扩大到无线覆盖的广大农村地区，受益的群众大幅度增加；二是国家出台了支持广电村村通的发展政策，即国办发 79 号文件《关于进一步做好新时期广播电视村村通工作的通知》。广电村村通已从广电部门行为上升为政府行为。

广播电视基础设施建设成绩喜人：

1.1.1 播出机构、节目套数、播出时间、节目产量大幅度增加

与 1982 年相比，全国广播电视播出机构从 164 个增至 2006 的2 544个，开办的广播电视节目从 230 套增至 2006 年的3 730套（广播2 442套、电视1 288套），广播节目的年播出时间从 76 万小时增至1 079万小时，电视节目的年播出时间从 9 万小时增至1 361万小时。全国有广播影视节目制作机构2 070家，2006 年生产电视剧13 847部集。到 2006 年 11 月底，全国新报国产剧共149 部4 523集，其中审查通过的有 150 部4 426集。

1.1.2 传输覆盖网络和用户规模不断扩大

目前，我国使用 10 颗卫星、53 个转发器传输 242 套电视节目、199 套广播节目，卫星收转站 200 多万座；微波传输线路 10.2 万公里，微波站2 749座；广播电视发射台、转播台 6.6 万座，发射机 7 万多部；有线电视网络约300 万公里，有线电视用户 1.4 亿户；广播电视人口综合覆盖率分别从 1982年的 64.1%、57.3%增至 95.04%、96.23%，收音机、电视机社会拥有量分别达 5 亿台、4 亿台。

---

① 主要数据来源：张晓明、胡惠林、章建刚主编：《2007 年：中国文化产业发展报告》，社会科学文献出版社，2007；国家广播电影电视总局网站统计数据 http://gdtj. chinasarft. gov. cn。

1.1.3　服务方式和服务手段不断改进

2003年起，我国推动广播电视数字化进程，初步探索出了符合我国实际的、以信息化带动数字化、以数字化促进信息化的有线数字电视整体转换模式。短短3年，全国有25个城市完成了有线电视数字化整体转换，有线数字电视用户1 266万户。2006年，我国经批准开播的付费节目有133套（付费广播16套、付费电视117套），有线付费电视用户173万户。广播电视已从过去单一模拟的服务方式转变为模拟和数字、标清和高清、公益和付费等多种类型并存的服务方式。

1.1.4　经济实力明显增强

2006年全国广播电视行业总收入1 099亿元，首次突破1 000亿元，比上年增加168亿元，增幅18%。2006年中央电视台总收入141亿元，广东、上海、浙江、江苏、北京、山东、湖南、四川、辽宁、湖北省（市）总收入排名位居全国前10名，其中广东突破100亿元，上海超过90亿元，浙江、江苏超过70亿元，北京、山东、湖南超过40亿元。

2006年全国广播电视行业实际创收收入960亿元，较上年增加141亿元，增幅17%，占全行业总收入的87%。创收收入仍是广电行业收入的主要来源，并为广电事业、产业的发展提供有力的资金支持。创收收入主要包括广播电视广告收入、有线电视网络收入和企业经营收入等。

2006年全国广播电视广告收入527亿元，较上年增加58亿元，增幅12%，占全行业总收入的48%、占创收收入的55%。这表明，虽然目前乃至今后时期广告收入仍是广电行业的主体收入，但随着新媒体业务的拓展，其所占比重正在慢慢下降，相比“十五”初期，全国广电广告收入占总收入的53%，已经呈现出下降的趋势。2006年在全国广播电视广告收入中，广播广告收入59亿元，电视广告收入453亿元，其他广告收入15亿元，分别比上年增加8亿元、46亿元和4亿元，增幅16%、11%和36%。

2006年，全国有线电视网络收入252亿元，占全行业总收入的23%，占创收收入的26%。全国有线电视基本收视费收入184亿元，较上年增加24亿元，增幅15%；付费数字电视收入5.23亿元，同比增长60%，部分城市付费数字电视业务仍处于试运行阶段，尚未形成规模化发展；随着网络增值服务业务的拓宽，收入规模不断增加。其他网络增值服务收入62.77亿元。

2006年广播电视行业实现增加值589亿元，其中事业单位414亿元，企业单位175亿元。

全国广播电视总收入构成情况是：中央级 190 亿元，省级 460 亿元，地（市）级 274 亿元，县级 175 亿元，分别占全国总收入的 17%、42%、25%、16%。其中，中央级、省级、地（市）级的收入增长主要来自广告创收收入，县（市）级的收入增长主要来自有线电视收视费收入。

1.1.5 科技创新能力明显提高

国家发改委牵头制定的、具有我国自主知识产权的地面数字电视国家标准于2006 年颁布，并将于2007 年8 月1 日实施。围绕数字化，广电系统加大投入，自主创新，研制出了具有自主知识产权的移动多媒体广播、新一代卫星传输、数字电影流动放映等核心技术，广电总局在此基础上，制定颁布了移动多媒体广播、新一代卫星传输、数字电影流动放映等三项技术标准和规范。这是新中国成立以来广电系统第一次自主研发的、具有自主知识产权的重要系统技术标准。

党中央、国务院高度重视广播影视数字化工作，国务院从 2004 年开始连续 3 年将广播影视数字化纳入国务院工作要点。2006 年年初的《国家中长期科学和技术发展规划纲要（2006 ~ 2020 年）》、两会通过的《国民经济与社会发展第十一个五年规划纲要》和《国家十一五时期文化发展规划纲要》都要求加快广播影视数字化进程。国家广播电影电视总局提出了数字化发展方略：按照“先有线和卫星，后无线”的步骤，全面推进广播影视数字化，到 2015 年停止播出模拟节目。

2006 年，我国广播影视数字化进程明显加快，广播影视数字化建设已从试点进入全面推进的新阶段。数字电视产业推广力度比 2005 年明显加大，据初步估算，用户数达1 290万户，其中付费用户数 450 万户。中国数字电视产业初具规模，以提高收视费为核心的营利模式逐步形成，内容供应逐步形成体系，数字电视发展的产业格局基本奠定。预计 2008 年数字电视用户数可达 3 500万户，2008 年数字电视相对有线电视总用户的渗透率为 25%。

回顾有线电视数字化的发展历程，有三次重要的现场会：2004 年召开的青岛现场会，标志着我国有线电视数字化整体转换工作的全面启动；2005 年召开的大连现场会，标志着我国有线电视数字化工作方针的全面确定；2006 年召开的深圳现场会，标志着我国有线电视数字化由试点进入全面推广的新阶段，明确有线数字电视由单向进入双向、交互、多功能发展的新目标，使我国有线电视数字化发展迈入一个新的起点。

2006 年全国广播电视数字化建设的成绩主要有：其一，地面数字广播电视标准颁布。2006 年 3 月 31 日，信息产业部一次性颁布了数字电视 25 项行业标准，其中最受关注的是《数字电视接收设备——显示器标准》，该标准于 2007 年 1 月 1 日起正式实施。2006 年 8 月 18 日，我国颁布了地面数字电视传输标准，制定颁布了数字音频广播行业标准，探索了声音广播数字化的发展模式。同时，积极跟踪数字广播技术的发展趋势，在调幅广播数字化方面进行了有益探索。其二，电台、电视台台内数字化、网络化全面铺开。国家广电总局于 2007 年 3 月 12 日发布了《电视台数字化网络化建设白皮书(2006)》（广发［2007］0020 号）和《广播电台数字化网络化建设白皮书(2006)》（广发［2007］0021 号），这两项白皮书的发布标志着我国全面推进电台、电视台数字化、网络化工作的开始。电台、电视台的数字化、网络化建设对广电行业发挥内容优势、掌握行业发展的主动权具有极其重要的意义。截至 2007 年 3 月 12 日，我国有 80% 的省级电台、电视台开展了台内数字化、网络化的规划和改造工作，一些地市电台、电视台也正在进行数字化、网络化改造。

利用高新技术提升传统媒体、发展新兴媒体，成为 2006 年广播电视发展的必然趋势，基于新媒体的新业务也大量涌现，手机电视发展引人注目。据统计，中国的手机用户目前已近 4.5 亿户，而且手机的业务形态和功能也在不断拓展，通过与互联网、广播电视的结合，手机电视将成为具有重要影响力的视听新媒体。2006 年底，央视隆重举行手机电视合作签约暨开通仪式，正式推出 CCTV 手机电视。

传统媒体与网络媒体合作的行动正在加快。2006 年 10 月，全国电视台“网络视频联盟”成立，这是传统媒体与新媒体合作发展的一个标志性事件。“网络视频联盟”以 CCTV. COM 为平台，集成全国电视台及其他机构优质视频节目资源，发挥母体优势，采用国际上最先进的内容与广告营销方式，全方位提升各电视台影响力和各传统媒体子网站访问量，以期占领新兴传播阵地。媒体生态格局的新一轮较量正在开始。是“渠道为王”还是“内容为王”将成为广电媒介竞争的一个新议题。

频道专业化进一步推进，少儿动画频道异军突起，动画产业迅速发展。2004 年 3 月 31 日，广电总局发出了《关于开办少儿频道的通知》，规定到 2005 年底前，2/3 以上的省级电视台和副省级电视台要开办少儿频道。之后，全国共开办 29 家少儿频道、3 家动画频道。在 32 个频道中，79% 的少儿频道仍然依靠政府行为和事业机制，实行公益性事业模式，21% 的少儿频道实行企业型管理的产业模式。在具体业务上，超量的少儿频道和栏目与数量不多、质量不高的少儿节目之间形成了严重的矛盾。要增强正面影响力，就应实现少儿节目的本土化，充分挖掘和利用本土文化区域内的资源，主题要表现鲜明的民族特色，素材要深入挖掘本土文化资源，制作要有效利用少儿资源，表达要符合少儿心理和习惯。

注重电视节目与观众的传播接近性，不断拓展电视受众市场。首先是社教节目的大众化发展。2006 年，以《百家讲坛》为代表的电视讲坛类节目成为业界讨论较为集中的一个话题。业界人士纷纷从节目内容与形式创新来总结其成功经验：题材上，偏重故事性和趣味性较强的历史文学类选题，便于受众接受；叙述视角上，强调对历史人物的现代解释；叙事方式上，将事件戏剧化、悬念化，将宏大叙事细节化等。其次是假日电视节目的兴起。所谓“假日电视”，是指以适应、满足并反映假日中观众文化需求和社会需要为主题而产生形成的、相对稳定的电视节目形态。在假日电视节目中，电视台主要集中播放各种特别节目或影视剧，而特别节目又主要集中于娱乐节目，娱乐节目又多以中小型晚会和选秀节目为主，“硬新闻”节目几乎处于缺席状态。假日电视节目主要关注休闲中的“消费”，把没有能力追逐时尚性休闲文化的低收入社会群体（如低薪阶层、老年人群体、非在业者群体）排斥在外。电视节目在不断拓展电视受众市场的同时，也在偏离构建和谐社会所需的社会效益。

频道竞争日益白热化，电视独播剧鏖战媒介市场，电视栏目剧持续升温。所谓“独播剧”，是指播映权、发行权等相关权限被买断，买方拥有独家资源，在某一地区独家播出的一种买卖合作形式。浙江卫视斥资3 200万元购买的传奇大剧《争霸传奇》于2006 年6 月独家播出，这是全国省级卫视中首次在“黄金档”独播电视剧，从而终结了央视“黄金独播剧”的垄断，并将促使各地卫视展开独播剧大战。

电视栏目剧是电视剧产业发展的一个新现象。栏目剧是以电视栏目的形式存在，具有统一的片头、主持人及由演员演绎的、有故事情节的电视节目形态。普遍认为其主要特点是：参与性、方言化和时效性。栏目剧的时效性表现在题材来源紧贴时事，往往取材于近期媒体报道的事件。据统计，目前开办电视栏目剧的电视台已占到省级台的2/3。因此，2006 年被一些业内人士称为“栏目剧年”。

1.2 电　影①

2006年是我国电影新百年的开端之年，也是电影改革与发展的重要一年。国家广电总局电影局公布的中国电影发展统计数据显示：2006年，国产电影故事片的数量达到330部，生产动画影片13部，纪录影片13部，科教影片36部，特种影片7部，电影频道还组织拍摄了供电视播放的数字电影112部。这个数字再次创下中国电影的历史新高。2006年电影综合收入57.3亿元，其中，国内电影票房26.2亿元，专业电影频道播映收入12亿元，海外销售收入（含票房收入）19.1亿元。

纪念建党85周年和纪念红军长征胜利70周年是2006年电影摄制的主要热点。电影界围绕党和国家的中心工作和宣传大局，推出了一批既有思想深度，又有艺术感染力和市场号召力的优秀影片，如为纪念建党85周年摄制的《脊梁》、《红色满洲里》、《真水无香》，为纪念长征胜利70周年摄制的《我的长征》、《不能忘却的长征》。这些影片秉承中国电影的现实主义传统，运用现实主义的表现手法，挖掘丰富的历史内涵，寄托深远的社会意义，为促进现实题材电影的繁荣与发展做出了不懈努力。

国产商业大片依然引人注目，大投入、大制作的《满城尽带黄金甲》、《夜宴》、《宝贝计划》、《墨攻》等影片在艺术创新、文化追求和市场开拓等方面各有特点，为电影市场增添了亮丽的风景，同时也引发了人们对"大片"的不同思考。

中小成本电影创作和新生代电影创作呈现活跃态势，《疯狂的石头》、《天狗》、《马背上的法庭》、《夜上海》、《三峡好人》等影片，或以对艺术电影的执著，或以对现实的批判，或以对娱乐性的张扬，为2006年的电影创作和电影市场注入了新的活力，也在一定意义上标示出我国电影发展的开放程度。

2006年领军票房成绩的依然是国产商业大片。其中，《夜宴》票房收入1.3亿元，《霍元甲》1.01亿元，《宝贝计划》9 700万元，《墨攻》6 700万元，《满城尽带黄金甲》突破2.5亿元的票房纪录。中小成本影片也成功进入主流院线，取得不俗的票房成绩，《云水谣》票房收入3 000万元，《东京审判》2 800万元，《疯狂的石头》2 300万元。此外，《天狗》、《三峡好人》、

① 有关内容主要参考国家电影局长童刚的2006年电影工作报告：《创造繁荣电影局面·构建和谐电影文化》，中国电影报，2007-1-16。

《鸡犬不宁》、《好奇害死猫》等影片也在各主流院线占据了一定的档期。

国产电影积极开拓二级市场和社区、农村市场，共投入启动资金3 000万元；农村电影数字化放映工程正式实施，目前已在陕西、江西、河南等8个省（区）开始试点工作，成立了15条农村电影数字院线；全国广泛开展的“优秀影片进社区”公益放映活动，共放映影片15.27万场，观众达到5 500多万。

2. 云南广播影视产业发展状况

2.1 广播电视

2006年，全省有经国家广电总局批准的省地县级广播电视播出机构151个，其中，省地级广播电台16座（包括未单独设置的）计29套节目，电视台17座计41套节目；县级广播电视台119座（包括已批准建立正待完善或组建的县级广播电视台）。按新的统计口径，全省有1千瓦以上的中短波广播发射台57座，调频广播发射台199座，电视转播发射台140座，卫星地面收转站48 918座，形成了城市和农村联通，卫星、无线、有线结合的多形式、多层次的广播电视传输网络。全省广播人口覆盖率92.02%，电视人口覆盖率93.68%，比上年分别增加0.99 %和1.05 %。省电台和省电视台的节目通过卫星传送，可覆盖全省和全国部分省区和东南亚地区。全省有线广播电视传输网络干线网（按新的统计口径）总长44 614公里。

省电台现有9套节目，全年播音52 165小时（不含试播），日均播音142.92小时，比上年日均增加18.8小时。昆明电台3套节目均接近全天24小时播音。除汉语节目外，全省各级电台开办了藏语、西双版纳傣语、德宏傣语、拉祜语、景颇语、景颇载瓦语、傈僳语、苗语、壮语、瑶语、哈尼语、彝语、佤语共13种少数民族语言节目及越南语节目。其中，省电台民族语言频率用5种少数民族语言和中波、短波、调频多种频率广播。全省州市级以上电台（含未独立设置的广播频率和独立设置的县级电台）全年播音180 273小时（不含试播），日均播音493.9小时，比上年日均减少18.3小时。

省电视台现有7套节目，全年播出43 800小时（不含试播），日均播出120小时，与上年相当。其中，云南卫视每日24小时播出。昆明电视台有6套节目，全年播出44 122小时，日均播出120.9小时。全省地级以上电视台全年播出233 026小时，日均播出638.43小时，比上年日均增加99.3小时。

“村村通”和“西新工程”建设方面，全省按时完成国家下达的12 954个新通电行政村和50户以上通电自然村的建设任务，使近200万农村人口收听收看到广电节目。“西新工程”完成了省电台对外广播译制设备、迪庆电视台电视民族语译制中心设备的更新改造，做好了25座中波台（单项）基本建设竣工财务决算和11座调频台工程造价审核，拟定了安全检查方案，为工程整体竣工验收做了准备。①

目前，省电台拥有省级电台中较强的技术传输能力，覆盖面达42个国家和地区，包括少数民族语言和外语在内的节目全部实现了数字化。省电视台完成传输系统的数字化改造，实现全台播出、传输、发射数字化。

2006年，在全国广播电视创收收入排序中，云南位居第二十一，收入14.13亿元；在全国广播电视广告收入中，云南名列第二十一，收入5.75亿元，处于中下游；在全国有线广播电视收视费收入中，云南排名第十六位，收入4.91亿元。②

据国家工商行政管理总局《广告经营单位基本情况统计表（2006年年报）》显示，2006年云南省广告经营额共160 867万元，其中传媒业广告经营额94 367万元，占全省总额的58.66%，创收能力突出。广播电视广告收入57 443万元，占全省传媒业广告经营额的60.87%，占全省广告经营额的35.71%，成为全省传媒业广告经营收入的主要来源，其中，电视台共计53 491万元（据省广电局统计，云南电视台创收首次突破4亿元，增幅31%，高于全国省级电视台平均增幅），占比56.68%；电台共计3 952万元，占比4.19%。

广告经营模式的创新带来了广告经营额的提升。与全国大多数电台一样，云南人民广播电台近几年的广告经营额呈现持续、稳定、快速发展的态势，尤其自2005年在全国省级电台中第2家实行广告分行业代理制以来，广告经营额逐年递增，年增幅28%，而医疗类广告所占比例逐年递减5个百分点。2007年，基于对本土广告市场特点的分析，又创新建立了分类广告代理模式，进一步细分市场客户类别（2006年将广告行业分为14个，2007年代理类别增至25个）。2007年1~2月，分类代理制推行2个月的统计情况表明，广告

① 以上云南广电数据来源：云南省广播电视局：《云南省广播电视概况》，2006。

② 在“2.1广播电视”部分中，此处及其余（除特别注明外）涉及全国广播电视的数据均源于国家广播电影电视总局网站 http：//gdtj. chinasarft. gov. cn。

经营实际进款额与2006年同期相比，增加了58.7%，在广播广告经营传统意义上的淡季创造了历史最好业绩。[①]

广播与电视的跨媒体合作是2006年的一大亮点。如昆明地区的电视新闻栏目《都市条形码》、《街头巷尾》均与电台合作，实现节目同步直播。

2.1.1　云南广播节

2006年9月6日，为贯彻党的"十六大"精神，落实云南省委、省政府繁荣民族文化、发展文化产业、建设文化大省的战略部署，由中国广播电视协会和云南人民广播电台主办、云南人民广播电台承办、国内首次举办的"广播百年/中国-云南广播节"在昆明拉开帷幕。

广播节期间，举办了"中国交通广播产业发展论坛"，这在国内尚属首次，对探索广播的产业化之路、打造广播产业链起到了很好的推动作用；展开大型广播讨论——面向未来的广播，邀请国内外知名专家、学者、业界精英和听众探讨广播的未来发展，这在国内也是首次；云南电台联合全省16个州市电台成立了云南广播群，将通过节目交流、共享上（卫）星频道传输资源、广告双向代理等实质性的合作整合资源，这对提高云南广播的整体竞争力、推动产业发展意义重大。广播节的举办成功地宣传了云南形象，为提升广播媒体的整体影响力、加快广播事业改革和产业化步伐，提供了一个良好的展示、交流平台。

2.1.2　电视产业

（1）探索节目、栏目的市场化运作之路

云南电视台大胆探索少儿频道节目制作公司化运营模式，与北京和顺通泰投资有限公司合作，双方共同出资组建云南猜猜影视节目制作有限公司，负责少儿频道节目的运营；与大理旅游集团有限公司合作开办栏目《旅行》；将栏目、节目运作同市场的经营、开拓相结合，尝试节目活动化、活动节目市场化；同保山、昭通电视台和昆明教育电视台正式开展业务合作并取得实效。

其中，生活资讯频道自与台湾百是集团签订合同起，就实行公司化运作，自负盈亏，不仅在成本控制方面成为云南台做得最好的频道，还不断拓展盈利渠道：A. 植入式行销——将节目架构与客户需求直接挂钩，即各自办节目的推出均由业务部先与客户接洽、谈定，再由企划部将客户需求策划成节目

① 云南人民广播电台广告部统计数据。

方案，最后交予节目制作部门实施，这不仅弥补了频道广告的不足，也开辟了新的节目源和盈利点；B. 电视购物——借鉴台湾东森电视购物频道的运作经验，2005 年推出《E 来点点吧》，目前节目开始产生利润，有望成为频道潜在的经济增长点；C. 节目制作生产环节——尝试制播分离，如以每集1 500元的价格获得云南台电影频道《HI 电影》栏目的制作权，目前节目运作良好。[①]

昆明电视台十多个自办栏目中，进行市场化运作的有《盛世典藏》、《争锋 21》、《天天房市》、《天天车市》和《清风车影》。2005 年 6 月 12 日，《盛世典藏》举办“盛世艺术馆”首次拍卖活动，70 幅作品总成交价204 160元，成交率 90%，[②] 标志着《盛世典藏》作为昆明台第一个制播分离的栏目，正式走上市场。栏目依托社会典藏拍卖公司，采取由公司提供经费、收取现场拍卖成交额的 10% 作为佣金，栏目自行支配经费、电视台提供节目播放平台的方式运作，电视直播拍卖会已成为栏目市场化运作的有益实践。《争锋 21》由昆明台与恒智旗云营销策划推广机构合办，恒智旗云负责运营，提供全年 60 万元的节目合办费用，电视台负责制作播出。目前，市场运作方式基本能满足上述两个栏目的需要。2006 年 4 月底，《清风车影》成为昆明台推行栏目市场化运作的一个重要项目，在节目制作、广告经营、人员组合、薪酬分配、费用支出等方面实行独立核算，自收自支。“十佳百姓试车手评选”活动的举办和“2006 年全国越野锦标赛”的系列报道，为栏目的市场化运作奠定了基础。

《非常板扎》（简称《非》剧）是昆明台投资、进行制播分离的一个尝试，也是云南第一档方言栏目剧。台内每年投资 200 万元，采取以节目换取广告时间的方式运作。《非》剧采取定单式的流水线生产，其中一半节目由民营影视制作机构根据电视台的剧本要求进行制作，由电视台审查节目，按等级收购。自 2006 年 1 月 2 日开播以来，参与《非》剧的民营影视制作机构共计 20 多个。《非》剧秉承“百姓故事百姓演，你演我演大家演”的宗旨，通过委托文化公司开设演员俱乐部，建立了演员资料库，现有省内外群众演员 1000 余人。目前，《非》剧收支状况持平，但社会效益显著，在培养、引导本土民营影视制作机构投身影视产业发展、培养导演和群众演员、满足人们多元的文化需求方面取得了可喜的成绩，是对时兴栏目剧一种有益的本土化

① 万芳：《浅析 YNTV 生活资讯频道的运作》，《昆明电视》，2006，6。

② 《〈盛世艺术馆〉首次拍卖成功，标志〈盛世典藏〉栏目走上市场》，《昆明电视》，2005，7。

探索。2006 年 12 月，由中国广播电视协会主办的“首届全国电视栏目剧评优暨研讨会”在苏州举行，《非》剧与湖南卫视《爱情魔方》、浙江科技教育频道《大侦察西门》等并列三等奖。

（2）无线数字电视建设稳步推进

云南电视台和云南电视台图文电视中心共同出资组建了云南无线数字电视文化传媒有限公司，为产业发展打开了融资、制播分离之路。2006 年，昆明市区公交车移动电视安装达1 222辆，比 2005 年增加 422 辆。数字移动电视七彩公交频道开播后，着力推进以出租车和私家车为主的交通频道和城市楼宇电视频道建设。完成了城市频道布点 300 个。在澄江县饮马池村和曲靖市麒麟区茨营乡瓦窑村进行 DVB－T 数字移动电视试点工作获得成功，标志着云南无线移动数字电视从城市走向农村。完成移动电视 100 万用户的技术规划方案。[①]

（3）拓展经营项目，延伸产业链

云南电视台有序推进形象创意室公司化进程，与上海幻维数码制作有限公司达成协议合作组建“云视幻维数码影视制作有限公司”；建成手机电视播出平台，手机电视项目正在抓紧试验建设；作为经营项目，网站建设也在进行。新型产业正成为继广告之后的一个新经济增长点。2006 年 5 月 9 日，昆明电视台昆视传媒有限责任公司成立。公司主要经营业务包括对外承接宣传业务、项目策划、影视策划，盘活台内各类资源；与省市宣传部门、文化单位、企事业单位及广告公司合作，建立长期的战略合作伙伴关系，共同开拓文化、影视市场。目前公司经营基本正常，无太大盈利。

（4）本土电视剧创作逐步繁荣，生产质量日益提高

电视剧的生产制作是我国文化产业中市场化程度最高、产业力量最强、民营资本进入领域最广的行业。目前，持有《广播电视节目制作经营许可证》的机构全国共2 442家，其中，云南 42 家，占全国总数的 1.72%。截至 2006 年 12 月 14 日，云南省电视剧制作机构共计 61 家（含电视台 18 家），具有电视剧拍摄许可证甲种证单位 1 家。[②]

与全国相比，云南本土的制作力量十分薄弱。但由于拥有丰富的影视资源和省委省政府的重视与支持，为各制作机构创造了良好的发展环境。尤其

① 云南电视台统计数据。
② 云南省广播电视局统计数据。

是“中国云南影视产业实验区”的成立，加强了国家对云南影视产业实验区建设的指导和支持，对加快全省影视产业资源整合和市场主体培育、推进影视产业的专业化、集约化和规模化发展提供了契机。全省制定了云南影视产业实验区、电视剧、影视拍摄等宣传管理办法。目前，云南影视拍摄基地建设已经投入资金4亿多元，建成8个初具规模、各具特色的影视拍摄基地。

A. 创作数量逐年递增，总体质量不断提高。

近年来，云南的影视产业发展迅猛，每年有70多个外来剧组到云南拍片，尤其是2004年以来，先后有150多个剧组前来拍片。本土的影视创作逐步繁荣，每年生产的电视剧在13～15部左右，约300～500集，生产数量位于全国第九位。2005年电视剧题材立项48部1 697集，审查完成片14部310集；2006年电视剧题材立项20部446集，审查完成片11部239集。2003年以来，共审查引进剧和经省局初审、广电总局终审的电视剧有19部497集，电视剧的创作数量逐年递增。①

电视剧生产质量逐年提高。继云南电影制片厂出品的《九月风暴》、云南省委宣传部影视中心出品的《烟海沉浮》在央视一套播出后，昆明电视剧制作中心的《长河东流》、云南高原影视中心的《商贾将军》都已和央视签订合同，将于2007年播出。云南千溪影视公司的《聂耳》、西南狮子吼影业公司的《摩梭女儿国》正在和央视接洽。由云南润视荣光出品的《钱王》、《大马帮》在海内外产生了广泛影响，云南电视台、昆明电视台等制作机构拍摄制作了一批广受喜爱的影视剧，如《东寺街·西寺巷》、戏曲电视剧《瘦马御史》、《凤氏彝兰》。近年来，云南创作的电视剧在全国获得了不少奖项：

表1　近年云南电视获奖情况

	制作机构	剧目	获奖情况
1	云南电视台	《导弹旅长》	第21届中国电视金鹰奖优秀电视剧奖、第23届全国电视剧“飞天奖”长篇电视剧三等奖
2	云南电视台	《干部》	第23届全国电视剧“飞天奖”少儿电视连续剧三等奖

① 谭开燕：《电视剧审查管理办公室工作综述》，P.22，《云岭声屏》，2007，1。在“A. 创作数量逐年递增，总体质量不断提高”部分中，涉及云南电视剧生产制作的资料主要源于此文。

续 表

	制作机构	剧目	获奖情况
3	云南广播电视剧制作发行中心	《高中女生》	第23届全国电视剧“飞天奖”少儿电视连续剧三等奖
4	云南民族电影制片厂	《我的帐篷小学》	第20届中国电视金鹰奖中篇电视剧提名奖、第23届全国电视剧“飞天奖”少儿电视连续剧三等奖
5	昆明电视台	《瘦马御史》	第23届全国电视剧“飞天奖”戏曲电视连续剧三等奖
6	云南高原影视中心	系列剧《高原情话》中的《彝山情》	第10届少数民族“骏马奖”二等奖
		系列剧《高原情话》中的《阿昌刀》、《丽江恋》	第10届少数民族“骏马奖”三等奖
7	楚雄电视台	《一个生命的倒计时》	第22届全国电视剧“飞天奖”短篇电视剧二等奖

B. 创作题材多样，方言剧的创作取得了一定成绩。

由昆明电视台投资104万元制作的52集方言轻喜剧《东寺街·西寺巷》（简称《东》剧）是昆明台首次尝试低成本运作的电视剧，每集投入仅2万元，但经过如广告时段招标、出售VCD版权等市场化运作的形式，该剧不仅收回投资，而且略有收益，成为昆明台建台以来第一部有经济效益的电视剧。该剧的成功运作为云南方言剧的制作带来了启示，推动了云南方言剧的创作，如《小瓦碴的故事》、《南腔北调大得胜》播出后一度引起社会反响。

《东》剧自2003年4月播出以来，立即成为昆明地区的收视热点。据央视索福瑞收视调查显示，该剧在当年5月的收视率一度达到25%以上，跃居全省电视剧平均收视率榜首，超过同期在昆明地区播出的《射雕英雄传》的平均收视率。《东》剧“创下了云南电视界的四个第一：第一部以云南方言为主要语言形式的长篇室内电视剧；第一次全部由云南本土电视和文化人共同打造的大型电视剧；第一次完全由媒体投资且创造了较好经济效益的电视剧；

云南第一部边播出边制作的电视剧。”①

在2003年首播时，该剧一次性以40万元出售VCD版权，第一次广告招标拍得60万元。2003年播放期间，实现广告收入120万元。2004～2006年该剧不断重播。《东》剧推出4年以来，通过广告、卖片、VCD光碟销售（50万套）、出版图书等，实现盈利500万元。② 此外，该剧还根据剧作实践，制作了《云南方言词语辨正表》，使该书具有一定的学术价值。

该剧荣获2004年度云南省优秀广播电视节目二等奖、昆明市2004年度优秀广播电视节目一等奖。四川、贵州等省的一些电视台、云南各州市台购买了该剧的播映权。《东》剧已成为昆明台的一个著名品牌，取得了较好的社会效益和经济效益。近期，昆明台的收视调查显示，该剧在昆明地区的知晓率达72%，中宣部副部长欧阳坚指示：要继续拍好《东》剧续集，“这是云南一个很有代表性的文化产业项目”。昆明台已于2007年3月开始拍摄《东》剧（新传）60集。

2.1.3　网络产业

云南广播电视信息传输网络股份有限公司（简称网络公司）于2004年12月成立。组建网络公司是省委、省政府发展文化产业、建设民族文化大省、打造“数字云南”的重大决策和重要举措，是云南省文化体制改革的一次重大突破，是云南广电产业发展史上崭新的里程碑。作为推进全省国民经济和社会信息化及广播电视网络化、数字化发展的文化骨干企业，网络公司是自主创新第一浪潮的首发阵容和首惠之区。

网络公司按照省委省政府确定的“统一规划、统一建设、统一管理、统一经营、统一开发”的原则，实行一级法人的管理体制，实现信息传输网络省、州（市）、县（含乡镇）三级贯通——在全国广电系统中创建了“一级法人、三级贯通、五个统一”的“省级模式”，在云南文化产业发展中开创性地组建了直接面向市场的现代高科技、现代文化、现代股份制企业，使云广网络由市场末端跃入改革前沿。目前，网络公司拥有25 000公里干线光缆、15个分公司、116个支公司，组建了产权多元化的数字电视运营、数字电视工程技术、农村无线数字电视、影视文化产业开发4个子公司（即云南数字电视有限公司、云南福缘数字电视工程技术有限公司、云南中辉无线数字电视农

① 韩丽君、张永仁：《昆明影视资源调研报告》，P.20，《云岭声屏》，2006，10。

② 昆明电视台统计数据。

网运营有限公司和云南亚广传媒发展有限公司)，初步建立起集团化运作的架构。亚广传媒项目力争在 2007 年内开工建设，3 ~ 5 年后竣工投入使用。在“十一五”规划强调“加强宽带通信网、数字电视网和下一代互联网等信息基础设施建设，推进‘三网融合’”，以及我国文化产业体制改革的大背景下，云南广电网络产业取得了突破性的进展。

(1) 全省有线电视网络收入和用户发展保持两位数增长

2006 年全省有线电视网络收入66 600万元，比 2005 年51 200万元增长30%，比 2004 年约42 000万元增长24 600万元，年平均增幅 29.3%；2006 年新增有线电视用户249 519户，达到 365 万户，比 2005 年新增 20 万户，增速提高 25%，比 2004 年约 320 万户增长 45 万户，增幅 14%；数字电视用户从无到有，2006 年达到306 069户，比 2005 年 5 万户增长了 5 倍。网络收入、网络用户、网络数字化等主要发展指标态势良好。①

(2) 实际融资总额超160 000万元

网络公司 2005 年融资78 200万元，引进战略投资19 306万元，加上 2006 年的融资60 931万元，实际融资总额超160 000万元。意向性融资规模仍保持在500 000万元以上。融资形势利好，银企合作取得重大突破，形成了以国有文化资本为主体，多种所有制共同发展的文化产业新格局。

(3) 实际完成投资项目近20 000万元

云南数字电视公司完成 1.1 亿多元的融资，组织实施了曲靖、玉溪、文山等地数字电视整体转换试点工程，试点地区数字化整体转换 17 万多户，曲靖市率先成为云南省有线电视数字化示范城市，云南省被国家广电总局列为全国有线电视数字化整体转换的“省级模式”之一。网络公司对省广电二干网进行了一期和二期扩容改造，启动了全省 IP 骨干网建设，在有业务需求和安全要求的地方组织实施了双向网改造、联网工程、安播技术防范、地下管网、财务专网、行业专网建设，网络公司新的机房投入运行，一批带有基础性和控制性、投资回报周期在 3 年左右的工程项目相继开工。

(4) 公司战略投资前景明朗，可持续发展政策利好

网络公司的 4 个子公司各股东总投资 3.29 亿元，其中国有资本 2.916 亿元，占各股东总投资的 89%；非公资本 0.314 亿元，占比 11%。2006 年董事

① 文中涉及云南网络产业的资料来源：云南省广播电视局统计数据、网络公司统计数据和《云岭声屏》2006，6（网络公司专题）。

会决定设立普天科技有限公司。目前，子公司各股东都有增资扩股的意向，为公司集团化运作、拓宽投融资渠道创造了有利条件。

在省广电局的直接领导和支持下，网络公司不断争取到支持全省广电网络产业和事业发展的有利政策。如：国家广电总局科技司关于同意云南省有线电视数字化整体转换技术方案的批复；财政部、税务总局的通知：对经营有线电视网络的单位从农村居民用户取得的有线电视收视费收入和安装费收入，3 年内免征营业税和企业所得税；云南省人民政府办公厅关于转发《云南省有线电视数字化整体转换实施意见的通知》；省财政厅同意免缴公司国有资本收益的批复；2006 年，公司与省外多家卫视台、云南电视台、云南数字电视公司签署了有偿传输节目的协议；正在争取的有云南省有线数字电视基本收视维护费暂行收费标准、全省有线电视数字化整体转换资费政策、国家开发银行长期贷款、开办视频点播频道、合作经营互联网业务、农村 MMDS 无线覆盖政策等；广电网络资源的开发利用与全省的信息化、数字化、产业化发展体系的结合更加紧密。

2.2 电　影

2.2.1 市场观念与机制：政府主导与民营投资相结合

目前，进入云南影视资本中的民营资本达 80% 以上，但民营影视机构不多。在调查抽样的 93 个电影发行放映企业样本数中，公有机构约占 87%，非公有机构约占 4%。尽管非公企业所占比重不大，但在经营效益上却位居云南所有影视机构前列，如昆明新昆明影城有限公司、昆明西苑娱乐有限责任公司、昆明大观娱乐有限公司、蒙自电影股份有限责任公司。

表 2　云南电影企业性质比重情况

企业所有制性质	国有企业	集体企业	非公有制企业
企业个数	81	8	4
总体比重	87%	9%	4%

资料来源：云南黄页 http：//yp. shidui. com/yunnan/。

2006 年，云南本省生产（含参与、完成或正在生产）的电影数量并不多，约 11 部，仅占全国电影生产总量的 3%。其中，政府参与生产 7 部，政府独立投资 3 部；民营参与生产 6 部，民营独立投资 2 部。在参与合拍的电影中，政府和民营合作投资拍摄2部，政府和省外合作投资拍摄1部，民营和省外合作投资拍摄2部，政府和境外合作投资1部。政府与民营影视机构在电影的投资拍摄中居主体地位。

表3 2006年云南电影投资来源情况

电影名称	民营投资	政府投资	省外投资	境外投资
《河内河内》	×	√	×	√
《别姬印象》	√	√	×	×
《光荣的愤怒》	√	×	√	×
《俄玛之子》	√	×	×	×
《公园》	×	√	×	×
《箱子》	×	√	×	×
《绝代》	×	√	×	×
《油菜花开》	√	√	×	×
《怒江魂》	√	×	√	×
《大东巴的女儿》	×	√	√	×
《悟空》	√	×	×	×
小计：11部	6部	7部	3部	1部

2.2.2 优惠的政策与电影管理的实际地位、水平形成反差

《云南省2005~2006年深化文化体制改革和推进文化产业发展实施意见》指出①，要建立云南亚广影视文化传媒有限责任公司，尤其重点发展云南影视创作、拍摄、制作、生产基地，要充分利用“天然摄影棚”的优势，依托曲靖翠山影视文化城、大理天龙八部影视城、玉龙湾东南亚影视城及丽江束河茶马古道影视城，大力开发一批适宜影视拍摄的景区，并加强相关设施建设，特别是注意建设好影视后期制作设施，把云南省建设为世界一流的影视拍摄基地。

云南以优惠的投融资政策和税收减免政策积极支持和鼓励影视产业发展，鼓励、支持和引导社会资本在国家政策许可范围内，以股份制、股份合作制、

① 云南日报网，2006-3-1。

合伙制和独资等多种形式，参与或兴办影视制作、放映、发行、中介服务等文化企业，并享受国有文化企业同等待遇。对新办或转制组建的广电、电影、放映、发行等文化企业，自开业之日起，报经税务机关批准，免征 3 年企业所得税，免征 5 年城镇土地使用税。对经国务院批准成立的电影制片厂销售的电影拷贝收入，免征增值税。在 2008 年底前，对电影发行企业向电影放映单位收取的电影发行收入，免征营业税。因转让著作所有权而发生的销售电影母片、电子出版物、录像带母带、录音磁带母带的业务，不征收增值税。鼓励兴办高新技术文化产业，鼓励、引导社会资本投资于高新技术文化产业，从事数字广播影视、电子出版等研发、生产、传播的文化单位，凡符合国家关于高新技术企业税收优惠政策规定的，可享受相应的税收优惠政策。

但是，云南电影管理制度尚未成型，正处在探索之中。电影作为市场主体的地位不太明显，电影管理机构还未理顺，云南影视产业实验区管委会的政府职能地位比较模糊。电影原有的政府主管机构是云南省广播电视局，由省广电局总编室协调指导全省广播剧、电视剧、电影创作题材规划，对省内影视机构拍摄的电视剧题材立项及内容进行审查，实施对广播影视文艺的日常管理，承办广播电视学术刊物，组织广播电视年鉴、史志的编撰。目前，云南仅出台了两个电影专门文件：《云南办理设立电影制作单位报批的程序》和《进一步加强在自然保护区风景名胜区自然遗产地和文化遗产地进行影视拍摄活动管理的意见》。

2.2.3 电影产品的开发、制作和经营能力有待提高

2006 年，“云南影响”新电影系列项目紧锣密鼓地实施品牌化市场运作，突现云南电影产业的市场意识。但是，云南电影的整体策划创意实力不强，远远跟不上电影产业的发展要求。自 2006 年 4 月国家广电总局发布《电影剧本（梗概）备案、电影片管理规定》以来，云南电影剧本（梗概）备案立项的通过情况不容乐观。国家广电总局 2006 年电影剧本（梗概）备案公示情况显示，第一、三、四、六批公示均无云南的影视机构；第二批只有昆明宇泰影视文化有限公司申请的《牛帮卧龙》，不同意拍摄；第五批有 4 部，即云南民族电影制片厂申请的《追星奇遇》和《响锡》，昆明海边影视文化有限公司申请的《和顺的夏天》，云南广播电影电视制作发行中心申请的《将军罐》，其中《追星奇遇》不同意拍摄。

表4 2006年云南省电影剧本梗概备案立项情况

批次	一	二	三	四	五	六
全国总数	68	20	46	38	40	42
云南申请数	0	1	0	0	4	0
同意拍摄数	0	0	0	0	3	0

资料来源：国家广电总局网站。

从2006年国家广电总局颁布的广播电视节目制作经营许可证核发名单来看，云南省合格的影视制作经营机构数量处于全国中偏下的地位。2006年云南省合格的影视制作经营机构33家，排名第十八位，和排名第一位的广东省相比，相差357家。2004～2006年，云南合格的影视制作经营机构只增加了3家，有逐步下降的趋势。

表5 2004～2006年度云南省影视机构综合实力在全国的排名

年度	2004	2005	2006
全国（家）	1 160	1 505	1 944
云南（家）	30	30	33
最多省份：广东	306家	324家	390家
最少省份	青海：1家	西藏：1家	西藏：1家
云南排名	12	17	18

资料来源：国家广电总局网站。

和其他发达省份相比，云南省合格影视制作经营机构的增速极为缓慢。净增量最大的省份浙江，增加155家，增长率250%，云南增长率10%。云南省合格的影视制作经营机构还呈现出一种重复循环变化的现象，即前一年淘汰的机构下一年又增补进来，前一年增补的机构下一年又淘汰出局。总的来说，主要的影视制作经营机构较为稳定。

表6 2004～2006年度云南省合格影视机构变化情况

影视机构资格变化情况	合格（家）	新增（家）	淘汰（家）
2004年	30		
2005年	30	6	6
2006年	33	10	7
增降率	10%	66%	17%

资料来源：国家广电总局网站。

云南省影视制作经营机构的电影制作经营能力与云南电影产业的发展要求有一定差距。云南现有影视制作经营资格的影视机构40余家，通过年审的33家制作经营机构2006年的电影业绩并不佳。云南民族电影制片厂拍摄1部《河内河内》，2006年年底并入云南红河影业有限公司的云南良黎影视文化公司拍摄了《别姬印象》，云南千溪影视有限公司拍摄了《光荣的愤怒》。2006年申请电影电视剧的机构只有5家，占总数的15%。

从往年业绩来看，这33家的电影制作经营能力也并不突出。2006年以前（含2006年）制作过电影的机构仅5家，12家未制作过任何影视节目。电视剧拍得最多的是云南润视荣光影业制作有限公司，有7部；电影拍得最多的是云南广播电影电视制作发行中心，有5部。电影、电视剧、动画片和专题纪录片都制作过的有1家，即云南红河影业有限公司，这也是云南目前影视综合制作经营能力最强、影响力最大的影视公司。云南省具有制作经营能力的影视机构比重不大，有28家具有资格的影视机构不具有电影制作经营能力，占85%，真正有能力制作经营电影的影视机构却难以承担发展“中国云南影视产业试验区”的重任。

表7　云南影视制作经营机构的能力状况

能力状况	机构数量（家）	总体比重
2006年申请影视剧	5	15%
制作过电视剧	15	45%
制作过电影	5	15%
制作过动画	4	12%
制作过专题纪录片	7	21%
电影电视剧都制作过	5	15%
电影电视剧都未制作过	12	36%
制作过各类影视的机构	21	64%

民营影视制作经营机构在云南电影产业中占据主体地位。2006年10月，在由云南日报报业集团主办、春城晚报承办的首届云南文化产业“十大杰出企业（项目）”和“十大杰出企业家（创意人）”评选活动中，有6家民营影视制作经营机构进入云南文化企业30强。最终，王天祥/昆明影业和新昆明

影城有限公司顺利当选。[①] 2006 年的几部云南电影，也是民营影视制作经营机构扮演主角：云南良黎影视文化传播有限公司投资拍摄《别姬印象》；云南缘成影视公司投资制作动漫电影《悟空——大战二郎神》；云南千溪影视公司投资拍摄的云南首部方言电影《光荣的愤怒》。作为云南民营影视制作经营机构的突出代表，他们诠释了民营影视的不凡实力。

云南重视民族语电影译制工作，积极推进电影的民族语译制，努力做好少数民族语言广播、电影、电视节目的译制和传播。现有民族语影视译制机构 7 家：云南省少数民族语电影译制中心、西双版纳少数民族语广播电视译制中心、临沧地区电影公司译制组等。获奖的少数民族语电影有《新仇旧恨》（傣语）、《沂蒙山人》（傈僳语）、《缉毒战》（佤语）等。成立于 1986 年的怒江州民族语电影译制室先后译制了 100 多部以傈僳语影片为主的民族语影片和 40 多部科教影片。2006 年，译制室译制傈僳语电影故事片 3 部，科教片 2 部。丽江市农村电影管理站 2006 年先后译制完成《英雄》、《平原枪声》等民族语电影。

2.2.4 电影院线建设凸显经营管理成效

云南电影院建设相对来说要强于影视制作经营机构的发展，具有一定的经营效应。云南电影院线制初显雏形，出现本地院线和外地院线的竞争。在 2004 年昆明影业公司所属的新建设、滇池、人民 3 家电影院加入中影星美院线之后，2005 年上半年，云南成立了以新昆明影城为主体地位的、跨省内 16 个州市电影公司组成的"云南荣滇电影院线公司"。在全国电影院线 2006 年 1 月排行榜上，云南荣滇院线票房排名和人次排名均为第三十三。2006 年，北辰财富中心影院加入上海联合院线。

依赖高科技和先进管理理念的多厅影院和数字影院逐渐成为电影院发展的新方向。目前，多厅影院有西南电影超市、新圆通电影院、西双版纳莎湾星美影城等，在 10 家以上。数码影院有昆明工人文化宫、楚雄龙泰电影院、丽江电影公司电影城等，在 10 家左右。丽江电影公司电影城内设 480 座杜比数码立体声电影厅和 150 座杜比模拟立体声试片厅，西南电影超市的 8 个专业电影厅内配环绕立体声和一流的数字电影设备，新昆明影城也配置了杜比数码环绕立体声设备系列和数字电影设备。通过引进高科技设备，改善观影条件，打造现代化多厅影院，不断吸引观众走进影院，增加经济效益。

---

① 解非：《30 强入围文产"双十"，海选企业、企业家名单出炉》，《春城晚报》，2006-10-9。

影院开始注重公关营销，推出各种优惠措施，刺激观影消费。几年来，新建设电影世界不断为社会公益事业尽力，多次为智障学生和敬老院老人放映电影；开设爱心专场，请送考司机免费看电影；为保护野生动物黑颈鹤募捐。2006 年，新建设还推出系列优惠活动，《满城尽带黄金甲》以 20 元/张的优惠票价出售，并推出 52 元实惠套餐。① 2006 年 7 月，西南电影超市推出会员卡优惠制度，举办老片新看活动，推出票价 10 元的一系列低票价经典电影。其他影院也积极促销，发展休闲餐饮消费，开拓市场。

影院票房收入稳步增长，凸现经营管理成效。昆明影业公司业绩显著，两个效益在全省同行业独占鳌头，票房业绩占全省电影市场总份额的 50% ~ 60%。2005 年，昆明影业公司年内总票房达1 393万元，在中影星美院线总票房比例中占据重要份额。2006 年，新建设垄断《英雄》在昆明的独家放映，票房成绩不俗。据统计，4 年来共接待 100 多万人次观众，取得3 600万元票房的好成绩，在 2005 年获得全国国产片放映优秀影院一等奖称号。云南荣滇电影院线公司自经营运作以来，票房占有全省电影市场总份额的 60% ~70%，其中新昆明影城的电影票房又占该院线公司总份额的 60% ~70%。2006 年，"新昆明影城" 迎来丰收年，观众达 50 多万人次，票房高达1 200多万元。10 年来，实现电影放映经营总收入6 900多万元，交纳国家财政税收 352 万余元，接待观众 402 万余人次。②

调查显示，云南电影的票价因电影院的市场定位不同和适应不同需要的电影观众而机动梯次定价。西南电影超市可自选点映，票价 2 元至 15 元不等，《满城尽带黄金甲》或《伤城》的优惠票价 5 元，原价 30 元。州市影院票价大多在 15 元以下，如文山州花园影城、临沧市电影发行放映公司等。2006 年，票房收入在昆明出现亮点。《墨攻》以 40 余万元取得周票房好成绩。《满城尽带黄金甲》昆明票房创纪录，首映的三个影院新昆明、新建设、西南电影超市狂收 7 万元，1 个周末票房达 110 万元，超过此前上映的任何 1 部影片的全部票房。

2.2.5 农村电影市场得到恢复性发展，2131 工程取得显著成效

云南省文化厅公布的统计数据显示，2006 年全年免费在省内各地农村放映电影 13.4 万场，各族观众3 676.5万人次，全省农村电影放映行政村覆盖率

---

① 即：2 张电影票 + 一桶价值 20 元的爆米花。

② 佚名：《新昆明影城：打造云南电影产业"状元"名片》，《都市时报》，2006 - 12 - 14。

78%。同时，各地纷纷开展“优秀电影进社区”放映活动，为社区群众放映电影6 000多场，观众 270 万人次。农村电影放映 2131 工程实施 5 年间，全省农村电影放映普及率 78.8%，放映场次超过 50 万场，在放映机旁享受到喜悦与欢乐的观众超过 1 亿人次。特别是临沧市、普洱市、曲靖市、楚雄州、红河州农村电影放映行政村覆盖率 100%，率先实现“一村一月一场电影”的放映目标。[①] 怒江州在农村放映民族语电影 350 场，观众85 000人次，向农村提供傈僳语 VCD 光碟、100 多部故事片和科教片。截至 2006 年 12 月，丽江市农村电影管理站共投入 10 多万元，先后译制完成《黄河绝恋》、《暖春》、《张思德》、《功夫》、《英雄》、《平原枪声》等纳西语、彝语、白族语的少数民族电影在全市放映。

2.2.6 电影市场环节多元化，市场结构的有机配置有待优化

云南电影的观看途径不断拓宽，由传统化向新型化发展。传统化途径是指在公共场所观看电影，新型化途径是指新近发展起来的观影途径。新型化途径有两种，一种是在具有亲近感的小众场所或私人场所观影，如影视频道、家庭影院、手机电影、家庭网络电影、电脑电影；一种是在公共场所的单独收看，如网吧网络电影、网吧视频电影、小型影视吧。传统化途径有电影院、露天电影、录像电影厅（室）等。传统化途径（主要指城市电影院）向规模化、集约型方向发展，不断引进高科技的电影放映设备，改善观影条件，多厅、数码、立体声、休闲、特色小吃等成为吸引观众的卖点。

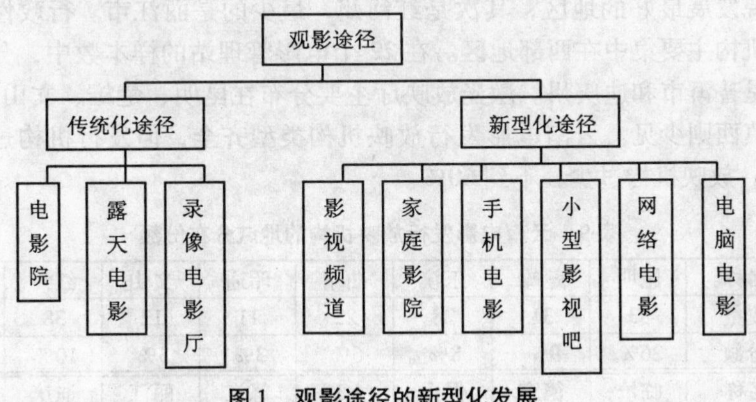

图 1　观影途径的新型化发展

① 任维东：《云南一年免费为农民放电影 13 万余场》，《光明日报》，2007－3－2。

新兴的观影途径也在不断发展。全省州市有3个电视台（曲靖、昆明和大理）开设综合性影视频道，2个市（保山、昭通）开设电影频道，加上云南电视台的电影频道，全省共有6个以电影为主体的电视台影视频道（含电影频道)，占所有电视台的35%。东西部影视频道有所发展，但南部区域还没有影视频道覆盖。影视频道是目前发展最快的电影收视市场。CSM－昆明公布的2006年收视率统计数据显示，云南电视台电影频道已成为昆明地区最大的电影市场，其收视率从年前的3%提升到4.5%，增长率44%。家庭影院发展迅速，手机电影开始出现，网络电影和网络视频已进入观众视野，“一二·一”大街4所大学周边的小型影视吧生意火暴，水幕电影2006年也已在云南民族村亮相。

表8　云南州市两级电视台的电影频道市场份额

电影频道类型	综合性影视频道	电影频道	小计	市场份额
州市电视台	3	2	5	29%
省级		1	1	6%
小计	3	3	6	35%
市场份额	18%	18%	全省共计17家电视台	

云南电影发行放映机构地域分布不均，机构类型呈现地域偏重，城市电影院的市场化发展迅速。昆明市是电影发行放映机构最集中的地方，也是城市电影院发展最好的地区，其次是红河州，最少的是丽江市。行政性电影发行放映机构主要集中在西部地区。在22个电影管理站的样本数中，分布最多的州市是普洱市和迪庆州。激光放映厅主要分布在昆明、楚雄、文山、玉溪、红河，滇西则少见。云南电影发行放映机构类型齐全，但发行机构过多，有近40%；放映机构过少，不到60%。

表9　云南电影发行放映机构的地域分布份额

州市名称	昆明	楚雄	玉溪	曲靖	昭通	文山	红河	西双版纳
机构数量	83	31	28	22	11	12	38	11
市场份额	26%	9%	8%	6%	3%	3%	10%	3%
州市名称	临沧	德宏	保山	大理	怒江	丽江	迪庆	普洱
机构数量	28	12	10	19	13	6	11	27
市场份额	8%	3%	3%	5%	4%	2%	3%	7%

资料来源：网易黄页 http：//114.163.com/。

表10　云南电影发行放映机构类型的市场份额

企业功能类型	发行放映公司	影剧院	录像厅	电影管理站	电影队	数码激光厅
企业个数	134	82	85	22	33	6
总体比重	37%	23%	23%	6%	9%	2%

资料来源：网易黄页 http：//114.163.com/。

云南影视制作经营机构拍摄的电影主要有故事片（如《河内河内》）、电视电影（如《古城琴声》）、方言电影（如《光荣的愤怒》）和动画电影（如《孙悟空大战二郎神》、《八荣八耻小故事》）等。从题材看，少数民族题材占优势，本土或民族特色明显。以反映少数民族生活和民族风情为主的电影有《俄玛之子》、《绝代》、《怒江魂》、《大东巴的女儿》等6部。其他电影尽管不是以少数民族题材为主，但其故事也是发生在云南，或与云南相关。2006年的云南电影制作仍然在走民族题材之路。

上映影片主要为外地影片，且以商业大片为主。如2006年文山州花园影城放映43部影片，外国（主要是美国）进口大片25部，占所有影片的58%。本地生产的影片难以进入商业影院市场，主要供给电影频道。云南广播电影电视制作发行中心拍摄制作的电影最多，基本都是销售给央视电影频道。从题材看，武侠动作片、恐怖悬疑片等深受喜爱。票房较好的有《满城尽带黄金甲》、《墨攻》、《无极》、《哈利·波特4》等。喜欢看电影的观众主要是18~30岁的青年，因为电影能满足他们娱乐休闲和社交的需要。

2.2.7　搭建市场化运作平台，探索投资经营发展模式

2006年，云南电影的市场化运作风生水起。以“云南影响”新电影系列为主要内容的云南民族新电影推介活动，注重营销传播理念，通过举行新闻发布会、展示女性导演阵容等方式造势。① 通过自觉实施规模化、品牌化的市场运作，使得2006年的云南电影行动成为中国电影市场上一道亮丽的风景。

2006年共有18部电影在云南拍摄。云南本地影视制作经营机构和云南各级政府在电影投资制作中独立投资的电影约占39%，外地投资来云南拍摄的电影也占39%，云南本地和省外境外机构合作投资的电影约占22%；云南参与投资拍摄的电影占61%。电影摄制的三种投资模式基本上是齐头并进，云

① 王永刚：《云南电影推介活动落幕，丹增答谢香港文化企业家》，《春城晚报》，2006-4-12；黄华、王永刚、禹江宁：《云南影视产业发展备受瞩目》，新华网云南频道，2006-11-21。

南本地资本在电影投资中唱主角，合作投资稍显薄弱。

表 11　2006 年云南电影投资模式的市场份额

摄制模式	影片数量	电影名称	份额
本地投资	7 部	《别姬印象》、《公园》、《箱子》、《油菜花开》《俄玛之子》、《绝代》、《悟空》	39%
合作投资	4 部	《河内河内》、《光荣的愤怒》、《大东巴的女儿》、《怒江魂》	22%
外地投资	7 部	《男才女貌》、《落叶归根》、《志愿者》、《缉毒警》、《马背上的法庭》、《芳香之旅》、《十日天堂》	39%

云南电影发行放映业处于电影经营管理改革的前沿阵地。一是改革所有制结构，进行经营管理机制转轨，建构适应电影市场新发展的竞争格局。2003 年，云南省电影发行放映公司作为省级文化系统唯一一家企业，进行国有资产退出的改革。经过 2004、2005 年的准备和审批工作，原公司于 2005 年底宣告中止。2006 年 1 月 1 日，股份制的云南电影发行放映有限公司宣告成立，实行总经理负责制，建立起了现代企业制度，实施科学化、规范化的经营管理。① 二是改变电影院的市场定位，突出“观众就是上帝”的市场意识，革新电影发行的流通渠道，推行电影院线制，不断抢占受众市场。新昆明影城、西南电影超市、新建设电影世界等城市电影院注重现代化管理和时尚服务，开展公关营销活动，不断提升经营管理效益。

云南影视产业试验区各州市影视基地竞相争妍。有关州市积极探索发展影视产业的途径，除保山哀牢王宫纪录片基地之外的其他影视基地，都已经实施了市场化的企业管理。保山出台外来影视剧拍摄的奖励政策，吸引剧组共同打造纪录片基地。红河州着力发展影视业，组建影视创作生产实体，推出民族影视产品系列，不仅充分体现地域文化特色，而且精心营造宣传效应，成功推出了哈尼族题材影片《婼玛的十七岁》和彝族题材影片《花腰新娘》，并双双荣获电影“华表奖”最佳故事片奖。2006 年 12 月，云南影视产业中的旗舰出现，云南红河影视（集团）有限公司成立。② 红河州的影视产业成为云南影视产业试验区的第一块试验田，红河州的影视实体和影视作品成为

① 云南电影发行放映有限公司：《关于我们》，云南电影网。
② 林琳、龚洁：《发展文化产业传承并保护民族文化资源》，新浪博客网，2006－12－31。

"红河模式"的坚实基础，"红河影视现象"已成为实践和理论的一个关注亮点。

2.2.8 注重建设拍摄基地，坚持保护民族生态景观资源

云南被誉为"天然摄影棚"："神奇女儿国"宁蒗县泸沽湖（如《马背上的法庭》）、油菜飘香的罗平（如《芳香之旅》）、小桥流水般的丽江古城（如《大东巴的女儿》）、美似仙境的香格里拉碧沽天池（如《无极》）、古色古香的大理古城（如《十日天堂》）……云南现已建成8个影视基地，正在规划筹建或兴建的有昆明世博动漫影视基地、红河影视拍摄基地、西班牙敏瀛集团投资20亿元的玉溪澄江影视旅游基地。其中，大理天龙八部影视城以大理历史文化仿古公园为主题，用文化力激活经济力，大打金庸武侠文化品牌，注重公关营销，投入2 400万元兴建摄影棚，取得了不俗的经营效益。截至2006年，共接待游客91万人次，旅游收入约1 200万元。① 处于低迷状态的昆明安宁玉龙湾东南亚影视城，在云南润视荣光影业制作有限公司参与经营之后略有起色。其他影视基地在接待影视剧组上也较为活跃。

自央视《中国法治报道》2006年4月播出《拍摄影视莫忘保护环境》引发"《无极》事件"后，人文景观资源就进入到影视拍摄保护的视野。时任省委副书记的丹增，在就"《无极》事件"接受《中国文学报》记者采访时强调，云南发展影视产业不会牺牲民族文化资源。2006年11月，云南影视产业试验区联合有关部门发布《进一步加强在自然保护区风景名胜区自然遗产地和文化遗产地进行影视拍摄活动管理的意见》，对影视拍摄活动分部门管理的情况和行政许可程序进行了明确阐述，明确了影视拍摄要保护好民族文化资源的管理机制。"《无极》事件"后，云南积极倡导绿色影视拍摄，采取各种制度完善景点景区的保护和管理，加快了绿色影视拍摄的步伐。

2.2.9 突破传统电影的制约，发展民族新电影

2006年是中国电影第二个百年的开端、云南影视产业试验区建立的第一年，也是云南影视值得记忆的一年。这一年，云南影视产业发展轨迹精彩纷呈，云南电影喊出的最响亮口号是"民族新电影"，标志着云南民族电影告别了以民族团结为主题的传统民族电影的历史，意味着云南民族电影在发展过程中注意了云南民族电影的理性提升和整体品牌塑造。以《婼玛的十七岁》、《花腰新娘》两部获奖电影为代表的红河电影魅力依旧，"云南影响"新电影

① 见于大理旅游集团天龙八部影视城分公司内部资料：《增加文化含量，做大做强旅游市场》。

系列项目走向国内外影视交流舞台，民营影视崛起成为一道靓丽的风景，云南影视产业以丰富多彩的成就拉开了“影视产业试验区”的发展序幕。

全面发展各种类型的电影，勇于创新，力求紧跟时代电影发展的步伐。2006年，云南电影出现了5种新类型：高清数字电影《油菜花开》、动漫电影《孙悟空大战二郎神》、方言电影《光荣的愤怒》、仿真电影《南山古城》和系列电影《云南影响》。革新技术类型，改革市场运作，创新艺术手段，突破云南传统民族电影的制约，以低成本打造电影精品，发展民族新电影，实现跨越式发展，这是云南电影产业发展的一个突出特点。

3. 云南广播影视产业发展思路与建议

3.1 广播电视

云南广播电视业总体实力较弱。以云南电视台为例，目前云南卫视全国排名仍在15名左右徘徊，缺乏有全国影响力的品牌栏目与大型活动，在全省尚未建立稳固的竞争优势，整体收视份额落后于央视频道组和外省卫视；地面频道整体发展水平处于全国中游；全台总体收入居于省级电视台中间水平。目前，云南广播电视业除了传统的内容生产、广告经营和网络经营外，并没有实质性地涉足其他产业领域。尤其是广播业，在资本结构、经济效益等方面的情况不容乐观，尚未在产业发展方面取得较大进展。产业结构不合理、营利模式单一、资本运作不成熟、法制建设不健全等问题成为云南省广电产业进一步发展的桎梏。

然而，“云南现象”传达了这样一个信息：在经济欠发达地区，文化作为一种新经济，具有率先取得突破的可能。现代文化产业在某种程度上，是以传媒产业为核心的，其中，广电产业辐射力强，带动性广，具有很强的扩张力。未来几年，云南广电产业应继续贯彻国家、省委省政府深化广电体制改革、加快广电产业发展的决策，准确定位，特色制胜，走出一条“文化反哺经济、产业反哺事业的云南模式”打造之路。

3.1.1 借鉴“长尾经济模式”，探索新的利润机制

随着广电产业的数字化、网络化发展，“长尾理论”对于广电产业科学定位、开拓市场、形成新的利润机制提供了启示。传统的“二八定律”强调，企业80%的销售额来自20%的商品；80%的销售收入由20%的重要客户创

造。但不能由此推论“一般”的多数不重要，这正是“长尾”理论的价值所在。作为“二八定律”的补充，“长尾理论”提供了一个重要的思维方向：只要存储和流通的渠道足够大，需求不旺或销量不佳的产品所共同占据的市场份额可以和那些少数热销产品所占据的市场份额相匹敌甚至更大，即众多小市场可以汇聚成与主流大市场相匹敌的市场能量。Google、eBay 就是典型的长尾案例。

综观近年来勃兴的“民生新闻”、“选秀”，相比以前是创新，但发展至今并没有太大突破，爆发式、运动式、一哄而上的特点注定了“短寿”、缺乏可持续发展的动力，产业价值链的构建尚有很大的提升空间。此时，广电业若能通过对覆盖、定位的科学改革，就有可能赢得发展先机。

“企业的目的只有一个适当的定义：创造顾客。”目前，云南没有能力、也绝无必要在竞争对手强势的领域与其抗衡，否则遭遇的只会是强者愈强、弱者愈弱的“马太效应”——而应放弃所谓“大众”，追逐、创造“小众”。以分众化为主要特征的小传媒时代的到来，是受众主体意识觉醒和选择的必然结果。那么，从边缘、盈利小的领域入手，充分满足多样性、个性化的小众市场需求，积极开拓新需求、新市场，进而将大众市场引导到细分型市场上来，随着需求曲线“长尾”部分的增长，广电发展必将收获更多的市场机会。

人文地理的资源优势、特殊的地理位置和在东盟国家的地缘优势，为云南打造“浪漫人文地理”特色品牌、“走出去”开拓海外市场提供了无限可能。云南人民广播电台的“云岭之声”是中国 3 个独立发射的对外广播电台之一，定位为东盟各国听众了解云南和中国的窗口，而“香格里拉之声”日渐发挥旅游专业广播的优势，较好地宣传了民族旅游文化；云南的纪录片创作拍摄已经处于全国前列，由云南电视台牵头的中国视协电视纪录片学术委员会云南创作基地、中国视协电视纪录片学术委员会云南分会也于 2006 年 5 月 8 日在昆明正式成立……放眼全国乃至世界，做大做强现有“特色”，适时开办纪录片卫星频道、法制频道（率），以内容产业为核心，建构产业价值链，实现以资源为依托的多元化产业延伸。

3.1.2 以内容产业为核心，建构产业价值链，探索以资源为依托的多元化产业延伸

目前，云南广播电视业的主要收入来源是广告收入。单一的营利模式表明广电经营资源利用率低，缺乏深层挖潜，一旦市场容量饱和，广告增速势

必减缓，约束产业增值，进而制约广电业向纵深发展。作为广电产业的优势资源，广电网络平台和内容业已成为产业发展的基础和命脉。若将节目分为模仿、引进和原创三个层次，那么国内自办节目基本停留在模仿国外创意和引进的低端水平。学者喻国明指出：新传播竞争时代的特点在于，“传播内容的原创能力及内容资源的集成配置能力，以及对于销售终端的掌控能力、终端服务链、产业链、价值链的扩张能力，越来越成为形成传媒产业核心竞争力的关键。”通过节目形态创新建构产业价值链、扩展产业链已成为近两年中国广电产业的显著特点。如，2005 年湖南卫视的《超级女声》，据中国社科院估算，该节目各利益方直接总收益约 7.66 亿元，按照上、下游产业链间倍乘的经济规律分析，“超女”对社会经济的总贡献至少达数十亿元。2006 年上海东方卫视的《舞林大会》、湖南卫视的《变形记》、央视的《百家讲坛》也启发我们：“模仿 + 本土特色 = 一种有价值的创新”，除广告、资本运作外，内容创新、科技支撑与包装、营销、活动环环相扣才能实现广电产业的可持续运营。

再提“内容为王”与节目创新，对云南广电产业而言，具有迫切性和现实性。囿于主客观因素，云南的节目制作和经营水平在全国处于弱势。即便生产出像《最后的马帮》、《心中的香格里拉》、《梯田边的孩子》等获多项国内外大奖的电视纪录片，但终因品牌推广、后续开发等的滞后，使得产品未能充分进入市场、获得较好的经济效益，遭遇“叫好不叫座”的尴尬。一味追求节目的高覆盖率，却忽视内容本身的独特性和吸引力，这是当下“问题媒体”的短视与共性。实践表明，地域性与贴近性是地方广电的竞争优势，云南卫视定位“浪漫人文地理频道”，这是一个切合云南实际的精准定位，因为独特多元的自然、历史和人文资源才真正是云南广电寻求差异化生存、打造核心竞争力的根本依托。在“中国云南影视产业实验区”成立的契机下，云南应当建立节目创新的管理体系和研发机制，坚持原生性与创造性相结合的原则，以精品意识开发、利用和管理本土广播影视资源，紧扣特色，做出亮点。

产业关联是产业增值和产业进步的动力之一。广电产业带动性强，故其扩张力不容小觑。通过制播分离，促进广电产业经营模式向集约化、专业化转变。在完善的知识产权保护体系的配合下，以跨媒体、跨行业、跨区域的产业链条建构实现媒体扩张，形成报纸、广播、电视、杂志、网络、音像、会展、演出、图书出版、听众观众俱乐部等立体化的运作，发挥一系列民族特色鲜明、影响力大的广播电视作品的品牌效应，使其衍生产品、相关产品市场化，不断延伸产业价值链，通过提高产业的增值性提升产业竞争力。在资源效益最大化、赢得“多点支撑”经营格局的同时，云南民族文化的信息输出和品牌塑造也得以加强，而这反过来势必增强云南广播电视的附加价值，形成良性循环。

3.1.3 关注受众消费模式和行为模式的变化，推动新媒介跨越式发展

科技革命与消费社会的兴起是文化产业发生、发展的二大主要动因。应用现代科技是广电产业加快发展的重要前提。身处“合竞时代”，通过市场机制实现媒介联合将成为广电产业发展的基本模式。新媒介着眼于未来，传统媒介与新媒介相互依存、互补。只有将技术、内容和受众（市场）紧密结合，推动新媒体产业发展，促进广播、电视与新媒介的互动、融合，才有可能实现媒介资源互补、功能叠加，使产业的经营模式、营利模式多元化。

对于技术成熟、政策明朗的新媒体产业项目，如高清电视、车载移动、楼宇电视、地面无线数字电视、直播卫星电视、网络视频下载、手机流媒体付费业务，可重点投入；反之，则关注政策动向和市场进展，做好技术准备和试验，通过充分的市场调研和论证，研究营利模式，适时加大投资力度，如手机电视、网络电视。对广电产业而言，新媒介的挑战其实也是广电产品延伸的机会，它将改变内容的制作和传播方式，进一步扩大内容的输出渠道。在此前景下，受众使用媒介的习惯也将改变，因此，关注受众消费模式和行为模式的变化至关重要。

3.2 电　影

从云南省电影业现状出发，实事求是，扬长避短，将云南电影放在全国乃至世界电影的大环境中来制定其发展战略规划，把云南电影产业作为全国乃至世界电影产业链条中的相应环节来进行打造。

毋庸讳言，云南缺乏优秀的电影人才和相应的创作能力。2006年，云南电影剧本（梗概）在国家广电总局的备案通过率仅60%，申请备案的数量少之又少。目前优秀的剧作家只有甘昭沛、孟家宗，成熟导演只有于荣光、王晖乐，在全国能够抛头露面的云南制片人只有蒋晓荣、罗拉等。如此，我们主张，应该淡化甚至放弃自行创作摄制的环节，着力打造资源环节和服务环节，使其成为整个电影产业链中具有不可替代价值和核心竞争力的必要环节。

3.2.1 优化影视产业资源的开发与管理，整合影视基地，提升市场竞争力

云南具有得天独厚的影视产业资源：

从纵向看，云南悠久的历史积淀了丰厚的历史文化资源。始于春秋的古滇文化，魏晋的爨文化，唐宋时的南诏大理文化，近现代史上的护国运动、红军长征、滇西抗战（驼峰航线）、“一二·一运动”以及西南联大在昆明的组建等重大历史事件，几乎都能成为影视创作的原始素材。

从横向看，云南多民族的共生共存孕育了绚丽多彩的民族文化资源。各民族在漫长的历史发展中，形成了各具特色的歌舞、风俗、工艺品、服饰、建筑、饮食、节庆等，构成了特有的民族风情，为影视产业的发展提供了肥沃的土壤。

从自然环境看，云南气候、地形、地貌以及生物的多样性造就了旖旎迷人的自然风光，为影视拍摄业的发展提供了极佳的条件。云南是各种气候类型的大熔炉，是地形地貌多样性的博物馆，是生物多样性的大观园。这些独特的自然条件，造就了香格里拉、三江并流、石林、大理、西双版纳、腾冲火山热海等大批让人叹为观止的自然景观，使云南成为“天然摄影棚”。

随着近年来影视剧制作的日渐规模化，我国已经拥有了相当一批规模宏大、景致多样的影视基地（城）。据了解，目前全国有100多个影视基地（城）。2006年8月，首届中国影视旅游产业高峰论坛在浙江横店落幕，评出“2006中国十大影视基地（城）”：上海影视乐园、中山影视城、长影世纪城、北普陀影视城、同里影视拍摄基地、象山影视城、镇北堡西部影城、焦作影视城、涿州影视城和横店影视城，它们获得了由组委会正式颁发的“中国十大影视基地（影视城）”铜牌。[①] 这是自中国影视旅游产业发展20年来，国内首次评选出的十大影视基地（城），标志着中国影视旅游产业发展模式进入一个规模化发展的新阶段。

由于影视旅游服务业不仅能够充分利用影视媒体的传播效应，有效提高当地的社会知名度，而且影视旅游服务业与特色文化资源有机地结合在一起，具有明显的社会经济效益，受到企业和外商的关注，因此，全国各地均采取积极支持和重点扶持的政策，有的地方政府甚至把建设影视旅游基地作为当地旅游服务业发展的重点和主要招商项目。但是，由于影视城泛滥成灾，过

① 张晶：《穿越时空看风景》，《青年时讯》，2006-8-31。

度竞争，使得影视旅游企业不少都处于亏损状态，影视旅游产业前景堪忧。①

目前，云南影视基地的发展面临着众多或势力强盛的竞争对手。国内已有大大小小、有实力的影视城30多个，其中自称为“东方好莱坞影视城”、“亚洲最大的影视拍摄基地”的影视基地就有“无锡影视城”、“涿州影视城”、“华夏西部影视城”、“横店影视城”等。另外，全国各地还有许多正在或准备建设的影视城，如陕西的“西部影视城”、重庆的“老重庆影视城”。通常影视城占地规模大、配套设施全，才可能具有吸引力。其次，建设影视城往往需要巨额资金，如横店影视城已投入20亿元、涿州影视城投资3亿元、无锡影视城总投资近3亿元。

云南资源储备上的地域优势和文化差异，为影视旅游服务业的发展提供了良好的资源条件。但是，云南影视产业起步晚，缺乏高起点的战略开发和专业化的战术管理，对巨额资本的需求构成一定的资金壁垒。已建成的8个影视基地建设模式单一、对资金投入依赖较大、服务方式彼此雷同。2007年6月，上海电影节主办方在上海影城召开记者见面会，为8家影视基地颁发中国最具特色影视基地的证书——古镇西塘：最具水乡魅力影视基地；浙江横店影视城：最具历史跨度影视基地；象山影视城：最具发展潜力影视基地；上海影视乐园：最具都市情怀影视基地；中央电视台无锡影视基地：最佳自然风光影视基地；中山影视城：最具异域风情影视基地；桃花风景旅游管理委员会：最具浪漫气息影视基地；苏州沙家浜江南水乡影视产业园：最具民族风貌影视基地。云南榜上无名。

如何发挥资源优势、深度挖潜，促进云南影视产业的发展？

首先，从全省文化产业发展布局的战略高度来有效强化影视业与旅游业融合互动的广度和深度，借力于旅游的强势拉动影视产业的成长，形成彼此促进、互补的双赢局面。诸如影视基地的旅游化开发与管理、拍摄外景地与旅游景点的交融转化、影视旅游产品的开发营销等。

其次，对全省现有的影视基地进行优化整合，减少内耗和改变各自为政的分散局面，形成整体性、规模化的优势力量，参与全国影视市场的竞争，提升总体竞争力——拍摄制作的技术设备能力、服务能力和影视会展能力等，培育和塑造云南影视产业的整体品牌形象。

再次，在优化整合的过程中，合理布局全省影视基地的结构，实施差异

① 白瀛、张乐：《重复建设严重，影视基地发展仍处于试水期》，新华网，2006-7-9。

化战略来吸引剧组、游客，除了自然环境和文化风情之类的差异化，还包括产业技术设施构成方面的差异化组合，从而形成各具特色、优势互补的立体格局。

3.2.2 精心打造影视旅游项目，以创意经济的理念积极开拓影视产业发展空间

云南影视产业的发展不仅要注目本地优势，还应放眼全国乃至世界。走向全国影视市场、走进世界影视大舞台，这是云南影视产业的长期发展目标。应该重视对全国各地影视产业发展经验的研究，借鉴其中的成功实践和理论。从这个意义来说，央视无锡影视城的再次崛起可以为云南影视产业的发展开启一道智慧之门。

2001 年 4 月，央视无锡影视基地市场营销部向所有签约经销商发了一份传真协议，题为《关于“古战船太湖黄金游”的团队合作协议》。12 月 25 日的票房显示，用于运送游客游览太湖的唯一一条古战船，在 8 个月的时间里，载客量高达 39 万人。次年，另外 3 条古战船投入运营。当年底，水上游客总数突破 60 万人。3 年后，“古战船太湖黄金水上游”成为华东线上多数旅游团队的必走线路，游客总数累计超过 160 万人。一条不起眼的水上线路，没有华丽的包装、大规模的宣传，却创造了如此的营销奇迹，其中三昧值得深思。①

无锡影视基地是央视在国内最早建立的影视拍摄基地，成立于 1987 年。20 世纪 80 年代末，为了收集整理电视连续剧《西游记》拍摄遗留的布景道具，基地投资 40 万元建造了中国第一个人造景观——《西游记艺术宫》。尽管当时艺术宫十分简陋，但是，以 8 角钱的低廉门票对外开放后仍然取得了惊人的经济效益，游客爆棚，并偶然发现了“影视旅游”这一市场巨大的影视副产品。此后，基地“以戏带建、滚动发展”，相继成功开发唐城、三国城、水浒城，并动用央视资源，在基地拍摄了上百部影视剧和各种影视节目，迅速将基地发展为中国规模最大、游客最多、效益最好的影视拍摄基地和旅游景点。

无锡影视基地的成功崛起在国内旅游市场激起巨大波澜。各地竞相仿效，跟风打造影视基地。到 1997 年初，全国各地共计投入1 000多个亿，修建影视

① 郑泽国：《一条古战船载动 39 万游客——央视无锡影视基地市场营销案例》，《世界营销评论》，2007-2-8。

基地和人造景观，全国仅《西游记艺术宫》就达460个之多。在这种“人造景观热”发展大气候下，无锡影视基地的旅游业务受到冲击，经济效益开始下滑，形势变得严峻起来。对此，基地决定改变长期以来形成的、已经开始失去吸引力的“景点+表演”的传统模式，利用现有资源，面向市场，重新整合，最终推出“古战船太湖黄金游”水上线路。该项目的成功开发使基地枯木逢春，再次显示无穷魅力。

云南影视基地同样面临着无锡影视基地曾经面临的困境。调查发现，经营状况相对好些的大理天龙八部影视城，基本上停留于“景点+表演”的传统经营模式，以旅游收入支撑影视城的全部生存发展，而影视摄制在2006年没有任何经济贡献。随着景点和表演节目的不断老化，影视城的旅游业务已经面临困境。和大理天龙八部影视城相比，其他影视基地的状况更差，仅靠被动的旅游收入更难维持基地的运营。因此，转变观念，改革基地固有的经营模式，根据云南影视的自然与人文资源优势和潜力，注重影视旅游产品的策划创意和积极营销传播，在创意经济理念和整合营销传播思想的引领下：

• 添加和提升已有老产品的附加价值，开发围绕核心产品的系列副产品；

• 在天然景观的基础上，因地制宜地设计建设人造景观，注重其人文内涵与旅游心理需求的吻合对接；

• 围绕影视作品的内容、场景、服装和道具等开发相应的旅游产品；

• 变传统旅游的被动观光模式为参与互动的主动体验模式；

• 主动采取多样的营销传播策略，譬如品牌营销传播、体验营销传播、娱乐营销传播、事件营销传播等，设计开展营销公关活动。

3.2.3 立足全国影视产业体系，成就整个影视产业链条中的必要几环

影视产业链是一个系统工程结构，它由多个链条环节构成，包括上游的内容开发制作、中游的渠道拓展和下游的价值延伸。① 具体来说，以市场运作为角度的影视产业主体链主要有影视内容生产制作、影视发行放映营销和影视产品开发及相关业务。要使整个影视产业链运转流畅，除了要具备影视产业主体链之外，还需具有相关的服务产业链。无论是内容制作环节，还是发行放映播出环节，服务产业链都是影视产业生存发展的必备条件。实际上，影视产业链是由影视产业主体链和服务链两大链条构成的。影视产业链示意

① 国家广播电影电视总局发展改革研究中心：《2006年中国广播影视发展报告》，P.201，社会科学文献出版社，2006。

图所列举的影视服务业只涉及与影视业务比较密切的内层服务业，饮食业、宾馆旅店业、娱乐业、休闲业、交通业等属于日常生活范畴的一些外层服务产业还没有纳入进来。因此，构建影视产业体系，打造运转流畅的影视产业链，不仅要从产业主体入手，还要强化其基础服务设施，否则产业发展只能是空中楼阁。

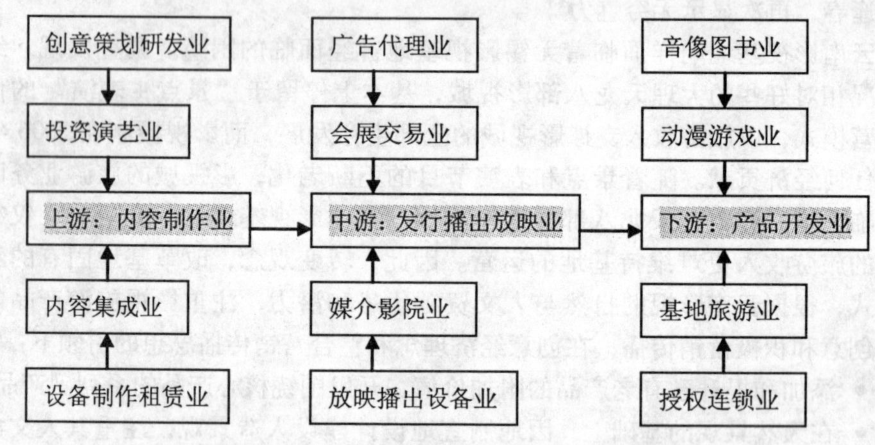

图2　影视产业链示意图

浙江横店影视基地的成功经验值得关注和研究。横店是浙江省东阳市的一个镇，常住人口约6万多人，不通火车，大型交通工具只有长途大巴。但是，这里拥有亚洲最大的实拍外景场地和国内规模最大的室内摄影棚，2003年成为全国首家国家级影视产业实验区。10年的时间，横店从一个名不见经传的小地方一跃成为全国最值得关注的影视基地之一。浙江横店影视基地模式的成功经验在于：

（1）以完备的影视产业服务系统和一站式服务优势促成规模化发展

明清宫苑一景就占地1 500余亩，可供拍摄的面积达15 000多亩。对于历史跨度大的影视剧来说，横店的优势更为明显，从春秋战国到近现代城市景观应有尽有，剧组转场频率达到最少。走在横店的街道上，你会发现大量为摄制组服务的机构，包括策划创作、拍摄制作、服装道具租赁、群众演员培训、影视产品营销等。可供多种需要使用的各色场景减轻了摄制组的转场之劳；先进的摄影棚利于摄制组全天候搭景拍摄；拍摄器材设备租赁，置景、道具和服装制作等业务，免去了摄制组远距离搬运的烦琐，节约了拍摄费用，缩短了拍摄时间；为“横漂一族”而成立的演员工会，减少了剧务工作，加快了拍戏进度，保证了拍摄质量——这些举措使其在各地影视城的同质化竞争中，显示出一种集约化的竞争优势，吸引了越来越多的剧组来横店拍戏，全国每年高达1/3 的古装剧均在横店拍摄，已经拍摄了8 000多部影视剧，成为全国影视产业中的大赢家之一。[①]

（2）围绕影视摄制这个产业核心环节延伸附属产业链，以影视拍摄带动整个影视旅游产业链的发展

基地坚持“影视为表、旅游为里、文化为魂”的经营理念，逐步实现影视拍摄基地向影视旅游主题公园的转变，推进旅游产品由观光型向体验型转变，使游客可深度体验影视拍摄和享受度假休闲乐趣。而要深度体验影视拍摄，就必须不断有实实在在的影视拍摄活动在进行。为此，基地从 2001 年开始对影视摄制组实行零场租费。此举一出，各地剧组蜂拥而至。这不仅增加了影视城的人气和名气，还直接带动了与拍摄相配套的专业服务行业，间接拉动了剧组人员吃、住、行等生活服务行业，更重要的是，对影视拍摄活动的观赏乃至体验参与，成为其重要的旅游内容，使得影视产业链得到了极大的延伸。

（3）搭建影视节会活动平台，集聚影视注意力，提升影视品牌形象

近几年，基地相继举行了一系列影视节会活动：2004 年 5 月，第八届中国国际儿童电影节在此举行，第十二届中国电影“童牛奖”是其主要内容，这使横店影视城成为影视界的关注焦点；[②] 2005 年，第三届浙江作家节在此举行，“横店印象”文学采访活动是其主要亮点，来自 19 个国家和地区的 20 余境外作家以及王蒙、叶辛、陈建功等国内作家给横店集聚了巨大的关注度；[③] 2006 年 7 月，由中国电影家协会和中国电视艺术家协会主办的“2006 年中国首届影视旅游产业高峰论坛”在此举行，这是我国首次以“影视旅游产业”命名的大型高峰交流活动，再次提升了横店电影城的知名度。

横店影视城的影视拍摄制作火了，于是，游客来了，追星族来了，“漂”一族来了，经商办厂的来了，考察经济与会展经济也应运而生了。2006 年基地共迎来境内外客人 462 万，以人均消费 500 元计，他们为横店留下了 23 亿

---

① 杨媚：《“中国好莱坞”三大模式解读》，《深圳特区报》，2007 -3 -20。
② 张乐、徐昱：《第八届中国国际儿童电影节在浙江开幕》，新华网，2004 -5 -26。
③ 舒欣、楼舒真：《第三届浙江作家节在浙江开幕》，横店影视城网站，2005 -5 -22。

元的“大蛋糕”。①

横店经验告诉我们，要发展影视产业、构建云南影视产业体系，就必须从影视产业链入手，摆正影视拍摄制作业与影视旅游等相关产业的关系，夯实基础，突出重点，在锻造影视产业主体链的同时，培育影视产业服务链。只有这样，才能推动云南影视产业的可持续发展。

相关链接：云南影视产业实验区

2005 年 8 月，国家批准在云南设立全国第一个省级行政区域影视产业试验区——中国云南影视产业试验区。省广播电视局总编室承担中国云南影视产业实验区办事机构的日常工作。中国云南影视产业实验区建立管委会管理机制，实行管委会负责制。管委会对在实验区进行创作、拍摄、制作、发行、交易、进出口经营及影视衍生产品开发等企业实行准入许可制度，负责制定完善各种管理措施和实验区的整体规划等。2006 年 7 月，云南首家纪录片拍摄基地——“中国云南影视产业实验区滇西纪录片拍摄基地”在保山挂牌成立，云南影视产业实验区昆明基地也已经批准设立，2007 年 1 月正式挂牌。云南影视产业实验区昆明基地成为影视产业发展的“四个中心”：影视策划创作中心、展示交易传播中心、后期制作及后期产品开发中心、综合服务中心，同时还将是影视拍摄基地、动漫创作生产基地。

2006 年，中国云南影视产业实验区管委会正式开始运作。在国家环保总局、建设部、文化部、国家文物局联合发出《关于加强涉及自然保护区、风景名胜区、文物保护单位等环境敏感区影视拍摄和大型实景演艺活动管理的通知》之后，于 2006 年 11 月 13 日，联合云南省广播电视局、云南省建设厅、云南省林业厅、云南省文化厅、云南省环境保护局发布《进一步加强在自然保护区风景名胜区自然遗产地和文化遗产地进行影视拍摄活动管理的意见》。该意见对影视拍摄活动分部门管理的情况和行政许可程序进行了明确阐述。中国云南影视产业实验区管委会还将出台《中国云南影视产业管理暂行办法》，正在草拟讨论之中。

相关链接：云南润视荣光影业制作有限公司

2003 年底，海润集团老总刘燕铭联合蒋晓荣和于荣光，协商成立了云南

---

① 楼舒真：《盘点 2006：横店游客突破 460 万》，横店影视城网站，2007 - 1 - 25。

润视荣光影业公司，开始市场化、品牌化运作。2004 年由海润影视制作有限公司、海润（新加坡）影业私人有限公司联合摄制电视连续剧《一江春水》。2005 年 20 集电视剧《高手》、32 集电视连续剧《天和局》由云南润视荣光影业制作有限公司和昆明市旅游局联合创作，由海润影视制作有限公司、云南电视台、深圳梧桐山电视广播有限公司、云南润视荣光影业制作有限公司联合拍摄。2006 年拍摄 3 部电视剧，30 集电视连续剧《狼毒花》由海润影视制作有限公司和云南润视荣光影业制作有限公司投资2 000万元联合摄制。电视连续剧《腾越金头》由上海建桥飞畅文化传播有限公司、北京盛世高唐文化传播有限公司、云南润视荣光影业制作有限公司联合摄制。电视剧《中国刑警——九月风暴》由云南润视荣光影业制作有限公司、中央电视台、中视传媒股份有限公司联合摄制。云南润视荣光影业制作有限公司连续三年参加 2004、2005、2006 年度在北京举行的“中国国际广播影视博览会”。云南润视荣光影业制作有限公司蒋晓荣/电视剧《钱王》、《天和局》入围 2006 年首届云南文化产业“十大杰出企业（项目）”和“十大杰出企业家（创意人）”30 强。2007 年拟将拍摄电视剧《侦探成旭》、《女篮 5 号》、《木府风云》等。

相关链接：“云南影响”新电影系列

2006 年 11 月，云南民族新电影推介会于北京举行，“云南影响”首期电影《公园》、《箱子》终于亮相，撩开了“云南影响”新电影系列的朦胧面纱。

“云南影响”新电影系列将由中国两岸三地 10 位具有卓绝才华的青年女导演，在云南拍摄 10 部高品质的云南题材电影。这是 10 部低成本市场化运作的电影系列。“云南影响”新电影系列从创意、发起到实施，始终保持创新的锐意：一是低成本实施规模化电影工程的全新理念；二是以云南各族人民的生产劳动和现实生活为题材、着意反映云南改革开放的新变化的全新主题；三是用具有不同的审美眼光和艺术手段的 10 位青年女导演着力表现云南的全新导演阵容；四是通过满足广大群众的心理期待与文化需要，建构中国电影更趋合理协调的全新生产结构；五是以规模效应的突破与创新呈现亮点和塑造品牌，进而推动中国电影产业发展的全新思路。

“云南影响”新电影系列是国内第一个提出把 10 部电影打造成一个经典品牌的项目。“云南影响”新电影系列的 10 部电影具有国际化的元素、迥然不同的故事类型、故事影片的标准长度，由多种题材领域、多个表现角度、多种导演风格、多块演员方阵组成。“云南影响”新电影系列是云南大胆吸引新生力量和海内外电影界知名人士加盟倾心打造的又一文化品牌，同时也是云南在国家广电总局批准建设“中国云南影视产业实验区”之后一个大型电影工程。它不仅把云南电影的影响力扩张到全国各地，还将云南电影的品牌形象传播到世界电影的舞台上。

试验案例：红河模式

红河模式就是指红河州以影视优惠支持政策，依赖民营影视产业实体，通过推出获奖影视作品和举办重大影视活动，进而打造整个影视产业的影响力和促进本地影视产业的一种发展模式。《花腰新娘》、《婼玛的十七岁》这两部获奖电影是红河模式的形成基石，“红河电影周”是红河模式形成的标志，民营影视企业的市场运作是红河模式的发展机制，当地政府的影视优惠支持政策是红河模式的发展动力。红河模式还不是一种完全市场化的影视发展模式。

2005年10月8日至10月14日，中国电影协会、中共云南省委宣传部、中共红河哈尼族彝族自治州州委、州政府共同主办的以“云南民族大观园，天然摄影棚”、“和谐的红河，影视的天堂”为主题的“纪念中国电影百年·红河电影周”活动在红河州首府蒙自举行，从而拉开了云南电影发展中的“红河现象”。

尽管“红河电影周”已经成为历史，但是红河电影给云南电影带来的勃勃生机仍然存在，它自身的特殊魅力也依然光芒四射。当前，以云南红河影业公司投拍的《婼玛的十七岁》、《花腰新娘》这两部获奖的红河电影为代表的云南电影的崛起，成为中国电影界的热门话题。2006年4月7日，云南电影香港宣传推介活动“电影·友情”文化交流酒会在洲际酒店举行，红河电影《花腰新娘》就是云南电影香港宣传推介活动的精彩名片之一。影片中美丽的云南奇景、独特的民族风情和鲜明的艺术个性，赢得香港电影界人士和普通观众的好评。

2006年年底成立的云南红河影视（集团）有限公司是一个全民营性质的文化企业集团，集团注册资本1 500万元。红河影视集团由云南红河影业有限公司、云南昆明良黎影视文化传播有限公司、云南红河数码影视动画有限公司3家整合而成，重点开发民族文化题材的影视片和动漫片，其成立在云南电影产业发展中尚属首次，无论从改革的角度，还是从发展文化产业的角度，都具有重大的开创性意义。红河影视（集团）有限公司的成立是红河州培植民营文化企业集团、打造影视动漫新兴产业的又一重大举措，它将加快红河州影视产业的发展，推动红河州逐步成为云南电影事业上重要的影视创作拍摄基地和数码动画制作基地，使红河电影成为云南民族新电影的中流砥柱。

（执笔：张宇丹　吴　丽　魏国彬）

云南省演出演艺产业研究报告

演出演艺产业研究室

演艺业即舞台表演艺术业，几乎囊括了所有可以进行现场表演的艺术门类，是历史悠久的艺术行业，具有现场性、专业性、渗透性等特点。与其他产业相比，演艺业是个相对松散的产业，不仅有众多的艺术院团，还有大量的艺术家、自由职业者。所以，演艺业不是一个孤立的产业，需要大量的中介、经纪业务的参与，而中介、经纪业务已在演艺业产值中占据重要的地位。

在当代，演艺业已发展成为全球基础性文化产业，也是最具多重开发和产品衍生潜力的原创型文化产业。演艺业下游和周边产品开发的前景巨大，演艺经纪机构利润丰厚。进入21世纪，欧洲、北美等国际演艺集团借助资本和管理上的优势，在世界表演舞台上占据重要的市场份额，成为最重要的演艺产品输出地。随着表演形式不断创新，新的演艺产品也层出不穷，表演艺术产业产值不断扩大，已成为国际文化产业强国的重要组成部分。以美国文化产业为例，在2002年，美国出版业产值达到2 400亿美元，计算机软件出版业产值为1 037亿美元，广播电视业为753亿美元，电影业为620亿美元，而艺术娱乐业总产值达到1 425.73亿美元，排名超过了计算机软件出版业、广播电视业和电影业，产值仅次于出版产业。[①] 再以亚洲演艺强国日本为例，在其1 000多个私人经营的剧团中，四季剧团、东宝公司、松竹公司和宝塚歌剧团这些“演剧界四强”的演出年收入，均在100亿日元之上。其中，四季剧团2001年演出收入达189.5亿日元。[②]

从世界范围看，演艺业中一些演艺精品经久不衰，持续创造着良好的票房收益。如美国迪斯尼公司的音乐剧《狮子王》，从1997年首演以来一直连续演出，演出超过300场，票房收入超过3亿美元。欧洲音乐剧《剧院魅影》

① 资料来源：《国际文化发展报告》，商务印书馆，2005。

② 约合13亿元人民币。

在百老汇已连演 18 年，演出超过7 000场，观众超过 100 万人次，票房总收入超过 5 亿元。总之，从全球的发展趋势来看，演艺业的核心地位仍不可动摇，发展前景继续看好。

世界各演艺强国在演艺业长期发展过程中，逐渐形成了符合自己国情的文化政策和相应的演艺业管理办法。如法国制定了对民族优秀文化的保护政策，并采用有助于扶持落后地区文化产业的分散文化权力政策。英国政府采取了所谓“一臂之距”（Arm’s Length Principle）的间接文化管理政策，避免对演艺业管得过多，统得太死。美国采取了“无为而治”（Non - activity，Non - regulation）的商业决定文化政策，形成了独具特色的多元化资金投入机制和文化艺术资助及管理体系。与之相配套，美国演艺市场也形成了高度的计划性，商业性演出和非盈利性演出大多会按年度提前安排演出计划。

中国是演艺大国，演艺资源丰富，市场潜力巨大。拥有 2700 多个国有专业演出团体，表演人才众多。近年来民营剧团发展迅猛。随着世界经济一体化进程的加快，越来越多的国外演艺产品进入中国，同时，也不断涌现出富有竞争力的中国演艺产品打入国际市场。目前，我国演艺业中政府、中介、演出团体角色日益明晰，市场逐步从无序走向有序。

2005 ~2006 年，国家出台了一系列政策，使我国演艺业政策环境得到极大改善。2005 年 1 月国家发布实施了《文化及相关产业统计指标体系框架》。文化部制定了《国家商业性演出展览产品出口指导目录》和《关于促进商业演出展览文化产品出口的通知》；2 月国务院发布《关于鼓励、支持和引导个体私营等非公有制经济发展的若干意见》；4 月，国务院又出台了《关于非公有资本进入文化产业的若干决定》，其中“文艺表演团体、演出场所”被列为重要的非公有资本投资领域；7 月，温家宝总理签署《国务院第 439 号令》，发布了新修订的《营业性演出条例》；8 月，文化部发布《〈营业性演出条例〉实施细则》；11 月，国家发布了《文化部、财政部、人事部、国家税务总局关于鼓励发展民营文艺表演团体的意见》。2006 年 6 月，文化部发出《关于完善审批管理制度促进演出市场健康发展的通知》；9 月，我国发布了《国家“十一五”时期文化发展规划纲要》，明确了未来 5 年将着力发展的九类重点文化产业，演艺业位列其中。以上 10 个政策的出台，使演艺业的政策环境进一步优化，演艺行业生产力得到极大解放。国家在 2005 ~2006 年度对演艺政策的完善具有历史性的积极意义，一方面，将有利于吸引社会资本进入演艺产业，形成公有制演艺团体与多种所有制演艺团体共同发展的良性产业生态格局，从而从根本上推动演艺业实现又好又快发展；另一方面，将有利于打破长期以来影响演艺业蓬勃发展的各种政策壁垒，激活国有院团生产力，提高国有院团的市场生存能力和国际竞争力。

近几年来我国演艺业一直持续平稳增长。从2004年国家公布的统计数据来看，我国演艺业年度总产出达到23.426 17亿元，增加值7.601 85亿元，而与演艺业密切关联的其他文化产业则分别为：音像业55.835 7亿元、文化旅游业为21.498 6亿元、文化娱乐业为12.909 6亿元、影视业为5.724亿元。演出业的年度总产出高于文化旅游业、文化娱乐业、艺术培训业、影视业和文物与艺术品业，排在网络文化业、音像业、图书报刊业之后，在文化产业几大类别中位居第四。2005～2006年度，在总产值、国有院团数量、民营剧团数量演出场次等方面继续上升，演艺业实现持续平稳增长。

从产业产值规模、技术、市场运作上看，我国演艺产业与发达国家相比存在较大差距。如2003年我国演艺业总收入7.178 1亿元。美国表演艺术票房收入为99.91亿美元。英国表演艺术产值为8.83亿英镑。2003年我国艺术表演院团自给率仅为29.5%。另外，我国演艺业贸易逆差比较突出，以上海为例，2005年，上海市派出演出项目215批，引进海外451批，输出和输入的比例为1∶4.8，同年我国对俄罗斯演出输出和输入的比例为1∶10，比例严重失衡。另外，引进中国的演出几乎全部是商业演出，而我国输出海外的则多为“交流演出”，以文化交流展示和宣传为主要目的，这进一步拉大了演艺业贸易逆差。

在国际、国内演艺业持续发展的背景下，云南省演艺业大环境不断改善，演艺业也不断壮大，目前已进入全国行业十强之列，成为我国演艺强省之一。从《2005年国内十大省、区、市演艺业年度总产出和增加值比较》（表1）中可以看出，云南演艺业的总产值规模位于全国第八，增加值位于第十，总体来说云南已进入全国演艺业十强之列。全国演艺业十强中，除云南以外的9个省、市均位于比较发达的东、中部地区。东北、西北地区没有一个省市进入十强，而云南省也是西南地区唯一进入十强的省市。可见，地处我国西南部的云南演艺业已初步形成规模，其产值在西南处于领先地位，而且已在全国演艺业十大省、市中占有一席之地。

表1 2005年国内十大省、区、市演艺业年度总产出和增加值比较 ①

单 位：万元

	上海	北京	浙江	广东	江苏	山东	湖北	云南	福建	河南
总产出	54 936	48 122	47 397	44 979	36 345	30 364	23 297	22 985	20 644	19 489
名 次	1	2	3	4	5	6	7	8	9	10
增加值	45 048	23 995	29 011	27 673	22 329	21 671	16 494	13 594	15 399	15 265
名 次	1	4	2	3	5	6	7	10	8	9

同时，我省丰富多样的文化资源为演艺业蓬勃发展提供了得天独厚的资源基础。云南省打造出《云南映象》、《云岭天籁》等原生态艺术精品决非偶然，而是对文化资源充分利用的结果。非物质文化遗产是文化资源的重要组成部分，是我国历史的见证和中华文化的重要载体，蕴含着中华民族特有的精神价值、思维方式、想象力和文化意识，体现着中华民族的生命力和创造力。2006年5月国务院关于公布第一批国家级非物质文化遗产名录。共有518项获得国家级非物质文化遗产称号，其中云南省有34项。(见表2)

表2 云南省“非物质文化遗产项目”占全国项目数比例②

项目类别	云南项目数量（项）	全国项目数量（项）	所占比例（%）
民间文学	5	31	16%
音 乐	3	72	4.2%
舞 蹈	8	41	19.5%
传统戏剧	2	92	2.2%
曲 艺	1	46	2.1%
民间美术	2	51	5%
杂技与竞技	0	17	0
手工技艺	5	89	5.6%
民 俗	8	70	11.4%
传统医药	0	9	0
项目总数	34	518	6.6%

① 张晓明、胡惠林、章建刚：《2007年中国文化产业发展报告》，P.238，社科文献出版社，2007。

② 表2根据国家公布的第一批国家级非物质文化遗产名录制作。

从表2可以看出，在国家级的非物质文化遗产名录中，云南有34项，占到总数的6.6%，这说明云南民族民间非物质文化遗产非常丰富，特别是民族民间舞蹈资源非常丰富，在云南省第一批非物质文化遗产保护名录中舞蹈遗产项目多达24项。在41项国家级保护名录中，云南民间舞蹈占有8项，比例高达19.5%。丰富的民族文化资源成为云南演艺业发展的重要资源和财富。保护和利用好这些非物质文化遗产，对于继承和发扬民族优秀文化传统、增进民族团结、增强民族自信心和凝聚力、促进社会主义精神文明建设和促进云南省演艺业实现可持续发展都具有重要而深远的意义。

1. 云南演艺业年度态势与特点

2006年是云南省文化艺术全面繁荣，成绩斐然的一年。在实施舞台艺术精品工程方面，涌现出一批具有国家级水准、云南民族特色的优秀作品，在文艺比赛中，全省选手创造了多个历史最好成绩。在开拓演艺市场方面，云南省打造出了一批具有很高艺术水准，市场前景看好的演艺新产品。2006年云南省旅游演艺业蓬勃发展，民营企业逐渐成为旅游演艺业的主体和主力。文化体制改革已成为激发国有院团活力，推动演艺产业发展的体制动因。

2006年云南省演艺业稳步发展，在一系列文艺赛事中屡创佳绩，演艺事业的发展和取得的成绩为云南建设社会主义和谐文化凝聚了人心，鼓舞了士气。演艺市场原有的旅游演艺精品持续看好，演艺新产品也不断涌现。

1.1 文艺赛事成绩喜人

2006是“十一五”计划开局的一年，也是新的《营业性演出条例》实施后的第一年。这一年云南省文化艺术全面繁荣，优秀作品不断涌现。全省艺术表演团体每年新创上演剧（节）目都在100台以上，年均演出8 000多场次，观众逾1 000万人次。2006年是云南省文化产业发展和文化事业繁荣战略实施过程中的重要一年，为进一步落实“文艺人才推出年”的目标要求，形成云南文艺人才不断涌现的良好局面，云南省委于4月17日至18日召开了“四个一批”[①] 文艺人才表彰会，表彰奖励了新中国成立以来、特别是改革开

① 指“云南文学艺术卓越贡献奖”、“云南文学艺术成就奖”、“云南文学艺术贡献奖”、“云南文学艺术新人奖”和“繁荣云南文学艺术特别贡献”荣誉称号。

放以来，为繁荣发展云南文化艺术事业作出贡献和取得成就的老中青文艺家共323名。此次颁奖是新中国成立以来云南省文艺界规模最大的一次表彰活动。为了展示云南省、州、市文艺团体水平并选拔艺术新人，云南省于12月在昆明举行了“云南省第七届新剧（节）目展演暨第八届青年演员比赛”，这是云南省最重要的艺术赛事之一，来自省级直属院团和全省16个州（市）、25个参演单位参加。白剧《白洁圣妃》、原生态情景歌舞《香巴拉》、话剧《陌生女人》3个剧目获本届新剧（节）目综合类金奖；歌舞诗《红河》等4个剧目获银奖；彝剧《疯娘》等4个剧目获铜奖；著名作曲家张千一、刘晓耕、万里获得音乐创作奖一等奖；《香巴拉》编剧荆林、《陌生女人》编剧杨跃红获得剧作奖一等奖；刘琼等获得个人表演奖。还授予了王小散等11位青年表演艺术家称号，熊汝霖、夏嘉伟等33人获优秀青年演员称号。为了发掘云南省酒歌文化资源，省文化厅主办了云南首届酒歌大赛，决出了金奖8个，银奖14个，铜奖20个，6个传承奖。玉溪市的哈尼族酒歌《蹦木箔勒》、大理的彝族《斛嘟格》、怒江的怒族酒歌《怒苏酒歌》等8个节目夺得金奖。

2006年是云南演艺人才辈出、成绩斐然的一年，全省选手在本年度文艺比赛中创造了多个历史最好成绩，引起了广泛关注（见表3）。

表3 2006年云南省主要文艺获奖个人及团体

获奖个人/团体	奖项名称	赛事名称
李怀秀、李怀福	“原生态”演唱金奖	第十二届CCTV全国青年歌手电视大奖赛
香格里拉组合	组合演唱银奖	第十二届CCTV全国青年歌手电视大奖赛
云南省代表队	团体决赛银奖	第十二届CCTV全国青年歌手电视大奖赛
新稻子组合	组合演唱铜奖	第十二届CCTV全国青年歌手电视大奖赛
王红星	美声唱法铜奖	第十二届CCTV全国青年歌手电视大奖赛
茸芭莘那	民族唱法铜奖	第十二届CCTV全国青年歌手电视大奖赛
茸芭莘那	总冠军	中央电视台《星光大道》
熊汝霖	总冠军	中央电视台《梦想中国》
杨洲、洪红、和金花、李怀秀、钱学涛	优秀演员奖	第三届全国少数民族文艺会演
罗霞、谢军	最佳新人奖	第三届全国少数民族文艺会演

2006年云南选手和表演团体在“第十二届CCTV全国青年歌手电视大奖赛”中获得1金2银3铜的好成绩，奖牌位居全国第一，取得云南省组团参这项全国音乐赛事以来的最好成绩。中央电视台著名栏目“梦想中国”和“星光大道”的年度总冠军也被云南选手获得；本年度也是优秀作品不断涌现的一年，在2006年9月在北京举行的第三届全国少数民族文艺会演中，云南省代表团共计获得13个奖项，大型民族歌舞《舞彩云》凭借较高的艺术水准，夺取了本届会演最高奖项“第三届全国少数民族文艺会演大奖”。在其他一些剧节/目比赛中，云南省作品也屡创佳绩（见表4）。

表4 2006年云南省主要获奖剧（节）目

作品名称	作品类别	赛事名称	获奖情况
《舞彩云》	音舞类剧（节）目	第三届全国少数民族文艺会演	会演大奖
《跳　菜》	舞　蹈	第三届全国少数民族文艺会演	优秀节目奖
《孔　雀》	舞　蹈	第三届全国少数民族文艺会演	优秀节目奖
《花倮韵》	舞　蹈	第三届全国少数民族文艺会演	优秀节目奖
《金鸟银鸟飞起来》	海菜腔	第三届全国少数民族文艺会演	优秀节目奖
《太阳女》	彝族风情歌舞	“全国优秀歌舞杂技主题晚会”优秀节目展演	一等奖
《云岭华灯》	花灯歌舞	上海戏剧表演艺术“白玉兰奖”	“白玉兰戏剧表演艺术集体奖”
《撮泥鳅》、《彝族酒歌》	竹乐演奏	第28届哈尔滨之夏音乐会	大赛优秀表演奖

向全球150多个国家和地区进行现场电视直播的“2007年元旦双语晚会”于2006年12月31日在昆明“云南民族村”举行。这届晚会恰逢双语元旦晚会创办10周年，中央电视台特地选择云南昆明作为双语晚会举办地，既是因为云南是和谐中国、魅力中国的一个缩影，26个民族和睦相处，民族文化绚丽多姿，更是因为2006年云南演艺事业成绩斐然，已经成为全国人民关注的焦点。同时，云南省演艺产品在市场推广和市场运作上的大胆探索也赢得了业内的认可和尊重，“云南映象文化产业发展有限公司”在2006年8月

20日第四届中国十大演出盛事评选中获得“最佳演出市场贡献奖”和“全年演出项目推广奖”两项殊荣。

1.2 演艺新品不断涌现

经过几年的努力，云南省打造出一批适应市场需求的优秀舞台艺术作品和响亮的演艺品牌。2006年云南省又涌现出一批艺术水准较高，市场前景看好的演艺新产品，使得演艺产品类型更加丰富：

《福天宝地》

2006年4月30日，由“福保文化城”编创的大型旅游歌舞晚会《福天宝地》正式公演。《福天宝地》把实景舞台设于室内温泉水景之上，观众可在品尝美味佳肴的同时观赏水上演出，《福天宝地》是云南省首个大型室内水上景观艺术歌舞晚会，是继云南省打造出《云南映象》、《丽水金沙》、《勐巴拉娜西》、《蝴蝶之梦》、《香巴拉映象》等大型旅游演艺品牌后新推出的大型演出产品，不仅大胆地拓展了表演空间，还开创了新的表演模式，丰富了云南省演艺产品类型。

《印象丽江·雪山》

大型实景演出《印象丽江·雪山》7月正式在丽江公演。《印象丽江·雪山》总投资达2.5亿元，是到目前为止云南省总投资最大的演出。演出由《古道马帮》、《对酒雪山》、《天上人间》、《打跳组歌》、《鼓舞祭天》和《祈福仪式》六部分组成，由曾成功打造《印象刘三姐》的张艺谋、王潮歌和樊跃出任导演。和国内其他大型实景演出相比，《印象丽江·雪山》有几个突出的特点：首先，该演出演员全由非专业演员出演，500名演员由纳西族、彝族、普米族、藏族、苗族等10个少数民族组成，他们全部是来自丽江、大理等地的16个村庄的农民。其次，剧场设在海拔3 100米的甘海子，以壮丽的玉龙雪山为天然背景，启用了先进的烟雾效果工程和造水工程，甚至还动用了马匹。另外，《印象丽江·雪山》选择在白天进行演出，这在全国的大型实景演出中还不多见。《印象丽江·雪山》正式公演，进一步丰富了云南省旅游演艺演出类型，填补了我省大型实景演出的空白，又为丽江每年400万以上的游客提供了一种选择，而且可以分流出一部分在玉龙雪山排队等候索道的游客，起到缓解雪山索道压力的作用。

《云岭天籁》

云南省委宣传部、云南省文化厅、云南省红河州共同出品的大型原生态民族音乐集《云岭天籁》于11月14、15日在北京大学百年讲堂进行了两场演出，18日在北京天桥剧院举行正式公演。《云岭天籁》受到了党和国家领导人的赞誉和首都观众的追捧，中共中央政治局常委李长春，中共中央政治局委员、中央书记处书记、中宣部部长刘云山，中共中央政治局委员、国务院副总理曾培炎，全国人大常委会副委员长热地，全国政协副主席、中共中央统战部部长刘延东等党和国家领导人出席了开幕首演。11月19日，《云岭天籁》为在京的外国使节进行了专场演出。自法国、俄罗斯、波兰、阿根廷、罗马尼亚、奥地利、印度、乌克兰、挪威、科威特及联合国教科文组织等80多个国家和国际组织的驻华大使、文化参赞和外国及港澳驻京媒体记者观看了当晚的演出。《云岭天籁》成功首演进一步展示云南繁荣民族文化、发展文化产业、建设民族文化大省的最新成果和发展前景，展示云南民族文化绚丽多彩的独特魅力。

《云岭天籁》由"开篇"、"山歌"、"情歌"、"神歌"、"酒歌"5大主题板块组成，汇集18个少数民族的民间音乐，编排了滇南彝族《海菜腔》、纳西族《栽秧调》、怒江普米族《大调》、怒族《小调》；白族、拉祜、景颇、独龙、阿昌、基诺等民族酒歌联唱，还有历史悠久的南涧彝族《打歌》、花倮倮《放羊调》，以及把三个节奏自然糅为一体的花腰彝《快调》。《快调》表演者手上一个节奏，脚下跳另一节奏，而嘴里唱的又是一个节奏，风格十分独特。而在两届青歌赛上大放异彩的《海菜腔》孕育于明代，成型于清朝，有将近600百年历史，是原生态民歌唱法的优秀代表，其特色在于气息长，换气方法独特，真假声转换自然。

《云岭天籁》融汇了原生态、原创两大音乐元素，既秉承"原生态"艺术理念，保持原汁原味的民间音乐遗产，展现云南少数民族丰富多彩的原生态音乐形态，又重新整理了一些云南省优秀原创歌曲。《云岭天籁》是云南少数民族音乐和舞蹈文化的集萃，展示了独特的民族声乐技巧技法，凸显了云南丰富多彩的少数民族艺术文化和民族精神。在整场演出中，原汁原味的民族音乐、绚丽多彩的民族服饰、唯美的舞美灯光、别具一格的民族语言艺术以及风格独特的舞蹈语汇等多种艺术元素被富有创意地整合在一起，具有强烈的艺术感染力和视听效果，令人耳目一新。《云岭天籁》积聚了云南最优秀的音乐人才，包括7个州市的演员和器乐演奏家；2006年中央电视台青年歌手大奖赛获奖的云南籍演员，如组合类银奖"香格里拉"组合、铜奖"新稻子"组合，原生态组合金奖李怀秀、李怀福姐弟和民族唱法铜奖，2006年度央视星光大道年度总冠军茸芭莘那等。整场演出由云南艺术学院音乐学院"云岭天籁"合唱团担任合唱，担任伴舞的是红河州歌舞团的演员们。这样的组合方式无疑有助于保证演出的高艺术水准，增加今后商演的票房号召力。

《云岭天籁》是继《云南映象》之后云南省精心打造的又一原生态民族文化品牌，是云南省2006年度演艺业取得的又一丰硕成果。

《香巴拉》(《香巴拉映象》)

2006年5月《云南映象》原班人马历时两年倾力打造的大型原生情景歌舞《香巴拉》(《香巴拉映象》)正式公演。《香巴拉》由著名舞蹈家杨丽萍担任总编导，由《云南映象》的原创班子集体创作，演出阵容60余人，全部从迪庆当地2400多名报考群众中挑选。

《香巴拉》是对大香格里拉地区少数民族文化元素深度挖掘的结果，以藏族艺术为主线，辅以纳西族、傈僳族、彝族以及汉族的原生歌舞元素，以情景歌舞的舞台艺术形式，以天人合一、万物合一、人神合一作为主题思想，充分展示大香格里拉的概念和文化内涵。表达了人们心中追寻的一种理想状态和在歌舞中探寻生命和谐的一种方式。

《香巴拉》是《云南映象》品牌延伸的具体体现，是《云南映象》名副其实的姊妹篇。在《云南映象》中成长起来的编导、演员承担了《香巴拉》的编导和演出工作，原生态艺术理念也在《香巴拉》中延续，同时，也是民营演艺企业运用市场化运作手段对云南民族文化资源进行深度挖掘、包装的一次尝试。在正式公演之前，已在香格里拉县试演近150场。《香巴拉》参加2006年"云南省第七届新剧（节）目展演"获新剧（节）目综合类金奖。

交响采风《香格里拉》

2006年12月15、16日，由昆明市民族歌舞剧院历时3年精心打造的交响采风《香格里拉》在昆明国际会展中心"云南大剧院"上演。《香格里拉》由我国著名作曲家张千一创作，是一部集民族特色和国际潮流于一体的交响音乐作品，采用交响乐演奏、大合唱、民族舞蹈、多媒体展示等四位一体演出形式。该作品把多媒体技术手段与传统的交响乐形式相融合，汇集了张千一3年来在云南采风收集整理的原生态音乐元素，在保留交响乐"听觉"效果的基础上，通过投影作曲家采风期间拍摄的云南风土人文影视资料，提升了交响乐的"视觉效果"，在形式上具有一定的创新性。

原创芭蕾舞剧《小河淌水》

2006年12月5日原创芭蕾舞剧《小河淌水》在人民大会堂举行首演，同月在云南大剧院进行了演出。《小河淌水》由俄罗斯和全省演艺公司共同打造，根据被誉为“东方小夜曲”云南民歌《小河淌水》中演绎的爱情故事为蓝本进行创作，由有芭蕾王子之称的俄罗斯国家芭蕾舞团团长、俄罗斯国家大剧院艺术总监维亚切斯拉夫·戈尔杰耶夫担任编导，著名俄籍华裔作曲家、俄罗斯功勋艺术家、俄罗斯爱乐乐团团长左贞观先生作曲，俄罗斯国家芭蕾舞团50多位国际水准芭蕾舞演员担任主演，俄罗斯爱乐交响乐团现场伴奏。《小河淌水》把中国云南民歌与驰名世界的俄罗斯芭蕾舞有机地结合在一起，创造出跨越时空、超越文化的新经典艺术。

1.3 品牌演艺产品支撑旅游演艺业

旅游演艺产品以旅游业为基础平台，以游客为目标市场，客观上起到展示旅游地文化内涵和人文特色的作用。云南省旅游演艺产品是依托旅游业而壮大和发展起来的，《云南映象》、《丽水金沙》和《蝴蝶之梦》等演出已成为旅游演艺的知名品牌。这些品牌演出具有深厚的文化内涵和地方特色，具有很高的内在品质、公众知晓度和社会认可程度，它们已是赴昆明、丽江和大理旅游者必选的精神大餐。云南省旅游演艺演出在2006年度持续火暴，而支撑旅游演艺业的正是这些品牌演艺产品。《云南映象》是云南省演艺的标志性精品，由我国著名舞蹈艺术家杨丽萍出任艺术总监和总编导并领衔主演，其中70%以上的演员来自云南各地的农村和山寨，是我国首部大型原生态歌舞集。《云南映象》将原生态歌舞精髓加以整合重构，展现了云南多彩的民族风情。《云南映象》在2004年中国舞蹈最高赛事——第四届中国舞蹈“荷花杯”比赛中赢得十项金奖中的五项：舞蹈诗类金奖、最佳编导奖、最佳女主角奖、最佳服装设计奖、优秀表演（打鼓设计）奖。《云南映象》已成为云南省继“五朵金花”、“阿诗玛”之后新的文化名片，是到昆游客必看的演艺节目。到2006年8月8日《云南映象》公演3周年纪念日为止，《云南映象》已经走过国内22个省、市、自治区，在34座大中城市以及巴西、阿根廷、美国公演了800余场，行程达10多万公里，观众数达70万人次。

2006年丽水金沙演艺有限公司的大型舞蹈风情舞蹈诗画《丽水金沙》演出近1 000场，每天平均演2.7场，演出总收入预计超过3 000万元。大型民族舞蹈诗画《丽水金沙》以现代声光、音乐、舞美、服饰等艺术手段，通过气势恢宏、华美壮观的舞蹈形式，结合当代人的欣赏口味，展示和提升了云南少数民族的风情文化，开演以来场场客满，给中外旅游者开启了一扇观赏云南乡土文化的新视窗。2004 年《丽水金沙》演出了 786 场；2005 年演出 846 场；2006 年总演出场次已逼近1 000场；公益演出达 60 多场。在 4 年多时间里，《丽水金沙》演出达到惊人的3 000多场，共接待了观众 165 万人次，总收入超过 1.5 亿元。《蝴蝶之梦》是由大理旅游集团投资进行市场化运作的又一尝试，它整合了全国一流人才和技术。《蝴蝶之梦》充分展示了大理悠久的历史文化、多姿多彩的民族风情。曾在 2005 年获得“中国第五届舞蹈荷花奖”最佳舞台美术金奖、最佳编导金奖、作品银奖、表演银奖四项大奖。《蝴蝶之梦》2006 年度演出 377 场，接待观众170 401人次左右，营业收入达到1 147.2万元。

演艺餐饮企业云南吉鑫集团公司以“宴舞是筵席与乐舞艺术相结合”的经营理念，投资打造了《吉鑫宴舞》。《吉鑫宴舞》提炼挖掘云南民族文化元素，在宴会大厅这个特定的空间内艺术地再现绚烂多姿的云南少数民族文化，把过桥米线等滇味传统美食与云南民族文化艺术、民族服饰等完美统一。《吉鑫宴舞》场面宏大，服饰精美。《吉鑫宴舞》中民族服饰的设计取材于真实生活，却又超越了真实生活，设计者应用现代时装设计和服饰美学理念，把传统云南民族服饰重新进行结构拼贴，既保留了服饰最重要的民族特性，又富有创造力地重塑了多姿多彩的民族服饰，运用红、蓝、白、黄、绿灯对比强烈的色彩，图纹精细而不繁复，服饰具有很强的视觉冲击力，让人过目难忘。云南吉鑫集团企业总资产 3 亿多元，固定资产5 800万元，年营业收入4 000多万元，上缴税收 370 多万元，年实现净利润 500 多万元。《吉鑫宴舞》已成为云南省最著名的餐饮演艺产品。2006 年已上演 150 余场，近 10 万海内外宾客观看了演出。旅游旺季平均每天接待 700 ~ 800 人，日营业额接近 15 万元。在景洪市推出的旅游演艺产品《勐巴拉娜西》运用现代的艺术手法，再现西双版纳独特的自然资源和人文资源，展示了西双版纳魅力无穷的民族风情。《勐巴拉娜西》每晚至少上演 1 场，已累计演出约 700 场，票房总额预计超过2 000万元。

丽江是云南省旅游演艺业发展比较充分的地区，丽江充分发掘传统文化资源，依托旅游市场，打造出了闻名遐迩的“纳西古乐”品牌。仅以宣科为会长的大研古乐会为例，平均每天接待游客逾 500 人，迄今为止，已开发制作了 10 多种纳西古乐图书及音像制品，应邀访演 20 多个国家和地区，年纯利润达 500 万元以上。除了大研古乐会外，丽江还活跃着另外 20 个纳西古乐会。可以说，纳西古乐已经形成产业化态势。云南省很多知名景区景点也成立了演艺团队，如民族村的高原艺术团、石林景区的阿诗玛艺术团等。这些演艺团队的存在丰富了旅游景点的旅游内容，依托旅游发展演艺事业不但丰富了旅游内容，增加了旅游产品的精神文化内涵，更提升了旅游品位与档次，扩大了云南文化产业的影响。

1.4 演出硬件条件大大改善

1.4.1 云南大剧院建成并投入使用

按照国家一级剧院标准建设的云南大剧院 12 月投入使用，云南大剧院由昆明国际会展中心老馆 7、8 号展厅改造而成，由云南世博集团有限公司投资建设，省财政一次性补助2 000万元。总建筑面积为11 000平方米，总高度 36 米，可以容纳1 600名观众。云南大剧院舞台由前舞台、后舞台和左右两个侧舞台构成，具备平移升降等功能，台口宽达 28 米、台深 22 米、拥有吊杆 40 根、舞台总面积达1 443平方米，是全国设备设施最先进的全自动机械舞台之一。大剧院具备大型活动开、闭幕式、会议、文艺演出、电影放映等多项功能。云南大剧院建成并投入使用，改善了云南省大型演艺演出条件，使云南省又增添了一处设施先进、功能齐备的大型演出场所。

1.4.2 昆明市文化艺术生产基地启用

2006 年 4 月昆明市文化艺术生产基地暨昆明文化产业基地正式落成投入使用。昆明市文化艺术生产基地暨昆明文化产业基地位于昆明北市区月牙塘小区，建筑面积 2. 2 万平方米由市委、市政府投资4 000万元建盖。昆明市文化艺术生产基地目前的办公、排演和基础设施条件在全国已居于领先水平。文化艺术生产基地的启用，解决了原昆明市滇剧团、市花灯剧团、市民族歌舞团、昆明交响乐团、市儿童艺术剧团等专业艺术表演团体长期无固定办公和排练场地的问题，为整合组建后的昆明市民族歌舞剧院提供了有力的硬件保障，也为云南省增加了一处重要的演艺产品创作、生产基地。

1.5 民营演艺团体带动农村演出市场

当前，活跃在农村演出市场的主力是民营剧团，这些民营表演团体规模小、演员精、演出成本低，比较符合当前农村演出市场的特点。云南省曲靖市近年涌现出了一批农村演出户。这些演出户走村串寨演出，深受农民群众的欢迎和喜爱，同时也创造了良好的经济效益，近年来，全市农村文化户已迅速发展到1 000多户。其中师宗县从事商业性演出的经营户已达 130 户，演艺从业人员3 000多人，呈现出规模化、产业化的发展态势。2006 年农民演艺队演出收入突破1 000万元，这些农民演艺队的演员均是当地民间艺人或初、高中毕业生，他们以乡村为舞台，以农民为服务对象，采用自编、自导、自演的形式，上演群众喜闻乐见的文艺节目。他们以每演出一场收费1 500元至2 000元的价格，走村串寨，面向农村市场进行商业演出，满足了农民群众的精神文化需要，深受农民群众的欢迎。由于农村市场需求大，农村演艺户平均年演出达到 140 多场，年演出收入 20 至 30 万元。演员年收入高的上万元，较低的也能达到五千多元左右，收入超出当地农村人均纯收入 2 ~ 3 倍。曲靖市农村演出户的出现，丰富了乡村演出市场，为农民增收开辟了新渠道，促进了农村和谐文化建设，是社会主义新农村文化建设过程中的新生力量。

迪庆州的藏民家访是一种旅游与民俗文化产业开发相结合的模式，藏族歌舞表演成为民俗文化产业开发中的重要环节。在家访中，游客可品尝到烤全羊、藏式火锅等风味食品，参观藏族民居，更重要的是游客可欣赏到建塘镇锅庄舞、尼西情舞、塔城热巴、德钦弦子舞等传统藏族歌舞表演，并可即兴与当地的村民一共表演互动文艺节目。现迪庆州共有 25 家旅游部门定点的藏民家访，直接从业人员达1 000多人。

1.6 国有院团改制显成效

1.6.1 国有院团文化体制改革进一步深入

2006 年 4 月昆明市民族歌舞剧院在市文化艺术生产基地挂牌成立。作为省、市文化体制改革的重点工程，昆明市民族歌舞剧院由原昆明市交响乐团、昆明市民族歌舞团、昆明市儿童艺术剧团、昆明市花灯剧团和昆明市滇剧团整合组建成立，在保留交响乐团、歌舞团、儿童艺术剧团 3 块牌子的基础上，内设艺术创作部、舞台美术制作中心和市场营销部等部门。新组建的昆明市民族歌舞剧院，按照“优势互补、资源共享、创作精品、面向市场”的工作思路，将建成具有民族特色和较高艺术水准、市场竞争力强的艺术院团。8 月，红河演出演艺（集团）有限责任公司成立，红河演出演艺（集团）有限责任公司由州歌舞团、州艺术剧院、州演出公司、州红河影剧院组成，是事业单位整体转制而成的州属文化企业，按现代企业制度的要求组建和运作。同时，云南演艺集团的组建已进入实际操作阶段，省杂技团、省演出公司、云南艺术剧院、圆通影剧院、省文化物资供应站的整合重组工作基本完成。

迪庆州作为我省唯一的藏区，在院团改制方面也做出了一些探索。迪庆州为把迪庆州民族歌舞团打造成藏区一流的演出团队，在院团改制中不但没有减少人员编制，反而给民族歌舞团增加了人员编制。州政府给民族歌舞团增加了20个事业编制，把原有不适合舞台表演，又达不到退休年龄的演员进行分流，充实到城区附近中小学任教，担当起普及课间民族舞蹈的任务，增加补充的年轻演员从州民族中专学校文艺班毕业生和大中专艺术院校毕业生中招考补充，目前总编制已近100人。一系列的改革措施提升了迪庆州民族歌舞团的实力，为保障公益性演出，同时增强商演产品市场竞争力奠定了良好的体制基础。

1.6.2 国有院团生产力进一步增强

2006年云南省国有院团文化体制改革为演艺产业带来生机，通过转企改制，既培育了市场主体，增强演艺产业的生产力，又使国有院团能够面向市场，提高演艺产品的市场适应能力，向观众提供更多更好的演艺产品。2006年云南省歌舞剧院和昆明市民族歌舞剧等两大国有院团分别打造出了歌舞精品《舞彩云》和《秘境云南》。《舞彩云》是汇集全省优秀民族歌舞资源创作演出的大型民族歌舞剧目，其中荟萃了云南多姿多彩的民族民间文化元素，艺术地再现了云南非物质文化遗产斑斓夺目的绚丽光彩。2006年9月《舞彩云》赴京参加全国第三届少数民族文艺会演反响强烈、好评如潮，一举夺得会演最高奖项和12个单项奖。《舞彩云》是云南省国有院团体制改革催生的力作，具有很高的艺术水准，同时也具有很好的市场前景，在北京参演时就被外省演出商看好，签下了2007年春节前夕赴粤进行商演的合同。昆明市民族歌舞剧院推出了大型民族歌舞诗画晚会《秘境云南》。《秘境云南》以云南省少数民族独特的服饰、宗教、饮食、风俗等为素材，编导风格多样，专业演员阵容整齐，剧目全面地展示了云南少数民族艺术的丰富性与多样性。整场晚会穿插了精心挑选的《绣荷包》、《提噜噜》、《猜调》、《火把节的火把》、《蝴蝶泉边》、《马铃响玉鸟唱》等旋律优美的云南民歌。《秘境云南》中汇集了各种少数民族服装、服饰，舞台效果绚烂夺目，在观众面前展现一幅美丽的民族风情画。同时，昆明市民族歌舞剧院正在打造一台旅游演艺精品，准备充分利用专业团队的优势参与昆明旅游演艺市场的竞争。文化体制改革也为云南省州市的文艺院团带来了生机，迪庆藏族自治州民族歌舞团就是其中的典型代表，近几年先后培育和打造了《香格里拉》、《走进香格里拉》等剧目。2006年由迪庆州歌舞团和安徽池州市歌舞团联合打造的《走进香格里拉》剧组正式拉开了全国艺术展演序幕。由剧组投资170万元，建立健全了剧组的行政机构、市场营销网络机构、后勤服务机构，剧组工作人员扩充到356人，其中：新招收演员40多名，迪庆本土演员20多名。切实加大了人才培训、设备更新、市场营销和后勤保障工作，进行了全新的剧目改编升级演练。2006年4月17日起，新改编的《走进香格里拉》剧目先后在安徽合肥、马鞍山、铜陵、淮南，河南郑州等大中城市进行了演出，剧目演出以香格里拉民风民俗为主题，以其独特的艺术魅力，震撼了百万观众，同时受到了文化艺术界专家和同行的高度赞赏，为迪庆人民争得了荣誉，提升了香格里拉文化品牌的知名度和影响力。截至2006年底，《走进香格里拉》已在全国13个省、市巡回商演400多场次，观众达40余万人次。《走进香格里拉》使探索合作民族歌舞剧组的市场化运作跃上了新的台阶和水平，在引进演艺营销人才和开拓全国演出市场方面做出了可贵的探索。除了和安徽合作推出巡演剧目《走进香格里拉》外，2006年迪庆藏族自治州民族歌舞团精心打造的大型原生态歌舞诗画《香格里拉》开始公演，其充满浓郁藏族风情的舞美设计、粗犷奔放的舞姿、明丽高亢的藏族歌曲演唱把观众带入神圣的雪域高原，引起各地观众的浓厚兴趣。

1.7 民族演艺人才输出成亮点

民族演艺人才劳务输出成为云南省继演出产品输出之后的又一重要输出形式。在临沧市，以佤文化为主的歌舞表演逐步显现出品牌效应，而劳务输出已逐步成为临沧市农民增收和农村劳动力转移就业的重要途径和方式。临沧市近几年已为全国各地输送了1 000多名以佤族为主的少数民族舞蹈演艺人才，分别分布在深圳锦绣中华民俗文化村、烟台市中华文化园、云南映象等表演团队中。一些民族歌舞团队还深入全国各地大中城市的剧院、公园、酒店等公共娱乐场所进行佤族歌舞表演，他们通过舞台艺术表现形式宣传展示临沧市丰富多彩的佤族文化艺术。民族演艺人才劳务输出，展示了佤族文化的神奇魅力，为打造临沧佤文化歌舞表演品牌奠定了坚实的基础。同时，临沧还有10多个民族歌舞演艺团队活跃在临沧、沧源、双江、耿马、镇康等市县，从业人员接近400人。这些演艺团队和个人已经成为临沧市佤文化产业的一支主力军。

民族演艺人才劳务输出充分利用了丰富的农村劳动力资源，促进当地农民收入的增加，为弘扬民族文化，为云南省边远地区社会主义新农村建设做出了的新探索，提供了新的思路。

1.8 品牌剧场叫响春城

2006年度云南省不仅品牌演艺产品不断涌现，而且演出剧场也开始从被动等待到主动出击，通过提升服务质量、开拓市场来树立剧场品牌。昆明剧院利用自身条件，引进具有高艺术水准的演出，进行市场化运作，积极开拓演艺市场，逐步确立了品牌剧院的良好形象，昆明剧院目前已成为云南省最适合音乐会演出的剧场。2006年1~12月份昆明剧院接待会议55场，演出70场（参见表5），接待观众12万人次，取得剧场收入100多万元。11月8~9日上海芭蕾剧院的经典芭蕾舞剧《白毛女》在昆明剧院的两场演出，门票销售一空，取得了近30万元的演出收入，是近年来昆明演出市场最火爆的剧目。

为了配合2006年昆明国际文化旅游节的举办，并为一年一度的旅游文化节增加亮点，由昆明剧院与民营演出公司共同策划运作推出了“相约昆明”文化演出季活动。此季系列演出让到昆明旅游的中外游客和广大市场全方位、多角度欣赏到云南丰富多彩的民族文化舞台艺术精品及世界各地艺术精粹，丰富广大人民群众的文化生活，促进云南省文化产业的发展，扩大剧院影响力。昆明剧院在2006年度努力推广普及经典艺术，推出星期音乐会等活动，为昆明市民提供了亲密接触高雅音乐艺术的机会。通过这些演出活动，提高了剧院的知名度和社会影响力，取得较好的社会效益和经济效益，对培育和繁荣昆明演艺市场发挥了重要作用。

表5 2006年昆明剧院主要演出统计表

时间	演出名称	演出内容	演出单位或个人	演出场次（场）
2月23~24日	《昆明之夜》	歌剧音乐会	中央歌剧院	2
4月26	“皇室群英”精品古典音乐会	古典音乐会	加拿大“皇室群英”乐团	1
4月28~5月5日	《花腰放歌》	民族风情歌舞	晚　会	10
5月15~16日	室内音乐会	古典室内乐	瑞士苏黎世室内乐团	2
5月19~20日	首届新创舞蹈展演	舞　蹈		2

续 表

时间	演出名称	演出内容	演出单位或个人	演出场次（场）
5月21~22日	中国国际音乐周			2
5月23日	“云中火把”	民 乐	楚雄州民族管弦乐团	1
6月12日	苏黎世钢琴家威尔纳·贝尔钢琴音乐会	钢琴音乐会	威尔纳·贝尔	1
7月~8月	“打开音乐之门”	音乐会		5
8月8 ~26日	“星期音乐会”		昆明市文化局主办、昆明市民族歌舞剧院、昆明剧院承办	5
9月22~23日	《洋葱头历险记》	童话芭蕾舞剧	乌克兰国家少儿芭蕾舞团	2
9月27~28日	中秋民乐晚会《春江花月夜》、《琴瑟合鸣》	民乐音乐会	王中山、宋飞	2
10月28日	《盛中国·濑田裕子》音乐会	小提琴音乐会	盛中国、濑田裕子	1
11月3日	《美人鱼》	木偶剧	中国木偶艺术剧团	3
11月8~9日	《白毛女》	芭蕾舞剧	上海芭蕾剧院	2
12月23~26日	《卖火柴的小女孩》	音乐剧	深圳唐人原创音乐剧团	6

1.9 对外文化艺术交流较活跃

2006年云南省对外文化艺术交流较活跃。9月“七彩云南”大型民族歌舞晚会，在美国新泽西州罗格斯大学尼古拉斯音乐中心（Nicholas Music Center）举行。这次活动由中国海外交流协会、云南省人民政府、亚洲文化传媒集团共同主办，缤纷多彩的云南歌舞、绚丽的民族服装、独具魅力的民族风情征服了美国观众。此次活动向海外华人和美国观众展示了丰富多彩的云南文化，促进了中美两国人民之间的交流，增加了美国民众对于云南的了解。

同月，昆明市民族歌舞剧院应国务院侨务办公室邀请，组织演出团队赴中国澳门和美国纽约等9个城市进行巡演，演出受到了澳门和大洋彼岸的观众的热烈欢迎，在美演出期间还收到了美国总统布什发来的贺电。由迪庆州民族歌舞团推出的大型原生态歌舞诗画《香格里拉》除在国内北京、上海、昆明等城市演出外，由中央外宣办安排到德国、奥地利成功演出8场，受到中央外宣办的高度评价。

2. 云南演艺业发展新动向

2.1 品牌演艺产品运作更趋成熟

从2006年云南省演艺业发展状况来看，全省品牌演艺产品运作趋于成熟，这主要表现在三个方面，其一，演艺产业链将不断延伸。《云南映象》、《丽水金沙》等“名牌”演艺产品，围绕剧场演出建立起周边消费链条，如杨丽萍签名的《云南映象》画册、《丽水金沙》DVD等衍生产品销售。其二，演艺业向其他产业渗透。文化产业是具有高渗透性的产业，而一个产业要成为支柱产业就要和相关产业产生很高的关联度。2006年全省演艺产业也出现向其他产业渗透的特性。除了传统的舞台演艺项目，《云南映象》的品牌开始向其他产业延伸，探索以“云南映象”为品牌、多元化发展的产业模式，《云南映象》的品牌开始从演艺产业延伸至矿泉水、普洱茶、旅游、房地产等多个产业，由云南映象生态饮品有限公司开发的“云南映象普洱茶”系列饮品、“云南映象矿泉水”等系列产品，已进入市场。云南映象文化产业发展有限公司和昆明城建股份，还将合作在昆明北市区打造一座旅游文化商品城，使之成为云南省民族传统工艺品集散地，成为展示云南丰富的民间、民俗传统文化，传承、保护和发展云南传统民族文化的窗口。在昆明北市区投资兴建“《云南映象》主题文化社区”，体现人文与自然和谐相处的宜居理念。还将在昆明市区投资建盖《云南映象》定点演出剧场。其三，明星制向人才储备制转化。明星具极高的票房号召力，明星有效应是演出票房收益的重要保障之一。然而专业人才培养，后备人才培养对于演艺产业可持续发展具有举足轻重的作用。宣科是大研古乐会的票房法宝，纳西古乐终将面临从明星制向人才储备制的艰难抉择，但舞台上越来越多的年轻面孔使我们有理由相信纳西古乐后继有人。同样，杨丽萍一度是《云南映象》中的头号明星，也是

《云南映象》进行市场推广的重量级武器。随着《云南映象》演艺团队的扩大，《云南映象》实现了从明星制向人才储备制转化，现在《云南映象》舞台上领舞的是艺术学院舞蹈专业毕业的大学生，而杨丽萍从舞台退居幕后，更专注于打造新剧目、公司发展等事务，成功实现了从明星向老板的角色转换。可以预见的是，云南省演艺品牌产品要实现再次创业、良性发展，将充分利用演艺品牌效应延长产业链，通过开发各种纪念品、服饰、书籍和音像制品等衍生产品，让衍生产品收入成为演出票房收入之外的重要收益将成为趋势。同时以演艺为核心向相关文化产业渗透，提高演艺产业与相关产业的关联度。而且，演出企业将会更加关注后备艺术人才的发掘、培养和储备。

2.2 演出运作模式多样化

云南省演出运作模式呈现多样化的特点和趋势，现已出现“一戏一公司”、“一公司多戏”、“驻场式加巡演式”等多种比较成熟的模式。

（1）“一戏一公司”模式

“一戏一公司”模式就是以一台精品化的剧目为龙头，把相关院团等行业单位重新组合优化为一个新的文化产业实体。《丽水金沙》是丽江市歌舞团进行体制改革、走向市场化运作，与深圳能量公司合作成立“丽江丽水金沙演艺有限公司”后推出的一个演艺产品。《丽水金沙》正是依靠企业化运作，建立现代企业制度，适应市场运作要求，完全打破原有的内部管理制度，引入竞争和激励机制，原歌舞团的30多位年轻演员成为该团的签约演员。歌舞团彻底走向了市场，现在除了自己发工资之外，还向政府交纳包括场租、人员管理、税收在内的费用，而政府不用再掏钱养戏养人。《丽水金沙》以游客为目标客户，以精品旅游舞蹈晚会为产品，取得了社会效益和经济效益双丰收，《丽水金沙》及“丽江丽水金沙演艺公司”被文化部授予“文化产业示范基地”称号；被评为“2004年度中国文化产业十佳成长型企业”；在中国第七届艺术节上被评为“全国百家优秀文艺团体”；第五届中国舞蹈“荷花奖”表演金奖和作品铜奖；2005年被评为云南省著名商标。已经成为丽江、云南乃至全国文化产业的一面旗帜，更重要的是，探索出一条在文化旅游业中“一戏一公司、以演养团”的运作新机制。

（2）“一公司多戏”模式

《云南映象》的演出团队已经开始由最初的1个团发展到300多人，3个演出团队。除了《云南映象》这个主打产品外，还推出了依托迪庆州旅游市场的《香巴拉映象》。同时，云南映象文化发展有限公司正在打造一台以水文化为特色民族歌舞晚会，还打算在未来几年内，依托艺术院校的优势完成一项云南鼓文化的主题演艺项目。云南吉鑫宴舞民族演艺公司除了主打品牌《吉鑫宴舞》外，曾于2002年在丽江推出《木府古宴秀》；2003年在大理推出大型民族歌舞《风花雪月》。2004年5月，吉鑫集团又与香港兰德公司投资1 200多万元，在西双版纳推出了“大型歌舞秀”《勐巴拉娜西》。现在云南吉鑫宴舞民族演艺公司已发展成为拥有6个艺术团，400多人的演艺队伍的大型演艺企业，是典型的“一公司多戏”扩张模式。

（3）“驻场式加巡演式”模式

云南省旅游处于持续增长的态势，使得一些重要旅游目的地的观众来源得到保证，演艺企业可通过驻场式演出获得稳定收益，驻场式演出成为全省旅游演艺企业采用的通行模式。如《丽水金沙》在“丽江国际民族文化交流中心”驻场演出，《云南映象》的固定演出场地在昆明会堂；西双版纳的《勐巴拉娜西》在“勐巴拉娜西艺术宫”（原景洪市文化艺术中心），《香巴拉映象》在迪庆州文化馆；《蝴蝶之梦》则在大理州新州礼堂驻场演出。除了驻场式演出模式，云南省一些优秀的院团和演出企业也在探索“驻场加巡演”的营运模式。云南映象文化产业发展有限公司正在探索驻场式与巡演式相互依存的全新演出模式，《云南映象》已发展成为其中一团在昆明会堂驻场演出；由杨丽萍领舞的二团在各地巡演；三团创编了《云南映象》的姊妹篇《香巴拉映象》将在香格里拉演出。“驻场式加巡演式”模式，集合了固定场地演出与巡回演出的优势，丰富了利润增长方式。固定场地演出成本相对较低，能锻炼演员，不断完善演出剧目质量，而跨地域巡回演出可以增加观众的数量，扩大演出的影响和知名度。

2.3 旅游演艺市场差异化竞争态势日趋明显

随着云南省旅游业和文化产业的蓬勃发展，进入旅游演艺市场的产品不断增加，旅游演出市场的竞争会日趋激烈，这种竞争既存在某个地区范围内，跨地区隐性的竞争也是客观存在的。大理、丽江、迪庆旅游线上，《蝴蝶之梦》、《丽水金沙》、《香巴拉》等产品的竞争是客观存在的，游客很有可能只选其一而舍其余。在同一地区内差异化竞争态势已经形成，以昆明为例，现在已有《云南映象》、《吉鑫宴舞》、《福天宝地》等旅游演艺产品，这些产品已经初步构成了昆明市演艺市场差异化竞争的态势，今后很可能出现更多剧目进入市场，竞争会更加激烈。如迪庆州有《香巴拉映象》演出、阿彬演艺中心、藏民家访等可供游客选择。再看丽江，旅游演艺市场差异化竞争态势也很显著，丽江现在有四大演艺产品，分别是《丽水金沙》、《纳西古乐》、《东巴宫》、《印象丽江·雪山》，这四个产品各有特色，差异明显，但它们相互间都存在着竞争，这样的竞争丰富了旅游演艺市场，为每一位游客提供了更多选择的机会，对于从业者们来说，意味着更大的压力，他们必须遵循市场规律，不断提高质量，寻求自身的良性发展，否则只能被市场无情淘汰。曾经红极一时的《太阳火》就是一个失败的案例，《太阳火》以单一民族——彝族文化为演出的主要内容，与其他竞争产品相比显得单调，加之管理经营不善，2005 年底就已经从丽江演艺市场黯然退出。很多旅游景区、景点为了丰富自身的内容，增加文化内涵，推出了供游客免费观看或参与、体验的文艺表演，这些"免费的午餐"无疑对游客是具有吸引力的，也可能就此分流掉一部分本来准备花钱去看演出的游客。丽江除了《丽水金沙》、《纳西古乐》、《东巴宫》、《印象丽江·雪山》等"四大演出"每天上演外，在景区、景点还有很多类型各异的演出，比如：

黄山民俗村：纳西古乐演奏、纳西族民间篝火晚会、纳西情歌对唱等活动；

黑龙潭公园：纳西古乐展演；

玉水寨景区："东巴舞"、"热美蹉"、"勒巴舞"等纳西民间歌舞展演；

东巴谷景区：纳西、普米、傈僳、他留、摩梭等民族民间文艺展演及民族技艺表演；

白沙古镇："白沙细乐"展演；

东巴王国：体验性纳西族民俗文化展演活动；

泸沽湖景区：每晚举行摩梭民间文艺表演及摩梭人篝火晚会。

2.4 剧院演出运作方式进一步与国际接轨

演出季制和会员制运作方式在云南省剧院的应用标志着演出运作方式将进一步与国际接轨。演出季制（Performance Season）是国际上流行的一种演出运作方式，也是职业交响乐团等专业艺术院团常采用的操作方法。从艺术院团角度看，实行演出季，要提前排出演出节目、演出时间和地点，可使院团的训练、剧目排演有计划、有针对性，也更加规范。从剧场经营角度看，演出季制对培育和规范演出市场有很大的促进作用。演出季是演出长期化的一种方式，有利于整合演出资源，提高剧场空间的效率，积累培养固定的观众群体。2006 年为了配合昆明国际文化旅游节的举办，并为一年一度的旅游文化节增加亮点，由昆明剧院与民营演出公司共同策划运作推出了“相约昆明”文化演出季活动。今后类似于“相约昆明”文化演出季性质的演出季运作方式将被更广泛地应用。

会员制也是国外盛行的方法，上海大剧院就建立了会员制，拥有12 000多名会员。昆明剧院也推出了“会员制”服务项目，只要在影剧院购票的观众就可成为会员，会员不仅可提前订票，还可在特定演出中享受门票优惠。昆明剧院还通过短信发送平台，及时向会员发送演出信息和票务信息，使剧院和观众间建立起信息交流机制，有利于培养稳定的演出消费群体。目前，该剧院会员人数已达2 000多人。随着演出市场的不断规范，剧院演出将更多采用演出季制方式来运作商业演出，这意味着演出运作方式将进一步与国际接轨。

2.5 跨区域演出联盟将成为演出运作的重要载体

演出联盟是以项目为依托的区域性演出行业经济合作体。通过共享演出资源，提高演出场次，引进更多的演出产品，从而降低演出成本，增强竞争优势形成跨区域的联动和宣传效应，同时可以降低各演出机构间的演出设备运输成本以及演员接待费用，大大降低单个演出商的运营风险。2005 年中国北方剧院（场）联盟成立，并成功运作了《云南映象》在北方几省的巡演。2006 年中国西部演出联盟成立，云南省昆明剧院和卓越文化传播公司随即加入。这两家企业加入联盟后，已成功运作多场商业演出，区域性演出联动已经开始发挥积极效益。演出联盟演出运作的产生符合当今经济社会发展的要求，随着新经济时代的到来，文化产业呈现出分工细致、专业性强、互补性强的特点。在传统的经济形式下，行业、企业间的关系多为负相互作用，即行业间、企业间为了争夺资源和市场而进行破坏性的竞争，进行你死我活的厮杀，一个企业的存活多是构建在伤害其他企业利益的基础之上的。在现代经济模式特别是文化产业的发展模式中，单一的特定企业已不可能完全满足消费者的需求，在这种情况下，企业之间的关系变得越来越复杂化，企业之间只有合作、共生，才能更好地适应市场多样化的需求，因此在激烈的演出市场竞争中，演出联盟中的各会员企业之间产生互相依存、互相促动的正向相互作用，有利于形成符合时代要求的良性共生关系。

从目前中国西部演出联盟的结构来看，联盟集中了演出内容提供商——艺术院团；演出中介——演艺经纪公司；演出场地提供——剧院，可以实现形成优势互补、强强联合的局面。联盟顺应演出市场统一运作、规模化经营的需求，可根据演出市场的信息及需求确定商演项目、引导艺术生产，也可以采用联盟联合投资运作演出，再进行票房共同分成的方式。跨区域演出联盟将成为演出运作的重要载体和繁荣区域演出市场的重要力量。云南省演艺企业及剧院加入中国西部演出联盟之后，更多的演艺产品将有机会进入云南市场，这意味着普通观众可以花更少的钱，看到更多国内外精彩演出。与此同时，随着演出联盟的不断发展完善，云南省将有更多的演艺产品将通过联盟走向省外、国外市场。

2.6 演艺产品投资主体呈现多元化趋势

从2006年的情况来看，今后演艺产品投资主体多元化趋势将更加明显，具体表现为：一是在市场经济条件下，在利益的驱使下会有更多的社会资本进入演艺业，使得旅游演艺市场主体发育比较成熟。云南省总投资较大的几个演艺精品基本都是民营企业，到目前为止云南省总投资最大的演出《印象丽江·雪山》也是由民营企业家投资，今后一段时间民营投资主体依然将在演艺市场投资占主导地位。二是政府将在加大对文化事业投入的同时也会加大对一些市场潜力好的演艺产品的投入。如为打造原生态民族音乐集《云岭天籁》，政府投入了资金近1 000万元。三是出现了旅游企业投资演艺产业，直接成为演艺市场主体的模式，如由大理旅游集团牵头，20多家旅行社入股投资2 400多万元参与开发了旅游演艺项目《蝴蝶之梦》。四是会更多地出现民营演艺企业投入、政府积极引导的模式。2006年12月在人民大会堂举行首演的原创芭蕾舞剧《小河淌水》就采用了这种模式。《小河淌水》以云南中威民族文化传播有限公司董事长邵筱萍为出品人，中威民族文化传播有限公司为主体，采取政府引导、市场运作的方式，与俄罗斯国家芭蕾舞团和俄籍华裔功勋艺术家左贞观任团长的俄罗斯爱乐交响乐团联袂打造。政府在现有条件下作为演艺产品的主要投资主体，不现实，也不科学，而采取放任自流的“商业决定”管理方式也不符合我们的国情，毕竟比起资本主义国家，我们的政府势必要承担更多责任。所以，民营演艺企业投入、政府积极引导的模式不失为一种两全其美的选择。

3. 云南演艺业存在的不足与问题

3.1　国有艺术表演团体数量下降较快

根据国家统计局公布的《中华人民共和国2004年国民经济和社会发展统计公报》，2004年年末全国共有艺术表演团体2 599个、文化馆2 858个、公共图书馆2 710个、博物馆1 509个。2005年年末全国共有艺术表演团体2 577个、文化馆2 868个、公共图书馆2 736个、博物馆1 556个。2006年年末全国共有艺术表演团体2 766个、文化馆2 889个、公共图书馆2 767个、博物馆1 593个。根据云南省统计局、国家统计局云南调查总队公布的云南省2004、2005、2006年国民经济和社会发展统计公报，2004年云南全省有各种艺术表演团体117个、文化馆143个、公共图书馆149个、博物馆28个。2005年全省有各种艺术表演团体116个、文化馆149个、公共图书馆149个、博物馆31个。云南2006年全省有各种艺术表演团体106个、文化馆148个、公共图书馆149个、博物馆32个。通过这些数据的对比可以发现，2004～2006年三年间全国艺术表演团体，文化馆，公共图书馆和博物馆数量均稳定增加，其中艺术表演团体总数比上一年度增加幅度达到9.3%。反观云南省，在2004～2006年之间文化馆、公共图书馆、博物馆数量变化不大，但国有艺术院团数量下降明显，比上一年度下降幅度达9.1%。如图所示：全国艺术院团数量连续3年处于增长的态势，而云南省艺术院团数量连续3年处于负增长态势，且下降幅度大。（参见图1、图2）

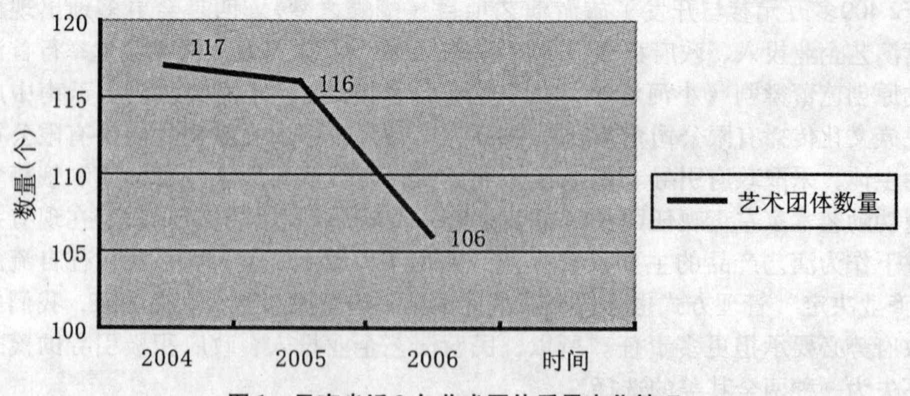

图1　云南省近3年艺术团体质量变化情况

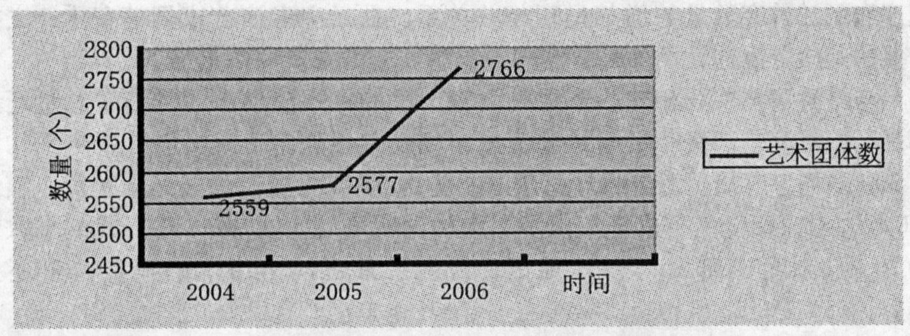

图2 我国近3年艺术团体数量变化情况

分析云南省国有院团数量下降较快的原因，固然有文化体制改革中院团合并等客观原因，但与艺术院团自身竞争意识差，市场生存能力差等因素关系更加密切。同时，民营剧团的出现对云南省演出市场格局产生了重大影响，一方面，民营院团在云南省旅游演艺市场占据优势，另一方面，随着国家对民营剧团的鼓励扶持，云南省一些地方民营演艺团体异军突起，弥补了农村演出市场的不足，成为新农村文化建设的生力军。民营剧团的出现从体制和市场上与专业剧团形成竞争，从而促使国有院团必须加快改革，以适应演艺市场发展的需求。当然，提高市场竞争力不是国有院团文化体制改革的唯一目标，国有院团还承担着为社会提供公共文化服务，进行公益性演出等功能，所以要对国有院团数量下降较快引起足够重视，在改制过程中要避免国有院团品牌资源的流失和优秀专业演出人才的流失。

3.2 演出消费市场不平衡

(1) 旅游演艺消费市场与常规演出市场反差强烈

云南省旅游演艺市场持续火爆，这和云南省旅游业的蓬勃发展是分不开的。统计数据显示，全省旅游业2006年接待海外入境游客394.44万人次，比上年增长13.5%。在入境游客中，过夜游客181万人次，比上年增长20.4%。全年接待国内旅游者7 721.3万人次，比上年增长12.5 %。丽江丰富的旅游资源吸引了越来越多的游客。丽江接待游客数量2004年为360万人次，2005年为400万人次，2006年达到460万人次，年均增速达到12%。2004年《丽水金沙》演出场次为786场；2005年演出846场；2006年总演出场次已逼近1 000场，演出场次年均增长速度为11%。《丽水金沙》演出场次的年均增长速度和丽江游客数量的增加呈正相关关系。在云南省演艺市场消费中，支撑产业的是旅游演艺，而外来游客则是旅游演艺的主要消费参与者。

与旅游演艺市场相比，云南省面对市民的常规演出市场的消费总量还显不足。旅游演艺消费市场与常规演出市场反差强烈。上海大剧院每年平均演出300多场，广州星海音乐厅每年演出为150～200场，深圳大剧院每年演出120场左右，而云南省常规演出量最大的昆明剧院，在2006年正式演出数量为70场，比起东部沿海发达地区，云南省常规演出市场的消费总量还显不足。

导致云南省常规演出市场的消费总量不足的因素有很多。首先是因为云南省居民收入水平不高，导致文化消费水平低。精神消费是一种层次更高的消费活动，其比重和重要性将随着社会生产力和经济发展而逐步提高。精神消费在全部消费比重中所占比重的高低，则从一个侧面反映出经济水平的高低和消费质量的高低。因此，只有用于满足基本生存需要的费用大大降低，用于精神文化需求的费用才能相应提高。根据云南省统计局统计数，云南省2006年城镇居民人均可支配收入10 070元，2006年农村居民人均纯收入2 250.5元。而2006年全国城镇居民人均可支配收入为11 759元，农村居民人均纯收入3 587元。通过比较可以看出，云南省城乡居民收入要低于全国平均水平。云南省城镇居民人均可支配收入比全国同期平均水平低14.3%，云南省农村居民人均纯收入比全国同期农村居民人均纯收入低37.2%。云南省居民收入水平不高，客观上造成了精神文化产品的购买力不足。其次，云南省人口文化素质偏低。演艺产品消费属于精神消费，精神消费是人类社会发展到一定程度的产物，消费者素质、文化传统和宗教信仰等因素都会影响精神消费。而云南省人口文化素质偏低是客观事实，也是造成常规演艺消费偏低的一个原因。全国人口抽样调查数据显示，云南省6岁及以上人口不识字人口数量仅低于青海、西藏，位居全国倒数第三。云南省人口受教育程度低，高文化程度人口占总人口比例偏低。大专及以上文化程度人口所占比例仅高于西藏，位居全国倒数第二。整体人口文化素质偏低是造成一些文艺演出曲高和寡的深层原因。再次，受消费习惯对消费行为的影响。市民的生活方式、消费习惯具有差异性。消费者之所以消费或不消费某种产品要受到消费者消费习惯的影响。虽然云南城镇居民人均可支配收入低于全国平均水平，但并没有影响昆明市民物质消费的热情。《中国城市竞争力报告》指出昆明人均住房面积、人均机动车占有量、人均移动电话拥有量居全国前列，属于消费性城市。特别是昆明的人均机动车占有量之高全国少有，近600多万人口已拥有68万辆的机动车，平均每10个人就拥有一辆机动车。可见昆明市民并不是舍不得花钱，而是没有在精神消费方面做大的投入。我们可以得出这样的结论：昆明虽已迈入消费性城市行列，但精神消费在其中的份额还不突出，市民的文化消费习惯还需要引导和培养。

（2）常规演艺消费市场发展不平衡

云南省目前常规演艺消费市场发展不平衡，存在着核心城市与其他城市之间、城市与乡村间两个差异。云南省16个州市，由于各地区经济、文化、区位、自然条件等发展条件不同，导致了不同区域城镇化水平的差异。其中昆明市城镇化水平最高为58.05%，全省城镇化率为29.50%。2006年昆明市GDP占全省的30%；2005年文化及相关产业增加值占了全省的38.76%，而民族文化资源丰富的怒江州仅占0.08%。文化产业发展呈现区域性差异的特点，常规演艺消费时常也呈现区域性差异的特点，发展极不平衡，昆明成为云南省常规演艺消费市场的中心，而其他城市演艺业发展以依托旅游为主，规模还较小，基本没有形成规模化、长期稳定的常规演出市场。

城乡演艺消费市场发展水平差距较大，当前城乡差距不仅表现在物质层面，在精神层面的差别更为突出，云南省94.8%的文化产业单位分布在城镇，农村普遍存在文化基础设施落后，文化艺术产品和文化服务供给不足等问题。云南省一些地方农村演艺市场发育较好，有的才处于起步阶段，而更多的农村演艺市场还处于空白状态。

3.3 娱乐演出业层次不完整

文化娱乐演出业是娱乐业与演出业相结合的交叉性行业。从昆明的情况来看，文化娱乐演出场地主要集中在歌剧城、酒吧和迪高厅等场所。总体说，文化娱乐演出层次还不够“富”。从消费水平来区分，昆明的娱乐演出市场大体可分高端、中端两个层次，以新兰花歌剧城、天恒歌剧城等为代表的娱乐演出场所可归类于高端演出市场；以昆都、金碧广场酒吧区为代表的娱乐演出场所属于中端演出消费市场，但消费人群基本上以年轻人居多。而湖南省会长沙的文化娱乐演出场所不但数量多而且层次丰富，高中低档一应俱全，各个收入层次、各个年龄层次的人都可以找到适合自己的消费场所。所以目前昆明娱乐演出业层次还比较单一，低端和面向大众的娱乐演艺场所还不多，面向普通市民、消费偏低的低端演艺市场发育不良。

3.4 演艺票务营销方式不完善

云南省剧院演出运作方式逐步与国际方式接轨，已采用演出季、会员制等国际通行的方式。但常规演艺业的流通结构不完善，特别是票务营销体系不完善，市场开发力度不够。当前，专门化的演出票务营销已成为现代演艺产业的一个不可或缺的重要环节。演出票务公司凭借其规范的管理，建立专业的营销体系，可以分散演艺产业的运营风险，降低演艺运营公司和剧场的操作成本，使票务销售渠道和网络更加多元化。云南省剧院票务销售渠道还显单一，目前全省剧场店面销售票务模式依然是最主要的销售方式，缺乏专业化、公司化的演出票务营销方式，也没有建立专业的票务网络营销服务体系。

4. 建议与对策

4.1 培育演艺消费市场，加强文化消费引导

文化消费能力虽然和社会经济发展水平、收入水平等因素相关，但消费习惯是可以进行引导和培养的。对政府主管部门而言，一方面可以从普及艺术教育入手，全面提升大众的文化素质和艺术欣赏力，使大众更能了解表演艺术存在的意义和价值。另一方面，政府应加强对文化消费的引导，培育大众对演艺产品的需求，从而形成市场有效需求。同时，促进市场机制与宏观调控的有机结合，引导演艺业健康发展，为演艺业营造宽松和谐的环境。从而激活院团生产力，进一步丰富演艺市场。当然文化消费习惯的培养是一个系统性工程，需要社会各方面共同努力，另外所需周期也相对较长。

4.2 鼓励演艺单位面向基层，面向普通百姓

要大力发展民营剧团，鼓励各级演艺单位面向城市普通居民，面向普通百姓，向市民、城镇居民提供喜闻乐见、消费得起的文化娱乐演出产品，切实改变基层群众看演出难、看高水平演出更难的问题。新的《营业性演出条例》也指出：“国家对在农村、工矿企业进行演出及为少年儿童提供免费或者优惠演出表现突出的文艺表演团体和演员给予表彰和宣传；对适合在农村、工矿企业演出的节目，国家可以在依法取得著作权人许可后，提供给文艺表

演团体、演员演出时使用；地方人民政府应当对在农村、工矿企业演出的文艺团体和演员给予支持。”可见，国家积极鼓励演艺单位面向基层，面向普通百姓。只有提高演艺产品的有效供给，丰富产品类型，才能充分保障普通市民和农村人口的文化权利，使广大群众能够享受到文化产业发展和文化事业繁荣的成果。要加强农村公共文化服务体系建设，开拓农村演出市场。农村演出市场有着与城市演出市场截然不同的特性。农村人口人均纯收入普遍低于城镇人口，文化消费能力偏低，农村文化基础设施较为落后，演出条件不如城市，农村人口居住比较分散，不容易形成大规模的演出产品消费群体。但是，由于全省农村人口众多，农村演出市场增长潜力很大，而且随着农民收入的增加，生活水平的改善，对文化艺术产品和对精神消费的需求会呈不断上升的态势。所以，农村演出市场的开发必须要针对农村特点。一方面，要加大对农村基础文化设施的投入，另一方面，要创新体制，大力培养农村文化艺术人才，鼓励发展民营剧团，让农民成为农村演艺业的主体。这样才能丰富农村文化市场，让广大农民也能分享文化建设的成果。

4.3 进一步深化文化体制改革，增进国有院团的市场竞争力

云南省国有院团具有较高的专业水准和人才优势，具有重要的文化导向作用和社会示范作用，承担着为人民群众提供精神文化产品和服务的重要功能，比一般民营团体负有更多的责任。但在市场经济条件下，云南省国有院团大多缺乏市场竞争力，缺乏活力。需进一步深化文化体制改革，寻找在公益性与经营性两属性间的平衡点，使国有院团在繁荣文化事业、确保一定的公益特性的同时，进一步树立市场意识、竞争意识，积极转化为适应市场的经营主体。在建立现代企业制度的基础上，创新运行机制，拓展融资渠道，借鉴国内外先进的管理、生产和营销经验，积极拓展国内外市场，增强演艺产品综合竞争能力和市场生存能力。当然，院团改革实施过程中，要充分考虑各地各单位实际，因地制宜，要立足于解放文化生产力，焕发院团生机与活力，要熟悉市场规律，尊重文化建设有自身的特点和规律，不能简单搞一刀切。

4.4 完善演艺票务营销方式

要使演出运作方式不断与国际和发达地区接轨，就必须创新票务营销方式，建立起能够与国际接轨的票务网络营销模式，而票务网络营销也是国际

上和北京、上海等城市通常使用的营销平台。通过建立专门的票务网站，可发布信息，收集信息，预订演出票，还可开展演艺经纪等业务。由于网络消除了空间、时间等因素对票务销售的影响，使剧场和演艺经纪公司用最少的投入拓展最广阔的市场，理论上区域市场可迅速延伸至全球。互联网最主要的功能就是信息传播的功能，而且网络的受众群体庞大，通过专业的票务网站发布演出信息，可大大降低广告的成本。同时，应该进一步完善演出产业链，建立票务公司，使演艺产业分工不断细化、专业化，从根本上改变单一地通过剧场进行店面票务销售的模式。从长远看，建立专业的票务营销体系也有利于规范票务市场价格秩序，分散演艺运营风险。

课题组成员：潘　红　金　强　侯云峰　洪　波
付永寿　魏美仙　杨　岚

（执笔：侯云峰　潘　红）

云南省休闲娱乐产业研究报告

休闲娱乐产业研究室

人们对于休闲娱乐业的内涵似无太多歧义，但对休闲娱乐业的外延、构成内容以及所涵盖的范围等方面，无论在研究领域还是实践层面，都存在看法相当多的不一致，乃至不确定，同时，由于休闲娱乐业与旅游业和其他文化产业门类有诸多边界叠合、相互融合的现象，因此在统计体系的制定和实施中，各地区和行业也就无一个标准统一的口径。我们只能依照相对通行的标准，把休闲娱乐业的范围做这样一个大致的划定：即主要包括公园、歌舞厅、KTV、酒吧、网吧、书吧、棋牌室、茶室、温泉洗浴场、影院、城郊休闲园、康体健身场所、城市人群有别于外出旅游的短途户外休闲娱乐活动场所，以及现代数字通信技术（移动电话、MP3、MP4）等为公众提供的休闲娱乐类产品和服务。这样的划分充分考虑到目前已经得到一致认同的国内公众休闲娱乐类消费行为的主要部分，同时注意到区别于旅游业和文化产业中诸如演艺、影视、图书出版等行业的大致边界。

有资料显示，许多国外休闲经济专家认为："世界已进入一个休闲时代，休闲娱乐业将成为下一个经济大潮并席卷世界各地，占据整个服务业的大半领地"。近年来，随着我国经济的腾飞及国民生活水平的高速发展，人们的休闲娱乐观念、休闲娱乐时间和生活方式较以前有了巨大变化，休闲娱乐已经成为绝大多数公众日常生活中不可或缺的重要组成部分。北京一些专家高度评价 2006 年中国休闲娱乐业出现的一系列新变化，认为在一定程度上，可以把发展迅速的 2006 年视为"中国的休闲元年"，并预测到 2020 年，中国将成为全球休闲娱乐的第四大消费市场。

从总体情况看，云南省的休闲娱乐业的整体发展与全国基本同步。本报告将主要对 2006 年云南省休闲娱乐业的基本状况、存在问题，进行初步的分析研究，并对云南省休闲娱乐业的未来发展提出若干展望和建议。

1. 云南休闲娱乐业基本现状

1.1 总体情况

由于在自然地理、气候条件等方面具有的独特优势，加上长期以来逐渐形成的文化习俗、生活方式等方面的传统，一方面，云南具备许多大力发展休闲娱乐业得天独厚的条件，另一方面，云南人又素有喜好休闲娱乐，把日常生活安排得张弛有度、舒适自如的习惯。因此，传统意义上的休闲娱乐业在全省范围内自古有之，遍布城乡。与全国的情况基本相同，在 20 世纪 50 年代以前，休闲娱乐业主要以茶馆等为代表呈零散状分布于民间；在此后的计划经济时期，得到极大发展的休闲娱乐业则被纳入各级政府所实施的公益性供给范围；到了 1980 年改革开放以后，休闲娱乐业中的非公有制构成从无到有，样式渐多，市场缓慢形成，公众的消费行为也日渐增加。近年来，随着经济的不断发展及公众生活水平的快速提高，人们的休闲娱乐观念、休闲娱乐时间和生活方式较以前有了巨大变化，休闲娱乐活动越来越成为人们不可或缺的生活内容，成为人们追求高品质生活的需要，用于休闲娱乐的人均消费支出呈快速增加之势。

由于城市规模和消费水平等因素的制约，目前云南省休闲娱乐业的发展水平当然无法与北京、上海等超大城市相比，但从全省各州市的情况看，随着各级地方政府为大力发展旅游业和文化产业制定的各项政策和举措的不断实施，持续数年，休闲娱乐的消费市场越来越大，休闲娱乐业呈现出快速增长的良好态势，尤其是一些条件较好的州市、县，休闲娱乐业伴随着城市化的发展进程而逐步壮大，成为云南省文化产业中的一项重要组成部分，是云南省最具做强做大潜力的文化产业门类之一。除了与流行时尚相关的类型（如歌舞厅、KTV、酒吧、网吧、书吧、棋牌室、茶室等）持续成长，受旅游业的刺激和推动，还出现了许多颇具特色的休闲娱乐类产品，诸如以腾冲和顺镇、丽江束河镇为代表的“古镇休闲度假型”产品，以昆明团结乡、福保文化村、玉溪大营街为代表的“现代复合休闲型”产品等，极大地促进了这些地区和全省文化产业和旅游业的发展。

综合各项资料，从总体上看，2006 年云南省休闲娱乐业的发展情况与全国平均水平基本同步，态势良好，在前两年持续增长的基础上呈现出稳步上升的态势，并展现出了一系列值得关注的亮点。

在昆明、大理、曲靖、玉溪、丽江、保山、红河、西双版纳等相对发达和旅游业发展较快的地区，以公园、歌舞厅、KTV、酒吧、网吧、书吧、棋牌室、茶室、温泉洗浴场、影院、城郊休闲园、康体健身场所、城市人群有别于外出旅游的短途户外休闲娱乐活动场所，以及现代数字通信技术（移动电话、MP3、MP4）等为代表的现代休闲娱乐业，已经初具规模，遍布城市与乡村，产生了不可小视的经济效益和社会效益，并形成了环绕城市、相对集中、颇具特色的布局。这些地区的休闲娱乐业一直处于快速发展中，使之成为该地区文化产业和旅游业中的重要组成部分，并对云南省其他地区产生了极大的示范和带动作用。

由于种种原因，特别是因为统计口径的不一致，从世界范围看，对休闲娱乐业的统计始终不完备。在中国，各省市区对休闲娱乐业所涵盖的范围有较大的出入，再加上经营者和管理部门等多方面的复杂原因，各级统计部门对本报告所述的休闲娱乐业的统计都是不统一，也是不完全的。

根据云南省文产办和省统计局共同发布的统计资料，2006 年全省网络文化服务与文化休闲娱乐两部分的增加值为 29 亿多元。但这个数字，其一是疏漏了相当一部分私营企业的统计，其二是未将城郊休闲园、茶室、温泉洗浴场所等列入其中，这必然造成与地方相关部门统计数字的不符。居于上述原因，我们综合各项相关资料，结合实际调查，大致测算出，2006 年云南省休闲娱乐业所创造的增加值应该大约在 50 亿元左右，其中，昆明市约为 15 亿元，大理、曲靖、玉溪、丽江、保山、红河等几个城市化进程和旅游业发展相对较快的州市分别为 3 亿 ~4 亿元左右，其他州市大约分别为 1 亿 ~2 亿元。从昆明等州市的相关统计看，比 2005 年大约增加了 10% 左右。如果加上影院、城市人群有别于外出旅游的短途户外休闲娱乐活动场所，以及现代数字通信技术（移动电话、MP3、MP4）等方面提供的产品和服务，全省至少还有大约 15 亿 ~20 亿元的增加值。

促使 2006 年云南休闲娱乐业稳步发展、亮点凸显这一良好发展态势，当然有多方面的原因，除了公众生活观念变化和生活质量提高等具有共性特征的原因外，主要应包括以下几个重要因素：

一是随着最近几年文化产业的异军突起，休闲娱乐业成为文化产业内的一个重要行业，各级政府对该行业的发展给予了更加积极的扶持，中央和云南省为促进文化产业和旅游业发展制定的一系列相关优惠政策已经开始显现其作用，社会和民间对休闲娱乐业的投资热度不断提升。

二是最近几年随着全省城乡居民收入水平的不断提高，健康生活观念的不断变化，休闲娱乐业的市场消费需求有了较大的上升空间，尤其在一些州市，居民对各类休闲娱乐产品的需求呈现出持续增长的态势。

三是从全省范围看，公共休闲娱乐的场所和服务设施近年来均有一定的增加和提升，这得益于随着各级政府对公益事业建设和发展文化产业的认识逐步到位，以及城市化的进程。大多数县级以上城市的公共休闲娱乐场所、服务设施有较大幅度的改善，许多城市开辟了集休闲娱乐和购物为一体的步行街、文化广场一类的休闲娱乐硬件设施建设也有不小的发展，其功能作用也正日渐显现。

四是随着云南旅游业的持续发展，省内外游客数量不断增加，大大地提升了昆明、大理、丽江、西双版纳、保山等旅游目的地对休闲娱乐业的市场需求。

五是通过多年的努力，一批包括诸如民族民间歌舞、健身方式、茶产品和茶文化等具有本土特色的文化元素逐渐被公众所接受，这些具有本土特色文化元素又借助于来自各个方面的市场推广而逐渐成为人们进行休闲娱乐活动的重要载体。最具代表性的例子当首推已经持续热了数年的“普洱茶现象”。以普洱茶为代表的具有较高品牌价值的茶产业和茶文化在一定程度上推动了全省各地与饮茶有关的活动，特别是在茶室中展开的休闲娱乐更是快速发展，从而也对整个休闲娱乐业的发展产生了不可忽视的激活作用。以昆明为例，据不完全统计，目前仅昆明主城区就有大大小小的茶馆、茶楼约2 000余个，年营业额估算为亿元以上。

1.2 云南休闲娱乐业稳步发展中呈现出来的几个特点

1.2.1 中心城市和旅游热点地区在发展休闲娱乐业中的主体地位得到发挥

中心城市和旅游热点地区在休闲娱乐业的发展中具有很重要的拉动作用。昆明、丽江、大理、西双版纳、玉溪、保山、曲靖、玉溪、红河等地区的一批州市和旅游热点地区的休闲娱乐业发展状况较好，主体地位得到发挥。

据文化、工商等部门的不完全统计，2006 年，昆明市休闲娱乐业仅歌舞厅、电子游戏室、网吧、茶室、台球室、保龄球室等创造的经营收入约为 15 亿元左右。在红河州的蒙自、个旧、开远等城市，2006 年仅歌舞厅、电子游戏室、网吧、茶室、台球室、保龄球室等休闲娱乐场所的营业总收入达到3亿多元。以昆明、丽江、大理、蒙自、个旧等为代表的中心城市，因休闲娱乐人群的集中和相关服务设施的良好，正逐步形成一批有特色的品牌，城市形象也得到增强。不久前，某机构曾通过网络对“你心中的中国最佳休闲城市”进行了全国范围内的调查，丽江和昆明与成都、桂林、杭州、厦门、青岛、大连、苏州、南京等城市一起进入前10名。

1.2.2 由于公众休闲娱乐活动边界的不断拓展，从产品供应方面看，休闲娱乐产品的种类、数量和质量都在不断增加

由于公众休闲娱乐活动边界的不断拓展，一些新的休闲娱乐活动正随着人们的观念意识、收入水平和交通方式的改变而出现。从产品供应方面看，休闲娱乐产品的种类、数量和质量都在不断增加，并逐步形成了若干较为丰富完整的产品，从消费档次、活动特征、参与方式等方面满足不同的消费需求。

1.2.3 一些具有浓郁地方特色的大众休闲娱乐活动呈快速增长的趋势

与持续增长的现代休闲娱乐方式相对应，一些具有浓郁地方特色的大众休闲娱乐活动呈快速增长的趋势，赢得了越来越多省内外消费者。诸如纷纷在各个城市周边兴起的“农家乐”、遍及城市各个角落的茶室及烧烤餐饮夜市，遍布城市街头巷尾的群众性演艺体育健身娱乐活动等的发展势头尤为迅猛。饮茶及借助茶室进行的各种休闲娱乐活动与云南的茶文化息息相关，烧烤餐饮夜市则颇具云南的地方特色。特别值得强调的是，群众性的街头巷尾演艺体育健身娱乐活动，更是一些少数民族民间歌舞的创新发挥和推广应用。

1.2.4 一部分休闲娱乐业正逐渐与强劲发展的旅游业融为一体

云南的旅游管理部门正着力于提升云南旅游产品品质的工作中，他们试图将过去单一的观光型旅游产品逐渐改变为观光与度假复合型产品。从某种意义上讲，度假就是一种利用专门的时间段来集中进行的休闲娱乐活动。因此，如何打造一大批符合旅游者到达旅游目的地后能够有闲可休、有娱可乐、可闲可乐的旅游线路是各级旅游管理部门都为之重点考虑的事项。云南通过多年的不懈努力，围绕饮茶休闲（含茶文化）、康体健身等许多休闲娱乐活动推出了一系列有较大市场前景的旅游产品，基本形成了一部分休闲娱乐业得到与强劲发展的旅游业融为一体的格局。云南休闲娱乐业发展还有一个突出的瓶颈存在，即外来游客与本地居民这两个基本市场在总体上处于分离状态，一些消费档次较高，以外来游客为目标市场的休闲娱乐产品（如高尔夫球

等），难以在本地居民中获得较大的市场需求，而一些大众化的休闲娱乐产品则较难适应外来游客的喜好。经过多年努力，这一状况在2006年得到一定的改善，两个基本市场的界线也正逐渐被打破，其内在契合点和结合点在不断增多，外来游客与本地居民的一致性需求面越来越大。这绝对是云南文化产业和旅游业未来发展中值得关注的重要兴奋点之一。

1.2.5 参与各种休闲娱乐活动的人越来越多，休闲娱乐的方式也越来越呈现为多元化、多样化的格局

根据一项由云南大学文化产业研究院课题组进行的调查：据不完全统计，昆明市约有各类KTV消费场所250处。大致可分为五大片区：昆都商城片区、金马坊片区、翠湖片区、白塔路及北部片区、滇池及西部片区。主要分为两大类，第一类以KTV为主营项目；第二类KTV则是辅助性消费场所。第一类消费场所其消费对象主要集中在18～45岁，并以激情消费为主，即同学、朋友、生日聚会等，这类消费场所多集中在交通便利、人群密集或是娱乐场所较集中的地段，且有醒目的店面，加之消费定位较为大众化，这就保证了他们有足够的消费人群。而第二类KTV是在星级宾馆、酒店，虽然环境较好、消费也不算太高，但由于它们没有醒目的店面，而且位于宾馆、酒店中给人以高消费的感觉，所以其经营状况明显不如第一类。①

从昆明演艺吧的分布情况看，也大致可分为几个消费区域，位于昆明市中心的金马碧鸡片区、昆都片区成为昆明市演艺行业最为集中和红火的两个消费区域，它们地理位置优越、交通便利、消费人群集中，其演出内容大都以歌舞表演、小品、简单的杂技作为主打节目，中间穿插与观众的互动节目，类似抽奖和飞镖等，消费对象和消费水平的定位是以16～35岁的年轻人为主，这类人比较能接受新兴的事物、有较为固定的经济收入，加之其人均消费定位在50～150元，使得许多年龄较小、没有固定经济收入的人也能加入到这样的消费人群中。②

迪厅作为时尚消费的一个环节，有着较强的代表性。它们集中在交通较为方便的市中心昆都商城周围，其主要消费对象仍是18～35岁的年轻人，人均消费水平处于80～150元，也属于大众消费型经济。③

① 参见本书《昆明市大众休闲文化消费调查报告》。
② 参见本书《昆明市大众休闲文化消费调查报告》。
③ 参见本书《昆明市大众休闲文化消费调查报告》。

目前有分布在昆明市3星级以上宾馆、酒店中的200余家浴场保健场所。调查显示，中档洗浴场所的经营状况明显不如高档洗浴场所，这一点反映了人们的消费方式已由感受型消费转向享受型消费，人们不再是去简单地洗浴，而是去享受多功能、多品种的服务。

1.2.6 一大批中小企业在休闲娱乐业的快速发展中起到非常重要的作用

调查资料显示，目前在休闲娱乐业中扮演主体角色的是一大批中小企业或个体经营者，这一状况在最近几年显现得特别突出。以红河州的情况看，全州现有各类休闲娱乐经营场所和经营单位3 848个，其中包括歌舞厅87户，卡拉OK厅664户，电子游戏室664户，网吧505户，茶室405户，台球室214户，保龄球室7户。尽管投资规模普遍不大，但他们依靠对市场的敏锐判断和中小量资本投入的快速灵活，在政府相关政策和市场需求的双重诱惑下，先后进入休闲娱乐业，并逐渐在其中发挥着不可替代的作用。

1.2.7 休闲娱乐业的发展带动了一批相关产业的发展，其产业链正逐渐延伸

作为服务性的行业，休闲娱乐业涉及许多产业门类。近年来，云南休闲娱乐业的持续发展实实在在地带动了一批相关产业的发展，最突出的体现在对茶产业、“主题”房地产业等方面。据相关部门预计，2006年云南省的茶叶产量达12万余吨左右，茶叶总产值将达88亿元左右，其中农业产值31亿元。在云南茶叶市场的年交易量中，本地区的消费量约占30%，随着云南各种茶叶质量和品牌的不断提升，全国各地到云南采购茶叶十分活跃。另据相关资料显示，在2006年与休闲娱乐业和旅游业相关的“主题”房地产占了云南房地产开发项目的20%左右，其效益大都较好。

此外，休闲娱乐的产业链也呈不断延伸之势，涉及诸如图书、影视、特色餐饮、相关产品的制造、包装和广告、装潢设计、特色食品生产，以及以网络、移动通信等为代表的现代数字技术等领域。

2. 云南休闲娱乐业存在的几个主要问题及思考

2.1 主要问题

2.1.1 公共休闲娱乐资源与服务的不足

对休闲娱乐的基本需求涉及所有人群，因此，对其不能仅仅从文化产业

或公益性的文化事业中的任何一个单一角度来看待。尤其在提供满足社会公众的基本休闲娱乐需要方面，从各级政府层面提供的公共文化资源与服务将始终是一个基本的方面。例如公园、城市休闲广场、城市绿地中的休闲娱乐健身场地等。应该说，最近几年间云南省大多数城市由政府提供的公共休闲娱乐资源，尤其是硬件设施都有了明显的增加。但从总体上看，公共休闲娱乐资源和服务的增加与公众的实际需要相比，依然存在不同程度的短缺。从目前的情况看，在通过对这些硬件设施的有效利用和向公众提供优质服务等方面就更显不足。据一项覆盖全省的调查，除公园外的各类公共性休闲娱乐设施的利用率最近几年不仅没有得到提高，反而呈现逐渐下降的趋势，诸如许多城市的体育场馆、影剧院、图书馆、展览馆和博物馆的一些设施除部分功能保留外，相当一部分功能处于闲置状态或转为他用。公共性休闲娱乐设施的总量不足和利用率低下，造成了一系列现有休闲娱乐产品和服务的结构性问题，严重制约了公众，特别是较低收入的城乡人群休闲娱乐活动及其消费的可持续增长。

2.1.2 来自政府的推动力还需要进一步强化

尽管发展休闲娱乐业的意义，在很大程度上已经得到各方面的一致认同，但受观念、现行管理体制、人才等方面的制约，云南省一些政府职能部门为发展这一行业作出的推动仍存在明显不足。一个很重要的原因在于发展迅速的休闲娱乐业横跨文化、工商、旅游、体育等多个职能部门传统的管理边界，政府各个部门的推动力始终没有能够形成合力。从企业发育普遍弱小的情况看，云南现阶段，整个文化产业的发展离不开政府的主导作用，特别对以中小企业为主要经营者的云南休闲娱乐业而言，这种主导作用显得尤其重要。如果从发展的大局来看，相关部门需进一步研究，如何在土地、工商、金融、税收、品牌、市场管理、产品和服务的创新研发、人员培训等方面针对中小企业给予更多实实在在的扶持。

2.1.3 发展休闲娱乐业的综合效益尚未得到足够的重视

近几年，发展休闲娱乐业虽然得到了包括政府在内的社会各个层面的重视，但是，这种重视比较集中于休闲娱乐业能够创造多少经济效益方面上，事实上，由于休闲娱乐业涉及的领域极为广阔，其效益也体现在多个方面。因此必须强调，整个社会，特别是各级政府应对发展休闲娱乐业所具有的多方面综合效益有足够的认识。发展休闲娱乐业的综合作用至少主要体现在以下几个方面：一是健康的休闲娱乐对于提高公众的综合素质，建设积极向上的和谐社会具有不可替代的重要作用。二是丰富多彩的休闲娱乐产品和服务从一个重要的角度完善了文化和旅游产品的类型，为旅游业与文化产业的深度结合提供重要平台。三是由于休闲娱乐业属于现代服务业中较少依赖高新技术和较多硬件设施的一个，多由中小企业来推动，产品又多具有复合性的特征，因此，它对城乡就业率的贡献，对有效吸纳民间中小资本，对各个层面劳动者素质的提升都具有十分明显的作用。四是随着经济的发展，社会的发展和文化的发展，休闲娱乐的需求在不断增加，休闲娱乐是城市充分发展后的新变化，这是我们国内文化产业和旅游发展的一个基本要素。从产品的角度看，休闲娱乐是一个复合性的产品，它的充分发展将使传统的观光型旅游获得提升的可能，同时也是文化产业各个门类中最具民间活力的部分。五是很多专家一致认为，从公众的休闲娱乐状况，人们能够真正感觉到一个城市特有的内在魅力，通过丰富而独特的休闲娱乐这一窗口，把握一个城市所具有文化绵延的独特生命力，把握其特殊的文化品位和精神气色，这是真正能够吸引人、吸引消费的魅力所在。因此，我们有足够的理由认为，发展休闲娱乐业有可能产生的综合效应，需要得到社会各方面，特别是各级政府的更多重视。

2.1.4 产品的同质化现象依然比较突出

从总体上看，目前云南省的大多数休闲娱乐产品处于档次较低、同质化现象严重的状况。当饮茶成为时尚的时候，大大小小并无特色的茶馆、茶楼就会遍布大街小巷；当温泉洗浴、足疗、按摩的保健休闲作用得到人们普遍认同的时候，许许多多提供相同服务的场所也就风起云涌，随处可见；再看城市周边的各种休闲娱乐园则更是清一色的以“餐饮 + 棋牌 + 歌舞厅”的“老三件”为主，最多再加上一点类似垂钓、球类等传统项目，普遍缺少真正有特色的产品，可选择性较少，消费者去过几次后就不想再去，从而导致了这一行业起步不久就面临市场呈逐渐萎缩的状况。

2.1.5 消费结构不够合理

调查显示，与全国大中城市的情况相似，目前云南休闲娱乐业的发展也存在着消费结构不够合理的问题。来自中国社科院的一项报告称，传统媒体中，老百姓对电视的接触程度最高，对互联网接触率呈上升趋势。《报告》还显示，在文化消费中，人们的休闲娱乐消费占了很大比例，城市居民常做的休闲项目主要集中在去动物园/公园、阅读休闲消遣类图书、打羽毛球、登山、打麻将、种花盆栽、打游戏机等活动中，这说明城市居民的休闲娱乐主要还是集中在这些简便易行、花费低廉的活动上。云南的现状也与之基本相同。对以中高档配置的洗浴场所、高尔夫球场、度假中心，一般市民望而止步，电影院消费呈现出观众数量剧减，但票房追高的现象。这说明休闲娱乐产品设计还不尽合理，消费市场也还不尽如人意。

2.1.6 休闲娱乐业的结构性矛盾较为突出

从目前的情况看，云南休闲娱乐业的结构性矛盾比较突出，这一矛盾体现在多个方面，最需要关注的是，从目前的市场供给状况看，构成休闲娱乐业的两大部分，即服务类与产品类的发展相当不平衡。具体说，最近几年来云南休闲娱乐业中服务类的发展相对比较迅速，而产品类的发展却相对缓慢，甚至滞后。以体育健身娱乐这一块的情况看，参与这类活动的人群很大，场地设施也不断增加，但与此相关的各种服装、器具等却鲜有本地区的产品。这一问题当然不是孤立的，事实上整个云南的制造业，特别是传统意义上的轻工产品制造业，一直处于萎靡不振的状况。从目前情况看，这一结构性矛盾必定还将长期存在，这对于云南休闲娱乐业产业链的延伸和总体发展都将产生非常不利的影响。

2.1.7 现行管理正面临越来越多的挑战

娱乐休闲业的构成是一个各项基础要素相互配套的系统工程，其复合性产品和服务居多，往往涉及多个领域和业态（例如单单一个户外休闲娱乐场所就要涉及交通、商业、餐饮、住宿、通讯等多个领域。服务质量、周边环境、卫生条件、经营特色、消费价格、交通便利等都是消费者选择娱乐休闲场所最在意的几种因素），再加上新兴的产品和服务不断出现，还有一部分产品与服务（如娱乐场所和网吧等）本身就需要完善的管理机制，而我们现行文化市场管理部门常规的管理范围已经根本无法涵盖这一行业。从政府的管理角度看，存在不同程度的缺位现象，统计标准和统计方法的不一致，就是最明显的例证。这些都表明休闲娱乐业的发展现状已经对我们各级政府如何完善机制和有效管理提出了多方面的挑战。

2.1.8 休闲娱乐企业的经营管理水平亟待提高

综合起来看，云南休闲娱乐业的主体构成项目多数属于中小企业的自发性行为，为数不少的休闲娱乐类企业尚处于初级发展阶段。个体经营仍是较为普遍的经营方式，因此体现为总体数量多，单体规模较小，层次较低，特色不足的状况。多数项目都缺乏有创意、有新意的内在支撑，缺乏一系列能够持续发展的必要条件。由于经营管理水平有限，一部分企业长期处于低层次的恶性竞争中。一些经营者受文化、知识、科技等基本条件的局限，重硬件水平的多，抓软件建设的少，使服务质量和水平都难以提高。从总体上看，休闲娱乐企业的经营管理水平亟待提高。

2.1.9 应特别关注广大农村地区和城市农民工的休闲娱乐状况

从全国的情况看，目前城镇和农村在休闲娱乐支出方面的区别相当大。根据国家统计局编制的《中国统计年鉴2005》，城镇居民每人每年在教育文化娱乐服务方面的消费支出占总消费支出的14.38%，文娱用品消费为每年人均256.65元，其中，最低收入户年平均支出仅为43.91元。调查显示，农民在闲暇的价值观上，主要是“主动工作，被动休闲”，休闲消费意识非常淡薄。有资料显示，至少95%的休闲娱乐设施分布在城镇。而大部分生活在城市的农民工状况也不容乐观，农民工的生活方式、思想观念、社会心理、感情生活等与城市居民相比，存在着明显区别。农民工群体的消遣方式简单，生活方式简单，用于休闲娱乐方面的消费少之又少，而云南的农村居民和外出农民工在休闲娱乐方面与城市人群相比也存在的巨大差别，估计还会略高于全国平均水平。所以，云南的农村居民和进城务工的农民工的休闲娱乐状况需要得到更多关注。

2.1.10 与现代科学和数字传媒相关的原创性娱乐产品发展滞后

随着网络高科技的发展，数字技术革命正在不断催生新的休闲娱乐产品，信息技术的普及将改变相当一部分人群的娱乐模式。最近几年，中国的网络互动娱乐得到了空前发展，正在冲击着传统的娱乐业，同时也给现代休闲娱乐业的发展提供了丰富的创意题材和实施方案。相比之下，目前云南的现代科学和数字传媒相关的原创性娱乐产品发展滞后，其他科技含量较高的休闲娱乐文化产品也不多，这一点从总体上严重影响了云南省休闲娱乐业的品质提升，并在很大程度上制约了休闲娱乐业的发展后劲。只有不断提高自主创新能力，增强高新技术的应用，才能够有效地逐渐缩小云南休闲娱乐业中与现代科学和数字传媒相关的原创性娱乐产品同发达地区的发展差距。

3. 云南休闲娱乐业展望与设想

3.1 展　望

3.1.1 全省休闲娱乐业还有相当大的提升空间

中国社科院及社科文献出版社最新发布的文化蓝皮书《2005年：中国文

化产业发展报告》指出：旅游和教育成为我国市民文化消费的两大目标。而在文化产业高度发达的美国和西欧一些国家，文化消费（包括旅游）已占家庭消费的30%左右，据国家统计局的资料显示，目前我国的文化消费量存在3 000亿元至4 000亿元的结构性缺口。

通过目前的环境、技术状况、价值观、人口、经济、健康、工作与自由时间以及管理方式的诸多变化，可以预测，随着云南省经济的发展，消费水平的不断提高，在稍后几年，休闲娱乐的地位会得到进一步加强，与此相应，社会需求结构和消费结构正在发生深刻的变化，城乡居民在教育文化娱乐服务方面的实际支出和所占比例都将不断增加。因此，休闲娱乐业将进一步成为经济发展的重要力量，成就更多的就业机会。云南大学文化产业研究院对昆明市2010年文化消费空间进行了如下预测：2003年昆明市总人口为500.79万人，其中城镇人口为293.25万人，农村人口为207.54万人，城镇化水平为58.56%，高于全国平均水平40.53%18个百分点。综合考虑2000~2003年人口增长及其他相关因素，昆明市到2010年总人口预计达551.98万人，其中城镇人口达338.09万人，农村人口达213.89万人，城镇化率为61.25%，到2010年城镇居民人均可支配收入可达到14 460元，农民纯收入达到5 470元。按此推算，到2010年昆明市城镇居民可支配收入的总量应在608.562亿元左右，农民纯收入总量为149.723亿元。根据国外发展经验和凯恩斯收入与消费理论的分析，人均可支配收入达到2 000美元时，用于文化消费的比例应在可支配收入的30%左右，而在1 000美元时，用于文化消费的比例大约在20%。以此推算，到2010年，昆明市城镇居民文化消费总量就应该在182.57亿元，农民用于文化消费的总量应该在29.95亿元，合计为212.52亿元。我们有足够的理由乐观地作出这样的预测，云南省的休闲娱乐业在未来几年间将获得稳步和快速的发展。①

3.1.2 将有更多的社会资本进入，新的休闲娱乐产品和服务也将不断出现

从2006年的情况看，云南省的休闲娱乐业的发展已经展示出非常好的市场前景，潜力巨大。随着文化产业和旅游业的进一步发展，各项相关政策进一步落实，云南所具有的休闲娱乐业势头强劲。不少省内外的社会资本普遍看好这一行业，并逐渐向这一领域聚集。

同时，休闲娱乐业的市场需求将逐渐从格式化、大众集中化转向个性化、

---

① 参见本书《昆明市大众休闲文化消费调查报告》。

小众化，加之有现代科技的创新应用，可以肯定，休闲娱乐业涉及的领域还将不断扩展，新的休闲娱乐产品和服务模式也将不断出现。比如科技与休闲娱乐将形成更多的互动，一方面顺应了大众对提升娱乐生活的需求，另一方面又刺激了科技的发展，而科技的进一步发展，反过来又衍生了新的娱乐方式。举例说，手机已经从一个普通的通讯工具“变身”为一个开放平台，已经推出的3G手机能够以每秒2兆的速度和容量传输图像、音乐、视频等多媒体形式，提供包括上网、视频会议、影视播放、动漫浏览等各种功能。以“大众娱乐，移动娱乐，互动娱乐”为基础策划运营的新型互动休闲娱乐将拥有更广阔的市场前景，“网客”数量和质量的继续提高，将为电信运营、网络游戏、动漫产业、创意产业、高科技产业、文化产业等相关产业提供一个持续的发展舞台，形成多产业共赢的交互平台。

3.1.3 对乡村休闲娱乐场所的需求将继续增长

最近以来，理论界流行一个“环城市旅游休闲度假带”（或称“环城休憩带”）的概念，其基本特征为：以大中型城市为目标市场，构建在其周边的旅游休闲度假类系列产品。所谓“带”强调的不是几个分散的点，而是具有规模性（既需要较大的单体规模，更需要群体规模）的产品群，这个“带”就是要体现规模性的产品布局和效益。从产品的品质上看，它的构成品质应从总体上高于前者；再从目标市场方面看，由于这类产品具有相当的内在张力，因此具有吸引除本地市民以外游客的可能。总的来说，可以把它视为以往“农家乐”的升级换代产品。种种迹象表明，未来几年，城市人群对乡村休闲娱乐场所的需求将不断增加。我们已经度过的多个“黄金周”逐渐体现出了一些具有规律性的启示，一个非常重要的结构性变化正在出现，由于种种原因所致，长线游在减少，短线游和城市周边的休闲娱乐在增加，这就意味着环城市旅游休闲度假带的地位越来越突出（有资料显示：环城市旅游休闲度假产品的市场消费需求目前在中国的地位至少是三分天下有其一，甚至是半壁江山）。随着经济社会的快速发展，城市居民生活质量的不断提高，城市周边公路交通的加速改善，私家汽车拥有量的迅速增多，特别是国家实行一周“双休日”、“节日长假制度”以后，以城市为圆心的中短途休闲旅游度假成为城市居民旅游消费的一项基本需求，休闲旅游度假市场日益扩大。与此同时，随着城市居民休闲娱乐消费层次的逐步提高，更具有自然性、知识性、趣味性、康体性相结合的，依托生态环境、特色农业的乡村休闲娱乐场所将会有更大的市场前景。

3.2 设 想

3.2.1 各级政府及相关部门应进一步更新观念，加强引导，进一步做好规划与布局

首先应明确，要推进中国休闲产业的发展，宏观政策上，政府必须确立公共休闲应该作为公民的一种社会保障的观念，继而形成一整套关于公民休闲的社会保障制度；其次，必须看到，云南省现阶段极不平衡的经济发展水平决定了资源开发不能套用一种模式或者一种方法，不同类型的资源需要探索不同的开发模式。云南的休闲娱乐业的未来发展应更加注重自身的特色定位和比较优势。

应依托昆明等中心城市和重点区域的建设，进一步发挥其在休闲娱乐业中的辐射功能和带动作用。有必要根据各个地区的实际情况，分阶段突出发展重点，由点到片，做大做强，做出特色，并逐步辐射和带动周边区域共同发展，逐步实现“科学规划，突出特色，合理布局，分阶段建设”的目标。有一点必须强调，如何结合各个城市的发展和不断增加的市场需求，由政府牵头，规划一批相对比较集中的城市休闲娱乐区和“环城市旅游休闲娱乐带”，营造特色，打造品牌，吸引强势企业，从而提升休闲娱乐业的核心竞争力，是刻不容缓的事情。不久前杭州市政府对外公布了《杭州市晚间娱乐休闲生活发展报告》，总结了杭州晚间娱乐休闲生活现状，包括走“旗舰”路线的尝试，以逗留时间延长一天，杭州市每年将增加100亿元旅游收入为标准，指出杭州晚间娱乐休闲产业的发展，应合理规划设计，利用杭州山水园林、古迹名胜、人文历史兼备的优势，体现山水城市气质，彰显城市文化底蕴。

相比之下，云南在总体规划方面还有许多工作需要做。必须尽快制定符合实际，充分突出中心城市和旅游热区作用的全省休闲娱乐发展规划和实施措施。可由省文产办牵头，会同文化和旅游等部门共同参与，对全省休闲娱乐业的现状，规范休闲娱乐市场，提升整体质量，增加文化含量等影响稳步健康发展的一些关键问题进行专题调查和研究，制定符合云南各州市实际的发展规划和实施措施。

3.2.2 继续加大文化基础设施的建设力度，制定相关扶持政策，加强包括休闲娱乐业在内的公共服务体系的建立

休闲热的出现说明，人们的休闲意识在不断加强，人们越来越重视、越来越看好休闲的价值。如果学界和政府能够在此过程中有一个正确的良性的

引导，比如首先从宏观政策层面上，政府必须确立公共休闲娱乐应该成为公民一种社会保障的观念，继而形成一整套关于公民休闲娱乐的社会保障制度，并制定相关扶持政策，加强包括休闲娱乐业在内的公共服务体系的建立。

休闲娱乐业的发展，离不开各种相关基础设施的建设。由于众所周知的原因，云南的文化基础设施与北京、上海、广东，乃至四川相比，差距非常明显，欠账较多。以博物馆为例，云南的博物馆数量稀少，门类单一，基本是历史性的，缺少自然、科学、人文、行业博物馆，更缺乏较为现代化的博物馆。在“十一五”期间，云南应加大建设与现代化大都市相适应的标志性大型休闲娱乐设施，加强历史人文景观和传统建筑的保护与修缮，加大县乡级文化基础设施的力度，进而逐步实现文化设施的规模和集聚效应。对体育馆、展览馆、电影院、戏院剧场、音乐厅的建设，其投入要充分引入市场机制，侧重其经营功能的发挥，政府应积极发挥引导作用，吸引社会资本，鼓励各类企业投入文化项目的建设。

要实现云南休闲娱乐业的提速发展，就需要较大规模的资本投入和智力投入，尤其要在整合现有产品、树品牌、创特色方面下工夫。政府应在认真研究的基础上，制定相关政策，对上述项目的发展给以必要的支持，包括对重点项目从优惠贷款、产品设计、企业经营管理者和从业人员的培训，特别是外来强势企业的进入等方面给予支持和规范。

3.2.3 制定云南省休闲娱乐业的核心竞争战略

云南的文化产业与旅游业正在更大范围内和更深层面上实现相互融合，包括确定统一的发展思路和政策支撑，制定完整合理的布局规划，构建共同的市场网络，全面改革和完善管理体制，搭建全方位的资源配置和整合的创新机制，规范和改善资本进入和良性运行的市场环境，开发更有市场潜力的产品和服务，形成更具成长空间和弹性的赢利模式，以及对其他产业和行业的带动方式，等等，进而逐步实现以构建核心竞争力为目标的多个基本产业要素的全面整合。为此，应着力于调整文化市场结构，按照产业化发展模式，扶持文化娱乐业向产业化、规模化和特色化方向发展。积极引导社会资本投资文化产业，鼓励文化企业走超市化、品牌化、规模化、连锁化的经营之路，鼓励有条件的经营者采用现代高新技术改造传统经营模式，提升产业经营业态。积极扶持面向大众的健康有益的休闲娱乐项目，引进和开发新的娱乐品种。政府相关部门应尽快将此项工作列入议事日程，组成高水平的专家组予以专题研究。在决策层面上解决一些关乎制定核心竞争战略的全局性问题，如符合市场需求的发展思路和政策支撑，完整合理的布局规划，共同的市场网络，完善的管理体制，资源配置、整合的创新机制，产品的创新研发等，并对其全面合作的可行性、机制创新、合作的切入点、规划整合、协调机制的建立等给予足够的关注。

3.2.4　产品与服务的创新

近年来我国休闲娱乐业的发展中有一个比较突出的特点，即每隔几年就会有一些新的产品和服务出现，并很快形成较大的社会影响和市场占有，前些年是卡拉OK，近些年则是洗浴和保健按摩业。由此可见，休闲娱乐业内涵广阔，拓展余地很大，产品和服务的更新速度也比较快。为此，云南的休闲娱乐业更要在产品和服务的创新上不断下大工夫。目前的情况是，由于多数企业的单体规模较小，模仿式的项目和经营是比较普遍的思路和做法，或者就是对特色资源进行简单而粗放的利用，有什么就干什么，是云南休闲娱乐初级阶段发展的特点，反映了这一过程中对资源的简单利用。休闲娱乐业要求发展，需完成对资源的综合利用和深度开掘，这一步就需要大规模的资金投入，需要通过好的创意，通过创造资源来实现。所谓创造资源，就是文化性资源的创新。

其中，特别需要强调，应关注与现代数字技术发展有关的产品和服务创新。随着网络的发展，网络游戏产业也处在迅猛发展之中。来自2004年度中国游戏产业发展报告的数据显示，中国网络游戏市场规模在2004年为24.7亿元人民币，预计2009年将达到109.6亿元。现代科技的发展正有力地推动传统休闲娱乐资源的价值提升，为中国休闲娱乐业全面提升提供强大动力。有专家指出，我国发展网游的途径为：民族网游、多元化产品、完善链条、加强企业合作。政府对网游的驱动：一是构筑产业支持体系，二是实施民族游戏精品工程，三是积极培育网络游戏产业孵化器，四是努力开发网络游戏周边产业。

云南要积极引进国际先进水平的精品项目，加大技术引进和自主开发力度，跟踪世界文化技术、业态发展趋势，运用高新技术推动产业和产品升级换代，实现高科技与新文化、信息产业与文化产业的有机融合，积极探寻IT产业、现代复制和先进网络等高新技术与文化产业的有效结合点，努力提高自主知识产权的拥有量。要加强引导，完善支撑条件，全力支持与知识经济相关的产业快速成长。应考虑采取与本土软件开发企业进行合作等多种形式，积极培育和引进能够生产具有高科技含量文化产品的企业。特别要支持昆明发挥中心城市所具有的高科技集聚、人才集中、信息中心的特有功能，整合全省现有的互联网技术、电子计算机技术、动漫制作和互联网娱乐场所（网吧），研制、开发家用新型娱乐产品，瞄准这类产品需要提升、换代创造的市场空间，奠定基础，再根据社会需求扩张其内涵，逐步培植和完善市场，争取用3~5年时间，建成电子计算机技术、互联网技术和动漫技术的研发、制作、培训、服务基地，开拓全省各地市场空间，使互联网应用和娱乐成为云南文化产业的重要增长点。要吸引高科技企业进入休闲娱乐业的发展领域。云南处于西部地区，经济发展实力和科技基础都较为薄弱，给提升文化产业的科技含量增加了较大的难度。因此，要创造环境，加强导向，完善支撑条件，采取多种形式，加大文化产业发展主体对高新科技的运用，利用现代科技手段，改造和提升传统文化产业。积极吸引高科技企业进入文化产业发展领域，增加科技型企业的比重，发展具有高科技含量的现代文化产业。

3.2.5 昆明等中心城市旅游热区应在全省休闲娱乐业的发展中发挥更加突出的作用

要充分发挥昆明等中心城市和旅游热区在全省休闲娱乐业发展中的龙头作用。以昆明为例，要加强引导，规范管理，以打造品牌为重点，进一步提高市场竞争力。建设一批各具特色的航母型休闲娱乐中心（数年前的昆都商城已经是成功的范例），带动整个文化娱乐业的发展。不断提高城市文化娱乐业的文化含量和科技含量，同时积极开发适应农村居民消费水平、为群众喜闻乐见的文化娱乐项目，满足不同层次的文化消费需求。要广泛吸引外资和民间资本，强化文化娱乐业的社会化投资机制，形成1~2家具有较强实力的文化娱乐产业集团；继续实施滇池旅游度假区的招商引资项目，与国际一流娱乐公司合作，争取建设1~2个国际水准的大型主题游乐园项目，形成昆明休闲娱乐业的新亮点。要以已成形的滇池度假区康体休闲娱乐圈为主，带动康体休闲市场，通过社会资金开发建设运动康体专业场馆，完善场馆的服务功能，以康体健身带动旅游市场和其他文化市场，通过努力，初步形成具有一定规模、项目众多、结构合理、规范发展的休闲娱乐市场体系。利用气候资源优势，吸引国内外游客到昆明休闲娱乐、康体度假，把滇池旅游度假区建设成西部最大的休闲娱乐、康体度假中心。

3.2.6 加强管理

要坚持一手抓繁荣，一手抓管理，以繁荣发展为第一要务，以管理促繁荣，以规范促发展，建立政府调控和市场机制相结合的管理体制及文化市场管理的长效机制。应健全“统一、开放、竞争、有序”文化市场体系，依法打击各种不法经营行为，保护精神产品的知识产权，维护市场正常经营秩序，为市场创造健康的发展环境。应探索行政检查与技术监控相结合的管理办法，提高管理水平。重点抓好几个结合，一是人力管理与技术监控结合起来；二是政府管理与行业自律结合起来；三是把部门管理与全社会参与结合起来。从先进省市区创造的经验看，管理中有几点值得认真考虑：

一是规模化、连锁化、品牌化是文化娱乐产业发展的政策取向。鼓励娱乐业走规模化、品牌化、连锁化发展之路。发展超市化、连锁化经营模式，优先发展自助消费的量贩式歌舞娱乐场所，引导歌舞娱乐场所向商业区和旅游区发展。鼓励经营者积极采用现代高新技术改进传统娱乐形式，扶持面向大众的健康有益的歌舞娱乐场所的发展。通过大力扶持和发展连锁经营，调整结构布局，使歌舞厅、KTV、网吧等由初级业态向高级业态转化。充分发挥连锁网吧的带动和示范作用，提高网吧的规模化、品牌化和连锁化水平。争取经过几年的努力，使规模化、连锁化、主题化、品牌化的连锁经营形成规模。

二是法制、规范和科学为文化娱乐业管理的三大要点。首先，要有法可依，依法行政，实现管理的法制化。加大对网吧的管理力度关键就是尽快制定一套完善的法规体系。进一步明确执法主体权责，使执法程序合理高效，管理方法规范科学。改变目前政策法规模糊、界定不清晰、不好操作的管理现状。第二，要防止政出多门和过度干涉，实现管理的规范化。对休闲娱乐场所和网吧的管理工作，主要涉及三个方面的管理，即：人员、程序和内容，内容管理主要是对其经营内容的管理。内容管理可以说是三项管理中的重中之重，也是产生大量社会问题、造成社会各界意见纷纷的关键所在，主管部门是内容管理的主体，要提升和强化主管部门在市场管理中的主导地位和职权，弱化相关管理部门的地位和职权，避免政出多门等不利于市场健康发展的问题发生。

三是借鉴旅游界通行的经验和做法，建立一批跨地区的休闲娱乐业行业管理协会，通过各地区政府和行业部门间的协商引导，制定行业内部共同遵守、共同维护的相关公约，充分发挥行业协会在产品研发、信息交流、维护权益、行业自律、跨地区协作等方面的特殊作用，进而逐步承担起目前一部分由政府部门负责，一部分则属管理缺位的工作。

（执笔：郑　海）

云南省会展产业研究报告

会展产业研究室

1. 全国会展业的基本状况

1.1 会展经济的概念、构成以及统计方法

1.1.1 会展活动

要研究会展经济，必须先界定哪些活动是会展活动，对这一问题不同的人有不同的看法。把展览会、博览会与交易会等列入会展领域几乎是没有任何争议的，除此之外，还有一些既有展览、会议同时还配套安排有娱乐活动的大型会展，比如奥运会、亚运会等体育赛事算不算会展活动？还有比如“世界数学大会”、“世界妇女大会”等等算不算会展活动？还有许多城市举办的带有广告宣传性质的节庆，比如青岛的“啤酒节”、浏阳的“花炮节”以及三亚的模特大赛是不是会展活动？对这些问题的回答，还存在着争议。根据国内大多数学者的观点来看，会展活动大体上应该包括如下五个层面：

（1）展览。这是会展活动最普遍最活跃并且最具有典型性的部分。首先，从展览的功能和市场潜力来看，展览最主要的功能在于促进贸易，绝大部分展览是以企业为参展商、以专业买家为观众的。其次，从展览的发展趋势来看，现代展览已经不仅仅是商品的展示和交易，在展览会期间，主办方和参展商都会召开大量与展览相配合的专业会议，并且举行各式各样的活动，以提高展览会的展示和交易效果。因此，展览会发展的基本趋势是将展览、会议与各种活动有机融合在一起，是最具有代表性的会展。

（2）大型活动。大型活动是指参加人数比较多，规模比较大，社会轰动效应较大的活动。比如将于2008年在北京举办的奥运会，2010年即将在上海举办的世界博览会等等。一般认为，大型活动至少应该满足三条标准：第一，

持续时间至少10天；累计参与人数至少100万人；第三，活动内容具有广泛性，涉及面广，能够引起社会各层面人士的关注。大多数大型活动并不是纯经济的贸易活动，政府的“形象功能”以及居民的“娱乐功能 ”在其中占了很大成分。

(3）会议。在世界各国，会议几乎是组织成员之间以及不同组织之间最常用的沟通方式。比如政府依靠会议传达行政命令，宣传施政思想；企业依靠培训会议提高员工素质，依靠订货会议加强同客户的沟通；研究院所的学者们依靠会议交流思想，启迪智慧，如此等等。从大多数高档饭店提供的客源信息来看，商务会议客人已经成为现代饭店业最重要的目标客户之一，而这也是会展业带动餐饮旅游服务的重要渠道。

(4）节庆活动。除了前面提到的展览、会议和大型活动之外，会展活动还包括一些地方的节庆活动。这些活动一般规模不大，但是特色比较鲜明，除了能够活跃地方人民的物质文化生活以外，通常还能够吸引国内外的相关爱好者参加，可以在一定程度上带动当地经济的发展。

(5）其他特殊活动。比如明星们举办的个人演唱会，高水平的足球赛等等。不像前面提到的展览、会议和大型活动一般都有固定的举办周期，这些特殊活动一般都没有规律性，或许只举办一次，或许在不同的城市连续举办数次。

1.1.2　会展产品

经济学是以产品的生产、流通、消费与分配为主线来研究社会经济活动的。所以产品在经济学中是一个很关键的核心概念。首先必须有产品，才能谈到交易以及对交易成果的分配。因此，要研究会展经济，也必须先认清会展业的产品。通常来说，会展产业所提供的产品主要包括以下几个方面：一是活动场所。活动场所主要有三类：会展中心、酒店、体育场馆。在会展活动中，活动场所主要是通过场地的“租赁”成为产品的。一般都是场地产权所有者向会展活动举办者出租，然后再由活动举办者划分成小块的展位，零售给会展参展商。二是活动内容。对于会展行业来说，除了主办方向参加者出售的场地之外，在会展举办期间的各种活动也是产品之一。购买这种活动的费用有多种表现形式，比如观众门票、会议注册费、展商的参展费等等。三是广告宣传平台。职业的展会组织者会利用一切商业机会去赚钱，所以在备受瞩目的大型活动中，广告宣传平台是会展业的一个重要产品。会展组织者总是创造性地设计一些能够引人注目的载体出售，将展会活动期间的商业机会做足。

1.1.3 会展经济的概念及其构成

相对于会展活动和会展产品而言，会展经济是一个涵盖范围更广的概念。它主要是指因会展活动的存在和会展产品的交易而引发的经济活动以及为促进会展业的发展和促成会展产品的交易而引发的经济活动。因此，会展经济的构成主要包括以下几个方面：一是由会展活动自身而带来的经济现象。包括会展组织者、会展参加者、会展中心、会展服务商、媒体等为了会展活动的举办而发生的各种经济关系，包括参与主体之间的费用支付、各类会展企业的工资、利润、税收等等。二是由会展活动衍生出来的经济现象。例如，因为会展活动的举办，给酒店、餐饮、交通、电信业、旅游观光等带来的商业机会。这种经济现象通常被称之为会展业的“经济带动效应”。三是因会展而促成的经贸交易活动。如展览会、交易会带来的买家与卖家的成交，经贸洽谈会引来的外商投资等等。四是为促进会展业的发展而引发的经济活动。由于会展业对促进主办地经济增长和知名度的提高具有明显的推动作用，所以很多城市期望把会展业列为重点发展的产业，甚至是支柱产业。但是会展业的发展需要一定的客观条件，如交通、场馆、住宿、娱乐设施等，因而为了促进会展产业的发展，政府通常要加大对基础设施的投入力度。

1.1.4 会展经济的统计

在德国、美国等会展经济发达国家，都已经设立了官方的会展管理机构或者会展企业自发成立了起到监管职能的非官方会展行业组织，在它们的监管协调之下，也同时建立了一整套完整和高效的会展产业统计体系。在各会展经济发达国家的展览行业协会中比较活跃的有美国展览管理协会（IAEM）、英国展览业联合会（EFI）、新加坡会议展览协会（SACEOS）和香港展览会议协会（HKECOSA）等等，他们的主要职能是：

（1）制定行规，进行行业间的协调和管理；

（2）对展览会进行资质评估；

（3）加强信息交流和调研，促进展览市场的透明度；

（4）进行专业人才培训，提高展览会的组织水平和质量。

比如英国展览业联合会往往要会员对其展览会进行第三者审计，即聘请一家独立的审计公司对展览会的整体效果进行评估。法国则采取对展览跟踪调查的方法，一般调查要进行两次，一次在展出期间，就展览组织本身征求参展商的意见；另一次在展览结束后，就参展是否有成果向企业了解，由此来获得对展览会的客观而公正的评估。各国评估方法虽各不相同，但目标都是共同的，即创造品牌展览会的声誉，更好地维护参展商、观众和主办者的利益。因此，它们的统计体系已经非常的完善和全面。

在我国，虽然目前会展业已被列入《国民经济行业分类》中，但是却没有具体的统计细则，内容是空白的。在北京、上海等会展经济比较发达的城市，已经成立了各类会展行业协会，开始建立会展经济的统计体系。比如，上海市展览行业协会在通过将近一年的调研之后，几易其稿，在上海市统计局主管部门的支持下最终通过审定批准，制定出台了一部较完整的《会议和展览服务业统计报表制度》。在整个调研和制定进程中，他们把会展行业划分为三大板块：

——主（承）办企业定义：主办企业指具有国家主管部门批准的、有报批会展项目资质的单位；承办单位指虽没有报批会展项目资质，但同主办单位一样具有招商招展能力和举办会展的民事责任承担能力，设有专门从事办展的部门并有相应的展览专业人员，并具有完善的办展规章制度的单位。

——展馆企业定义：指以一定规模的展览场地（包括室内、室外展览区）为依托，具有为国际会展提供配套服务的功能，并配置规范服务和管理的专业人员的单位。

——会展服务企业定义：会展服务企业指协助主办单位实施会展项目，为参展商提供各类服务（如设计、制作、搭建、租赁家具、展运等）的企业。

他们还把整个统计调查细则，分为三个方面制成调查表。第一部分：企业的基本要素如企业的代码，详细名称，详细地址。第二部分：企业的人、财、物等各方面的统计数据，这是国家、财政、税务主管部门规定的统计项目，不可缺少。第三部分：我们行业所特有的数据统计。

在我国会展经济最发达的城市北京，北京市政府于2006年提出建立的“会展业统计指标体系”即将初步完成，统计数据已收集完毕，最终的分析报告于2007年4月底完成。2006年2月中旬开始，北京市统计局、北京市贸促会、北京市计委、北京市旅游局、北京市公安局、北京市工商局六家联合展开对首都会展业的调查。据北京市会展业“小普查”工作的主要负责人，北京市统计局社会科技处处长邬春仙介绍，北京会展产业的统计指标体系由《会展业场馆统计调查表》和《会展业主办单位统计调查表》两个调查表组成，共包括40个左右的统计指标，选取了近300家会展场馆、宾馆酒店、办展机构进行调查。北京市统计局将对数据进行审核汇总，再通过数据处理取得各类分组资料，经有关部门数据评估后，最后形成北京市会展业发展的统计分析报告。此外，其他一些会展经济发展较快的城市如广州、深圳、厦门也在积极探索或者已经建立起相对较为完善的会展经济统计体系。

1.2 会展产业与区域经济发展的关联性分析

会展经济伴随着社会生产力的进步而发展，是会展活动在社会分工的基础上发展到一定阶段的产物，也是现代经济体系的有机组成部分。因此，会展产业对区域经济的推动作用可以从宏观环境、产业经济和微观主体三个层面来具体剖析：

1.2.1 在宏观环境方面，会展经济对区域经济的发展有以下作用

（1）会展经济有利于加强对区域增长极的培育。任何区域性的开发，都必须选择发达的城市和先进的地区，实行重点推进，带动其他地区发展的策略。因此，根据区域经济的梯次变化理论，地区经济发展的不平衡形成了经济增长极，增长极成为区域内的中心地区。培育区域中心地区，即区域增长极的核心是培育和完善中心地区的功能，而通过发展会展产业，利用会展产业较强的产业关联效应，带动地区建筑、餐饮、住宿、金融、旅游等其他产业共同发展，加速中心地区的建设，突出其金融、科技服务、信息中心等功能，并以此来控制和沟通不同地区企业之间的往来。

（2）会展经济有利于加快基础设施建设，完善区域功能。发展会展产业要求有符合条件的展览场所，有一定接待能力、高中低档相配合的旅行社、宾馆、酒店，便捷的交通、通讯和安全保障体系，优雅的旅游景点。以发展会展经济为目的，为获得大型会议、展览的举办权，各地方政府都会积极进行综合性全方位的城市建设，如铺设交通通讯网络，兴建现代化的会展中心、宾馆和酒店，加快环境保护工作等等，加强对整个地区的基础设施建设。

（3）会展经济有利于提高区域综合竞争力和知名度。会展活动的开展使区域的基础设施、市政管理和服务功能不断得以加强和完善，区域环境得到了根本性的治理，综合实力稳步上升，竞争力得以提高。同时，会展活动的进行还会使得会展举办地声名鹊起，知名度大幅提高，成为区域加速发展的最大无形资产。

（4）会展经济有利于扩大内需，增加就业。产业经济学理论认为，由于各产业发展的关联效应是客观存在的，因此产业间的劳动就业机会业就有了必然的联系。某一产业的发展会相应的增加一定的劳动就业机会，而该产业

发展所带动相关产业的发展，也就必然使得这些相关产业增加就业机会。当一个城市在发展会展经济时，一方面，由于会展产业本身的发展会增加就业，另一方面，由于会展业的产业关联效应带动其他产业的发展，从而使其他产业增加劳动就业机会，就业的增加意味着收入和消费的增多，最终通过乘数效应，促进整个城市经济的繁荣和发展。

（5）会展经济有利于加速外向型经济的发展。国际性会展活动有利于吸引不同地区和国家的客商相互交流与合作，增加一国的进出口贸易。同时，通过宣传国家的对外开放政策和招商引资项目，增加资本跨国界流动的规模和速度，提高区域对外开放水平，增强区域对外开放能力。

（6）会展经济有利于促进全球经济一体化。经济一体化、市场化。和区域集团化是未来世界经济发展的总体趋势，而会展产业的发展有利于统一的市场规则、国际惯例、经济秩序的形成，加深不同国家和地区的相互了解和分工合作，加强各国政府和组织的协作；有利于突破拒绝一体化的各种制度因素和非制度因素，为完整的市场体系形成提供条件，推进全球经济的一体化进程。

1.2.2 就产业经济而言，会展产业为区域支柱和优势产业的崛起提供了契机，从区域的特色产业、优势产业入手，培育富有区域特色的品牌会展，将会加速区域内生产要素与区域外生产要素的循环，为区域产业发展赢得更多的资金、技术和人才，培育区域经济增长机制和发展功能

显而易见，会展产业对区域经济发展的推动作用主要是通过产业关联效应，带动整个产业链来实现的。当某一个区域的主导产业被确定以后，它将会通过扩散效应对整个区域产业结构的优化发展起到积极作用。主导产业对整个区域产业结构的影响是通过三个方面来实现的：回顾效应、旁侧效应和前向效应。所谓回顾效应，是指当一个产业处于高速增长阶段时，由于其技术经济的要求，会对后向关联的部门提出新的投入需求，而这些新的投入需求，将会促进后向关联部门技术、组织以及制度等方面的创新与发展。旁侧效应是指主导部门的成长还会引起它周围地区在经济和社会方面的一系列变化，这些变化趋于在更为广泛的基础上推进工业化进程和产业结构升级。前向效应是指主导产业的发展激发了一种“此刺激力”，即主导部门的成长诱导了新兴工业部门、新技术、新原料、新材料的出现，改善了增加提供给其他产业产品的质量。主导产业正是通过这三种扩散效应的组合，来实现整个产业结构的优化和经济的快速增长。

当会展产业被确定为区域的主导产业时，会展产业的发展将会通过回顾效应对整个区域的建筑、装潢、设计、广告、旅游、物流、零售、交通、通信、宾馆、餐饮等行业提出新的投入需求，这些投入需求将会促进后向关联部门技术、组织以及制度等各方面的发展。在旁侧效应方面，会展产业的发展会同时拉动城市金融、保险、市政建设、环保、会计、审计等行业的发展，促进这些行采用先进的管理技术和设备，加速了这些行业专业技术人员的培养，而这种影响已经远远超过了会展活动本身，它将深刻影响到整个区域的社会、经济领域。会展产业通过关联效应和扩散效应带动建筑、旅游、餐饮、金融、保险等其他产业的发展，使产业结构顺着第一、二、三产业优势地位顺向递进的方向演进，顺着劳动密集型产业、资本密集型产业、技术密集型产业分别占优势地位的方向演进，使区域的产业结构向着更加合理化和高度化的方向发展，最终推动整个区域经济增长。以下我们选择几个相关产业来分析会展业的关联性。

（1）旅游业。区域会展产业飞速发展的同时已为旅游业的发展注入了新的活力。通过各种类型的会议、展览活动的进行而形成的旅游—会展旅游，目前已经在各会展城市闪亮登堂。会展产业与旅游业相结合的五个突出特点：客户消费能力高、停留时间长、团队规模大、赢利性好、行业带动性强，使城市形成了以会展带动旅游，以旅游促进会展的良性互动发展模式。会展产业为旅游业的发展创造了巨大的商机，开发出一个极大的市场。例如在1999年昆明世界园艺博览会举办期间，前后短短的半年时间里，940万中外游客从世界各地涌向昆明，参观了世博园，又浏览了云南的景区名胜，带来了约160亿元的旅游总收入。这是云南省规模最大的一次国际盛会，也是迄今为止会展经济效应在云南旅游业中体现得最充分一次。

（2）餐饮、住宿业。会展产业为区域餐饮、住宿业带来的收益非常突出。会展活动期间，大量的参展商和参展观众的涌入对当地餐饮、住宿行业形成巨大的需求，为这些行业的发展创造了机遇。据有关部门调查，每届广交会举办期间，广州市主要宾馆平均入住率达95%以上。

（3）交通、通信业。会展产业对举办地交通、通信业的发展也有很强的带动作用。会展活动的举办将大量的人流、物流汇集到会展举办地，增加了对城市交通和通讯业的需求，促进了这些行业的发展。例如，在每年两届的广交会期间，来自170多个国家和地区的10万多外商云集广州，仅出租车行业的日收入就比平常激增300万元左右。

（4）零售业。会展业对零售业的发展也有着一定的带动作用。会展活动期间，大量人流的涌入会增加对生活用品和服务的需求，促进零售业的发展。在第二届长春汽车博览会期间，长春市内10大商场贸易额同比增长37.1%。

（5）物流业。会展活动期间汇集了大量的商品，导致了频繁的物流活动：展览前后参展商品的运输、包装、储存、装卸、搬运；会展活动期间向参展商和参展观众分发的成吨的食品，以及其他的会展配套设施，都会增加对物流服务的需求。

会展产业与其他产业的带动系数为1:9，甚至在许多会展发达国家，这个比例已经达到1:10。例如，美国仅2000年举办的各类会展就有13 000个，销售收入达120亿美元，创造相关的社会综合消费1 250亿美元，带动经济的直接收入和间接收入的比例为1:10；德国2000年展览会销售收入45亿马克，创造的社会综合产值为450亿马克，带动效应同样为1:10。

1.2.3 对微观主体来说，会展经济对区域经济的发展可以起到以下作用

（1）有利于沟通产销、促进投资。大部分厂商和经销商参加会展的目的，都使为了树立形象，获取订单，扩大销售或招商引资。因为在会展活动中，参展商可以建立许多新的商业网络，使其中一部分参展观众成为现实的或者潜在的客户，沟通了产销。

（2）有利于交流信息、传播技术。对于专利技术展、高新技术展，其交流科技信息的作用是有目共睹的，它本来就是主办者的目的。对于普通的商品展览会、博览会，这方面的作用也是不可忽视的。

（3）有利于树立和改进企业形象。在会展活动中，企业不仅可以通过文字、图片等平面艺术说话，而且还可以通过灯光、音乐和立体造型等艺术手段说话，还可以通过企业员工与客户的直接交谈拉近与客户的距离、展示企业的形象。

（4）有利于丰富居民文化生活、提高国民素质。大型的地区性、国际性会展，可以吸引不同文化、不同观念的人们，有利于会展举办地人们与之进行交流，扩大人们的视野。同时，在与外来参观者接触过程中，人们也会学到一些先进的观念，对于丰富文化生活，提高居民素质和修养具有重要的意义。

1.3 中国会展业发展基本状况

1.3.1 中国会展业发展的历史回顾

中国现代意义上的会展业发展历史可以追溯到建国初期，从1951年到改

革开放前后的近30年，是中国会展业发展的起步期。1951年3月，我国首次参加了“莱比锡春季博览会”，这标志着新中国会展业发展的开端。1953年，中国贸易促进委员会负责接待了“德意志民族共和国工业展览会”，这是新中国成立以后接待的第一个来华展览会。1953～1977年之间，我国共接待了112个外国单独来华的展览会，同时中国贸易促进委员会举办了近500个出国展览。总体来看，这一阶段作为中国会展业的起步期，展览会数量少，组织水平和专业化程度还处于初级阶段，对会展产业的经营意识尚未形成，展览会从严格意义来说还不具有现代贸易展览会的特征。

自从1978年改革开放以来，中国会展业迎来了大变革和大发展。1978年，中国贸易促进委员会在北京成功举办了“十二国农业机械博览会”，这是新中国成立以来中国首次举办的国际博览会，标志着中国会展业逐步走向国际化。1984年，中国国际展览中心在北京建成。1986年中国贸易促进委员会参加了在瑞士举办的“巴塞尔样品博览会”，在这次博览会上，中国首次采取了以展览为手段、以贸易成交和销售为主要目的的摊位展览形式，改变了以往以宣传成就为主的展贸分离的整体式展出方式，展览会的贸易性、专业性大大增强，从而使得中国展览业与现代国际会展业接轨。

1.3.2 中国会展业发展的现状及其特征

20世纪90年代以来，伴随着国民经济的快速发展和国际交往的日益频繁，我国会展业获得了前所未有的发展，以年均20%左右的速度递增。展会数量逐渐增加，规模日渐扩大，办展水平日益提高，形成了一定规模的行业经济效益，已经成为了一个新的经济增长点。目前，中国会展业年直接收入超过100亿元人民币，已经形成了以北京、上海、广州为龙头，大连、深圳、成都、武汉、重庆、珠海、青岛、厦门等大中城市为辅助的发展格局。2003年2月，国家取消了“境内举办对外经济技术展览会主办资格”的审批制度，这必将使我国的会展业加快与国际市场接轨，进一步提高我国会展业国际化市场化的程度。总的来说，目前，我国会展业的发展有如下几个特点：

（1）会展业总体规模迅速壮大

自2001年我国正式加入世界贸易组织以来，中国与世界各国的经济贸易往来进一步加强，中国会展业迅速发展。会展作为国家贸易经济的桥梁和载体，在国民经济发展过程中扮演着越来越重要的角色。2003年中国展览业产值上升到80亿元人民币，在国民经济中所占比重比2001年翻了一番，中国会展产业形态已经基本形成。2005年，中国会展业年直接收入已经超越100

亿元人民币。预计到2010年，我国会展行业直接收入将达到200亿元人民币左右，给社会带来的间接经济效益将逾千亿元。

据中国展览馆协会不完全统计，2005年在中国境内（不包含港、澳、台）举办的各类综合和专业性的贸易展览会交易会的数量已经达到3 000余个，展览馆总面积达到600余万平方米，已经大大超过有“世界展览王国”之称的德国。2005年仅上海市举办的国际展会数量就已经达到290个，相当于德国全国一年的国际展览总数，平均每星期举办5个展览会；北京市展览馆总面积居全国之首，每年举办的国际展览已经达到300余个。中国已经成为名副其实的亚洲展览大国。

（2）展览场馆初具规模

伴随着会展产业的迅速发展，我国各大城市都掀起了展览场馆建设高潮。会展场馆建设档次高、面积大、科技含量高。“九五”期间我国的展馆数量迅速增加，全国室内展览馆面积在“九五”之前不足80万平方米，2005年初全国共有展览场馆165个，室内展览总面积322万平方米，室外展览馆总面积221万平方米。目前尚有20家新展览场馆在建，平均每个场馆建筑面积达到12.7万平方米。显而易见，中国展览场馆建设是过热的。表1中列示了我国目前主要的展览场馆情况。

表1　我国目前主要的展览场馆

所在城市	主要展览场馆	展览面积（万平方米）
北京	中国国际展览中心	7.5
	北京展览馆	1.5
	中国国际科技会展中心	1.2
	全国农业展览馆	1.2
	新中国国际展览中心	4.6
上海	上海国际展览中心	1.2
	上海光大会展中心	3.5
	上海新国际博览中心（一期）	6.5
	上海世贸商城	2.2

续 表

所在城市	主要展览场馆	展览面积（万平方米）
广州	广交会场馆	16
	广州国际会展中心	5
深圳	中国国家高新技术成果交易展览中心	3.6
	高交会新会展中心	2.5
大连	大连星海会展中心	2
	大连国际会展中心	5
天津	天津国际会展中心	4
厦门	厦门国际会议展览中心	3.3
南京	南京国际展览中心	4.4
武汉	武汉科技会馆	2.6
青岛	青岛国际会议展览中心	2.6
成都	成都国际会议展览中心	3.5
昆明	昆明国际贸易中心	12
杭州	杭州西湖国际会议中心	4.9

(3) 展览行业协会开始成立

全国一些地方会展企业在政府的主导下，开始组建行业自律性的会展协会。自 1998 年 6 月由北京市贸易促进会发起，组建了我国第一家国际性的会展产业中介组织——北京国际会议展览协会之后，近年来，上海、山东、安徽等省与深圳、大连、宁波等大中城市也相继组建了会展业协会。通过成立行业协会，制定了城市会展业协会章程，旨在支持公平、平等的竞争，反对不正当竞争以及欺诈行为，改善、优化会展市场环境，更好的协调、管理、规范会展业的市场秩序。

(4) 一批会展名城初步形成

当前，我国会展经济已经走到了社会经济生活的前台，伴随着城市功能的不断提升，城市已经成为会展经济舞台上的主角，它们推动着中国会展经济的迅速发展。国内许多城市比如北京、上海、广州、深圳、昆明、大连等大中城市都瞄准了会展经济这块诱人的蛋糕，纷纷将会展产业纳入了城市经济发展的蓝图，纷纷建造巨型现代化的展览场馆，力争在会展经济大潮中奋勇争先，借势打造“城市名片”。以北京、上海、广州、深圳、大连、青岛、西安、成都、武汉、天津、厦门、昆明、杭州、长春、郑州等城市为中心的全国性会展城市网络已经初步形成。其中，又以北京、上海和广州三大会展中心城市在全国所有城市中的发展势头最强，发展速度也最快。北京和上海会展产业发展不相上下，竞争最为激烈。北京欲建设成为“亚洲地区最有影响力的国际会展中心城市”，上海则更有雄心壮志，争当中国会展经济的“领头羊”，并着手打造未来的“世界会展中心城市”。

（5）一批知名品牌展会开始形成

随着我国会展经济的迅速发展，一些知名品牌展会开始崭露头角，并且其影响力越来越大。比如，北京“国际汽车展”与“科技博览会”、广州的“广交会”、深圳的“高交会”、上海的“华交会”、珠海的“航空展”、昆明的“昆交会”、大连的“服装节”等一些展会也已经跻身于国际品牌展的行列。它们在展览规模、服务水平等方面已经接近国际水准，开始投入到全球会展行业的竞争浪潮中。

（6）会展教育与理论研究快速发展

在会展经济迅速发展的同时，会展业的教育培训业开始步入正轨，2000~2005年，在全国范围形成了一个不同层次、不同类别、形式多样的教育培训市场，30多所大中专院校开设了会展专业和相关研究方向。2005年包括港澳台在内全国共举办各类会展培训活动50多次，参加培训人数达到5 000多人，其中80%为会展管理类培训活动。2003年起，国内著名高校开始介入会展培训领域，包括北京大学、上海交通大学等等。中国展览馆协会和北京大学联合举办中国会展业高级培训班；中国国际贸易促进会则与上海交通大学共同于2003年引进美国国际展览协会的“注册会展经理”培训认证体系。

2000年11月，我国第一个专业会展研究机构——中德合作重庆会展研究所成立。2003年，会展领域的科研机构迅速增多，年初北京国际城市发展研究院会展经济研究所成立，年底又有商务部国际贸易经济合作研究院中国会展经济研究中心、中国贸促会—上海交通大学会展经济发展研究中心成立。目前，这些科研机构的研究方向主要集中在会展经济与会展产业两个部分，涉及会展业从宏观到微观的全部内容。

（7）与会展强国差距仍然较大

虽然我国会展业发展迅速，规模也日益庞大，但是整个会展产业刚刚走过起步、发展的初始阶段，与欧美发达国家的会展业相比差距仍然很大。具体表现在：整个产业的综合竞争力较弱；在产业规模与结构、会展场馆规模、专业化程度、市场化程度、国际化程度、会展组织管理、会展专业人才培养、展会品牌以及会展相关法规的完善程度等方面暂时与发达国家还不能相提并论。中国会展经济还存在许多问题：重数量、轻质量，重声势、轻效益，重场馆建设、轻专业管理，同时在行政管理体制上缺乏统筹规划，与会展产业发展不相适应；缺乏行业管理，展览市场存在恶性竞争；场馆建设软件硬件不配套，会展企业经营管理不够科学，服务水平差等等。加入世界贸易组织后，会展经济作为服务贸易的一部分，将全方位对外开放，国外著名展览公司将大举进入中国会展市场，它们将与国内会展企业展开激烈竞争，中国会展产业将不可避免地面临着严峻的挑战。

1.4 中国会展经济城市发展的格局分析

自20世纪80年代以来，随着我国对外开放，实施从计划经济向市场经济转变的经济政策，特别是世界经济一体化的发展趋势和我国正式加入世贸组织的契机，我国国民经济进入了一个高速发展时期，信息、资本、技术、人才得以在国内国际进行充分的流动。中国在20世纪末21世纪初迎来了世界经济热点地区的形成，长江三角洲、珠江三角洲、环渤海经济带、东北经济带和西部经济带的五大区域经济的发展格局初步形成。与此同时，会展经济作为新型经济，它的连带、辐射、拉动、整合的功能和作用日益在中国的区域经济中呈现出无穷的魅力，并以会展特有的运行规律快速发展，形成中国会展经济发展的城市格局，即五大会展经济带：环渤海会展经济带、长江三角洲会展经济带、珠江三角洲会展经济带、东北会展经济带、中西部会展经济带。

1.4.1 环渤海会展经济带

以北京为中心的环渤海会展经济带包括北京、天津、河北、山东、内蒙古等省市区。北京作为中国的首都，是国内第一政治、文化中心，汇集了政府的各级职能部门、全国主要的工业协会、学会和商会以及世界工商界驻中国的代表，是中国重要的会展策划、发源地。在中国会展城市中，北京会展业发展较早，有影响的品牌展览会最多，如北京科技博览会、机械展、服装展等等，在国内得到UFI认证的展览会80%集中在北京。“九五”期间，北京举办各类展览1 251个，占全国展览会总数的约50%，其中对外经济技术展览812个，占北京展览会总数的60%以上，约占全国同类展览会25%。北京2008年奥运会的成功申办，将极大地推动北京周边会展城市的发展。

1.4.2　长江三角洲会展经济带

以上海为中心，长江三角洲已经成为我国经济发展最快最有潜力的地区，以沿江、沿海为两翼的世界经济制造中心正在形成，相应的长江三角洲会展经济带也应运而生。上海作为中心城市的辐射影响，使得上海正成为中国乃至世界消费类品牌展览会的举办地，特别是上海新国际博览中心的建成，吸引了世界著名会展企业和展会在这里扎根。仅2002年，在该馆举办的国际性会展就达到42个。上海“世博会”的成功申办，又将促使上海世界会展中心城市的建设不断加快。与上海相适应的沿海、沿江会展城市群也逐步兴起，同时又表现出不一样的发展定位，沿海有青岛、宁波、温州、杭州、厦门，沿江有南京、苏州、无锡、昆山、芜湖，更广泛的看，也可以包括合肥、义乌、南昌、横店等城市。

1.4.3　珠江三角洲会展经济带

以广州为中心，以香港为龙头，形成珠江三角洲会展经济带，包括深圳、东莞、珠海、顺德、中山等会展城市。珠江三角洲会展经济带是目前中国会展经济带最为繁荣的地区。广州是中国第一展“广交会”的所在地。广交会历经几十年，每届到会客商约有几十万人，成交额达到数百亿美元以上，国际化影响极大，同时广州还培育了一批像美容展、家具展、建材展、医疗器械展等品牌展会。从展览的市场化运作、规模、服务来看，广州的展览业都进入了一个成熟的发展期。香港是中国所有会展城市中发展最早、成熟最早、国际影响最大的会展之都。它的自由港、贸易港和经济中心的优势，使得它在会展经济中独占鳌头。同时，香港和深圳、广州、东莞、珠海等会展资源的互动和整合，正在迅速推动这个会展三角洲地带的良性发展，并形成核心竞争力。从1999年开始，深圳特区进入会展业的高速发展时期，深圳“高交会”蒸蒸日上。深圳国际会展中心的建成使用，为深圳会展产业的发展插上了腾飞的翅膀；2001年，在东莞市共举办大小展览41个，展览会成交额近300亿元人民币。2002年10月，顺德举办了首届家电博览会，涌来了世界各地284家家电参展企业和8万名观众，总共达成19.05亿元的成交额。还有珠海、中山等地，也举办了大大小小的各类展览。

1.4.4　东北会展经济带

以大连为龙头，以边境贸易为支撑，形成了东北会展经济带。大连市以会展旅游城市确立了中国会展中心城市的地位，以大连服装节为代表的大连会展产业步入了一个成熟期；沈阳作为东北重要的交通枢纽，发展了像装备展等一大批品牌展会；长春依托一流的生产基地，极力打造汽车博览会品牌，以电影城打造电影节，以农业商品基地打造农业博览会；哈尔滨会展业的特色是打造体育赛事，打造边境的交易会，滑雪胜地亚布力小镇的中国企业家论坛声名远播；吉林延边地区的集安市高句丽文化旅游节等闻名遐迩。在最近几年中央振兴东北的战略背景下，必然将极大推动东北老工业基地产业结构的调整和经济格局的优化，东北会展将会出现更多关于东北区域经济发展的主题，会展城市的竞争与合作必将会在大连、长春、沈阳、哈尔滨、吉林等城市之间激烈的展开。

1.4.5 中西部会展经济带

以成都、昆明、西安为中心，以武汉、重庆、乌鲁木齐、桂林、南宁为纽带，形成了中西部会展经济带。随着国家启动西部大开发战略，我国西部城市迎来了一个新的发展机遇。1999 年昆明世界园艺博览会确立了昆明市的展会、旅游、休闲的优势，此后该市的昆交会、旅游节、花卉展等一批品牌展会闻名遐迩；成都是中国西部腹地的中心城市，近几年来，在医疗、汽车、糖酒、家具、旅游等行业都成功举办过展会，同时它周边一些著名的旅游风景区也使得成都会展业魅力倍增；西安是我国著名的历史名城，历史、文化、旅游、农业资源丰厚。因此，历史、文化展是西安发展会展产业的优势；其他西部城市著名的展会如乌鲁木齐对外经贸洽谈会、桂林山水旅游节、南宁国际民歌艺术节、重庆高新技术交易会、武汉中国国际机电产品博览会等等，西部城市都有各具特色的品牌展会。

1.5 会展业推动区域经济发展的实际案例分析——奥运经济与北京会展业

奥运经济，是指举办国组委会的直接收益和对举办国其他产业直接或者间接巨大的拉动收益的总和。举办 2008 年奥运会，是中华民族的盛事，也是首都现代化建设和发展进程中的历史机遇。经过长达百年的历程，现代奥运会的影响力已经渗透到科技、会展、服务等各个领域，带动了举办城市以及整个举办国会展经济的发展。北京举办奥运会，不仅使北京会展产业可以率先在全国获得开放和发展的历史机遇，还将通过举办奥运会，借助首都地域和人文优势，经过科学规划和实施，为首都会展产业开辟新的增长空间，营造体制、观念和机制创新的良好环境，实现成为亚洲具有重大影响力的国际会展中心城市的目标。毫无疑问，从现在到2008年奥运会举办，北京会展产业将进入一个以奥运为特色的发展阶段。

1.5.1　奥运经济为北京会展产业的发展带来历史机遇

一是奥运理念为世纪初北京会展的发展提供了新的主题。北京奥运倡导的理念是“绿色奥运、科技奥运、人文奥运”，因此首都会展产业可以按照国际惯例，及时抓住与奥运有关的题材，运用奥运理念，拓展新的发展空间，培育新的会展品牌。二是奥运宣传为北京会展产业打开了走向国际市场的窗口。奥运会的举办将使北京乃至中国成为全球关注的焦点。首都会展产业也可以不失时机的融入奥运宣传阵地，以整体形象广泛展开对外宣传，增强国际社会对首都会展产业的了解，明确首都会展产业的发展规划以及在国际合作中急需解决的问题。三是奥运模式为会展产业体制、观念和机制的创新提供了丰富的经验。在北京奥运市场开发中，已经形成了比较完整和成熟的体系，包括项目法人招标、规划设计方案招标、建设资金筹措等市场运作方式，为会展产业全面与国际惯例接轨提供了可借鉴的经验。四是奥运建设为北京会展产业发展创造了良好的硬件条件。从以往几届奥运会的设施建设来看，奥运体育场馆不仅作为体育活动设施，而且可以成为经贸交流、文化活动的场所。为举办北京2008年奥运会，北京将拥有设施完善、完全符合奥运比赛要求的大中型场馆32个以及与之相适应的城市交通网络。这些基础设施将为北京会展产业的发展创造良好的硬件条件。

1.5.2　会展产业对奥运经济产生巨大的推动作用

主要表现在以下几个方面：一是会展产业将使国际社会增强对北京举办历史上最好一届奥运会的信心。国外企业尤其是跨国公司将通过奥运前后几年的会展活动进一步的了解中国市场、熟悉投资环境。二是会展产业为奥运设施和项目的市场开发提供了机会。北京奥运会必将产生一个巨大的奥运“特需市场”，作为进军特需市场的首选形式，首都会展产业将会成为全球关注的焦点。三是会展产业的发展将使奥运设施后期利用问题得到一定的缓解。由于会展产业汇集巨大的人流，将会大大减少许多奥运设施的闲置，增强固定资产的利用效率。四是奥运将会为北京带来更多的游客。奥运会是最大的世界性体育盛会，届时将会有大批国外游客前来参观体育赛事；奥运前后举办的相关会展活动，也可以增加国外观光者的活动内容，延长他们的逗留时间，甚至可以为北京周边旅游地区输送大批游客，带动周边城市的旅游热。

2. 云南会展经济发展状况

2.1 历史回顾与成就

1993 年以前，云南基本上没有举办过国际性或者全国性的大型展览。云南会展经济的起步，是以 1993 年首届昆明出口商品交易会为标志。当时，云南抓住中国新一轮经济发展高潮到来的机遇，斥资 4 亿人民币，仅用 10 个月的时间就建成 10 万平方米的国际贸易中心。首届昆交会就有 50 多个国家和地区5 000多名客商到会，国内有 20 多个省市2 000多家企业参展，总成交额 17.57 亿美元。昆交会奠定了昆明在当时的西南五省七方会展中心城市的地位，使昆明的城市基础设施、展览场馆规模和会展配套服务功能都向前迈出了一大步。首届昆交会成功举办以后，当时的外经贸部正式确定昆交会作为仅次于广交会的中国四大区域性交易会之一。近年来，在昆交会的成功办会基础之上，云南先后举办了国际旅游节、国际花卉展、民交会、中国国际旅游交易会等一些国际国内的会展活动。尤其是 1999 年世界园艺博览会的成功举办，中国—东盟部长级会议（GMS）的圆满召开，更让昆明成为国内的热点城市，使得云南的会展层次得到较大的提升。

昆明是全国会展业起步较早的城市之一。1991 年 5 月 21 日，经中共中央和国务院批准，第三届中国艺术节定于 1992 年 2 月 18 日在昆明举行，这是当时昆明承接的最高级别会展活动。该届艺术节还成功地将艺术与经贸、科技、旅游结合，签订各项经济技术协议和投资项目 300 多项，总成交额 84 亿元，旅游收入 500 万美元。从 1993 年昆明国际贸易中心建立及同年在该馆举办了首届昆明出口商品交易会开始，昆明会展产业正式起步，昆明在当时的西南五省七方展览中心的地位得到肯定。其后，昆明市又先后举办了中国艺术节和中国“金鸡、百花”电影节、亚洲民间艺术节、中国昆明进出口商品交易会、中国昆明国际文化旅游节、中国昆明国际旅游交易会、中国昆明国际花卉节、中国民族服装服饰博览会、全国民营企业交易会、中国舞蹈节、全国少数民族运动会、东亚城市市长论坛、国际城市可持续发展市长论坛等数十个国际性、全国性会议和展览。特别是 1999 年举办的“中国 99 昆明世界园艺博览会，”更是提升了昆明的开放度和知名度。

在会展经发展过程中，昆明提出了节、会、展等“大会展”发展战略。

在节庆品牌方面，昆明利用得天独厚的旅游自然资源和丰富多彩的民族历史文化所构成的人文资源，结合旅游业发展，推出了以“中国昆明国际文化旅游节”为代表的一批优秀节庆品牌，并发展成为在国内外具有一定影响的节庆活动。在会议品牌方面，积极申办各类高规格的全国性及区域性国际会议，多次组织或参与相关部门各类会议的争办、申办等活动，并组织由政府和企业构成的“混合兵团”，全方位出击，举办了“首届东亚城市市长论坛”、“国际城市可持续发展市长论坛”、“第三届国际学生奶大会”、“2005 年北极科学高峰周会议”、“第二届 GMS 国家领导人会议”等大型会议。在展览品牌方面，一方面着力打造如“中国昆明进出口商品交易会”等原有本地会展品牌。另一方面，我们结合自身优势，发动各方资源，积极申办了“世界马铃薯大会”、“第三届世界养生大会”、“第 52 届全国医疗器械博览会”、“全国库存商品及闲置物资交易会”等大型国际、国内品牌展会。一些展会主办方已选择昆明长期安家落户，这些展会正逐渐成为昆明地方会展品牌。

经过十多年的发展，昆明市的会展业已初具规模，软硬件设施日趋完善。在中国的中心城市中，昆明还率先提出节、会、展、演、赛大会展概念，云南悠久的历史、丰富的民族文化资源以及壮丽秀美的自然风光，将会展与旅游完美地结合起来。而新昆明建设也为会展业的发展提供了广阔的硬件平台。目前，昆明已建成规模及设施在西部城市首屈一指的昆明国际贸易中心，目前新落成的昆明国际会展中心新馆已正式投入使用，昆明国际会展中心占地面积达到 22.5 万平方米，新、老场馆总面积达 12 万平方米（新馆 7 万平方米、老馆 5 万平方米），约 5 500 个国际标准展位，大大加强了昆明市举办国内、国际会展的能力。

2005 年 7 月 10 日，在第二届中国会展业大奖颁奖典礼上，昆明市获得了当前中国会展业的最高奖项——2004 年度中国会展业最佳会展城市奖，同时还获得“2004 年度中国会展业最佳政府主导展览会奖”，昆明国际会展中心获“2004 年度中国会展业最佳展览场馆奖”。

此外，会展在全省各州市也呈现欣欣向荣的景象。各州市根据各自的旅游资源及特色产品着力打造会展经济。楚雄的火把节、赛装节，版纳的泼水节，大理三月街等传统民间盛会如火如荼，已经成为当地经济发展的一大品牌。近年来兴起的思茅中国普洱茶节，已经成功举办了八届；大理兴建的龙山国际会议中心成功举办了中国—东盟部长级会议，声名鹊起；瑞丽、腾冲先后举办了珠宝展。此外，像丽江的纳西古乐、大理新华村的银器、迪庆尼西村的土陶工艺、昆明艺术家沙龙—创库的艺术品展览等，尽管尚未成规模，但凭借其独特的艺术魅力，享誉海内外，为云南的会展业增添了多姿多彩的内容。

截至2006年，我省会展场馆总面积约20万平方米，其中，昆明占15万平方米（昆明国际会展中心一期5万平方米、二期7万平方米）。全年举办大小会展约20余个，基本上月月有大展，展览数量在全国名列前茅，初步具备承办国际性大型会展的能力。目前全省共有500多家企业专门从事各类会展活动的承办、会展场馆的装修与搭建、展品运输等服务工作，加上与会展相关的上千家广告、文化传媒、节庆礼仪、旅行社等企业，从业人员已超过2万人。当年累计完成产值约20亿元，实现签约金额约450亿元，占全省GDP总额的11%，仅次于北京、上海、广州、深圳、大连，在全国中等城市中属于会展先进城市。

附：2007年昆明国际会展中心展览计划

1. 2月2日~2月16日 新春购物节
2. 4月18日~4月20日 2007云南印刷物质机械及器材展览会
3. 4月25日~5月3日 关注艾滋、预防艾滋——2007中国昆明性健康暨性文化博览会
4. 5月16日~5月20日 云南地产文化节
5. 6月6日~6月10日 中国昆明进出口商品交易会
6. 6月15日~6月17日 2007首届云南物流产业博览会
7. 7月10日~7月16日 2007中国（昆明）东盟石文化暨石材博览会
8. 7月25日~7月27日 第四届昆明国际社会公共安全及警用装备博览会
9. 8月30日~9月2日 首届云南酒业博览会
10. 9月6日~9月9日 2007中国（昆明）国际花卉展
11. 9月11日~9月15日 2007中国昆明农业博览会
12. 9月21日~9月25日 2007昆明房地产交易会
13. 9月30日~10月4日 2007昆明（中国）汽车文化节

2.2 云南会展业存在的问题

但是，与全国会展经济发达的北京、上海、广州等城市和地区来比较，

目前云南会展经济发展仍然缓慢，还没有充分挖掘出会展经济的商机；会展产业的场馆建设、举办规模、管理机制、组织手段、配套服务等方面离国际水平还有相当的差距，因此云南在西南地区原有的会展经济区域优势正在逐渐地丧失。总体来说，云南会展经济的发展过程中主要存在以下几个方面的问题：

第一，会展经济基础仍然十分薄弱，展览场馆规模还不能完全适应会展需要。曾经名噪一时的昆明国际贸易中心也日益暴露出展位不适应、展览设施老化陈旧的问题。至于一些规模小、展出条件差的展览场馆更是不能适应逐渐走上规模化、国际化的会展经济发展要求。即使如此，现有的场馆仍然处于闲置浪费，有限的资源尚未实现优化组合，未能充分发挥出应有的作用。

第二，缺乏有效的宏观调控和行业自律，多头办展，重复办展，资源分散，无序竞争，价格混乱。这不仅仅是云南会展经济发展中存在的问题，其实也是我国整个会展经济发展中普遍存在的问题。展会审批政出多门，展览的规模和知名度都不高，能够在国内外产生广泛影响的品牌会展和精品展更是少之又少。同时，展会举办主体多种多样，其资质和服务良莠不齐，展会同质化、竞争白热化，一些低层次的重复雷同的展会多次举办，既浪费了会展资源，也没有收到实际效果，其产业带动效应远未充分发挥。

第三，会展产业的组织管理水平仍然不尽如人意。缺乏高素质的专业会展人才和先进管理手段，缺乏与国际会展市场的信息交流和沟通，展览会的配套设施和服务不到位，展会的规模、质量和效益不高，会展计划存在盲目性和短期行为，缺乏对市场、经营、法律等必要条件的调查研究，盲目进入，经济效益差，资源分散，难以形成较强的市场开拓能力。

第四，会展客户流失严重，培育和巩固会展客户资源的工作处于被动和严峻的境地。客户关系管理混乱，业界尚未对客户资源流失原因引起足够重视并着手分析与改善，致使一些成功展会逐渐丧失竞争优势。不少办展企业和组织者由于缺乏对客户关系管理的认知，无法改善与客户的沟通技巧，忽视数字时代客户对互动性与个性化的需求，仍然热衷于以传统的方式盲目加大广告投入或用传统营销渠道去组织潜在客户，因此，现有客户的忠诚度无法得以有效提升，无法及时有效地解决客户关系管理中存在的问题，客户资源的流失就不会停止。

’99 世界园艺博览会的成功举办已经为云南昆明带来了提升城市知名度、调整和发展会展经济的重大机遇。世博会能在一定时期内产生巨大效果，但能否长久保持，还是要取决于经济发展。昆交会已牢牢锁定了云南面向东南亚经济的中心地位，也使自己成为云南会展中的一个名牌。但云南要全力打造中国西南会展中心，蓄势冲击会展经济强省，仍然任重道远。云南会展经济潜力极大，对于如何充分利用现有会展场馆，吸引更多大型国际会议与展览，积极引导、拓展会展产业和开发会展服务为相关产业，铸就国际会展品牌，助推会展经济，是云南会展经济建设健康持续发展面临的新课题。因此，对于云南会展经济中长期发展目标做如下分析与建议。

2.3 云南发展会展经济的优劣势分析

会展经济需要具备相应的社会条件才能健康有序的发展，总体上而言，云南省已经具备这样的条件，特别是像昆明这样的大中城市。云南发展会展经济既存在有利的一面，也存在一些不利的因素，具体表现在以下几个方面：

——区位优势明显。云南自古以来就是东亚大陆与中南半岛、南亚次大陆各国进行经济贸易以及政治联系的陆路枢纽。云南与越南、老挝、缅甸三国接壤，国境线长达4 000多公里，有11个国家级口岸和9个省级口岸以及近百条边境通道的有利条件。因此，得天独厚的地理条件为云南会展经济的飞速发展以及积极参与国际化创造了良好的基础。

——气候条件优越。滇中地区拥有世界上同纬度或者同海拔地区独有的“冬无严寒，夏无酷暑”的气候特征，是中国乃至世界上气候条件最好，一年四季都可以举办国际、国内会展的城市。同时，以昆明为代表的大部分地区舒适宜人的气候条件造就了昆明“春城”的美誉，并且成为一种非常重要的旅游资源和旅游优势，是开展观光旅游和发展商务旅游的最佳区域；无论是开展节日庆典、纪念活动、商贸展览、体育运动、会议旅游都非常适宜。

——城市基础设施日益完善。近年来，云南城市经济持续发展，区位优势日益明显：云南建设国际大通道，昆明是枢纽和战略支点。旅游业的地位不断提高，到云南旅游的人数正以年均20%以上的速度递增，成为中国重要的旅游大省。商务旅游规模逐渐增大，20世纪90年代以来，先后在昆明举办了第三届中国艺术节，’99昆明世界园艺博览会等独具地方特色的大型国际、国内会展活动，为云南今后举办大型会展以及节庆活动积累了丰富的经验。昆明国际机场年吞吐旅客达千万人次，已跻身国内前五大机场。初步形成省内高速公路网，覆盖各主要地州。

——历史文化积淀深厚。云南在历史上是古滇文化、南诏文化、大理文化、东巴文化的发祥地，也是南亚文化、吐蕃文化、伊斯兰文化和中原文化的交汇地。多样的气候、旖旎的风光、悠久的历史、多姿多彩的民族风情，构成了云南独特的旅游文化资源，为会展旅游提供了足够的吸引力。

——会展初步具备规模。云南省自1993年至今，仅在昆明国际会展中心就一共举办会展活动200余次，涉及的行业有20多个。目前，每年有近300个各种类型的会展在昆明举办，加上云南省在昆明以及各个州市举办的各种节庆活动，其直接经济效益将超过2亿元人民币。这些会展活动的举办，培养了具有一定数量和有实际经验的会展管理、服务人才，积累了丰富的办会经验，同时，各种会展设施也日益完善。

当然，与国内会展经济发达地区相比，云南省在会展经济的发展过程中也存在着一些问题和差距。主要有以下几点：第一，缺乏规范的会展行业管理体系和运作模式。目前，政府和企业都在办会、办展，没有科学、合理的会展经济“游戏规则”；会展经济的经营和管理缺乏一整套完整的规章制度，政府和企业各自承担的责任和义务还不明确。第二，缺乏发展会展经济的总体规划和宏观调控机制，没有统一的会展管理机构从宏观上来规划和调控会展经济的发展速度、规模和层次水平，以保证会展经济、会展产业健康有序的发展。第三，缺乏完整系统的会展经济鼓励政策和措施，以调动社会各界和各方面的主动性来积极争取举办各种国际、国内会议、展览会和交易会。第四，在全国全世界知名度大的品牌会展不多，全省除世博会在国际上的知名度较高，且能长期发挥效应以外，其他的会展都还不具有品牌优势，品牌会展的数量少、多数会展的档次低、吸引力有限。第五，缺乏会展专业性人才。会展教育跟不上，云南本省会展从业人员大多数是“半路出家”，总体业务水平还不高，特别是专业研究会展理论的研究人才更缺乏。

3. 会展业与GDP的定量分析

3.1 国内生产总值（GDP）的构成及计算方法

按照西方经济学中有关宏观经济学的理论，国内生产总值，即GDP是指一国或者一个地区在一定时期内运用生产要素所生产的全部最终产品的价值，其中包括生产的物质产品和提供的各种劳务。这一个概念包括以下几层意思：第一，GDP是一个市场价值的概念，各种最终产品的价值都是用货币加以衡量的。产品市场价值就是用这些最终产品的单位价格乘以产量获得的；第二，GDP 测度的是最终产品的价值，中间产品价值不计入 GDP，否则就会造成重复计算；第三，GDP 是在一定时期内，一般为一年内所生产而不是所售卖掉的最终产品价值；第四，GDP 是指在计算期内所生产的最终产品价值，它是一个流量，而不是一个存量。流量是指一定时期内发生的变量，而存量是指在一定时点上存在的变量；第五，GDP 是指一国范围内生产的最终产品的市场价值，因而是一个地域概念，而与此相联系的国民生产总值（GNP）则是一个国民的概念，即是指某国国民所拥有的全部生产要素所生产的最终产品的市场价值。在宏观经济学中，核算 GDP 可以采用生产法、支出法和收入法。其中，最常用的是后面两种方法。同时，还可以发现，采用的核算方法不同，那么 GDP 的构成也有不同的计算内容。

用支出法核算 GDP 就是通过核算在一定时期内整个社会购买最终产品的总支出，即最终产品的总卖价来计量 GDP。在现实生活中，产品和劳务的最终使用，除了居民消费，还有企业投资、政府购买以及出口。因此，采用支出法核算 GDP，就是核算经济社会在一定时期内消费、投资、政府购买以及出口这几个方面支出的总和。其中，消费支出包括购买耐用消费品、非耐用消费品和劳务的支出。但是建造住宅的支出不包括在内。投资是指增加或者更换资本资产的支出。投资包括固定资产投资和存货投资两大类。投资也就是一定时期内增加到资本存量中的资本流量，而资本存量是指经济社会在某一时点上的资本总量。政府购买是指各级政府购买物品和劳务的支出，如政府花钱设立法院、提供国防，修筑道路、开办学校医院等方面的支出。政府购买只是政府支出的一部分，政府支出的另一些部分如转移支付、公债利息等都不计入 GDP。GDP 的核算包括了出口，但是是在减去了进口之后的出口，也就是净出口。进口应该从本国总购买中减去，因为进口表示收入流到国外，同时，也不是用于购买本国产品的支出；出口则应该加入本国总购买之中，因为出口表示收入从外国流入，是用于购买本国产品的支出。因此，净出口应该计入总支出，它有可能是正值，也有可能是负值。将上述四个项目加总，即用支出法核算 GDP 的公式为：GDP = 消费 + 投资 + 政府购买 + 净出口。

在用收入法核算国内生产总值时，即用要素收入，也就是企业生产成本来核算国内生产总值。用收入法核算的国内生产总值主要包括以下项目：（1）工资、利息和租金等生产要素的报酬；（2）非公司企业主收入，如医生、律师、农民和小店主的收入；（3）公司税前利润，包括公司所得税、社会保险税、股东红利以及公司未分配利润等；（4）企业转移支付以及企业间接税。其中，企业间接税主要包括货物税或者销售税和周转税；（5）资本折旧。资本折旧虽然不是主要要素收入，但是应该包括在总投资中，因此也应该计入GDP。综上所述，按收入法核算的国内生产总值构成为：GDP = 工资 + 利息 + 利润 + 租金 + 间接税和企业转移支付 + 资本折旧。在理论上，用收入法核算的 GDP 应当和支出法核算的时相等的，但是实际核算中常常有误差，因此还要加上一个统计误差。

3.2 云南 GDP 水平及其构成

在全国各省份的 GDP 排名中，云南在近几年一直向前挺进。经过初步核算，2005 年云南省生产总值（GDP）完成3 472.34亿元，按可比价格计算，比上年增长 9.0%，在全国 31 各省市中排第 25 位。但是按人均 GDP 排名来看，2005 年云南省人均7 701元，在全国排名第 32 位。其中：第一产业增加值 656.18 亿元，增长 6.3%，拉动 GDP 增长 1.1 个百分点；第二产业增加值1 449.71亿元，增长 8.5%，拉动 GDP 增长 3.6 个百分点；第三产业增加值1 366.45亿元，增长 10.8%，拉动 GDP 增长 4.3 个百分点。结构调整取得新进展，第一、二、三产业增加值的比例由上年的 19.3∶41.6∶39.1 调整为 18.9∶41.7∶39.4。人均 GDP 为7 833元，跃上人均 900 美元新台阶，比上年增长 8.1%。2005 年非公有经济蓬勃发展，经济规模不断扩大，活力增强，创造增加值1 215亿元，占全省生产总值的比重达 35.0%，比上年提高 1.7 个百分点。“十五”期间 GDP 年平均增长 9.1%，比“九五”期间的年平均增速快 0.4 个百分点。全年社会劳动生产率14 315元/人，按可比价格计算，比上年增长 6.8%。但是，云南由于工业基础薄弱、交通等基础设施在全国比较落后，加之教育文化发展还与全国平均水平差距较大，因此，全省会展经济的发展也受到了一定程度的制约。

3.3 会展经济对云南 GDP 贡献的定量分析

如上所述，自 1993 年尤其是’99 昆明世博会以来，会展经济在云南得到了飞速发展。但是，会展产业会展经济作为一个新兴的产业，其对云南国内生产总值的推动作用，在很多人包括政府官员和研究学者的眼里，只是一个比较感性的经验感受，而没有定量的分析结果可以说明会展经济究竟对云南 GDP 的影响力有多大。因此，为了深入研究云南会展经济发展情况，使会展产业更好更快的拉动云南国民经济发展，为政府制定促进会展业健康持续发展的产业政策提供理论依据，就很有必要对会展经济对云南 GDP 的贡献力度进行定量分析。在表 2、表 3、表 4 中对云南会展产业发展的数据（包括了云南 1996 年至 2005 年十年之间昆交会、昆明房交会以及云南各地州的重要会展的数据）进行汇总，对比云南历年 GDP 数据，可以得到以下模型数据分析表。以下是有关云南会展产业的相关数据。从中可以发现云南会展经济一直以规模不断加大、办会办展数量也逐年增多、会展签约金额也飞速增长为特点。

表 2　昆交会历年数据

所属年份	经贸成交额（亿美元）	云南历年 GDP（亿元 RMB）
1996	12.53	1 470
1997	15.67	1 644.23
1998	18.17	1 793.90
1999	18.28	1 855.74
2000	19.81	1 955.09
2001	20.21	2 074.71
2002	19.29	2 232.32
2003	21.34	2 465.29
2004	20.66	2 959.48
2005	15.97	3 472.34

表 3　昆明房交会历年数据

所属年份	成交额（亿元 RMB）	云南历年 GDP（亿元 RMB）
1996	——	1 470
1997	——	1 644.23
1998	0.42	1 793.90
1999	1.9	1 855.74

续 表

所属年份	成交额（亿元 RMB）	云南历年 GDP（亿元 RMB）
2000	5.5	1 955.09
2001	19.05	2 074.71
2002	8.86	2 232.32
2003	14.6	2 465.29
2004	14.3	2 959.48
2005	15.59	3 472.34

表 4　云南州市会展统计数据

所属年份	签约成交额（亿元 RMB）	
2001	0.5	
2002	0.9	
2003	0.75	
2004	2.0	
2005	1.9	

表 5　云南会展经济与 GDP 统计数据对比表

所属年份	全年签约金额（亿元）	云南省 GDP（亿元）	云南省 GDP 增长比%	签约金额占 GDP 比重%	拉动 GDP 百分比%
1996	100.24	1 470.00	6.8		
1997	125.36	1 644.23	7.5	7.6	1.0
1998	145.78	1 793.90	7.9	8.1	1.1
1999	148.14	1 855.74	6.3	8.0	1.8
2000	163.98	1 955.09	7.1	8.4	1.7
2001	227.63	2 074.71	6.5	10.8	2.2
2002	214.08	2 232.32	8.1	9.6	1.9
2003	386.07	2 465.29	8.6	15.7	2.3

续 表

所属年份	全年签约金额（亿元）	云南省 GDP（亿元）	云南省 GDP 增长比%	签约金额占 GDP 比重%	拉动 GDP 百分比%
2004	482.28	2 959.48	11.5	16.3	0.8
2005	448.25	3 472.34	9	12.9	0.97
2006	467.55	4 001.87	11.9	11.7	0.43

3.4 关于模型变量选取的说明

我国整个会展产业在 20 世纪 80 年代初才真正开始逐步发展，而云南省直到 1993 年昆明国际会展中心场馆建成以后，会展经济才正式起步发展。因此，1993 年以后很长一段时期内云南省会展经济在很大程度上都是计划经济体制下的政府行为，没有引入市场竞争机制，也缺乏推动会展产业高速健康发展的动力。从 1999 年昆明世博会开始，才慢慢地引入了市场竞争机制。与此同时，昆明国际会展中心也在近年进行了公司制改革。但是，遗憾的是，整个会展产业在云南发展了十多年，却很难找到一些有关会展产业的统计数据和研究成果。在会展产业统计数据比如参展人数、会展公司收入、会展行业直接收入、间接收入、全年会展数量等严重缺失的情况下，只能根据现有的数据如签约金额等来找出会展经济与云南 GDP 的定量关系。事实上，会展签约金额是在会展活动举办期间，买卖双方达成的交易成果，可以在很大程度上反映出一个地区会展经济的发展状况。因此我们就选取了会展签约金额作为定量分析的一个关键变量，建立起一个计量经济模型，力图通过相关的数据分析软件找出它与 GDP 之间的相关关系。本模型以云南 GDP 作为被解释变量，历年的全年会展签约金额作为解释变量。此外，该模型选取的样本区间为 1996 年至 2005 年。

3.5 对模型进行 OLS 分析

对表 5 所列的数据，运用 OLS 法估计模型参数，现根据计量经济学软件 EViews 4.0 估计结果如下：

表 6　云南 GDP 与会展经济相关分析模型的估计结果

被解释变量：Y　方法：最小二乘法　日期：01/06/07 时间：19：15

样本：19962005　样本范围：10

常数和解释变量	参数估计值	参数标准差	t－统计量值	双侧概率
C	1 183.404	146.4296	8.081728	0.0000
X	4.131787	0.525627	7.860675	0.0000
可决系数	0.885371	被解释变量均值		2 192.310
修正的可决系数	0.871042	被解释变量标准差		620.6969
回归方程标准差	222.8967	赤迟信息准则		13.82815
残差平方和	397 463.4	施瓦兹信息准则		13.88867
似然函数的对数	－67.14075	F－统计量		61.79021
德宾—瓦森统计量	1.871381	F－统计量的概率		0.000050

通过以上分析以上估计结果，可以得出该模型回归分析的表达式为：

$$GDP = 1183.404 + 4.131787X$$

SE：（146.4296）　　（0.525627）

t：（8.081728）　　（7.860675）

可决系数 $R2 = 0.885371$，$F = 61.79021$，$DW = 1.871381$

模型检验：可决系数检验：$R2 = 0.885371$，说明模型在整体上拟合非常好，也即用全年会展签约金额来解释其对云南 GDP 增长贡献相关度比较高。

表 7　云南 GDP 与会展经济相关分析模型的拟合图

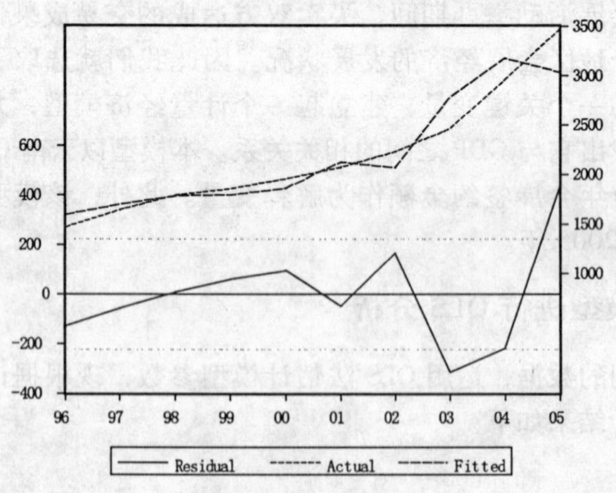

3.6 模型结论的解释

从表7云南GDP与会展经济相关分析模型的拟合图中，我们可以发现，实际线与模型线拟合效果较好，残差图波动幅度整体上比较理想。只是在1999年后期其波动幅度较大。这一点其实也可以从表五中找到答案。在表5中显示，从1999年到2001年，云南会展签约金额在本省GDP中的比重一直从8%增长到10.8%，2002年略有下降，但是到2003年其比重突增至15.7%，然后又呈现出一个缓慢的下降阶段。其实，我们在实证研究中也可以很快找到其上下波动的真实原因。在1999年，云南昆明举办了举世闻名的世界园艺博览会，全国乃至全世界各地游客蜂拥而至，加之当年云南也借世博会之机遇举办了大大小小200多个会展活动，因此，其在云南GDP中比重增长比较快速。世博会的联动效应也一直延续了三年之久。但是很明显的一个问题是，世博会举办三年之后，其延续的产业联动的影响力也开始慢慢地淡化。但是，总体上来说，云南会展经济的发展趋势还是相当迅速而且发展规模日益庞大，其在云南GDP中的比重曾突飞到历史性的16.3%。但是，我们还是必须面对一个相当严峻的问题，那就是'99昆明世博会的后续影响力我们能否持久地发挥下去？也就是，在世博会的耀眼光环之下，我们应该如何开拓出一个全新的“后世博”时代，使得云南会展经济在世博会带来的良好机遇与历史背景之下继续保持健康良好的发展态势，以强力推进全省整体国民经济的腾飞？这就是我们在云南会展经济发展过程中必须回答的一个全新课题。

4. 云南会展业发展的挑战与思路

经过十多年的发展，云南会展经济无论是从规模还是从水平来看，已经初具规模，但是，放眼全国乃至全世界，云南会展产业发展还处于初级阶段，发展道路仍然很漫长，任务依然很艰巨。因此我们不得不认真地思考和面对云南会展经济面临的挑战：

一是来自于自身的挑战：云南虽然具有面向东南亚的区位优势，但是云南尚处于经济欠发达地区，经济总量比较小、产业面狭窄、优势产业缺乏，市场消费能力不足，市场辐射能力较弱、商贸集散能力差，难以支撑某些专业会展和高端会展的形成。此外，云南全省的交通、通讯、广告、媒体等硬件和软件设施建设相对落后，展品运输成本相对偏高，因此对全国很多省份参展商和参展观众的吸引力较弱，使得一些展会的规模难以扩大、难以吸引参展客商再回头参展，在一定程度上制约了会展的快速发展。

二是来自于同业内兄弟省份城市的挑战：主要是来自西南相邻省份城市的竞争，尤其是广西南宁、四川成都以及重庆这些城市的会展经济奋起急追。相比之下，广西南宁的会展经济步步紧逼昆明，并且大有大步超过昆明之势。南宁国际会展中心2001年才开始建设，但是南宁会展经济发展速度却相当惊人。2003年10月8日，中国国务院总理温家宝在第七次中国与东盟（10+1）领导人会议上倡议，从2004年起每年在中国南宁举办中国—东盟博览会，同期举办中国—东盟商务与投资峰会。因此，中国—东盟博览会永久落户南宁，使广西以及南宁的知名度大大提升，也极大地提升了南宁会展经济的发展步伐。南宁的东博会对昆明的昆交会就是一个很现实和很严峻的挑战。此外，南宁本身也已具备了发展会展经济的“地利”和“天时”——背靠大西南，面向东南亚，毗邻粤港澳，具有得天独厚的区位优势和地缘优势，而且南宁所在的广西壮族自治区境内交通比较发达，南面有着漫长的海岸线和优良的海港，这些对精明的参展商采取更加低廉的海运方式降低参展成本很有吸引力。更重要的是，随着中国—东盟自由贸易区的建立，南宁将发展成为泛珠三角经济圈、大西南经济圈和中国—东盟自由贸易区的枢纽城市。北面，还有会展经济相当发达和产业体系比较全面的四川成都在和昆明激烈地争夺西南会展经济中心城市的地位。由此看来，云南省会展一直在强调的区位优势似乎风光不再。

因此，我们既要看到云南会展经济经过十多年的发展所取得的成绩，同时也要看到云南会展在激烈的竞争当中面临着被边缘化的挑战和危机。尤其是’99世博会以来，云南会展的发展态势如何，云南会展对区域经济的贡献力度大小，等等，这是我们必须思考的云南会展在后世博时代发展思路的问题。总体来说，云南会展业发展的机遇与挑战并存。为使云南会展继续保持强劲的增长势头，实现可持续的、稳定的发展，云南必须有所作为，理清会展发展思路，制定出台相应的对策，以便在国内会展产业日益激烈的竞争中走在前列。

4.1 云南发展会展经济的政策构想

为了解决上述问题，规范云南省会展经济的健康发展，很有必要深入探讨会展产业发展的政策框架，并提出具有建设、可操作性的政策建议，这已经成为推进云南省会展产业发展的当务之急。

4.1.1 制定会展经济发展政策必须考虑的因素分析

政府为支持或者限制某行业而做出的重大决策，是行业发展的指向标，政策一旦出台，对整个行业的发展将具有重大而深远的意义。因此，产业政策的制定必须是严肃而谨慎的，对会展产业而言，首先要弄清以下重大问题，因为这是政策制定的前提和基础。

(1) 要发展会展产业还是制约会展产业

这是一个最根本的政策导向问题。为了制定出高水平的产业政策，目前最关键的是加强对会展产业的研究，真正弄清楚为什么要发展会展产业？会展产业对当地经济解决了哪些问题？对经济增长、对人民生活水平提高有哪些好处等等这些基本问题。从目前已有的研究成果来看，会展产业的研究十分薄弱，甚至连几份系统的研究报告都拿不出来。也就是说，目前的理论研究水平离制定政策的需要还有很远的距离。

(2) 是遍地开花还是某些地区优先发展

这是一个相当重要的有关产业的地区布局问题。会展产业的发展要有一定的基础条件，如自然地理条件，交通、通讯等基础设施，会展场馆，产业基础，政策环境等等。并不是所有的城市、所有的地区都具备这些条件，所以会展产业的发展不可能遍地开花，只能根据这些条件，有选择、有重点的发展。

(3) 是展览、会议与大型活动同步发展还是分类区别优先发展

这是一个重要的产品布局问题。从国外的相关研究来看，不少学者把展览、会议与大型活动捆绑在一起，共同构成一个“会展产业”，其理由主要有两点：一是这三类活动都是经过长时期策划、短时期聚集、对餐饮住宿旅游等具有较大带动性的活动；二是因为近年来的发展趋势已经表明这三类活动之间的界限在逐渐模糊，通常的情况是展中有会、会中有展、大型活动中既有展又有会。但是，从活动的目的和具体运作方式来说，三者又有较大区别。一般来说，展览尤其是商贸展览，其直接目的是促成交易，是商品买家和卖家的聚会。而大多数会议的目的在于交流信息，或者是单向的宣传，如培训、产品说明会等等，或者是双向的交流，如研讨会等。相比之下，大型活动如世博会以及各地的节庆活动等，其目的性比较复杂，可能是为了政治宣传，也可能是为了活跃居民生活，或者是为了树立政府形象等等。一般情况下大

型活动的市场化程度比较低，大多数需要政府补贴。鉴于这三类活动的不同特点，因此在制定政策时，不能同步发展，要区别对待，必须根据实际情况具体研究具体布局。

（4）如何处理保护民族产业和对外开放的关系

这不仅是云南会展产业，也是整个中国会展产业如何适应 WTO 规则，并在国际经济一体化背景下寻求发展的重要问题。在我国，会展产业虽然发展迅猛，但是还是一个“幼稚产业”，产业组织化程度不高，国际竞争力不强，这些都是不容回避的现实。造成这种现状的原因是多方面的，比如 A. 会展行业改革相对滞后，计划经济体制下的利益格局尚未解除，会展产业中的政企关系尚未理顺；B. 会展行业的开放滞后，国外展览公司的办展资格受到限制，同 WTO 所倡导的开放、竞争与国民待遇精神差距很远；C. 政策供给严重滞后，导致会展产业无规可循，办展办会主体鱼龙混杂，扰乱了市场秩序，损害了行业形象；D. 行业自律组织发展严重滞后，全国性行业协会尚未形成，各地方协会不少流于形式，形同虚设，职能残缺，等等。这些问题是由于历史原因造成的，不可能在较短的时期内彻底解决，而中国已经加入了 WTO，对国外会展企业开放市场是一个必然的趋势，因而协调民族会展产业与国际会展产业之间的关系，同样是政策制定中必须慎重考虑的问题。

4.1.2 制定会展经济发展政策必须遵循的基本原则

从根本意义上讲，产业是一个经济概念，是一系列以经济收益为最高目标的企业综合体。依靠政府投资固然能够扩大一个产业的经济总量，但是无法从根本上做强一个产业。会展产业政策的制定，必须以市场模式为指导方针，遵循市场经济规律。针对会展业独有的产业特点，因此，在制定会展产业政策时，必须遵循以下几个基本原则：

（1）要坚持公益会展、政治会展与商业会展分开的原则。上述三者展会的目标和评价标准是有重大差异的。企业组织不可能赔本从事公益展会与政治展会的举办，而从社会效益来说，这些展会又都是不可缺少的。比如’99 昆明世博会，应该说是一个政治性的会展，没有任何一家企业会投入巨资来承办，只有政府来买单。但是这个会展对提高云南在全国乃至全世界的知名度和影响力是功不可没的，其对昆明以及云南全省的旅游、交通、通信、餐饮、广告、文化等行业以及基础设施建设的拉动作用也是非常巨大的。所以不能不顾展会性质，简单界定会展产业中的政企关系，也不能简单的讨论政企分开的问题，重要是搞清楚哪些展会需要政府出面，哪些展会需要政府的退出。

（2）公益会展等具有明显社会效益和政治效益，虽然需要政府投资，但是在条件许可的情况下应该通过市场化方式进行运作。虽然会展场馆建设、公益会展举办等需要政府的投资，但是并不意味着这些活动与市场没有任何关系。相反，只有通过市场化的方式来运作，才能够确保财政资金的使用效益。比如在上述会展活动中，许多具体的运作环节如会议室与宾馆的租赁、具体承办公司的选择等可以采取市场化的招标制度。

（3）商业会展是会展活动产业化的基础，只有从事商业会展的主办、承办以及配套服务商大量存在，而且其营业额能够占据一定比例的时候，会展业才能够真正成为一个“产业”。这是会展产业政策制定中必须坚持的一条核心原则，要通过自由市场行为壮大会展产业，而不能本末倒置。

（4）要采取渐进式产业化发展和改革模式，从政府主导型会展产业发展道路逐步演变为自由竞争性市场主导发展模式。之所以要坚持上述发展模式，主要是考虑两种原因：一是目前政府介入会展行业的程度依然较深，这种利益格局不可能立即打破；二是会展产业市场化的发展需要一定的制度、法律、政策和市场环境，而这种环境目前尚未成熟。在这种状况之下，如果没有政府的主导，很可能陷入更大的混乱状态之中。但是从长远来看，政府主导的发展模式只能是一种过渡形态，自由竞争的市场主导发展模式将会是一种必然的选择。

4.2 发展目标建议

目标定位：云南省应根据全国会展经济发展的总体格局和自身会展经济发展的潜力有远见地、恰当地确立会展经济的发展目标，力争实现会展业产值达50亿，拉动GDP 3%～5%，占GDP总量的15%。根据云南各地经济发展水平、商贸发展水平、会展场馆设施情况、旅游接待能力、区域交通条件、地理区位特征、社会事业发展水平等城市会展经济发展潜力的实际状况，建议云南会展经济建设按照“一个核心，三个重点，逐级铺开，分类指导”的多层次、多级别的发展思路进行规划和建设，即将全省划分为会展经济发展“核心区域—昆明市”、“重点区域—大理、景洪、曲靖”、“逐级铺开—其余旅游城市”。昆明市为云南省核心会展城市，其目标应是将会展作为城市新的经济增长点来进行培育，并逐步发展成为一个独立的产业；大理市、景洪市、曲靖市等为重要的会展城市，其目标是将会展作为潜在的产业加以培育和扶持。就云南的实际情况来看，根据分类指导的原则，大理、景洪、丽江等城市重点发展旅游文化会展业，其目标是将会展作为会议旅游和商务旅游的重要内容来加以发展和培育；曲靖、玉溪等城市优先发展工业、资源会展业；而昆明可以依托已有的会展基础设施和发展经验，继续加大昆交会、花卉、车市、房交会等知名品牌会展的影响力，有选择、有重点的推出一些新的品牌展会，为昆明乃至全省的旅游、交通、通信、餐饮、文化等行业的发展作出更大的贡献。

4.3 对策措施建议

4.3.1 继续突出区位优势，着力将昆明建成中国面向东南亚、南亚的区域会展中心城市

随着中国—东盟自由贸易的建立，面向东南亚、南亚大通道建设的启动，昆明会展产业在十多年快速发展的基础上，又迎来了一次千载难逢的发展机遇。突出面向东南亚、南亚的区位优势，打好东盟牌，是昆明突出会展特色，也是昆明会展继续大步前进的必然选择。在具体措施上，应加大力度在国内外宣传昆明会展的特殊区位优势，选择北京、上海、香港以及周边国家重要城市分别举办“昆明会展宣传推介会”；加快与周边国家会展机构的密切合作，形成相互参展招商的合作机制；研究策划一批与东盟贸易接轨、市场互补，具有较强吸引力的会展项目，逐步培养壮大形成会展品牌。

4.3.2 明确政府职能定位，制定政策导向，完善“游戏规则”

在市场经济的框架中，政府是政策、法律、法规等公共产品的提供者，其主要的经济职能目标是为微观企业营造公平的竞争环境并创建良好的投资环境，其主要任务是建立相关的管理机构、制定产业发展政策与规划、制定相应的法律法规等等。就政府在我省会展产业中长期发展中需要做的主要工作而言，应该包括以下几点：第一，建立全省统一的会展产业监管机构，根据展会性质和规模实行分类管理。对全国性特大型的展会活动以及涉及国家和民族利益的敏感性展会活动继续实行审批制，对中小型展会活动尤其是经贸类展会活动，取消审批制，推行备案制。第二，制定我省会展产业中长期发展产业政策。产业政策是市场经济国家调控宏观经济的重要手段，是决定产业发展方向、规模和速度的重要因素。就会展产业来说，主要的产业政策应该包括以下五个方面：

（1）会展产业的地区扶持政策。政府应该根据各地经济发展特征、会展资源的分布状况对会展产业的重点发展地区和非重点发展区域进行合理划分。

（2）会展业的行业扶持政策。从目前来看，绝大多数行业都有举办会展的动机，但是政府应该根据本地区经济的整体产业发展重点和不同产业在不同地区的布局，有重点的选择相关行业给予政策扶持，提高全省会展产业的组织化水平。

（3）企业扶持政策。"品牌"在展会活动中是一种重要的无形资产，是决定展会规模、影响力以及竞争力的重要因素，因此我省会展产业要做大做强，就必须对品牌展会加以保护和扶持，以加快同类或相似展会的重组步伐，推动会展产业的规模化、集团化发展。重新梳理有关会展产业的各种政策法规，建立统一的会展行业管理办法，解决政出多门、互不协调的混乱状态。从目前涉及会展产业的相关法规、通知、管理办法来看，商务厅、贸促会、工商、海关以及科委等部门都从不同的角度出台了有关管理办法，为了确保政令统一，规范市场行为，必须对现有的法律法规进行梳理，该合并的合并，该取消的取消，该调整的调整，以建立系统、统一的会展产业行政监管体系。

（4）将会展产业纳入国民经济统计体系。统计资料是国家制定宏观经济政策的重要参考依据，但是会展产业只是近几年才引起人们较大的关注，会展方面的数据目前还没有纳入国民经济统计体系。行业统计资料的缺乏，不仅给会展理论研究带来了困难，更为严重的后果是，一些"功利性"特征明显的研究成果和言论，对整个会展行业的决策产生了误导。所以，尽快建立会展产业统计体系，弄清会展产业的真实发展状况，这是制定会展产业中长期发展政策的当务之急和基础工作。

（5）理顺政府在会展活动中的职能定位，处理好政企关系。展会活动是一种特殊的社会经济活动，在很多情况下离不开政府的支持和参与。因此，在会展产业中不能简单地提出"政企分开"的政策建议，更重要的是明确政府在会展活动中的职能定位，根据会展活动的特点灵活处理政企关系。

4.3.3 借鉴国外先进管理经验，将会展场馆视为城市配套的公益设施，免征其房产税、土地使用税和减免相关的地方税费，使之更好地为拉动地方经济建设和推动社会进步提供优质服务，而不仅仅通过办会办展纯粹追求经济效益

4.3.4 加大会展促销力度

可以考虑每年以云南省政府的名义在北京召开"云南会展产业情况通报会"，旨在宣传云南、昆明办展会的优越条件，同时联谊沟通国家各部委、各行业协会、国际组织办展机构的关系，积极争取举办各类国际性、全国性、

区域性的大型会展。

4.3.5 强化行业协会功能，完善协会的服务与协调职能。在市场经济条件下，行业协会的一般职能主要包括以下几个方面

（1）政府与企业的“桥梁”，在行业内贯彻政府制定的产业政策，并代表行业利益向政府寻求政策支持；

（2）行业的信息与研究中心，搜集整理国内外同行发展信息，并进行分析研究，为会员单位提供决策参考；

（3）会员的教育培训中心，对会员提供有针对性的职业培训；

（4）从业人员和公司法人的资质与信誉评估认证中心，以优化从业人员结构，提高行业竞争力。

根据行业协会应有的职能定位出发，对全省会展产业行业协会的发展及其功能提出如下政策建议：一是建立会展行业的职业培训体系，制定从业人员资格认证标准，推行从业人员资格认证制度。会展人才的问题是当前会展产业中最严峻的问题之一，目前会展行业从业人员大多数半路出身，业务素质不高，缺乏专业知识与培训。因此，行业协会在会展人才的培训教育中承担着很重要的作用和艰巨的任务。二是建立会展行业的法人资质评价体系，对会展企业进行资质与信誉评定。从目前会展产业的实际情况来看，很多参展企业由于不了解展会信誉状况，参加的不少展会没有实质内容，甚至有欺诈行为，严重损害了参展参会主体的利益，也破坏了会展产业的行业形象。因此，推行会展行业法人资质评价制度，对不同会展企业进行客观真实的法人评价，将会大大降低会展产业的交易成本，对维护会展产业的市场秩序，促进会展行业的优胜劣汰，保护会展参与者的利益，将起到积极的促进作用。三是建立会展产业信息中心，一方面可以为政府制定会展产业宏观调控政策和会展企业制定微观经营决策提供依据，另一方面，通过公布会展企业与从业人员的资质状况等措施，为参展参会人员提供行为选择参考。信息中心一方面要公布会展行业发生的重要信息，另一方面要公布会展企业和从业人员的资质状况，在各种参展参会邀请函真假难辨的时候，参展商可以通过简单的网上查询，了解展会活动主办方的资质与信誉状况，从而做出正确的决策。四是加强会展业的产业发展研究，为会员单位提供有价值的研究报告。目前，会展产业的研究成果非常薄弱，基于大量调查研究、有重大参考意义的研究成果非常少，大量的文章只是就某一具体问题而发表只言片语，甚至是无病呻吟，既缺乏理论价值，又缺乏实际指导意义。究其原因，一方面是由于会

展业资料缺乏，从事会展理论研究面临困难，另一方面是专业从事会展研究的高素质人才非常少。因此必须大力鼓励高素质的研究队伍参与会展产业研究，推出一系列有影响力的研究成果，以指导全行业的发展，提高会展行业的政策和决策水平。

4.3.6　鼓励多种经济成分参与，走市场化、产业发展模式。企业是市场经济的微观主体，会展产业的生命力最终取决于会展企业的活力

会展活动上升为“会展产业”的一个重要前提是，必须在会展产业链上有大量以盈利为目的的会展企业存在，单纯依靠政府补贴和政府行为办会办展，会展活动将永远无法上升到“产业”的高度，会展经济自然也只能成为一句空话。会展企业在会展业三个主体关系中，应该发挥以下作用：第一，探索会展中心的建设与经营管理模式，走市场化发展道路。会展中心是会展活动的有形载体，会展产业链上各利益主体的价值要在会展中心得以体现。从我国各地会展中心的实际情况来看，绝大部分是由政府投资形成的“标志性”建筑，沉淀了大量的国有资产。但是，如此庞大的国有资产其利用效果如何，有没有更好的管理方案替代，这是一个很值得深思的问题，鉴于这种情况，建议会展中心应采取市场经营模式，这种模式包含两层含义：一是在会展中心实体建设中，可以吸收多方面的资金参与建设，采取股权转让等方式搞股权多元化改革，以便从产权关系的深层角度改善会展中心的经营模式与治理结构；二是对无法或不便于引进非国有资金的会展中心，可以考虑在经营权问题上逐步引入竞争机制，要通过竞争机制选择有能力的经营管理者，以尽可能提高国有资产的使用效率。第二，鼓励多种经济成分的企业举办展览与会议，培育会展业有活力的微观市场主体。因此，在微观层面上，一是要鼓励民营、合资、股份、外资等多种经济成分的企业参与商业性会展活动，二是要鼓励在政府举办的公益展会的产业链上各环节如展品运输、展台设计等，能够通过市场途径解决的，一定要引进市场竞争机制，这是克服会展活动中腐败现象，提高会展活动经济效益的最好途径。第三，理顺会展中的产业链，鼓励专业化分工与合作。会展产业是关联度很高的行业，主要涉及会展策划与组织企业、展览物资运输企业、广告媒体企业、展厅设计施工企业、场馆租赁及物业管理企业、接待服务企业、旅游企业等等，为扩大会展产业的经济带动效应，必须尽可能地理顺产业链中各企业的相互关系，处理好各环节的分工与协作，调动各方面的积极性。第四，鼓励兼并重组，提高会展业品牌和国际竞争力。在会展产业中，品牌是信誉的象征，品牌是会展企业

最重要的无形资产，谁拥有著名的会展品牌，谁就拥有了客源和财富。鼓励会展企业的合并重组，在很大程度上是推动同类或者相似展会的品牌联合。市场经济是一种以自由竞争为基础和典型特征的经济。在市场经济条件下，重复办展，业界竞争是一种必然现象，也是市场经济的活力之源。行业协会的法人资信评估系统是一种减弱竞争的有效手段。与此同时，在产业政策方面，制定一些鼓励通过收购兼并、资产联合方式的重组政策，同样是提高行业竞争力的重要环节。

4.3.7 精心指导，继续走“节、会、展、演、赛”并举的会展产业化发展模式，积极打造具有云南特色的节庆、会议、展览、演出、比赛五大品牌

——“节庆品牌”。依靠云南所特有的资源，打造风格独特、风情浓郁、多姿多彩的民族节庆品牌，如一年一度的各民族节庆活动。目前，以旅游业为主线，培植“中国昆明国际文化旅游节”等一批旅游节庆品牌；以民族节庆为主题，创立一批诸如“火把节”等具有浓郁民族特色和较高知名度的节庆品牌。

——“会议品牌”。目光瞄准各类高规格的全国性及区域性国际性会议，如“世界马铃薯大会”等。目前，已组织或参与了相关部门各类会议的争办、申办等活动，并组织由政府和企业构成的“混合兵团”，全方位出击，举办了“首届东亚城市市长论坛”、“国际城市可持续发展市长论坛”、“第三届国际学生奶大会”、“2005 年北极科学高峰周会议”、“第二届 GMS 国家领导人会议”等大型会议。

——“展览品牌”。昆明至今已成功举办了14 届“昆交会”，成为西南各省、自治区、直辖市与东南亚、南亚及世界各国贸易交流的重要窗口和桥梁。一方面着力打造如“中国昆明进出口商品交易会”等原有本地会展品牌，另一方面，结合自身优势，发动各方资源，积极申办了“世界马铃薯大会”、“第三届世界养生大会”、“第 52 届全国医疗器械博览会”、“全国库存商品及闲置物资交易会”等大型国际、国内品牌展会。一些展会主办方已选择昆明长期安家落户，这些展会正逐渐成为昆明地方会展品牌，更是提升了昆明的开放度和知名度。

——“演出品牌”。云南的 26 个民族个个能歌善舞，充分发挥云南的民族文化资源，推出具有云南独特风格的民族、民俗文化展演品牌，产生了风华绝代的孔雀舞、被视为“中国古典音乐活化石”的洞经音乐、具有浓郁云南民族民俗特色的大型原生态歌舞剧《云南映象》等等。

——“比赛品牌”。昆明四季如春的气候使其成为得天独厚的高原体育训练基地，一系列国内外比赛纷纷选择昆明作为比赛地。发挥昆明低纬度、高海拔的区位优势，推出高原体育系列品牌；突出民族特色，推出民族体育品牌；利用气候、生态优势，推出高尔夫、网球、越野汽车等休闲体育品牌。

结语：在我国全面建设小康社会、实施西部大开发以及加快中国与东盟自由贸易区建设的重要战略机遇面前，云南可以充分利用本省优秀的社会经济文化资源，着力打造和培育一批能代表中国西部、代表中国特色的会展品牌，实现“以会为主、会展结合，节会展演赛并举”的会展经济发展目标。争取能创办、主办或者协办“全面建设小康西部省长论坛”、“西部大开发省长会议”，“中国与东盟部长年会”、“中国与东盟文化交流年会”、“中国与东盟经济交流年会”、“中国与东盟技术合作交流会”等区域性、国际性交流会议和会展活动，力争在尽可能短的时期内使昆明成为在国际上有一定知名度的国际政治、经济、文化会议和会展的目的地。此外，还应当广泛提升云南会展资源，使其成为中国最具有影响力和号召力的会展品牌，例如可以通过努力将现有的民族节庆资源进行整合：将“火把节”、“泼水节”、“斗牛节”、“赛装节”经过组合变形，开发成为一个“云南民族狂欢节”这类的民族节庆日。经过会展经济的不断发展和全省人民的努力，将使云南最终成为“东方日内瓦”、“东方会展之都”、“中国最有魅力的会展大省”。

附：世界会展业发展概况

附 1. 德国会展经济发展概况

德国现有 23 个大型会展中心，其中超过 10 万平方米的会展中心有 8 个，展览总面积达 240 万平方米，世界上最大的 4 个会展中心中，德国占了 3 个。德国最重要的博览会城是：汉诺威、法兰克福、科隆、柏林、汉堡、莱比锡、慕尼黑、纽伦堡和斯图加特，等等。其中，汉诺威博览会展出面积达310 000万平方米。世界上有两个最大的博览会在汉诺威举办。还有一些重要的博览会比如金属加工博览会、国际汽车—商用车展览会以及木材和林业展览会，等等。法兰克福是消费品博览会“Ambient”和“Tendence”的展出场所，其重点是桌子文化、礼品、厨房以及附属设备。此外，法兰克福还有国际汽车—小轿车展览会和国际“卫生—取暖—空调”专业博览会，最具有吸引力的是每年秋季举办的法兰克福书展。科隆举办的博览会有“国际食品市场”、“国际图像博览会”、国际家具博览会以及其他的如男子时装、家庭用具、五金制品、自行车与摩托车等方面的专业博览会。柏林主要有“绿色周（农业与食品业）”、国际旅游交易会、国际无线电展览会以及国际航空航天展等在世界上引起广泛关注的博览会。

在积极发展会展产业的同时，德国也成立了一些监管协调会展行业的协会。比如“德国经济展览和博览委员会”就是由参展商、购买者和博览组织者三股力量结合而成立的联合体，参与制定德国国内外展览政策，并起着协调、监督、管理作用。莱比锡如今已经制定了一个着眼于专业博览会的方案，建造了欧洲最现代化的博览会场地。此外，德国统一的大背景使与市场经济一致的西部专业博览会和计划经济体制的原民主德国综合性展览会两种截然不同会展经济体制合而为一。

德国之所以成为名副其实的世界展览大国，一是地处欧洲的中心位置，欧洲又是会展发达地区；二是拥有一个巨大的消费市场，参展商可以获取较高的经济效益；三是能为参展商和参观者提供高质量的服务，因而深受参展商、参展观众的欢迎，成为供需集散地。除此之外，德国会展还有以下特点：

（1）重视会展的宏观建设。主要体现在以下方面：第一，政府投资力度大。根据德国博览会委员会公布的数据显示，截至2005年，德国对会展行业的投资已达90亿马克，实际投资额可能远远超过这个数字。此外，德国政府还成立了特定的组织或者机构，监管、协调、引导整个会展行业的发展，吸引会展组织者和参展商，同时还积极组合资德国企业赴国外参加展览会，并且还设法提供财政支持。第二，统一国内会展行业协会。AUMA德国贸易展览协会是由参展商、购买者和博览会组织者三方面力量组合而成的联合体，以伙伴的身份塑造博览会市场。它成立于1907年，总部设在科隆，是德国展览业的最高协会，对德国展览行业实行统一、权威性的管理。第三，加强国家间的合作与发展。德国会展根据经济全球化的发展趋势，不断向全球扩张。例如，慕尼黑国际博览集团的子公司IMAG在1975年就积极同中国展开了合作，并且在北京成功举办了第一个德国技术展览会，此后平均每年组织20多个展团到中国参展。第四，会展设施先进。德国会展设施一直引领国际领先水平，几乎所有的展览中心都拥有先进的设施。德国每年投资约10亿马克用于扩大展览场地并对其进行现代化的改造。

（2）德国会展的经营模式为，会展主办者同时也是会展场地的经营者。

会展场地是为德国展览业发展的平台，不仅提供各种最新的、专业化“商品”——会展信息、会展评估、会展策划等服务，而且还提供银行、邮局、海关、航空、翻译、日用品、商品、餐馆等服务。

附 2. 美国会展经济发展概况

美国主要的会展城市有奥兰多、拉斯维加斯、芝加哥、新奥尔良、亚特兰大等。其中，奥兰多是最受欢迎的会展城市。奥兰多拥有 210 万平方英尺的展览面积，年均举办展览 625 个。另外，还至少有 64 家拥有会议设施的旅馆，超过 3.9 万个房间和 260 万平方英尺的展会面积。拉斯维加斯有超过 900 万平方英尺的会展面积，主要分布在 3 个会展设施中。年均举办展览 589 个。芝加哥的 McCormick Place 拥有大约 220 万平方英尺的展览面积，年均举办展览会 493 个。亚特兰大是美国东南部最大的城市，曾经成功地举办了第 26 届奥运会。该市乔治世界会议中心经过实施前几年的扩展计划新增 42 万平方英尺展览面积，因此，其展览总面积达到 140 万平方英尺。

美国的会展行业总体规模很大，场馆设施建设非常先进。但是，整个会展行业的产业结构以及其发展态势与欧洲会展强国相比具有不同的特点：第一，会展场地所有者与会展组织者分开。这是美国会展经营模式与德国的区别之一。在美国会展行业中，一般都是会展场地所有者出租展览场地和设施，没有自己的会展项目；而会展组织者一般都没有自己的展览场地，办展时需要从展览场地所有者那里租用展览场地和相关设施。第二，与欧洲相比，美国会展的国际化程度远不及欧洲会展强国。在大多数情况下，美国会展更多地时为了满足美国各州之间的贸易往来需要，因此大多数展览都属于州际贸易会展。第三，会展展位的签约在“9·11”事件发生以后成下降趋势，最终导致恶性循环。出于对整个经济走势的观望，许多参展商并不急于就会展上的展位与组展单位的签约和付费，使得预订展位和付费的比率减少。这就造成了会展主办者资金周转上的困难。但是，自从 2003 年美国经济在“9·11”的重创之下慢慢复苏以来，这种情况得到了较大的改观。第四，会展的收购与兼并愈演愈烈。目前，会展的国际化运作主要体现在两个方面：一是会展题目的出售和收购日益兴旺；二是会展企业的兼并与合作越来越频繁。据美国独立展览主办者协会的调查，1998 年全美共有 30 个展览会实现了收购，其中贸易性展览会 20 个，消费品展览会 10 个，而在 1998 年之前的五年以内，只有 78 个展览会实现了交易。从成交额来看，超过 100 万美元的展览会占了

85%，而过去5年内只占了32%。这就说明很多展览会都开始走上了规模化集中化的趋势。

附3. 法国会展经济发展概况

法国拥有70个展览中心，52个会展中心，展览场馆的总面积达到了200万平方米。其中，巴黎大区就有3个大型展览场馆，分别为巴黎展览中心，维尔班特展览中心以及布尔日展览中心，其面积分别为：22.6万平方米、19.1万平方米、7.87万平方米。法国每年举办展览会和博览会约1 500个。巴黎大区是法国举办会展最为活跃的地区，其举办的展览数量约占法国全部会展数量的70%。近年来，法国大型展会的国际参与程度不断提高。国外参展商的比例已经占总数的33%，国外参观者占参观总数的8%。有些世界著名会展的国外参展商超过总数的50%，国外参观者占总数的15%以上。法国有约600家展览公司，雇员总数约为3 000人，营业额为9.7亿欧元。法国的展览公司与德国的不同之处在于，展览公司不拥有展览场馆，而场馆所有者不举办会展，也不参与会展的经营。全法国有为会展提供服务的企业250家，服务内容主要有展台设计、搭建、设备供应、装饰、电气安装、清洁、保安等等。这些会展服务企业雇员约6 000人，年营业额约6.1亿欧元。

2002年法国大约花费了13.44亿欧元用于会展，这是参展商直接用于会展展台使用租金和站台装修的支出，而不包括展品的运输费以及参展人员的交通费、食宿费等支出。根据法国相关部门的统计数据显示，参展商每花费1欧元，平均可以获得35~40欧元的订货合同。法国企业每年由于参加各种展览会而获得的订货合同总金额达到229亿欧元，相当于直接地创造了25万个就业岗位。会展不仅为展览公司、场馆企业和展览服务公司带来收益，也为会展所在城市地旅馆业、餐饮业、零售业、公共交通、出租汽车等行业创造巨大的经济效益。

法国会展的协调机构主要是由法国博览会、展览会和会议协会（FSCF）组成。协会有336个会员单位，分别包括177个展览公司、70个展览场馆、52个会议中心，以及一些展览服务公司。会员单位的营业额约占整个法国会展行业市场份额的85%。此外，法国的工商总会也会介入会展行业的协调和管理。例如，巴黎工商总会下属展览中心的展览面积占整个巴黎大区的展览面积的1/3，并由巴黎工商总会直接拥有且参与经营管理。

与德国和美国相比，法国的会展经济发展具有以下几个特点：第一，会展经营独特。为了促进展览公司之间的公平竞争，同时有利于场馆企业专心做好自己的场馆服务工作，法国坚持自己独特的经营模式，也就是展览公司不拥有场馆，而场馆企业不主办会展，不参与会展经营。第二，促销网络独特。法国与美国有世界上独一无二的会展促销网络。促销网络主要由法国国际专业展促进会运作。该促进会是一个政府和商会牵头组织的民间团体，其理事会由法国外贸部、巴黎市政府、巴黎工商会、法国外贸中心、法国专业展联合会、法国雇主协会、展览中心和展览公司的代表组成，以推进法国会展行业的发展，促进海外专业买家为宗旨。促进会目前组办了65个知名的国际性专业会展。为了向这些会展提供国际促进会务，促进会在全球近50个国家和地区设立了办事处。这些办事处的主要任务是在各个国家和地区为这65个会展开发与促进业务。把从属于不同展览公司的65个会展的部分经销费集中到一起，组成一个国际会展促销的方式很有特色，也值得我们借鉴和研究。第三，加强会展的国际化与品牌化。法国为了在国际竞争中立于不败之地，加强了会展的国际化与品牌化：一是增加国外参展商和参观客户的比例。大量的国外专业观众参观会展，使得参展商不仅有利于在法国促销，而且还有利于向国外促销。二是力争使品牌会展成为欧洲乃至世界的龙头展。经过优胜劣汰的竞争机制作用，众多的法国小会展已经消失，只剩下越办越大、越办越好和确立了垄断地位的品牌会展了。如巴黎航空航天展、POLLUTEC环保展、建材领域的BATIMAT展等等。第四，主办企业向着专业化、集团化方向发展。随着会展行业竞争的加剧和对会展要求的不断提高，迫使法国会展企业向着专业化、集团化方向发展：一是兼并收购小型展览公司。二是购买行业协会的专业展。第五，中法合作的紧密化与稳固化。一是成立了法国国际专业展驻华代表团，以此作为法国展览业在华代表机构，其任务是向中国企业和展览业推荐与介绍法国的高水平国际性专业展，并为中国企业出访法国参观、参展和开拓国际市场提供信息和服务。二是法国积极与中国会展行业合作，在中国举办会展。三是加强会展人才培养的合作。如广州大学中法旅游学院是由广州市政府与法国教育部共同签署协议组建成立，共同创办我国第一个大学本科会展专业。

（执笔：靳　柯）

云南省乡村文化产业研究报告

乡村文化产业研究室

乡村文化产业是以生产乡村文化为核心内容的文化产品的文化产业。《云南文化产业"十一五"发展规划》指出，"当前云南文化产业已呈现蓬勃发展的趋势，纵向比较实现了突破性增长，在西部省区中处于领先地位；但横向比较，云南省与东部和中部省区还存在着明显的差距。云南省文化产业发展的整体水平在全国处于中等略偏下的位次。"云南省文化产业发展真可谓任重道远。应该看到，云南省的文化产品具有鲜明的民族性和独特性而成为现今乃至很长一段时期内的优势和长处，这是打造和培育特色文化产业的良好基础。云南省 26 个世居民族文化资源的原始性、丰富性、厚重性世界罕见。云南是音乐舞蹈的海洋、美术摄影的殿堂、文学创作的金矿、影视拍摄的基地、民族文化的富矿。丰富的文化资源为云南文化产业的发展提供了基本保证，形成了我省有别于其他地区的文化产业发展的独特优势，这也是今后发展文化产业的重要基础。云南的多样性文化之根在于广大的乡村，无论是从少数民族人口的分布情况还是从文化的活形态存在而言，乡村都是多元文化共存的家园。

富有民族文化特色的乡村文化产业是云南省独有的新兴劳动密集型文化产业，也是云南省文化产业中最具地方特色、发展潜力和社会经济效益的产业，乡村文化产业不仅涵盖了文化产业分类中的群众文化服务、文艺表演服务、休闲健身娱乐活动和工艺美术品制造等类别，而且乡村文化产业的发展与云南省特有的民族民间工艺、民间民族节庆活动、歌舞艺术、建筑、服饰、语言、工艺品、饮食文化以及影视、会展等文化产业密切相关。而更为重要的是，乡村文化产业与社会主义和谐社会建设、新农村建设具有十分重要的关系。繁荣全省各地的乡村特色文化，不仅可以促进我省经济协调发展，而且对于改变我省少数民族地区的贫困问题也有直接的效果和作用。

文化产业具有不同于其他产业的特殊属性，即经济属性和社会属性的两重性。在乡村文化产业的发展中尤其能体现出文化产业发展要坚持经济效益与社会效益统一的原则。乡村文化产业的发展对于坚持继承传统与改革创新相辅的原则也会起到良好的作用。乡村文化产业的发展既可以促进文化事业兴旺、繁荣民族文化，又可以使民族文化发展与民族文化保护相结合。更重要的是，乡村文化产业的发展，可以为云南省建设民族文化大省，实现全省经济社会的可持续发展，构建社会主义和谐社会打下坚实基础。

然而，作为新兴的发展方式，文化产业无论是实践上还是理论上都有许多问题有待解决，乡村文化产业就更是如此。乡村文化产业由于涉及范围很广，并且与民间工艺产业、休闲娱乐业、民族旅游业存在交叉的情况，迄今没有明确的范围界定，也没有相关的统计数字。更不能根据从业人员的户籍是否是村民来定义，如果是那样，城市中的众多文化产业工作都是由这些农民工承担的。同时，乡村文化产业又不能仅仅从产业所在地来认定，如许多的休闲场馆就建在乡村，但它们可能与乡村文化没有什么关系。鉴于此，对于云南省乡村文化产业的研究更多地还只能从其发展的历史及现状、模式特征以及发展的动力机制等方面做出探索性的研究。

1. 云南乡村文化产业发展的背景、历史及现状

近年来，云南省的乡村文化产业得到了迅速的发展，在全国的乡村文化产业发展方面处于领先的地位，形成了在规模、效益、模式以及民族文化的传承、自然生态环境的保护等方面良好的发展势头。综观云南省乡村文化产业的发展，有其特殊的背景和历史。

1.1 云南乡村文化产业发展的背景

云南省位于我国的西南边疆，由于这里处于东亚大陆、南大陆与东南亚半岛的交接点，地形复杂，气候多样，自然环境千差万别，各地形成了不同的自然景观。在这片美丽而富饶的土地上，比较著名的自然景观有：昆明附近的石林、东川红土地、轿子雪山；大理的洱海、蝴蝶泉、鸡足山、苍山；丽江的玉龙雪山、龙潭、云杉坪、玉龙雪山冰川、玉龙雪山牦牛坪、虎跳峡、拉市海、长江第一湾、黑白水河、白沙壁画、甘海子、老君山、观音峡、泸沽湖；香格里拉的纳帕海、属都湖、碧塔海、依拉草原、蓝月山谷、白水台、千湖山、碧壤峡谷、碧沽天池、哈巴雪山、五凤山、梅里雪山、白茫雪山、

明永冰川、澜沧江峡谷；西双版纳的橄榄坝、原始森林、孔雀湖、版纳热带花卉、曼典瀑布、版纳勐养象树、澜沧江、野象谷、三岔河、独木成林；腾冲的火山热海、大滚锅、北海湿地、叠水河瀑布；怒江的高黎贡山、听命湖石月亮；保山的高黎贡山；楚雄的哀牢山、狮子山、土林、紫溪山；红河的屏边大围山、红河哀牢山；玉溪的抚仙湖、磨盘山、星云湖；文山的普者黑、舍得草原、坝美；思茅的阿佤山云海、澜沧江、无量山；临沧的南滚河；昭通的西部大峡谷温泉、大关黄连河；曲靖的珠江源、多依河、九龙河瀑布、马过河、陆良彩色沙林等等。事实上，自然景观丰富的地区，往往也是偏远的乡村地区。宝贵的自然资源，构成了云南省乡村文化产业发展的现实的自然物质基础。

云南是我国民族种类最多的省份，26 个民族世居在这里，除汉族外的 25 个少数民族中，白、哈尼、傣、傈僳、佤、拉祜、纳西、景颇、布朗、阿昌、普米、怒、德昂、独龙、基诺等 15 个是云南独有的民族，有 15 个民族为跨国而居。云南的各个民族都有着自己悠久的历史和独特的文化传统，由于民族分布地区不同，各民族在长期的生活实践中形成了各自不同的生活方式和民族特色，进而形成了云南民族文化的丰富多样性。可以说，云南是一个世界上少有的多民族群体、多文化形态共生带。一些学者认为，文化的多样性、乡土性、边缘性和和容性，构成了我省民族文化的基本特征。[①] 具有浓郁的民族气息的文化景观主要有：丽江的束河古镇、东巴万神园、木府、万古楼、东巴文化博物馆、白沙壁画；香格里拉的松赞林寺、茶马古道十二栏杆、土岩画、大宝寺、雨崩村、东竹林寺、归化寺、茨中天主教堂、太子庙；西双版纳的傣族村寨、民族风情园、曼听公园、曼斗旅游村、曼景兰傣寨、基诺族山寨、景真八角亭、缅甸大金塔、曼飞龙佛塔、大勐龙；腾冲的和顺古镇、国殇园；德宏的允燕佛塔、姐勒佛塔、瑞丽边贸街；楚雄的元谋人遗址、黑井古镇、彝族十月太阳历公园；红河的元阳梯田、建水古城、石屏等等。

除此之外，以民族传统手工艺为代表的民族文化资源，随着云南省旅游业的持续深入发展，正得到蓬勃的发展，而日益成为支撑乡村文化产业腾飞的引擎。以民族传统手工艺的保护、挖掘和发展为例，经过两年多对民族民间传统文化的普查，国家于 2005 年 10 月对非物质文化遗产名录进行了评审，评出了 518 项，其中传统手工技艺就有 89 项。西双版纳的傣族慢轮制陶技

① 参见施惟达、段炳昌：《云南民族文化概说》，pp. 7 ~ 17，云南大学出版社，2004。

艺、大关县的苗族芦笙制作技艺、陇川县阿昌族户撒刀锻制技艺、临沧市和香格里拉县的傣族及纳西族手工造纸技艺、大理市的白族扎染等多项民族传统手工艺，列入了第一批国家非物质文化遗产保护名录。2006 年 1 月，云南省第一批非物质文化遗产保护名录的评审工作也圆满完成。通过评委们的认真评审，西双版纳州、红河县、新平县、孟连县、潞西县的傣族传统制陶技艺，大理市的白族扎染技艺，大关县的苗族芦笙制作技艺，陇川县的阿昌刀制作技艺，香格里拉县的纳西族东巴造纸技艺，昌宁县的苗族服饰制作技艺，临沧县、孟连县的傣族手工造纸技艺，澜沧县的拉祜族葫芦笙制作技艺，石屏县、晋宁县的汉族乌铜走银制作技艺，昆明市、会泽县的斑铜制作技艺，南华县的南月琴制作技艺，腾冲县的皮影制作技艺 12 项民族民间工艺进入了云南省第一批非物质文化遗产保护名录。民族民间工艺非物质文化遗产保护名录的制定，促进了云南省非物质文化的发展，形成了一批具有民族特色、满足市场需求的民族民间工艺品。比如，鹤庆县新华村的银、铜器工艺品，大理周城村的扎染品，剑川狮河村的木雕，呈贡县上可乐村的草编菱角，石林阿着底村的刺绣，陇川的阿昌刀制作，大理的石材雕刻，傣族的土陶，建水的紫砂陶，华宁的白陶，纳西族的泥俑和东巴造纸技艺，傣族手工造纸技艺，汉族、白族、彝族的吹鸡，彝族的巴乌，独龙族的独龙毯等等。民族民间工艺品的保护和发展，为云南乡村文化产业的发展提供了巨大的支持作用。

同样，民族歌舞等其他非物质文化方面的资源，也成为云南省乡村文化产业长足发展的重要背景。据统计，目前，全省已收集到民歌两万多首、舞蹈6 718套、戏剧2 000多个、器乐 200 多种、叙事长诗50 多部。在民族服饰方面，各民族的服饰异彩纷呈；少数民族节庆丰富多彩；各民族的美食各有特色。民族文化由于独特的民族历史文化、民族体育文化、民族宗教文化、民族建筑文化、民族服饰文化、民族教育、民族饮食、民族语言、民族文学、民族音乐、民族舞蹈、民族戏曲、民族工艺美术以及民风民俗等而形成鲜明的特色。这些丰富的具有浓郁乡村气息的文化资源，为云南省文化产业特别是乡村文化产业的发展提供了得天独厚的有利条件。

云南省发展文化产业的鲜明特点在于民族文化的多样性和独特性。而民族传统文化的代表主要集中于乡村而不是城市。可以毫不夸张地说，云南民族文化实质就是民间民俗文化，其根在乡村，生命力在民间。乡村文化也正是由于乡村所蕴含巨大而丰富的文化传统和文化资源而富有文化的魅力。所以，随着云南省文化产业的发展特别是旅游业的发展，乡村特色文化产业正是在这个基点上使多样的民族文化资源形成云南独有的文化产业优势。

1.2 云南乡村文化产业发展的历史

在二十多年乡村文化业发展的过程中，伴随着全省文化产业的快速增长与发展，云南积极探索和实践发展乡村文化业的历史，大体上走过了以下三个阶段：

1.2.1 自发发展乡村文化产业阶段

20世纪80年代至90年代初期，云南的旅游业处于刚刚起步时期，乡村民族文化旅游也随之有一些自发的实践活动。一般来说，这些实践首先出现在传统旅游比较发达的地区。以我省旅游业起步较早的西双版纳地区为例。在20世纪80年代西双版纳旅游业发展之初，曼听和曼春满两个村寨由于其浓郁的傣族风情、优越的生态环境和便利的交通条件而不断地吸引着各地的游客，开始由具有浓厚政治色彩的贵宾参观景点逐渐变成了大众化的旅游景点。村民依托良好的自然景观和独特的民风民俗，开始自发地开展了乡村文化旅游活动。在此阶段，村民多以家庭、个人为单位利用农闲时间参加旅游经营，其乡村文化产业的发展具有形式灵活多变，资本和劳力投入低，获利快且高的特点。村民的经营服务基本上还停留在以家庭生产为手段满足游客的简单消费需要，在门前设置烧烤、米线摊位，在庭院中砍椰子、摘芒果卖，在竹楼上销售自制的工艺品等。但是，总体而言，村民参与旅游经营的规模不大，远远没有突破家庭和个人在农闲期间经营的局面，旅游经营收入不占家庭和个人收入的主要部分，此时的主要经济活动一般仍为种植橡胶、水果、水稻等。因此，乡村文化产业的发展并没有改变传统农耕经济的主体结构。但旅游经济意识的萌生和初试见效，促使少数家庭加快了旅游经营的步伐。总之，以乡村旅游业为代表的乡村文化产业的初步发展，不仅丰富了旅游景区的旅游活动内容，也增加了村民的经济收益。同时，在一些生产民族工艺品的地区，村民在满足了自用的同时，也借助于初步形成的旅游市场开始销售一些工艺品。由于这些乡村文化生产活动基本上属于村民的自发行为，因此发展规模较小、组织比较松散，尚处于自发发展的状态。

1.2.2 倡导发展乡村文化产业阶段

20世纪90年代中期至90年代末，云南旅游业进入蓬勃发展时期，云南乡村旅游也进入了一个有意识有目的的发展阶段。1992年，省政府在西双版纳召开旅游发展大会，提出积极发展边境旅游、民族文化旅游和乡村旅游；

1994年，省政府又在滇西北召开现场办公会议，提出依托自然景观、民族文化、村寨特色，加快发展以体验自然风光、领略民族风情、感受乡村民俗为内容的观光旅游；1996年，提出建设文化大省的目标之后，全省乡村旅游迅速发展，带动了其他类型民族文化产业的发展。仍然以曼春满村的乡村旅游发展为例，这个时期，曼春满的旅游经营进入了发展的第二个阶段。在此时期，村中开始自发集资，建设风景园大门、铺路、种植花木，旅游基础设施得到明显改善。村里的基础建设也得到了初步的完善，各家各户修建厕所，卫生间以及圈养猪、牛，大大改善了卫生条件。在乡村集体经济的层面，村民开始采用收取门票的方式统一进行经营，向旅游者收门票，提留后再在全村统一分配。生产队出资修建具有集体经济性质的风俗小吃春满情餐厅，并开始形成了一些小型的民族歌舞表演。在乡村个体家庭经济的层面，越来越多的村民加入了旅游经营的队伍，开设了工艺品商店，出售蝴蝶工艺品、傣族服饰、银饰、孔雀羽毛扇、茶等土特产和工艺品。在旅游高峰期，每户家庭每月的收入累计起来达到了两、三千元。同时，在这段时间里，不断有汉人迁入村中开工艺品商店和杂货店。总之，这段时期，村民们有的已经开始放弃传统的农业生产方式，把田地全部租给其他人耕种，在家中接待游客，专业从事乡村旅游经营。但是，就整个村寨的经济状况而言，割胶等种植业仍然是大多数村民的传统、相对丰厚且稳定的经济来源。

1.2.3 大力发展乡村文化产业阶段

进入21世纪以后，云南省进入了大力发展文化产业时期，云南民族民间乡土文化的市场化、产业化也得到了迅速发展，取得了巨大的经济效益和社会效益。如鹤庆新华村、剑川狮河村、腾冲和顺乡、石林月湖村等地把云南民族民间文化产业做得红红火火。云南各地类似于新华村、狮河村的各种民族民间文化产业结合旅游业，现已形成“星火燎原”的发展态势。像歌舞、木雕、金属手工艺品、扎染、刺绣、制陶、民族服饰、民族饮食、民族节日等成为乡村文化产业发展的亮点和显著特色。在这个阶段，曼春满村的乡村旅游也达到了更高的水平，成为具有相当规模和知名度的旅游度假胜地。

1.3 云南乡村文化产业发展的现状

乡村文化产业在2006年获得了长足的发展，全省已经形成了一定规模和发展的格局。民族文化旅游业迅速发展，民族手工艺品的生产也形成一定的规模，不仅为村民带来经济效益，同时也为民族文化保护提供了一个良好的契机。民族民间文艺的表演业进一步发展，促进了村民的文化娱乐消费，丰富了村民的文化生活，提高了生活质量。民间的饮食文化也得到弘扬。全省形成了滇中—滇西北—滇西—滇南几大市场为主要核心区域和发展重点，带动整个乡村文化产业发展的基本格局。从业人数也达到了一个前所未有的比例，村民的社会身份转化，生计方式和思想观念都发生了较大变化。蕴含在乡村的民族传统文化得到了彰显。民间工艺品的销售也由本土一直延伸到全国各地，甚至欧美一些国家。产值规模达到几十个亿。从整体上看，云南省的乡村文化产业处于一个迅速崛起的时期，产业格局转变、村民生活得以改善、民族文化进一步得到重视。乡村文化产业的发展，促进了农村基础设施建设，促进了农民的增收致富，丰富了城镇居民的生活，促进了乡村整治和农村基础设施建设，促进了生态资源的保护。

2. 云南乡村文化产业发展的模式特征

一般而言，乡村文化产业主要是依托旅游业的发展而发展的。云南省的乡村文化产业在发展的过程中，主要是以乡村传统的民族文化资源和自然资源提供产品和服务。文化资源在更为广阔的空间转化为文化资本，并透过相应的转化机制，转化为村民的经济收入和社会效益。由于不同的资源结构形式，在不同的发展背景运用不同的方式组合显示出不同的结构特征，在乡村文化业的建构中也呈现出不同的模式特点。也正是由于民族文化的多样性才使得民族文化产业的多样性得以实现。2006 年，云南乡村文化产业在发展实践中，呈现出这样几种模式：

2.1 民族工艺品 + 传统的民族手工艺

传统的民族手工艺是少数民族人民在长期的历史实践中积累下来的宝贵的文化资源，全省许多少数民族地区都有自己一村一品、一乡一业的工艺品制作，这些工艺品有久远、深厚的历史文化作为积淀，以特定的民族工艺为根基，在手工艺者们的精心打造下，各个地区采取了不同的运营形式，在乡村特色民族文化产业的发展中获得了空前的发展，同时也带动了其他产业。著名的有鹤庆县新华村白族的铜与银工艺品制作、德钦县奔子栏镇藏族的木制工艺品制作、新平县嘎洒乡土锅寨傣族的土陶工艺品制作、阿昌族的户撒刀制作、傣族箩等许多民族的竹编工艺品制作，等等。以狮河的木雕为例，剑川县乡村民间的木雕工艺源远流长，1996 年被文化部授予“中国木雕艺术之乡”的称号。甸南镇狮河村木雕是其中的典型代表。甸南狮河村位于剑湖南边，离县城 11 公里，是白族聚居村，木雕生产历史悠久，近年来发展迅猛，成了远近闻名的木雕村。全村 90% 以上的人家从事木雕生产，不仅男的会做，女的也会雕，家家户户加工，人人都是巧匠。木雕工艺精良，风格独具，产品远销日、美、英、德、法、印尼、马来西亚、加拿大以及中国香港和澳门等许多国家和地区，名扬中外。木雕早已是狮河最为重要的支柱产业，狮河也成为远近闻名的“木雕工艺专业村”。狮河村的民间工艺品生产之所以能够形成和发展，是有着一定的原因的。首先，在狮河木雕有着悠久的历史传统。有着一定数量的掌握木雕工艺的老人，他们在传承这一项手工艺方面有不可磨灭的作用，使得这一项技艺得以流传下来。其次，由于狮河人多地少，自然条件差，剩余劳动力不得不另谋出路，在发展民族文化产业的形势下，他们自发地调整产业结构。再次，在木雕发展起来之后，狮河村开始出现了专业分工，涌现出一大批技艺超群的设计师、工艺美术师和雕刻师，分工与协作进一步增强。全村基本上形成了“公司 + 农户”的生产经营格局，出现了向规模化、集团化发展的良好势头。目前狮河村有 32 个木雕工艺能人大户，拥有厂房 128 间，占地5 668平方米，在外地拥有 63 个经营网点。村里还成立了木雕协会，在协会的统一管理下，这些大户带动本村和邻近 8 个村的6 641人从事木雕精深生产。协会还发挥了统一组织、统一品牌、统一原料、统一订单四大功能，木雕产品从传统的花草，向复杂的工艺品转化。狮河木雕还创立了自己的品牌，本村所有生产的木雕产品以及对外承包工程都以“狮河木雕”这一品牌来订单，“狮河木雕”今天已经成功打入了日本、美国、新加坡、泰国等国家。2004 年狮河村被云南省政府命名为文化旅游木雕村和民俗文化试点村，剑川木雕作为一项文化产业，在狮河真正找到了文化与经济的结合点。

又如鹤庆新华村，该村白族的铜银工艺品制作已有 600 多年的历史，新华村 1999 年成立旅游开发公司，引导个体手工艺者进行投资开发，形成产业化经营。他们制作了主要以九龙壶、九龙杯为代表的酒具系列，以九龙火锅为代表的火锅系列，以银碗银筷为代表的餐具系列三类生活用品以及宗教用品、装饰用品、收藏品等几大系列近百类上千种品种。产品远销广东、四川、青海、北京等省市以及美国、日本、印度、马来西亚、尼泊尔、泰国、巴基斯坦等国，深受消费者喜爱。大理鹤庆新华村金银铜器手工品在沿袭祖祖辈辈传承下来的家庭作坊、手工制作、个体经营模式的基础上，根据市场需要，不断创新，走规模化生产、经营的路子，形成了“一村一业、一户一品”的生产格局，除了制作日常生活用品外，一个最大的特色就是制作佛教文化用品，如佛像、法号、佛盒等。因此，改革开放以来，该村制作的佛教文化用品便畅销西藏、新疆、青海、甘肃、宁夏、内蒙、贵州、湖南、四川等省区和印度、巴基斯坦、缅甸、泰国、尼泊尔、日本等国，几乎覆盖了包括印度佛教、汉地佛教、藏传佛教和南传佛教在内的整个佛教文化圈。目前，新华村全村1 100多户，有800多户从事手工艺品制作。

再如新平县嘎洒乡土锅寨傣族的土陶制作。新平彝族傣族自治县位于云南省中部，傣族是新平世居民族之一。嘎洒土锅寨位于嘎洒街南约1 000米处，祖祖辈辈以制作土陶制品闻名。而土锅寨烧制土锅的黏土来自本寨，周围其他地方的土质不适合烧制土陶。在当地，除了自己使用以外，随着近年各界人士对土锅寨手制土陶的关注，各种装饰用品开始大量涌现。当地人用于自家的并不多，多是参观旅游的人购买或是由商贩批量购买然后卖到外地，而土锅寨村户也只有在有人预订的情况下才会大量制作这些费时费工的装饰用品。

2.2 文艺表演者＋演艺节目

在一些乡村，有表演才能的农户，在自娱自乐的同时，也组织了一些文化表演队。例如，在富源县，农村文化户成为当地文化产业发展的生力军，富源县政府在新农村建设中，积极扶持发展乡村文化产业，到目前为止，全县建起86个文化小广场、18个乡村两级文化娱乐中心，发展农村文化户140户，147名农民演员组建16支业余文艺演出队，他们常年活跃在全县广大农村，据不完全统计，全县个体文化户经营收入达800余万元。

在农村看戏一般不要钱，而在经济发展较快的乡镇，农民文艺演出队的演出已开始走向市场化。老人祝寿、商家开业、孩子金榜题名等喜事，一般都请个小剧团，一场戏少则几十元，多则百余元。农民们的演出不仅可以自娱自乐，而且可以增加收入。农民文艺演出队不仅为农民朋友送来了精神食粮，而且还弘扬了民族文化，使不少濒临灭绝的传统文化艺术焕发出新的活力。

在曲靖市，有一批具有文艺演出和文化经营特长的农户，利用农闲时节、茶余饭后、传统节日、村寨大事等时机，走村串寨，采取适当收费的方式，开展丰富多彩的文艺表演和礼仪接待等文化活动。在自娱自乐和给乡亲带来快乐、提供服务的同时，也带来了经济效益，成为“精神上解闷，经济上解困”的农村文化带头人。随着业务的扩展，参加到乡村文化产业中的人也越来越多，规模越来越大，他们被称为“农村文化户”或者“农村文化联合体”。陆良县马街镇文化户俞寿洪，还利用自己学到的摄像和光碟制作技术拓展业务，不仅为村民们举办庆生、嫁娶等喜事提供文艺表演和礼仪服务，还为他们摄像并制作出精美的 VCD 光盘。如今，俞寿洪在当地及周边几个地区已经小有名气，村民们家里有什么庆祝活动，都会请他去摄像。目前，俞寿洪已经注册成立了名为“橄榄艺术团”的公司，完全以市场化的方式经营起乡村文化。在曲靖陆良县，像俞寿洪这样从事农村演艺表演的“文化户”，就有 139 户，年平均演出4 600场以上，观众达到 220 余万人次，年经营总收入达到 400 余万元。这些文化户不仅在陆良县演出，还积极开拓县外市场，在昆明、曲靖、罗平、泸西、石林以及贵州兴义等地区，都有陆良农村文化户的商业演出的身影。就整个曲靖市来说，早在 2003 年底，曲靖市的农村文化户（文化联合体）已发展到 350 户，有农村表演队 489 支、个体电影和录像放映户 86 户、个体图书租赁户 65 户以及各种娱乐场所（网吧）904 户，从业的农村富余劳动力达5 000余人，年产值超过 500 万元。到 2005 年曲靖市农村文化户达到1 140户，年实现经营收入1 200余万元，户均收入 1.05 万元。他们当中，有的已发展成文化大户，固定资产接近 20 万元，年经营收入超过 10 万元。

从某种意义上说，乡村文化产业的发展对繁荣农村文化事业，起到了很大作用。乡村文化产业的发展，不仅丰富了农民的文化生活，而且促进了农村的经济社会发展。

2.3 民族风情 + 自然景观

以特有的民族民俗风情为手段，依托优美的自然景观开发乡村旅游是乡村文化产业发展的一个主要途径。西双版纳的傣族园就是利用保存完好的傣族民族文化特色，发展旅游产业。傣族园里有保存完好的傣族自然村落群，悠久的傣族民族历史、富有特色的民族歌舞、服饰、饮食等。在傣族园的运作中，村民提供村寨资源，以其世代所居的干栏式竹楼建筑群落、自然生态环境、田园风光以及古老的佛教文化、长期生活劳作中所形成的丰富多彩的民族文化构成景区的主背景，公司以资金形式投入对景区基础设施、接待环境进行改造，负责总体经营及管理。公司积极调动村民的积极性深入挖掘民族文化资源，开发文化旅游产品；同时也引导村民多渠道积极投入到旅游活动中来。傣族园现有员工1 184人，其中村民员工占82%，共971人，截至2006年底，傣族园累计接待游客290万人次，累计实现门票收入6 300余万元，上交税收280万元。仅2006年收入达到1 633万元，创造就业机会近1 000余个，景区内五寨村民人均实现年旅游收入5 000元，年实现社会综合效益5 000余万元，经济效益和社会效益都得到了凸显。

2.4 特色手工技能+民族特色产品

一种有着浓郁民族特色的旅游商品也是当地最好的名片。扎染布便是其中之一。扎染是大理人创造出的一种独特的染织技术，去大理的游客们很少有不问津的。那超然随意的花形，舒适天然的触摸感，令人心动。出下关往北行二三十里的周城，这里被称为“扎染之乡”。扎染布有着上千年的历史，一般分为画、扎、染、整等多道工序。过去的图案较单调，如今图案变化多而饱满，但古朴大方、自然随意、典雅清新的韵致却未曾失去。据说真正的扎染是要掉些颜色，但时间长了反而有一种难得的凝重感。这里的妇女都会扎染，在改革开放前，周城的扎染只为家用，随着旅游业的发展，周城的扎染手工艺产品逐渐发展成为当地特色旅游产品。目前，周城全村有三十多家扎染专业户，16户从事漂染的大户。在全村10 270人口中，从事扎花的人员就有5 400人，并且还带动了周边村庄近6 000人从事扎染，极大地解决了农村富余人口的就业压力，在增加农民收入的同时，也发展了乡村经济。据统计，周城扎花农户每人每年收入近3 000元，漂染大户每户年产值近100万元，累计全年产值达到4 000多万元。靠着经营扎染布，人均耕地仅0.29亩的周城村农民年人均收入达到4 000多元，成了远近闻名的旅游小康村。在有关部门的支持下，周城扎染文化产业进一步走向专业化，于2006年4月成立大理市喜洲周城民族扎染专业合作社。2006年合作社累计扎染制品（含服装）年产值近6 000万元。其产品远销日本、美国、新加坡等40多个国家和地区。

巍山彝族回族自治县的扎染业也很发达，据说是扎染术的发源地，2003年被文化部授予“中国民间扎染之乡”的称号。其扎染业的发展更多地以企业的形式来发展，但最重要的“扎花”手工还是分布在千家万户，形成“公司+农户”的模式。巍山的扎染产品系列繁多，有丝的、棉的、麻的，可做桌布、窗帘、包袋、服饰、裙帽等。过去主要是出口创汇，现在更注重旅游工艺品的开发。去年一年，仅七家企业就出品了扎染布214万米。

2.5 民族民间艺人+民族艺术品

文山州马关县仁和镇阿峨新寨的版画，是这一模式的典型代表。阿峨寨位于仁和镇南面，是仁和镇阿峨村民委的一个自然村，全村104户人家，其中壮族93户，占90%以上。和大多数壮族村寨一样，阿峨新寨的村民世代以农耕为生。版画在阿峨新寨普遍受到喜爱，几乎每家每户都参加画，一家有2~3个人参加是常事。在今天，民间艺术的东西，要真正地走入市场，才有强大的生命力。为了使阿峨版画成为有影响力的文化产业，2000年，马关县委、县政府把阿峨新寨壮族农民版画列入“第十个五年计划”项目，作为马关的民族文化拳头产品加以扶持和发展。2001年，又拨了专项经费，保证农民版画的正常运行。同年，县文化馆发放了大量的木板，希望培养一批素质较高的农民版画家，使一部分人率先成为“版画专业户”，创造社会效益、经济效益的双丰收。①

2.6 民歌舞蹈+民族歌舞演艺

自古以来，云南的各个少数民族就都是能歌善舞的民族。“会说话就会唱歌，会走路就会跳舞”正是这一民族特色的生动写照。不少人还能演奏少数民族的乡土乐器，可以说在云南和各个山村都蕴含着丰富的民族歌舞乐等文化资源。随着文化产业实践的深入发展，人们意识到这些文化资源都可以转化为资本，获取经济和社会效益。位于滇南山区石屏县的哨冲乡，居住着尼苏勃（三道红）、尼苏泼（花腰彝）和朴喇三个彝族支系，保存着独具特色的民族文化。最具滇南彝族歌舞特色的是海菜腔和烟盒舞，原是彝族人在劳动之余和节日庆祝活动时的娱乐活动，现在已经走向规范化、艺术化，走上产业化的发展道路，成为尼苏人展现自己的民族文化和增加经济收入的一条行之有效的途径。为了提高演艺水平，他们对舞蹈的各个动作都作了加工和雕琢，成为被许多世界级艺术大师所称的“绝妙艺术”，其中黄草坝村的女子舞龙队最为有名气。舞龙是一种当地彝族人传统节庆中才举行的活动，黄草坝的女子舞龙队有两个特点，一是耍龙的队伍都由村子里的妇女组成，二是她们的龙不仅形态特别，龙身还用木凳自由组合，显得短小灵活，既好看，

① 参见王岭、王亚南：《经典云南乡村》，pp. 117~121，云南人民出版社，2005。

又好耍，在国内众多耍龙队伍里也算是一个创新，并因此该村被文化部命名为“中国少数民族民间艺术之乡”。1999 年，镇内的彝家女子舞龙队前往北京参加全国庆祝澳门回归文艺表演，获得民间艺术金奖。她们不仅在当地为游客们表演，而且每年都有人来请她们去各处表演。①

2.7 民族工艺 + 民间服饰

云南少数民族服饰文化的多样性和独特性，在全国来讲可以说是独领风骚。在千百年来的生产生活中，少数民族妇女通常是自己制作服饰，所以在长期的实践中，积累了丰富的民族民间工艺。阿着底村是石林县有名的刺绣专业村。村中的妇女人人都会传统的手工刺绣，图纹基本保持彝族的原始样式。阿着底村的刺绣工艺品是在长期的历史发展中逐渐实现商品化的，过去村中妇女农闲时的挑花刺绣一般都是用于个人民族服装的装饰，多为自用。1996 年成立商业职工普氏民间民族传统刺绣品厂，在多年的实践之后，该村“公司 + 农户”的生产、销售运行机制不断得到完善。普氏刺绣厂已有固定资产 100 多万元，固定职工 18 名，带动了周边 6 个村，2 000多名乡村彝族妇女为绣品厂加工绣片，每人最高收入达到8 000元，最低也达2 000元，刺绣厂年产值达 90 万元。民族刺绣品的加工销售成为当地彝族发展农村经济的又一项重要途径。2005 年 3 月，成立了石林阿着底民族刺绣产品开发技术协会，使民族刺绣品真正走上规范化、产业化的发展道路。②

2.8 历史文化 + 古民居建筑

在发展文化旅游业方面，禄丰黑井古镇具有典型的示范带动作用。1995 年黑井被列为省级历史文化名镇，2001 年黑井引进昆明投资商，成立了云南禄丰黑井古镇旅游开发公司，投入 160 万元，按照修旧如旧的原则，对岌岌可危的武家大院古建筑进行保护性开发，建成集吃、住、娱乐、展示盐文化和古建筑为一体的旅游景点，成为带动古镇文化旅游业发展的龙头。2002 年春节投资商在昆明投入 20 多万元宣传经费，大力宣传黑井古镇，在昆明市场上掀起了黑井旅游热，让盐井成为昆明人出游目的地之一。面对良好的市场前景，旅游公司又投资 30 多万元对原盐哨厂进行古法制盐作坊的恢复，并参

① 王岭、王亚南：《经典云南乡村》，pp. 108 ~ 113，云南人民出版社，2005。
② 肖青：《石林阿着底村彝族刺绣工艺调查报告》，《民族艺术研究》，2005 (3)。

与武家大院的修复。在武家大院模式带动和影响下，黑井镇居民切身体验到发展旅游所带来的好处，主动参与开发的积极性空前高涨。全镇旅游接待床位从初期的300余张增加至1 000余张，增长近四倍，旅馆从十多家增长至30多家，但在每年三个黄金周期间还是难以满足各方游客的消费需要。自2001年以来，黑井镇接待游客12.7万人次，2004年1~6月接待游客27 000多人次，仅门票收入就达18万元；实现旅游业总收入400多万元，文化旅游业已经成为保护和开发黑井古镇的重要途径，已经成为当地群众脱贫致富奔小康的特色支柱产业。

和顺是腾冲县的一个小镇，历史在这里沉淀下了独一无二的文化资源：一万多侨居海外的同胞、著名的翡翠生产地、始建于1928年号称中国最大的乡村图书馆、别具一格的“三房一照壁”、“四合五天井”以及火山石镶砌的墙基、走廊、洗衣亭、街巷……此外，和顺古镇依山傍水，清幽秀丽，大盈江蜿蜒环绕，与远方的火山群相互辉映，更有历数百年风雨且具有浓郁的唐宋明清四朝文化韵味的古寺道观星罗棋布地点缀在明山秀水之间，形成了一幅幅完美和谐的自然景致。2006年，和顺被CCTV等单位评选为中国最美的小镇。有专家在对既有的资源进行调研和梳理后认为，“东西方文化交汇”和“生态文化”是此地旅游的两大特色。当地政府按照文化民俗田园风光的思路，着手实施保护和开发战略，引进昆明柏联集团，采取“政府+企业+村民”的运作模式，开发建设和顺文化生态村。该公司入驻和顺后致力于挖掘、整理、保护、开发和顺的侨乡文化，通过发展文化产业赋予和顺新的文化内涵。去年以来，公司累计完成投资4 000多万元，实现经营收入700多万元，带动了250名当地村民就业，与原来年年亏损、职工发不出工资、五年负债高达1 300万元的国有企业和顺公司形成鲜明对比。[①] 同时，居民在以公司为主体的开发过程中也得到了实惠。随着到和顺旅游的游客的不断增多，大到玉石，中到藤器，小到松花糕、烧饵块的摊点生意都不错。通过文化旅游产业的开发，和顺有1 000多村民进入旅游业就业。

从对乡村文化业发展模式的梳理中我们可以看出，乡村文化是发展乡村文化产业的基质和内涵。创造继承了民族文化的广大村民是民族文化资源的拥有者，通过合理并有效的机制和方式，让他们参与到文化产业发展中，并以乡村文化产业为自己的优势特点，带动其他产业发展。只有在对各种不同

① 《民间资本成就腾冲文化产业》，《春城晚报》，2005-11-2。

种类的文化资源要素进行分类盘点，才能找准发展文化产业的突破口和切入点。借助于市场经济的发展，依托旅游产业，把乡村丰富的民族文化资源通过开发，转化为市场资源和文化产品，以此带动相关产业及社会事业发展。云南不少乡村已经从文化产业开发中获得了可观的经济效益。乡村文化产业发展的首要目标也就是要让广大的村民在文化产业化的过程中受益，不仅要保护民族文化生态资源，而且传承和发展传统的民族文化，使村民物质文化精神需要得到满足。

3. 云南乡村文化产业发展的动力机制

文化已经外化为人类综合力量的一种存在方式。对云南乡村文化产业而言，其充满民族气息的文化在市场语境下所独具的穿透力、渗透力和影响力，成为影响乡村文化产业迅速发展的关键因素。事实上，作为将文化艺术产品和服务推向市场，进行企业化经营管理和服务的规模化发展的文化产业，其依附的载体即物质和精神文化产品的生产、流通以及以文化为内涵的各种服务活动，都离不开乡村文化市场和主流文化市场（非乡村文化市场）的发展以及这两个文化市场的合理对接。从上述关于云南乡村文化产业发展的模式特征的梳理中，我们也清晰了这样的认识。民族文化的基质，决定了乡村文化市场的模式和途径；市场经济的逻辑，则从另外一个层面规制了主流文化市场的模式和途径。如果说，云南乡村文化产业发展的动力主要表现为依靠外力介入发展和依赖内生力量发展的话，那么，乡村文化市场和主流文化市场的对接则扭合并强化了这种趋势及发展。这两个市场的合力作用，不仅决定了云南乡村文化产业的模式特征和发展前景，而且还决定了云南乡村文化产业发展的结构和发展动因。从具体的层面而言，这两个市场可以表现为民族文化的资本化运作、自然资源的市场化开发等方式。

云南乡村文化产业的发展，主要特征表现在民族文化资源、生态环境资源丰富和乡村文化产业投资匮乏等方面。早在秦、汉时期，包括今天四川西南、云南、贵州乃至广西西部一部分地方的各民族就被统称为“西南夷”。据《史记·西南夷列传》记载：“西南夷君长以什数，夜郎最大；其西，靡莫之属以什计；自滇以北君长以什数，邛都最大；其外，西南桐师以东，北至楪榆，名为嶲、昆明；自嶲以东北君长以什数，徙、筰都最大。……皆氐类也。”尽管在《史记·西南夷列传》中没有具体的“国”名或部族的名称，但从夜郎、滇、邛等古代地名，我们还是可以看到在历史上包括云南大部分地方在内的西南地区，就已经居住了众多民族的先民，如濮族、賨族、苴、共、氐羌、叟族、僚族、昆明族、摩沙族、苞族、闽濮、苗族等。① 现在，云南已成为一个多山区、多民族的边疆省份，在我国56个多民族的大家庭中，云南就有26个民族，全都是云南的世居民族，是全国少数民族最多的省份。在26个世居民族中，白、哈尼、傣、景颇、纳西、阿昌、拉祜、基诺、傈僳、佤、德昂、布朗、普米、独龙、怒族等15个民族为云南所独有。这些人口不等、族称不同、族源各异、文化迥然的各少数民族，为云南乡村文化产业提供了丰富的民族文化资源。

经过漫长的历史变迁，民族之中的分化、融合、重组，使各民族形成了有别于他者的语言、习俗、服饰、宗教、文字、神话传说、节日祭祀、民居建筑等等。② 由于自然地理和历史等原因，即便是同一民族，如彝族、哈尼族等，在其内部也形成了不同的支系，不同支系亦表现出不同的文化特色。以哈尼族为例，哈尼族在长期的迁徙和演进过程中，由于受到了复杂的地理自然环境和政治经济等因素的影响而形成多种支系，并有多种自称单位。其中以哈尼、卡多、僾伲、蒙尼、碧约、布者、白宏和奕车八个支系人数最多，此外还有阿卡、白那、期弟、腊咪、阿乌、阿梭、各作、格和、罗美、独气、西摩罗、梭尼、阿松、哦怒、罗毕、哈欧、哈备、腊鲁、糯比等近20个支系和自称单位。在哈尼族的一些支系中，比如腊鲁、糯比等，其语言、服饰、生活习惯、原始宗教等都与彝族的一些支系很接近。由此可见，由于地理环境和历史的原因，即使同一民族，也呈现了丰富多彩的文化特征。在宗教方面，白族形成的是本主崇拜，信仰以村社保护神为中心，同时展示出民族文化性格巨大的包容性；彝族信仰的是毕摩教，在信仰天神、土主神、祖先神为主神的同时，也信仰用树枝、木片、木棍等插成的神座；独龙族相信梦兆、占卜；佤族流行规模较大的宗教祭祀活动，如拉木鼓、砍牛尾巴、猎头祭祀（20世纪50年代前）等；纳西族东巴教信仰祖先崇拜和自然崇拜，等等。在民族建筑方面，傣族的竹楼、哈尼族的蘑菇房、彝族的土掌房、白族的三坊一照壁等等，都充满了独特的民族气息。在民族服饰方面，傣族的筒裙、景颇族的银饰绒服、纳西族的七星批肩、彝族的天菩萨和披毡、德昂族的藤篾

① 尤中：《中国西南民族史》，云南人民出版社，pp. 19～64，1985。
② 施惟达、段炳昌：《云南民族文化概说》，pp. 6～7，云南大学出版社，2004。

腰箍、白族的风花雪月头饰……多彩绚丽的民族服饰，构织成了一幅幅浓郁民族风情的美丽画卷。在民族节日方面，傣族的“泼水节”，白族的“绕三灵”、“本主节”、“三月街”，彝族的“火把节”，哈尼族的“苦扎扎节”，独龙族的“卡雀哇”，佤族的“拉木鼓节”、“目脑纵歌”，傈僳族的“刀杆节”……可以说，丰富的民族节日文化，为乡村文化发展提供了丰富的文化元素。在饮食方面，有傣族的“鬼鸡”，白族的“三道茶”……在历史文化方面，白族建立了悠久的南诏国，傣族存在过傣王宫……凡此种种，不一而论。丰富的民族文化资源的资本化运作（外显为民族文化资源的市场化开发），构成了云南乡村文化产业发展的直接动力。

同时，丰富的自然资源的市场化开发，也构成了云南乡村文化产业发展的主要动力。云南省地处西南边陲，东部与贵州省、广西壮族自治区为邻，北部同四川省相连，西北隅紧倚西藏自治区，西部同缅甸接壤，南同老挝、越南毗连。从整个位置看，北依亚洲大陆，南毗连太平洋和印度洋的东南亚半岛，处在东南季风和西南季风控制之下，又受西藏高原区的影响，从而形成了复杂多样的自然地理环境和气候特征，构成了云南独特的民族文化景观。以元江谷地和云岭山脉南段的宽谷为界，云南地形一般分为东、西两大地形区。东部为滇东、滇中高原，系青藏高原南延段，属云贵高原的组成部分，地形波状起伏，平均海拔较高，表现为起伏和缓的低山和浑圆的丘陵，发育着各种类型的岩溶地形，主要的旅游自然资源有石林、土林、轿子雪山、舍得草原等境区。西部为横断山脉纵谷区，高山深谷相间，相对高差较大，地势险峻，主要景区有三江并流、怒江大峡谷、虎跳峡等。云南省整个地势从西北向东南倾斜，江河顺着地势，成扇形分别向东、东南、南流去。滇南则地势平缓，属典型的亚热带或热带气候。由于自然地理环境特征，云南气候的区域差异和垂直变化十分明显。在云南，几乎可以体验到各种气候特征。云南江河纵横，水系十分复杂，高原湖泊众多。滇中主要的湖泊有滇池、抚仙湖、阳宗海、杞麓湖及星云湖等；滇西主要有洱海、程海、泸沽湖、剑湖、北碧湖、纳帕海、碧塔海等；滇南主要有异龙湖、长桥海、大屯海等。这些湖泊多位于崇山峻岭之中，或高山之巅，似颗颗高原明珠，像块块山间碧玉，山环水映，景色秀美，风光如画，是云南壮丽的自然景观的重要组成部分。滇池、洱海、抚仙湖、泸沽湖、阳宗海等已经成为外地游客到滇旅游的主要目的地。全省形成了基本的自然资源保护体系，主要的自然保护区有：白马雪山自然保护区、高黎贡山自然保护区、哀牢山自然保护区、纳板河自然保护区、苍山洱海自然保护区、南滚河自然保护区、大围山自然保护区、无量山自然保护区、分水岭自然保护区、西双版纳自然保护区等。

由于历史等原因，云南的很多个少数民族如佤族、傈僳族、怒族、独龙族等都生活在偏僻但自然环境旅游资源丰富的地区。换句话说，以民族文化和自然景观人文景观为主要特色的云南民族文化产业，在乡村中具备天然的滋养成长的沃土。丰富的民族文化，美丽的自然环境，扭合在一起并共同构成了云南乡村文化产业发展的主要基础。实际上，民族文化资源和自然环境资源对乡村文化产业发展的贡献，是相互重合作用的结果。比如，迪庆乡村文化产业的发展，除了有美丽的梅里雪山等自然风景，浓郁的藏族民族文化也是一个重要的影响因素；丽江的小桥流水和纳西民族文化相映成趣；在大理，游人从蝴蝶泉畔彩蝶想到了美丽的金花，从崇圣寺高大的寺庙想起了南诏国的庄严，从苍山洱海的宏伟想到了段家一阳指……在石林，人们面对鬼斧神工的一块块石柱，由一块巨石“神化”了一个美丽的彝族姑娘阿诗玛的动人美丽，由一柱高耸的石峰联想到了少妇企盼丈夫早归的凄楚……在元阳，游人从鳞次栉比的梯田，联想到了勤劳的哈尼人……可以说，没有民族文化资源和自然文化资源的相互嵌合，云南乡村文化产业的发展就不会显得如此蓬勃。

云南省乡村文化产业发展的困难，集中表现在对乡村文化产业投资不足，使得乡村发展文化产业的基础较为薄弱。以旅游投资为例，据有关资料显示，云南2006年启动开发建设和进行改造提升的旅游项目达117个，投入建设资金总额达到66.8亿元。其中，在全省60个旅游小镇中，已有29个旅游小镇引进企业进入开发建设，其他31个旅游小镇也不同程度启动了建设，共吸引国内外资金12.28亿元投入开发建设。乡村旅游投资占到全省旅游建设投资的18.38%。而这个数额还包括了农村基础设施建设投资、文化建设投资、旅游景区和配套设施开发建设、旅游小镇保护等金额。① 管中窥豹，可见一斑。云南乡村文化产业发展的原初基础，尽管已经有了一定的发展，但总体而言，还是处于相当薄弱的水平。

云南旅游业的发展所形成的规模效应和蝴蝶效应，成了直接带动乡村文化产业发展的力量。进一步说，民族文化的资本化运作和自然资源的市场化开发，成了云南乡村文化产业发展的主要推动力量。因为，民族文化资本化

① 罗明义：《在2007年全省旅游工作会议中的讲话》。

"作为一种力求发展的努力行为"，最直接的表现是文化的开发利用。其"现实基点是文化产品的开发"，通过文化产品的开发，使"文化领域中的权利在经济领域中"得到价值实现，通过"将直观的、具体的种种文化事项以商品的形式投入到多民族经济广泛交融的过程中，去获得直接的经济利益"。透过民族文化资本化的实践，使民族地区的人们参与"隐藏于经济运行活动之下的规则的制定与修改"、参与现代市场经济制度的建构、参与现代市场经济体系成为可能。与此同时，民族文化资本化的运作也为"提高生产力、扩大人们的交往空间"、"提高人们的自由度"提供了可能。[①] 如果我们承认自然资源也是一种资本的话，那么，对于民族地区特别是乡村的人们来说，自然资源也极有可能进行资本化运作，并能从中获取发展的可能的一种方式。事实上，西双版纳傣族自治州力图把该州打造成为"三个好地方"（即成为北方人避寒过冬的地方；成为东南亚傣民族寻根的地方；成为国内外游客回归自然、享受天然氧吧、追求健康的地方）的努力，其实就是将民族文化和自然资源进行相互嵌合与整合并进行资本化运作的一种努力。可以说，民族文化和自然资源的资本化运作，不仅约定了云南乡村文化产业发展的前提，而且还规制了云南乡村文化产业发展的可能的方式和规模。

应该看到，民族文化资源和自然资源的丰富性与乡村文化产业发展投入不足之间的矛盾，决定了云南乡村文化产业发展的模式的多样性。一般而言，得到文化产业发展投入资金相对较多的地方，受到主流文化市场（非乡村文化市场）的发展的影响较大，表现在经济层面上则为市场化的程度较高，与主流文化市场、市场经济、外部资本引进等中心体系的联系更加紧密；而得到文化产业发展投入资金少的地方，其发展主要表现为内源式的发展，即主要依靠共同体内部的力量使得其自身得到发展。表现在经济层面上则是文化产业发展的市场化程度不高，产业群的规模效应还没有完全发挥出来，与市场经济体系的对接还存在有待完善的空间，利用社会资金资源的渠道和方式还有待加强。事实上，在全球化成为时代强劲话语的今天，市场经济在很大程度上已经"消灭了以往自然形成的各民族的孤立状态，使每个民族共同体及其每一个成员的需要的满足都依赖于整个世界，确立了世界民族的统一构架"，[②] 每个民族已经不可能继续封闭而独自存在。在以市场经济为内容的经

① 马翀炜、陈庆德：《民族文化资本化》，pp. 54～55，人民出版社，2004。
② 陈庆德：《发展理论与发展人类学》，《思想战线》，1998（8）。

济场域里，每个经济共同体，都表达出了自己对经济话语体系的不同领悟，并走出了不同的道路模式。

我们可以以云南的几个乡镇，在民族文化资源和自然资源丰富与乡村文化产业发展投入不足之间的矛盾中，发展各自的乡村文化产业的不同路径为例，来透视云南乡村文化产业的深层动因。大理市喜洲镇是洱海边的一个古镇，作为大理文化的发祥地之一，喜洲是白族的主要聚居地，杂居着少数汉族和回族。早在隋唐时期，白族居民就在喜洲建造了一些建筑，南诏初，南诏国王在此建造了富丽堂皇的行宫。尽管历经了两千多年风雨，但喜洲仍保有浓郁的民族特色，被称为“滇西的一颗明珠”。白族居民的质朴文化，独树一帜的街道民居格局，和着苍山洱海的自然风光，让喜洲的风采迷人，四季游人不绝。到了近代，喜洲因其独特的区位优势等原因，逐渐成为白族工商业萌芽崛起的地方，并涌现了一些著名工商业家。20世纪50年代，以喜洲等地为背景的电影《五朵金花》，让喜洲在全国拥有了一定的知名度。集白族的历史、文化、建筑等精髓于一体，让喜洲拥有了丰富的民族文化资本。近几年来，喜洲古镇在大理省级旅游度假区的主动积极投资下，先后对董家大院、海心亭、海舌等一批重点民居和著名景点进行了修葺、改造和扩建；同时与云南方城规划设计有限公司携手，编制完成了古镇开发规划，力图将喜洲古镇改造成为庄园与民居错落有致、田园风光与民俗生活交织协调的旅游观光古镇。

可以看到，优美的自然环境、丰富的民族文化、悠久的历史，成了喜洲乡村文化产业发展的基础。在市场领域中，喜洲人早就利用其独特的民族文化，进行了资本化运作的实践。久负盛名的“喜洲商帮”，在某种程度上可以看做是喜洲民族文化资本化运作实践的结果。随着云南旅游业的发展，喜洲人再次利用其独特的民族文化和自然资源，演绎着资本化运作的传奇。喜洲文化产业的发展，经历着由乡村文化市场向主流文化市场过渡的过程。在喜洲乡村文化产业发展的原初阶段，喜洲主要是依靠其民族历史文化和自然资源进行初始的市场化经营，采用的是直接向游客提供简单手工艺品（如扎染）、民族传统食品（如喜洲粑粑）等方式。随着经济全球一体化的深入，喜洲快步进入了向主流文化市场过渡的阶段，并依据现代市场经济的游戏规则，实现了其乡村文化产业的飞跃。如与大理省级旅游度假区、云南方城规划设计有限公司等企业联合对喜洲镇乡村文化产业的开发，就是明显的例子。喜洲镇周城村扎染民族文化的发展也可以说明这样的过程。据有关资料显示，周城村作为喜洲著名的扎染村，全村扎花加工人数超过4 000人，目前已有扎染企业 16 户，产值达6 700多万元。

在束河，通过古老特色文化生态村与现代企业市场开发结合的方式，也实现了民族文化和自然资源的资本化运作的实践。2006 年束河古镇一年接待了 190 多万人次游客。现在束河古镇有 400 多家商铺。由于基础设施得到改善，游客增多，居民房产升值明显，已经有百余户人家房屋出租，房租从原来的每年每院3 000～4 000元上涨了十倍左右，有 100 多户本地居民出租房屋，去年一年的房屋租赁费有1 500万元。据统计古镇居民人均年收入从 2002 年的 800 多元上升到 2004 年的3 500多元，每年递增一倍多，有数百户居民盖了新房，近百户居民买了新车。此外，开发公司还组建了环卫队、绿化队和保安队，有条件的还被招聘为导游和管理人员，截至 2005 年 3 月，当地居民直接或间接在公司就业的人员达到 300 余人。

同样地，我们也可以从临安、娜允、官渡古镇等乡村文化产业的发展中看到云南乡村文化产业因民族文化资源、自然资源和文化产业投入的差异而形成的不同发展模式。在临安，我们看到的是民族古居建筑与现代旅游设施的结合；在娜允，我们看到的是多民族、边境和异国风情的相互结合；在官渡古镇，我们看到的是古朴的历史名镇和现代商业城镇的结合；在新华村，我们看到的是传统民族手工艺的资本化运作；在云南驿，我们看到了被凸显的民族对外交往的历史文化；在和顺，我们更多地看到的是民俗风情、自然生态、历史文化景观、原生态保护被进行企业化运作的模式；在黑井，表现的则是自然矿产资源开发所形成的历史文化；在大营街，我们看到的则是历史文化生态旅游与云南支柱轻工产业烟草产业的完美结合；在畹町，表现的是独特的地理位置和历史事件文化的结合。

云南乡村文化产业发展过程中民族文化资源、自然资源丰富和乡村文化产业发展投入不足之间的矛盾，不过就是在市场经济环境中资源配置的博弈的矛盾的另一种表达。它在规制云南乡村文化产业发展模式的同时，也使云南乡村文化产业的发展呈现了丰富多彩的格局。

4. 云南乡村文化产业发展的意义

乡村文化产业是文化产业的重要组成部分。在云南省民族文化资源丰富但民族文化资源却主要根植于乡村民间的情况下，发展乡村文化产业是促进文化产业发展的必由之路。通过发展乡村文化产业，对于充分挖掘云南民族文化资源和自然资源的优势，对于实现省委省政府建设民族文化大省的既定目标，对于我省的社会主义新农村建设和和谐社会建设，促进乡村经济社会发展，对于民族文化的传承和保护，对于自然资源的保护和可持续发展，对于繁荣乡村文化事业，满足乡村农民文化生活需要等方面，都具有重要的意义。

4.1 发展乡村文化产业有利于促进云南民族文化大省建设

云南文化产业发展一开始就作为云南民族文化大省建设的一个有机组成部分。① 建设民族文化大省，最终目标就是要把云南建设成为经济繁荣、文化发达、民族团结、环境优美、社会和谐的现代化强省，从根本上促进社会生产力的发展，推动经济社会文化的全面进步，创造性地实现多民族地区物质文明和精神文明的共同发展。《云南民族文化大省建设“十五”规划》更进一步结合云南的实际情况，把发展乡村文化产业提高到了关乎建设云南民族文化大省大局的高度。通过以发展乡村文化产业为契机，把乡村社会经济发展与乡镇社区文化建设、民族文化资源保护、民间文化产业开发、民族地区扶贫攻坚、基层文化单位改制等各项要务结合起来，让最基层的普通村民也能够参与其中，并能因此而在增加经济利益、提高可行能力等方面受益，应该是乡村文化产业发展的宗旨。迄今，保山市腾冲和顺乡、西双版纳自治州景洪市基诺乡巴卡小寨、昆明市石林彝族自治县月湖村、文山苗族壮族自治州丘北县仙人洞村等乡村文化产业发展的试点工作均出现喜人的景象：村民的文化自觉意识增强，教育和科技受到重视，村落环境得到改造，乡村文明程度明显提高，旅游开发和经济增收初见成效。遍布全省 16 个州市的 33 个村寨乡镇试点调研也全面展开，50 个村寨乡镇的建设规划方案正在制定。可以预料，把发展乡村文化产业与发展社会生产力的工作落实到乡村基层，让全民参与文化大省的建设实践，必将极大地提高各族群众的素质，全方位、深层次地推动云南经济社会的全面发展。

---

① 云南省文产办、云南省社科院课题组：《云南文化产业发展的实践进程》，《云南社会科学》2006（3）。

4.2 发展乡村文化产业有利于促进云南社会主义新农村建设与和谐社会建设

发展乡村文化产业，不仅有利于促进云南的新农村建设，而且还有利于促进云南和谐社会建设。社会主义新农村建设，离不开农村文化建设。文化因为人类存在的需要而产生，反过来，文化也因为维系人类的存在而作用，它不仅规制着人的行为方式和规模，而且还模塑着人的行为选择和价值取向。从某种意义上说，文化是为人类生命过程提供解释系统，帮助人们对付生存困境的一种努力。所以，发展乡村文化产业，可以推进农村文化建设，增加农村文化建设投入，提高人的可行能力。乡村文化产业的发展，在此意义上可以被看做是农村内生机制培养的一种可能途径和努力。另外一方面，发展乡村文化产业，可以增加农村基础设施建设，提高农村经济社会发展的物质基础。

4.3 发展云南乡村文化产业有利于促进自然资源保护和民族文化传承

发展云南乡村文化产业，不仅有利于云南丰富的自然资源的保护，而且还有利于云南民族文化的传承。“人是地球生物圈的产物之一，同生物圈的所有成分一样，也要依赖于他人与生物圈其他部分的关系，来构建其生存基础。”[①] “可持续发展”的概念，是建构在对人类生存与发展所需要的资源，归根结底都是来源于自然生态系统的理解的基础之上的结果。随着人类对自然资源的需求的增长和自然资源可供给资源数量的日益减少之间的矛盾加剧，“时至今日，越来越多的人已经意识到，于人的存在密切相关的生物多样性存在的前提条件，就是文化多样性的存在。”[②] 换句话说，保持文化的多样性，保持人作为类的存在的多角度理解的视觉，是保持自然资源多样性持续存在的必然要求。由于人类生境与文化图景的高度重合，从某种意义而言，自然资源的保护和民族文化的传承已经被高度扭合在一起而无法分开。据有关资料显示，至2002年底，云南已建立各级各类自然保护区146个，自然保护区数量居全国各省区市之首，森林、湿地和珍稀濒危野生动植物及生长地、栖

① 陈庆德：《资源配置与制度变迁——人类学视野中的多民族经济共生形态》，P.26，云南大学出版社，2001。

② 马翀炜、陈庆德：《民族文化资本化》，P.111，人民出版社，2004。

息地得到有效保护。根据国家退耕还林等有关政策，云南已全面停止天然林保护工程区内的商品性砍伐，并大力推行退耕还林还草、人工造林、封山育林等措施。从1998年至2002年底，云南的森林覆盖率提高逾5个百分点，达44.3%。围绕湖泊的治理与保护，云南已经投入40多亿元，其中滇池综合治理就投入34亿多元，初步遏制滇池水体质量恶化势头。

在民族文化传承方面，由云南省文化厅、省民委共同从全省各州市推荐的735位民间艺人候选人中经专家推荐、严格评审，命名了207名各民族的非物质文化遗产传承人。这些传承人来自白族、哈尼族、纳西族、傈僳族、傣族、佤族、拉祜族、怒族、基诺族、普米族、景颇族等22个民族，其中年龄最大者92岁，最小的31岁，他们中有的是各种民间工艺的能工巧匠，有的是民族艺术的代表性人物，有的是各种民俗礼仪、宗教活动的主持者，有的是民族民间文化典籍、资料的保存者，是民族文化传承的核心力量，在民族民间传统文化发展中发挥着重要作用。丽江纳西族文化资源的保护和传承，可以看做是云南民族文化资源保护、传承及资本运营的典型案例。纳西族，千年以来一直信奉多神的原始巫教“东巴教”，东巴文化就源于东巴教。东巴文化包括象形文字、东巴经、东巴绘画、东巴音乐及舞蹈等，纳西族有着最古老而又原始的象形文字，也是世界上仅存的象形文字之一。现在只有三十来万人口的纳西族仍能保存其民族语言和古老的文字，被称为纳西族百科全书的东巴经，就是用象形文字写成的。属于象形表意文字类型的东巴字包括象形、会意、指事、形声等字体，文字总数约1 600个左右。东巴经书由提示性符号构成，即使全部掌握了东巴单字，仍然无法读懂东巴经，东巴经需要口耳相传，辅以提示符号，才能解读。在纳西东巴文化遗产中具有较高研究价值的“祭署”仪式现濒临灭绝。东巴掌握许多口承文化及纳西民族特有的舞蹈、绘画等，培养东巴是传承东巴文化的关键。在新中国成立前，能解经的纳西东巴约有1 000人，占纳西族总人口的1%，2000年约有200人占0.08%，其中识东巴文的仅30人，且年岁已高。至目前，丽江市真正意义上的东巴已不到10人。抢救、保护、传承民族文化遗产尤其是非物质文化遗产的保护显得十分严峻。自云南省第十届人民代表大会常务委员会第十九次会议通过了《云南省纳西族东巴文化保护条例》后，纳西族东巴文化保护得到了蓬勃的发展。目前我省有关部门已经作为科技课题立项，运用数字化的现代科技手段如图像处理技术、识别、重构原画，用平面图、三维效果图再现、解读某一历史事件或过程等多种形式进行保护和研究，并做了一些前期工作。

丽江民营旅游企业出于企业可持续发展和保护民族传统文化的社会责任感，积极采取了一系列保护传承东巴文化的举措。丽江玉水寨生态文化旅游有限公司聘请省社科院、东巴文化研究院的知名专家为顾问，前往丽江的“东巴之乡”塔城迎请老东巴和学文、杨文吉到玉水寨主持东巴传承学校，收徒授艺。公司投资350多万元，修建了纳西族历史上第一个学习传授东巴文化的专门场所“和合院”。公司还牵头成立东巴文化传承协会，并连续五年举办“东巴会”，为散居山乡的东巴提供学术交流的平台。针对东巴民俗文化面临后继无人，在乡村已经是“民间无东巴”的状况，公司从2005年开始，将玉龙县塔城乡依陇村委会曙明片六个村民小组设立为东巴文化保护区。从2006年7月1日起，在玉水寨东巴传承院请老东巴对保护区内选出的11名年轻东巴进行专门培训，为期两年的培训时间内要学习包括东巴文字、舞蹈、经文和祭祀仪规等内容。公司为保护区修建了村道，制订了旨在恢复原有东巴民间文化（如祭天活动）的各种村规民约，并给予村民许多优厚的待遇。现在，玉水寨的东巴传人崭露头角，可以举行30多种东巴仪式，念诵300多部东巴经。东巴谷生态民族村和东巴王国景点则购买乡村典型民居进行异地重建，最大限度地保持民居民俗原貌，同时又高薪聘请老东巴一家人到民族村居住，把传统的生产生活方式展示给游客，突出了民族文化原生态旅游的亮点。东巴谷公司每年还向东巴谷的所在地——玉龙县白沙乡新向阳村的42位70岁的老人发放300元的生活补助，并对残疾人进行帮助。每年给村里的老年活动中心2 000元作为活动经费。目前，在东巴谷的民俗演员，平均收入可达到1 800元。良好的经济效益，从经济层面上留住了乡土人才，为保护民族文化，提供了可能。丽江民营旅游企业在市场经济条件下，建立民族文化原生态保护村，创办东巴传统学校，促成东巴文化传承职业化，在保护传承纳西族东巴文化中唱起了主角，取得了良好的经济效益和社会效益。另外，一些国际基金组织也积极地参与了纳西族东巴文化的保护。美国大自然保护协会就将玉水寨指定为东巴文化传承基地和“白沙细乐”传承基地及“勒巴舞”的传承基地，进行纳西民族古文化的挖掘、整理、传承、研究、展示等工作。

4.4 发展云南乡村文化产业有利于繁荣乡村文化事业，满足乡村农民文化生活需要

特色文化村镇旅游，是目前云南乡村文化产业发展的一大亮点。此前我们已经提到，云南丰富的自然资源是乡村文化产业发展的重要因素之一。乡

村文化产业发展，不仅增加了当地居民的经济收入，提高了当地参与市场经济体系制度建构的能力，同时也提高了当地居民的自由度和可行能力。更重要的是，因为文化巨大的渗透力，乡村文化产业的发展也丰富了当地居民的文化生活。事实上，当地居民一直都是乡村文化产业发展的主要参与力量。他们在推进乡村文化产业发展的同时，也在完成了参与乡村文化产业发展过程中的自娱自乐。也就是说，乡村文化产业以其特有的方式满足农民自演自赏、自娱自乐、自我发展的精神追求，而深受当地村民欢迎并因此而蓬勃发展。因此，从这个意义而言，乡村文化产业的发展，事实上还在承担着发展乡村文化事业的功能。例如，在曲靖市，由于受地域环境、经济发展状况等因素的制约，基层农民看书难、读报难、看电影难，欣赏文艺演出更难，因而，当地农民自办文化的现象应运而生，并且日益成为新时期农村文化的重要形式。目前，该市的多支乡村文艺表演团体，常年活跃于田间地头，演出形式丰富多样，贴近实际、贴近群众生活，正为丰富农村文化生活发挥着重要作用，也成为推动当地经济发展的重要力量。

云南乡村文化产业正逐渐探索出了一条适合自己发展的道路，出现了乡村文化产业发展百花齐放的喜人局面。但同时也应该清醒地看到，云南乡村文化产业的发展还与云南社会主义新农村建设与和谐社会建设的要求有很大的差距，今后的发展必须坚持突出特色与打造精品并重的原则，必须广泛吸取现代文明成果，在传承中创新民族文化产品，实现传统原创性特色文化产品与现代文化精品的对接，进一步提高质量和市场竞争力，从根本上让民族文化产品进入广阔的市场，做出精品和品牌，提高市场竞争能力和资本积累能力。

课题组成员：马翀炜　孙美璆　李德建　李　炎　秦　臻　马居里

（执笔：李德建　孙美璆）

云南省民族民间工艺品研究报告

民族民间工艺品研究室

人类社会的发展历经千百年，积淀下来的文化包含物质与非物质的形态，深刻、久远、独具民族特色的文化特征赋予了其生动的内涵。从20世纪70～80年代开始，伴随着世界经济一体化进程的加速，人们对文化保护的认识在不断深化，各国政府更是意识到民族文化对自身建设的重要性。为了抵制文化全球化给人类社会所带来的灾难，1972联合国教科文组织发起并通过了《保护世界文化和自然遗产公约》（简称世界遗产公约），第一次明确了文化遗产对社会发展的贡献。之后，在1976年，联合国教科文组织和世界知识产权组织为保护发展中国家利益又制定了《突尼斯样板版权法》，规定了对民间文化的保护条款。1989年，教科文组织第四届成员国大会再次通过了“关于保护传统和民间文化的建议案”，并于1998年出台了“人类口头和非物质遗产代表作条例”，且先后在2001、2003、2005年三次遴选出非物质文化遗产的代表作。这些条例与公约的相继推出，证明了人类社会越来越重视物质与非物质文化。几十年过去了，各国在非物质文化保护工作取得了可喜的成绩——一些国家和地区在非物质文化保护中寻求发展的各种模式建制，让世人看到了民族文化的生命力与可持续发展性。民族民间工艺品是人类非物质文化的一个重要组成部分，它作为民俗文化的形象载体、实用与美的结合表达了人们的生活智慧和对自然的领悟，并成为一种跨文化的通用语言。多少精美绝伦或是普通大众的民族民间工艺品通过艺术的表现，沟通了人与自然、人与神、人的内心与外界之间的联系，实现超越了民族与地区间文化层面的交流与对话。难怪有人说民族民间工艺品是“天成之趣”与“人化之梦”的完美结合和充分体现。作为非物质文化的一部分，民族民间工艺品生产在经济发展中成为先进地区进一步提升品位、增加文化附加值，凸显地域个性；欠发达地区解决生产、生活致富兴家的必由之路。

翻看世界历史文化的篇章，很多国家和地区在走非物质文化保护与发展并举的道路上受益匪浅，具有竞争力的产品可以成为国家形象的符号和元素。举目瞭望，瑞士手表、瑞士军刀可谓一个国家技术实力的象征；漫步威尼斯，我们会被它具有千年历史斑驳璀璨的琉璃工艺所折服；从南非的钻石、奥地利的水晶、俄罗斯的彩绘、日本的绢纸到肯尼亚的木雕、泰国的“925”银饰等等，所有这些既成了这些国家文化风貌的标志，极大提升了与其相关的旅游业的文化附加值，同时也成为支撑区域经济的强大动力。在文化与经济发展的相互依存中，这些地区彰显生动、更加精彩。由此，以民族民间工艺品生产、销售、收藏的产业形式存在并发展着，构成了各国产业群体的一部分，有的甚至成为主导产业而占据本国国民生产总值的半壁江山。

中国于1985成为联合国世界文化遗产保护公约的缔约国，正式启动了包括物质与非物质文化保护与发展的具体工作，制定出台了一系列相关法律法规。从1982年全国人大常委会颁布实施《文物保护法》开始，国务院迄今共核定公布了100座历史文化名城，1984年国务院又下发通知，提出设立“历史文化保护区”的概念，以作为历史文化名城的补充。此后，各地政府也据此设立了不少地方保护的“名城”、“名镇”、“名村”或“文化保护区”等，在一定程度上为具有各种传统文化（包括民族民间工艺文化）内涵的地区贴上了特殊标识。1997年国务院制定颁布了《传统工艺美术保护条例》，这是我国第一个关于传统工艺美术行业发展、人才保护的行政法规，标志着我国传统工艺美术发展一个历程的逐渐形成。我国分别于2003年和2005年向联合国教科文组织申报成功的“中国古琴艺术”和新疆“维吾尔木卡姆艺术”即是对人类非物质文化遗产中民族民间工艺保护的巨大贡献。我国于1979年以来先后评选了四批204名国家级工艺美术大师。2003年文化部还启动了“中国民族民间文化保护工程”。据不完全统计，近年来，中国传统工艺品每年出口额均超过50亿美元，从业人员超过600万，成为备受瞩目的新兴产业。

云南省是中国率先提出建立民族文化大省的省份，围绕着建设活动的不断深入与开展，多款有利于民族文化大省的地方条例相继出台。2000年云南省人大在第九届代表大会上首先通过了《云南省民族民间传统文化保护条例》，并单列了“民族民间传统工艺制作技术和工艺美术珍品保护项目”。2003年云南省作为文化部“民间文化保护工程”的试点省份，省文化厅又专门下发了《云南民族民间文化保护工程综合试点方案》和《云南省民族民间文化文化分类名目纲要》，在此工作中，一并将云南省传统工艺和民间艺人的普查作了详细的登记备案，可见云南的行动力度之大。事实上，云南的民族民间工艺品销售每年以12%～15%的速度在递增，作为伴生旅游业的直接消费品，显示出强大的后劲。

云南是中国世居少数民族最多的省份，是一个世界上少有的多民族群体、多文化形态共生带。各民族在漫长悠久的岁月里，共生共存孕育了云南绚丽多彩的民族文化资源，各地各民族的工匠们，为了生产、生活的需要，也为了审美或娱乐的需要，创造了本地特有的民间工艺品。长期以来，学者们对民族民间工艺品的文化内涵给予了深入的研究，从人类学、民俗学、地缘学的角度给予了各种解释和阐述，比如说制作技术就凝集了其中民族的认知图式、价值观念、审美情趣等等，但对此行业作为一个产业发展问题却显得关注不够、研究乏力。在云南省提出要将文化产业作为支柱产业加以培养的今天，我们将从产业经济的角度提出我们对云南民族民间工艺品问题的一些看法。然而，在研究的开始，从所接触到的大量资料和文献以及实地调查了解中，我们首先遇到了一个很尴尬的问题——工艺品作为一个产业，历来是附着在轻工行业中的一个分支，因此我们很难从一大堆数据资料中剥离出我们需要的那部分准确资料，给承上启下的链接增添了很大的麻烦，甚至在一些方面只能管窥，而难识庐山真面，国情既是如此，省情、县情就更加麻烦，统计路径不一，角度不同、上报要求不规范都给研究工作带来了艰辛，这是其一；其二，我们将民族民间工艺品作为一个产业来考察，一定是看到了其发展势头的优势以及成长性能良好的前提下给予分析论证的，而事实上真正的民族民间“手”工艺品与拥有流水作业生产线工厂生产的工艺品却又是有着本质差别的，这也给我们的研究带来了困难。一方面，散而小的手工艺品生产并未通过正规企业申报相关指标，我们只能通过面对面的走访调查了解我们所需要的资料，人为因素的影响难免有失偏颇；另一方面，对生产工艺品工业化企业规模的数据掌握的比重过大，又会使真正的民族民间工艺品产业分析不准确，起不到“年度报告”的意义。在这两难中，我们只能采取分片重点普查，兼顾产品优势向产业发展转换便利以及具有领头示范作用企业的重点抽查展开分析，尽量协调互补之间的链接关系，以期得到一个较为客观和真实的综合性报告，为推动云南文化产业发展提供些许思考和对策。

1. 云南民族民间工艺品类别概述

民族民间工艺制作存在这样一个普遍的规律，即工匠们基本上取材于本地区的自然资源，就地加工当地人所需要的生产用品和生活用品，因此，它反映了特定时代的风俗民情、社交礼仪、审美娱乐以及人的情思爱憎等等，从而不仅具有浓厚的乡土气息和民族风情，还体现了丰富的历史底蕴。一般来说，民族民间工艺“具有传统民族的文化符号和地方性知识、技艺和工艺流程”[①]，体现了“实用功能与审美趣味的结合”、“宗教色彩与生活气息的交融”、“文化借取与民族个性并存”[②] 的特征。因此就其产品类别来分的话，应该分成实用类、宗教民俗类和玩赏类。实用类如生产工具、生活用品、服饰以及日常用器具；宗教民俗类包括用于宗教祭祀和民俗活动的各种雕塑、法器和面具等；玩赏类如珠宝、乐器、工艺画品等。就其工艺流程和制作方法，又可分为纺织、刺绣、雕塑、陶瓷、木器、漆器、金属制品以及民间美术等等。在每一类中还可分成若干个品种，如雕塑中的木雕、石雕、泥雕等等。为了突出民族民间工艺的民俗习惯及历史文化底蕴以及审美情趣的不同，在众多的云南民族民间工艺品中，我们只能有选择、有重点地采集与介绍。考虑到具体工艺类型的典型性和代表性等相关因素，在此，我们将云南民族工艺品基本分为金属工艺品、陶石工艺品、染织绣品、木竹藤草、民族乐器以及工艺画等六大类型。此外，还有部分工艺类型或已形成一定的产品规模，或是一地一民族的工艺典型，作为一个综合的工艺类型加以分析。

1.1 金属工艺品

云南矿藏丰富，尤以铜、锡著名。民族民间金属工艺品生产主要是就地取材，在各地的铜矿、锡矿、银矿和传统的金银加工地，集中生产三类主要的金属工艺品。

1.1.1 铜工艺品

云南铜矿资源丰富，历史上，滇北、滇西、滇中三区，有70余县均有铜矿开采。铜器制品历史悠久，工艺精湛。民间铜制品应用范围非常广泛，有许多自成派系的铜制品加工地，如鹤庆铜制品；丽江铜锁、铜铃、铜号；牟定铜炊具；腾冲铜日用品；江川铜器；昆明宫廷燃气紫色铜火锅等。具有代表性的铜工艺品主要是斑铜和铜鼓。

斑铜：有“生斑”和“熟斑”之分，生斑系高品位天然铜冷锻、打磨、

① 李炎：《传统民族工艺的当下性——以滇西北传统民族工艺为例》（未刊稿）。
② 施惟达、段炳昌：《云南民族文化概说》，pp. 226～227，云南大学出版社，2004。

显斑而成，现存于世的生斑制品多由东川、会泽一代生产。由于生斑原料供应不足，产品现多经冶炼合成为“熟斑”。现代斑铜主要包括动物、人物、花卉、瓶罐、壁饰、器皿等六大类的斑铜系列产品。

铜鼓：作为云南数千年青铜文化的鉴证，铜鼓以其历史内涵和艺术审美价值已经得到了充分肯定。铜鼓是一种古老的青铜器，在我国南方及东南亚一些国家较为流行，有近三千年的历史。在古代，铜鼓的功能有多种，一是作乐器之用，二是礼器，三是上层统治阶级拥有权力和财富的一种象征等等。目前，我国发现的铜鼓超过两千面，并大致可分为八种不同的类型。其中，云南拥有六个类型的铜鼓，可谓铜鼓之乡。在铜鼓类型中，铸造历史最悠久的是万家坝型铜鼓。伴随旅游业的发展，昆明、文山等地开发出多种具有现代旅游工艺品和中高档纪念品价值的仿古铜鼓。

乌铜走银（走金）：始为清代雍正年间石屏冒合岳家兄弟所制，其工艺以乌铜为胎，胎上雕刻各种花纹图案，以溶化的金或银，“走”入其间，经化学处理打磨平滑，呈现出黑白（黑黄）分明的装饰效果，显得雍容华贵、瑰丽多姿。制作乌铜走银（走金）是一项复杂的工艺，也是目前云南工艺品中极其珍贵的品种之一。

1.1.2 锡工艺品

生产主要集中在“锡都”红河州个旧市，当地锡矿开采有两千多年的历史，锡工艺品的生产始自明末清初。当地锡工艺品主要是以本地出产的99.75%以上的高纯度精锡为原料，经过熔化、压片、下料、造型、刮亮、装接、抛光等工序精制而成。锡工艺品产品包括有数十个系列300多个品种，主要有酒具、茶具、餐具、奖杯和各类装饰品、名特旅游土产艺术欣赏制品等。

1.1.3 金银器

云南金银矿产资源丰富，分布广泛，开采历史悠久，远在春秋时期就使用鎏金法装饰青铜器，西汉墓（晋宁石寨山）中的“滇王之印”就是一枚极有价值的金印。南诏时代的“鎏金镶珠银质金翅鸟”又名好翅鸟，梵名“迦楼罗”，传说以龙为食，是以镇水。其造型别致精美，堪称“艺术瑰宝”。从地区来看，大理加工生产金银首饰历史久远，所制钗环、手镯，戒指等首饰，不仅品种繁多，而且工艺精细，小巧玲珑。清末时期，大理亦有金银首饰销售街。光绪年间，从事金银首饰销售的商店较有名气的有“天宝”、“三元”、“富宝”、“恒丰”、“福美”等店号。生产销售到清朝末年达到鼎盛时期。新中国建立至今，大理、下关、凤仪、喜洲、巍山等地区仍有许多银匠，专门从事金银首饰的生产经营。制作工艺仍保留传统生产方式生产，主要产品常见有绕丝银手镯、雕花银手镯。嵌玉银手镯、金耳环、银耳环、戒指、项链、百家锁、玉簪、金钗等上百种，其中的“凤冠”，是白族地区的民族特需品，最受人们青睐。

除白族之外，云南各少数民族多喜欢用银器装饰自己，有些少数民族妇女的头钗、项链、手镯、银泡等可达数斤重。许多民族服装上也喜欢使用大量的金，特别是银来做装饰。众多的金银首饰制品既是各族人民生活中装扮自己不可缺少的装饰品，又是表现各族人民勤劳智慧的工艺美术品。因此，在云南的许多城市乡镇，都散布着大大小小的金银首饰加工店铺。大理的鹤庆、玉溪的通海、红河的建水、文山的广南等地，都是银制品的加工集聚地。现在云南境内主要的银矿产地是云南兰坪县的白秧坪，鹤庆新华等地的银料来源均为此处。

1.1.4 民族刀、剑、剪

云南民族刀、剑、剪多是铁制，是云南一些少数民族不可缺少的生产、生活用品。刀类产品以户撒刀最为著名，据传有六百多年历史，有“柔可绕指，坚可削铁”之说，主要产品包括长刀、腰刀、藏刀等种类。此外较有名气的还有大理刀、容刀、帕亮长刀和禄丰剪刀等。

1.2 陶石工艺品

云南的土质特殊，石材丰富，陶石工艺品品种较多。云南土质为典型的山原红壤，含有多种矿物质，经 700 ℃～800 ℃的低温烧制，因温度和土质不同可呈土红、象牙黄、淡青灰等色彩。云南的陶器制品很早就形成了颜料浓重、线条简练、风格质朴、意象夸张等诸多特点。云南石材资源丰富，已发现各类花岗石矿床（点）130 多个，大理石矿床（点）160 多个，砂、板石矿床（点）30 多个，大理石、花岗岩、砂岩矿产储量位居全国前三名。云南石类加工工艺的成熟，使云南大理的大理石久负盛名。

1.2.1 陶 器

云南陶器有“五陶”之说，分别是建水陶，华宁绿白釉陶，黑、白陶，金沙陶和东川琉璃陶。其中建水陶、华宁绿白釉陶、黑陶和东川琉璃陶都有企业规模化生产。建水陶又称建水无釉磨光紫陶，以紫红土泡水混浆制坯，半干后刻画花卉图案或残碑断简、文章诗词，填以白泥或彩泥，不挂釉，烧成后用石料磨光，不再打蜡，有别于其他紫陶产品，是我国四大名陶之一。华宁绿白釉陶其釉“泽如丝绢、肥厚软滑、碧如翡翠、白如羊脂，朴素温柔”釉色之美，配以陶色之雅，令人爱不释手。黑陶、白陶是我国最古老的一种陶艺，在滇中地区和西双版纳的村寨和寺庙里可常见，供奉给寺庙中的陶器还嵌之以碎宝石、小圆镜、贝壳等，古朴而神秘。金沙陶是丽江人民利用金沙江两岸的泥土烧制而成的无釉陶，结合纳西族和藏族的民俗文化，呈现出浓郁的地方特色。东川琉璃陶历史悠久，东川远在西汉时代就开始生产日用陶制品。

1.2.2 瓷器

从元末明初开始，云南出现了青花瓷器。云南元明时期烧制的青花瓷器，以其造型粗犷、纹饰简朴生动、青花呈色深沉、遗存数量较大而在中国陶瓷界独树一帜。到明代中后期，价廉物美、品种繁多的江西景德镇瓷器大量进入云南，冲击了云南地方陶瓷，云南瓷器的产量逐步减少，至清末已趋衰落。

1.2.3 瓦猫、吞口

瓦猫和吞口是云南民俗工艺品的代表。瓦猫意指烧制成的猫形瓦。瓦猫口尾相通，含吸财之意，而面貌凶恶则可镇宅。现仍广泛流传于昆明、呈贡、玉溪、曲靖、楚雄、大理、文山等地，成为一种独特的民俗。但因地区不同，瓦猫的形象亦大有区别：呈贡瓦猫像天真的孩子；玉溪瓦猫像留须的巫师；鹤庆瓦猫造型极度夸张；曲靖瓦猫将八卦夹在前腿。当前，以鹤庆赵屯部金福瓦猫生产为代表，在传统瓦猫造型的基础上，其产品的艺术变型更多体现了现代审美价值。

吞口流行于水族、彝族聚集区，作为门上饰物悬挂于门楣，用来避邪。吞口的总体摹状是人首，凸眼，犬耳，宽鼻，獠牙，咧嘴，伸舌，口含利剑，然后用多种颜色涂绘。按其形貌特征和功能又分五种：猩猩心煞、凶神恶煞、双剑雾煞、凶神八煞和送子吞口。水族认为，将吞口置于门上可以起到吞邪镇恶，保护家庭平安和主人康乐的作用。吞口木雕是水族特有的特色民间手工艺品，它不仅造型独特，雕刻利落，而且具有文化内涵，现在已被越来越多的人当做艺术品收藏。吞口是民间艺坛面具的变异，是避邪镇宅的灵物，其形式大多张牙舞爪、面目可憎。传统的水族吞口比较具有代表性。作为旅游工艺品的吞口在材质选择和造型变化方面具有更大的发展空间。

1.2.4 玉石

由于历史和地理的原因，云南形成了以昆明为中心，以腾冲、瑞丽、盈江、芒市等为依托的珠宝、玉石集散地。仅在昆明一地，经营珠宝玉石的公司、商店就达数万家，经营的品种有刚玉类宝石的红宝石、蓝宝石；绿柱石类的祖母绿、海蓝宝石、金刚石、石榴石（紫牙乌）、电气石紫水晶、黄玉、蛋白石、橄榄石、绿松石、孔雀石、独山石、岫石、玛瑙、珍珠等。在云南经营的珠宝玉石中，尤以翡翠最有名气，品种有戒面、鸡心、马眼、杏子、元宝、玉镯、宝塔珠项链、灯笼、花件，“五色星”（即红、绿、蓝、黄、白五种颜色的箍心）、“八宝”（象征福、禄、寿、喜、吉祥如意的玉雕片）、“九老”（象征长寿和宝贵的九片玉雕佛像）等品种，还有大白菜、青狮、白象、飞马等大型雕件，在清代以后翡翠更是被公认为帝王玉，受到广泛的推崇和喜爱。特殊的区位、资源使云南历来成为中国与东南亚、南亚之间翡翠、珠宝集散、加工和销售的重要核心区域之一。清代后期腾越开放为商埠，而腾冲距翡翠玉石原产地帕敢仅300多公里，翡翠基本上是从腾冲入关、汇聚、辗转到内地的。如今在旅游业的快速发展带动下，云南珠宝玉石已成为云南的形象产品和重要的旅游商品，是云南的特色产业。

1.2.5 大理石

云南大理点苍山石材，自南诏国时期就运往内地，历代都有精品，以石材的纹样之美出众。见多识广的徐霞客也叹道：“故知造物之愈出愈奇，从此丹青一家，皆为俗笔，而画苑可废矣。”[①] 大理石主要用于加工成各种形材、板材，作为建筑物的墙面、地面、台、柱，还常用于纪念性建筑物如碑、塔、雕像等的材料。大理石还可以雕刻成工艺美术品、文具、灯具、器皿等实用艺术品。大理石的质感柔和，美观庄重，格调高雅，花色繁多，是装饰豪华建筑的理想材料，也是艺术雕刻的传统材料。优质的大理石画品犹如大理兰花般受到市场的追捧。

1.3 染织绣品

1.3.1 扎 染

云南大理白族地区流传的手工艺扎染布的染料源于天然植物，如板蓝根、核桃皮、黄梨皮、艾蒿等等，很适宜人们回归自然的愿望。其图案丰繁多变，有700多种花型，数百种纹样，十多种针法，上千种花色，至今仍是大理的重要产品之一，远销日本、新加坡等地。大理民族扎染采用民间图案，通过

---

① 徐霞客：《徐霞客游记》，P.581，团结出版社，2002。

对传统的扎染工艺进一步渲染和艺术加工，使之成为艺术化、抽象化和实用化融为一体的工艺品。其花形图案以规则的几何纹样组成，布局严谨饱满，多取材于动、植物形象和历代王宫贵族的服饰图案，充满生活气息。其扎染分为扎花和浸染两个环节。扎花是以缝为主、缝扎结合的手工扎花方法，具有表现范围广泛、刻画细腻、变幻无穷的特点；浸染采用手工反复浸染工艺，形成以花形为中心，变幻玄妙的多层次晕纹，凝重素雅，古朴雅致。扎染工艺由手工针缝扎，用植物染料反复冷染制而成，产品不仅色彩鲜艳、永不褪色，而且对皮肤有消炎保健作用，克服了现代化学染料有害人体健康的副作用。

巍山彝族扎染采用天然植物染料，发挥传统民间扎花工艺特色，做工精致、图案精美，新颖多变，具有古朴、典雅、自然、大方的特点，既有较高的艺术欣赏价值，又有较强的实用性。彝族扎染有蓝染、彩染、贴花等系列产品。

1.3.2 蜡　染

又称“瑶斑布”、“五色斑布”，是苗、瑶、布依、彝、白、哈尼等民族的传统手艺，用特制的蜡刀或笔，蘸上融化的蜡液，在布帛上描绘成图，而后入靛蓝缸中浸染，无蜡处部分染透蓝色后捞出，煮沸脱去蜡质，即出现蓝底白花的图案。

1.3.3 刺　绣

云南的刺绣种类丰富，不同民族，不同支系刺绣技法各有特色，刺绣图像也各有偏好，但大多用色大胆，一般作为服饰配件使用。按民族、支系分类，分为彝族刺绣、苗族刺绣、白族刺绣、傣族刺绣、壮族刺绣、阿昌族刺绣、哈尼族刺绣、布依刺绣八大刺绣种类，其中，多见前五种刺绣。

彝族刺绣：彝绣技法丰富多样、注重实用与装饰相结合，常根据装饰部位的功能需要来设计图案和应用针法，如肩部的花纹严密厚实，针法多重叠，以耐摩擦；腰部的长带仅绣顶端两头，图案精美异常，是整套服装含而不露的亮点。

苗族刺绣：苗绣的精美，其针法细密、图案精美、色彩绚丽，几为天衣。苗族刺绣多用龙形，有鱼龙、虾龙、蝶龙、蚕龙等等。

白族刺绣：因聚居地气候温暖湿润，服装上的刺绣装饰较强，色彩亮丽别致、搭配恰如其分。

傣族刺绣：地处热带地区的傣族，刺绣工艺主要用于佛寺装饰，内容多为莲花、白象、佛塔、孔雀等佛教气息浓郁的造型。

壮族刺绣：壮绣和壮锦一样丰富多彩，寓意深远，并且常常织绣结合，“锦上添花”，多抽象图案，内容从世间万物到人生感悟，都在其中有所体现，具有深厚的文化内涵。

在多民族集聚的云南，除了民族刺绣之外，融合了中原汉族地区和云南少数民族的刺绣工艺所形成的昆明刺绣以地为名，刺绣图案也很别致和独特。

1.3.4 民族织锦

傣锦：广泛分布在云南南部。傣锦的制作多以棉或丝棉并用，色彩明快，喜用金线或银线穿插，是南亚地区傣族的主要服饰原料。目前云南境内傣锦制作主要分布在德宏和西双版纳等地的农户家中。

壮锦：壮族自古居住在广西、云南两地，携长纺织和刺绣，壮锦和壮布色彩绚丽、图案精美。织锦手艺的高下，是当地人们衡量女性是否心灵手巧的主要标准。

景颇族织锦：景颇族一贯推崇创新，在景颇锦上，图案丰富多变，令人赞叹。

此外，云南少数民族中的佤锦、基诺族织锦、阿昌族织锦、独龙族织锦、纳西族织锦都各具特色，表现出各民族强烈的文化特质，具有特别的艺术装饰效果。比如佤锦多以黑、红二色为主，古朴而粗犷；基诺族织锦以腰机织出的粗细不一的条纹图案，别具一格；阿昌族织锦深蓝或黑底上，以红、黄、绿、白等丝线串织而成、色彩对比强烈惹眼；独龙族织锦俗称独龙毯，以麻线为基，色彩鲜艳，质地厚实；纳西族织锦善用多种色线织成光谱状色带，做成现代时尚中透出传统特色的服饰或装饰包袋。

1.3.5 毛纺织品

云南毛纺织品生产和使用多集中在气候寒冷的滇西北地区和其他高寒山区。用料多采用羊毛、牦牛毛等，毛质独特，毛料有较强的实用性，便于保暖挡雨。多流行于藏族、纳西族、彝族等民族中。种类分为地毯、披毡两类，此外，还有毛氆氇。经用羊毛和牦牛毛混合成细线，经染色织成多种花色的毛氆氇布料，质地严密厚实保温透气性强，使用范围较广。

地毯：昭通地毯历史悠久，历史上就有许多用本地羊毛编织的马鞍垫和花红毯，昭通所处的乌蒙山区，盛产乌蒙土种羊毛。这种羊毛是织造地毯的优等原料。昭通地毯色彩雅致清丽，溶入了浓郁的民族风情。东巴地毯是丽江民族毛纺厂的产品，结合纳西族东巴文化，形成了独特的风格。

披毡：羊毛毡，是一种温寒带地区做背巾，床垫等的好材料。

1.4 木竹藤草

1.4.1 木 雕

云南木雕多出自于滇南、滇西、滇中等地。这些地区自古为多民族聚居之地，多山，自古交通隔绝，形成多种小区域的文化形态，因此各地木雕便有极强的地域风格。

剑川木雕：木雕主要用于建筑物装饰，故以浮雕为多，现已发展到艺术价值很高的木雕工艺品。尤其是云木雕花镶嵌大理石家具，用优质硬木精心雕出龙、凤、狮、孔雀、梅花等传统图案，制成桌、椅、茶几等各种家具，再镶嵌上苍山特产的彩花大理石，显得古朴大方、新颖高雅、富于民族特色，成为既实用又华美的艺术品，远销欧、美等数十个国家和地区。作为中国四大木雕之乡，剑川木雕以花鸟鱼虫见长，其雕刻可达十数层，因而在古建筑领域有较大的工艺优势。而浙江东阳木雕擅长人物刻画，其细部工艺让人惊叹。近年来，剑川木雕外出取经，在原有工艺特色上，吸收了东阳木雕刀法特点，在人物形象塑造上取得较大的突破。

通海木雕：通海木雕精品以隔子木门为代表。雕刻内容取材于传统民间故事传说，从人物刻画、动物雕刻或是题诗均展现了较为精湛的技艺，反映出一方水土的风俗与民情。

傣族彩绘木雕：傣族彩绘木雕是傣族传统工艺，与南传上座部佛教有关，同时也具有显著的民族特色。工艺精巧，雕绘图像以龙、麒麟、孔雀、人物、佛像及花卉为常见。应用广泛，龙舟上的龙头翅尾，佛寺的门窗柱饰，牛车前直立的鹤头，屋架上悬挂的鱼鸟，乃至盛水用的竹瓢木桶也雕绘有精美的图案。彩绘栩栩如生、古朴大方，有着极高的艺术想象力和创造才能。主要应用于建筑 、佛寺供台、供品、赛龙舟等，以金粉或彩粉点缀。

纳西族木雕：东巴文化是纳西族文化的精髓，纳西人制作的东巴木雕形状奇特多变，内容丰富；以小巧、灵活、方便、民族特色跻身于丽江典型的旅游商品市场，成为人们喜爱的工艺产品。

此外，佤族木雕，傈僳人寨前门神、景颇族宗教木雕、阿昌族装饰雕刻等都是极具民间特色的艺术品。

1.4.2 竹

云南竹类资源丰富，是举世公认的竹类植物起源地和集中地之一，有“竹类故乡”美誉。生活其间的云南各族人民以竹为料，制作了大量的生产、生活用品以及竹制乐器。竹子作为建筑材料还搭建了云南独具特色的傣家“竹楼”。

竹制用品一般包括容器，如箩、筐、篮、箕等，傣族的“扁帕”，花腰傣的“花秧箩”，哈尼族的细花背箩最具艺术特色。篾帽、斗笠，如华溪斗笠、麻篥坡油篾帽、文山瑶族亮油帽、墨江细花篾帽、傣族笋壳小帽、腾冲篾帽等很有特点；家具，如玉溪陆篾屯、下关、富民、滕冲、巍山等地的各式竹家具也各有特征。

此外，云南一些世居少数民族与竹类制品结下了不解之缘，其生产生活用品多与竹有关，其中，以傣族为代表。傣族大多居住在亚热带地区，各种竹编制品应用非常广泛。供奉给佛祖的竹编小茶儿，日常用的饭盒、饭桌、凳、筐、箩等等，都用细腻柔软的小竹篾精心编制，既实用又美观。景颇族的“皮吞酒筒”也是竹制产品中较有特色的产品。

1.4.3 藤

云南是我国产藤地区之一。云南藤器的生产主要分布于腾冲、昆明、盈江和西双版纳等地。云南生产的藤制品主要是藤编家具，有各种藤椅、沙发、书架、茶几、茶桌以及藤帽、提篮、单车坐椅等。藤编家具的特点是造型别致，工艺独特，制作精细，式样美观，牢固耐用，轻巧软滑，通风凉爽。

1.4.4 草编

云南用来编结的植物有麦秆、稻秆、鸡草、蒲草、包谷叶、麻线等。在云南各地城乡，还可常见稻草编的草墩、蒲草编的凉席、包谷叶编的坐垫地毯或乡土装饰品。草帽风铃是新开发、具有代表性的草编旅游纪念品，其生产和销售主要集中在滇西北。

1.5 民族乐器

云南丰富多彩的民族文化通过富有内涵的民乐、民器广为传播，享有盛名。《月光下的凤尾竹》、《有一个美丽的地方》将云南民族音乐带到了五湖四海，也使以葫芦丝和巴乌为代表的云南民族乐器成为中国民族乐器的重要组成部分。

云南民族乐器多达两百多种，其品种之多，型制之特，居全国冠首。其中吹奏乐器有：巴乌、葫芦丝、荜鲁、寸笛、谷杆儿波博、小闷笛、蚌背、唢呐、吐良、海螺、喇叭等。弹奏乐器有：玎琴、葫芦玎、小三弦、龙头大三弦、彝族大三弦、月琴、大不要、达比亚、纳西琵琶、牛腿琴等。拉奏乐器有：二胡、三胡、葫芦胡、土胡、马头琴等。打击乐器有：木鼓、竹鼓、渔鼓、象脚鼓、芒琴、竹琴、铓锣、竹筒、木鱼、羊皮块响巴。

1.6 工艺画

工艺画是商业性较浓厚的一种绘画工艺，具有一定的艺术价值和观赏价值。云南工艺画主要用各种材料，通过拼贴、镶嵌、彩绘、铸锻、髹饰等工艺制成的图画。它不同于绘画作品，也不包括附于器物上的装饰绘画，而是相对独立的工艺品。区别于一般工艺画的云南工艺画主要是在材质选取方面突破较大。目前市场上有一定规模和特色的云南工艺画种类包括干草花画、木盘木板画、玻璃画、锡铜画、沥粉画、雕镀画以及融合云南重彩画特色的釉下彩壁画、重彩皮画等。

1.7 其 他

1.7.1 云南围棋子

云南围棋子生产始于唐代、盛于明、清。最负盛名的是明代永昌府（今保山市）所产，故也称“永子”，有“永昌之棋甲天下”之说。现以云南围棋厂产品为佳，以观感好、手感好、色泽滋润、体量适中、坚固耐用得到围棋界的广泛赞赏，称为“云子”。

1.7.2 民间剪纸、纸扎

云南剪纸围绕五个区域各成不同风格：以滇池为中心多为汉文化内容的剪纸；滇南红河彝族地区的剪纸主要用于刺绣，内容以自然万物和抽象图案为主；滇西北的纳西族剪纸以福、寿、花最有特色；滇东南的苗族龙纹形式丰富，令人称奇；滇西南的傣族剪纸表达了对佛祖的虔诚和人佛有缘。特别是在傣族聚居的地区，每逢节庆，人们就用各色彩纸和金银纸，以篾片为骨架，扎成孔雀、白象、金鹿等象征着吉祥的动物，套在身上翩翩起舞，增添节日气氛。平时做佛事，也常用各种纸折成菠萝、鲜花、菩提树等，供奉于佛前以表诚意。

1.7.3 凤羽砚、苴却砚

凤羽砚因地得名，砚石产于洱源县罗坪山雪龙峰，石质柔软细腻。因其磨出的墨不干不臭、又黑又亮，所书之字字迹圆润、永不变色而闻名于世。凤羽砚的雕琢已有300多年的历史。苴却砚砚石为金沙江南岸的陡壁悬崖处紫黑的岩石，采集惊险，做砚绝佳，被誉为可与端砚媲美的“砚中珍品”。

1.7.4 料　珠

云南少数民族喜爱在身上佩带用彩色料珠穿制的饰品，其原料大部分来源于个旧市制鞋一分厂（个旧民族料珠厂），料珠运用广泛，经妙手穿制，便形成风格同异的装饰品。现有料珠制品除用于传统的民族服饰配件之外，还有很多是应用于现代包具的制作。

1.7.5 工艺伞

云南的工艺伞盛名远传，早在古时，就有泰国和尚帕库英塔（Pra Khru In－Tha）从缅甸学到了云南西双版纳的制伞工艺并传授于兰纳王国（今泰国清迈府）的记载和传说，如今在清迈博桑地区还塑有帕库英塔和尚的雕塑，被当地人广为称颂，可见这一工艺的流传之广，影响之大。今天的腾冲、昌宁、德宏、罗平等地的油纸伞依然很有名。五彩斑斓的油纸或织布细腻的伞面上经工匠艺人们彩绘出云南数百种无名的花朵，鲜艳动人。大小不同的工艺伞既是旅游途中旅客的遮阳挡雨之物，更是摄影作衬的绝美道具。

1.7.6 皮革、皮毛工艺品

云南少数民族均有饲养牛羊的习惯，谷地水牛、高山牦牛成为云南皮革、皮毛工艺品取之不尽的原料来源。20世纪80年代中期，绝大部分的县市均有自己的皮革厂。现在皮革制品生产逐渐集中在滇西北，这些地区生产的皮革制品成为云南皮革制品的代表，其产品除了一般的民族生活、生产用品，高档服装、鞋类产品之外，还生产为数众多的工艺产品，主要是各档次的旅游工艺品。民族特色浓郁、色彩艳丽的皮钱包、皮发夹、除湿御寒的狗皮护膝。风格豪放的皮画在大理、丽江旅游工艺品市场上举目皆是。

2. 云南民族民间工艺资源分布

云南民族民间工艺品资源十分丰富，从拥有坐地自然资源到蕴含民族文化内涵以及具有精致手法的工匠艺人，都表现出云南地理与人文环境的独特性，很多工艺品受世人的推崇和喜爱。

2.1　云南民族民间工艺品自然资源的地区分布

从工艺品种类的划分上，我们选择几个云南拥有坐地自然资源优势的种类来看。以玉石为首，世界90%的玉石产于缅甸和云南腾冲的接壤地区，腾冲素有“翡翠之乡”、“玉石城”之盛名，玉石加工约有五百年历史，是我国历史上发展最早、规模最大、延续最久的玉石集散地，缅玉经过腾冲艺人的精雕细琢，形色俱佳，以此为依托的云南玉石雕刻艺术十分发达，玉石珠宝产业成为云南工艺品市场上的主打产品和创汇最大的行业。其次，拥有极高文化附加值和收藏鉴赏价值的当是云南大理石工艺产品，大理石艺术是云南石器艺术中的另一瑰宝。大理石的开采、加工始于一千四百年前的唐代。当时著名的李德裕平泉庄的“醒酒石”就产于大理的点苍山，大理石还被称之为“础石”，就取自“楚楚动人”的含义。由于大理石石质细腻、纹路清晰，当地的白族人民把大理石广泛用于建筑、装饰和日常生活用具。在白族四合院的建筑中，画壁、墙角装饰、屏风、家具椅背、桌面、厨房案板，甚至石臼、文房四宝等都是大理石工艺品，大理石工艺品几乎囊括了人们的日常生活用具，加之大理石的线条、图纹的水墨画风格，本身就是一幅天然画品、后加上剑川木雕的装裱，超越了其一般的实用功能，完全进入到了纯粹的艺术鉴赏、审美领域，高附加值的大理石收藏、玩赏如今成为一种时尚，受到热捧。

陶石工艺品，以红河建水的紫陶最为有名，据考证已经有七百多年的历史，其特殊稀少的陶土含有较高的铁金属成分而与众不同，以生活器皿和艺术玩赏品为主。有餐具、炉具、酒具、茶具、烟具、文房用具、花瓶、花盆、紫陶汽锅等，而用于古建筑的琉璃瓦、陶兽、挂盘也都十分有名。建水以其精湛、独特的技艺与享有盛名的江西宜兴陶、广东石湾陶、安徽陶并称中国四大名陶。此外，傣族的黑陶与红陶也是就地取材于傣族地区的一种黑土和红土，配于少量的沙土烧制成的傣族生活用品，是云南陶器工艺中又一独具特色的陶制产品。这种陶具有很好的透气性，在炎热的傣族地区长时间蓄水不会变质，深受傣族人民的喜爱。

个旧锡制工艺是被誉为云南个旧市的传统工艺品，至今已有三百多年的历史。个旧的高纯锡（99.75%）是被公认的无毒、无害、无味的绿色环保金属，其色似银、光亮如镜、光彩耀眼、富贵高雅及具有防腐、耐磨损、不破碎等特点，用它制作的酒具盛酒，冬暖夏凉，淳厚清冽，因此在台湾和沿海一带空气潮湿地区久畅不衰，市场很好。近年来，随着科技的不断创新，锡工艺品家族也在不断扩大，其中，斑锡、喷砂、喷涂、磨砂、斑花、贴花、浮雕、拼接覆膜镶木等又为锡制工艺品增添了新的艺术效果，特别是斑锡工艺品，雍容大度，更显尊贵。锡画是用浮雕形式同锡制传统手制工艺相结合而成的金属画，经过解图、雕模、浇铸、焊接、装饰等工艺制作而成，新近镶嵌填漆制作，色彩更加丰富，表现力更强，艺术价值和收藏价值也更高。

云南的斑铜工艺大约始于明代崇祯年间。云南是铜器的传统产地，斑铜又是云南铜器中绝色天香的一个品种。它因表面显现出光泽闪烁的自然结晶的斑纹而有名，它分为生斑和熟斑两种。生斑是铜料中含有其他金属杂质的自然斑纹；熟斑则是在铜液溶化时，人工加入锌等其他金属原料而成。斑铜的制作过程源于古代青铜，但又精于青铜。昭通的会泽是斑铜的原产地，尤以生斑"妙在有斑，贵在浑厚"而奇特，褐红色的表面因呈现出离奇闪烁，艳丽斑驳，变化微妙的斑花独树一帜，堪称金属工艺之冠，具有极高的欣赏价值和收藏价值。因自然铜原料及其稀少珍贵，加之制作工艺复杂，因此，产品价格较为昂贵。

2.2 云南民族民间工艺品人才资源的分布

作为民族民间工艺品的生产者和民族民间技艺的传承者，为数众多的民族工艺艺人是云南民族民间工艺品最大的资源。我们从云南民族民间工艺艺人的地区分布可以看出各地在民族民间工艺资源占有和开发上所具有的潜力。云南省从1999年开始命名云南省省级"工艺美术大师"和"民族民间高级美术师"，到2005年有三批，共257人。

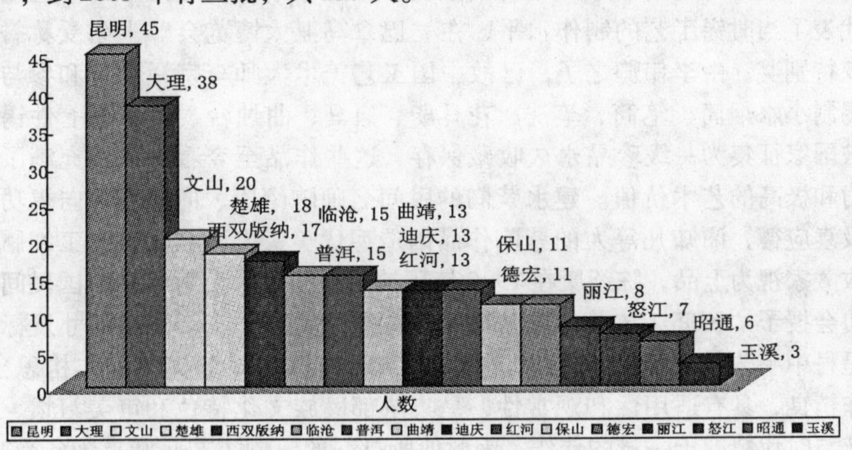

图1 云南"工艺美术大师"和"民族民间高级美术师"地区分布①

① 基础数据来源于《都市时报》2005年12月8日，《2005云南文化产业报告暨首届中国西部文产博览会特刊》，《云南民族民间艺人名单（一）》，图由云南文化产业研究院暨云南大学文化产业研究院自行测算、绘制。

从地区分布来看，云南省民族民间工艺人才主要集中在昆明以及一些具有工艺传承历史的少数民族地区，工艺人才数量位居前五位的分别是昆明市、大理州、文山州、楚雄州和西双版纳州。除昆明和大理之外，地区和地区间的人才数量差距不大，保持在10～20人间的地区数量达到了10个，占地区总数的62.5%。这说明全省各州市的民族民间工艺人才资源的分布比较平均，从位居前列的排名看，昆明工艺人才相对集中较多，占到总数的17.5%，这与民族民间工艺品生产厂家相对集中有直接关系。昆明市斑铜厂、昆明雕刻工艺厂、昆明蜡染工艺厂、雨田工艺美术厂、石林绣品厂、云南省工艺美术公司、昆明马街土陶制品厂、昆明云艺星火工艺厂、昆明乐器厂和众多的工艺研究机构为民族民间工艺人才提供了一定的生存和发展的空间，对云南各地的民族民间工艺人才产生了一定的集聚作用。这不仅说明昆明是云南民族民间工艺资源比较集中的地区，同时也是工艺资源开发位居前列的地区之一。

从云南省2005年中国工艺美术大师所代表的工艺类型看，集中在三方面，分别是工艺雕塑类和艺术陶瓷类以及金属工艺首饰类。其中，一些有名的工艺艺人对传承与创新民族民间工艺品起到了积极的推动作用。早年，就职于云南省博物馆的个旧人李伟卿研究员设计制作的“关云长勒马望荆州”就代表了当时锡工艺的制作水平，在“巴拿马亚太博览会”上备受称誉，并荣获特别奖。由李伟卿之子，已故中国工艺美术大师李宗泽设计和参与制作的锡制小水烟筒、笔筒、笔洗、花耳驴、唐马、曲烛台、牛顶罐七件锡工艺品被国家征集为一级珍品永久收藏保存，这些作品至今看来依然充满了无穷魅力和极高的艺术价值。建水紫陶的民间名师陈绍康、向逢春、向福功父子以及袁应德、谭知凡等人的紫陶作品因造型优美，书画精湛，磨工细腻，都被收藏家视为上品，陈绍康在1995年还被联合国教科文组织和中国民间文艺家协会授予“民间工艺美术师”的荣誉称号。大理鹤庆新华村的寸发标祖辈都是村中手艺精良的民间艺人，他系第六代传人，他的银器制作构思独特，制作精良，具有适用性和观赏性，是集浓郁民族文化特色和审美习惯、传统工艺与时代精神于一身的佳作，因此他所打制的银制工艺品和首饰备受欢迎。他研制出“标祥牌”九龙杯，获得国家专利，他创办成立的“寸发标手工艺作坊”已在不断培养适应市场需求的工艺人才。

事实上，活跃在云南民族民间不同种类的许多工艺名师，在世界经济一体化不断发展而民族文化呈现多元化特征的背景下，其创作热情与活力不断显现，同时由于他们的生居环境不同，工艺品也就具有不同地域的文化特征。

云南金属工艺界“斑锡”研制的主创人员赖庆国近日被授予“中国工艺美术大师”的称号；长期致力于研究创作云南传统斑铜工艺的汤佩铭也很有名气；从事木雕四十余年的段国梁是剑川木雕的代表人物；大理鹤庆部金福的手工捏制“瓦猫”独具匠心；出身迪庆藏族金属工艺品世家的洛桑扎西、黑陶世家的孙诺七林是藏族金属工艺技艺、黑陶技艺的代表人物；腾冲从事皮影制作的刘永周以及已有六十多年油纸伞制作经历的郑家朝等等。都是我们研究云南民族民间工艺极具典型的地区代表人物。通过他们，我们可以看到云南民族民间工艺品发展的历史文脉、工艺技术、传承创新、市场行情和现状走势。

另外，我们还对云南民族民间工艺品人才的年龄分布做了一个分析，以期看到这一行业发展延续的链接与态势。在云南省省级“工艺美术大师”和“民族民间高级美术师”的行列中，五十岁以下的青壮年有60人，而五十岁以上的工艺师却高达102人（见图2）。①

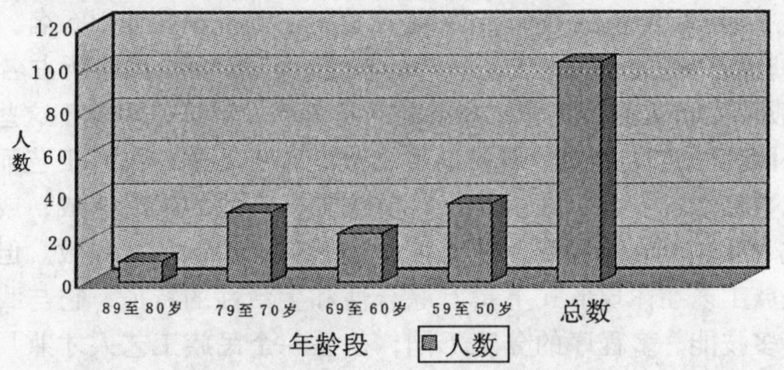

图2 云南“工艺美术大师”和“民族民间高级美术师”年龄分布②

2.3 云南民族民间工艺品民族文化资源的分布

云南少数民族具有大杂居，小聚居的特点，因此，在区域性特征之外，云南民族民间工艺文化资源同样体现着民族性的特征。汉族因人口基数大故

① 该数据根据《都市时报》2005年12月8日，《2005云南文化产业报告暨首届中国西部文产博览会特刊》，《云南民族民间艺人名单（一）》，由云南文化产业研究院暨云南大学文化产业研究院自行测算得出。

② 基础数据来源于《都市时报》2005年12月8日，《2005云南文化产业报告暨首届中国西部文产博览会特刊》，《云南民族民间艺人名单（一）》，图由云南文化产业研究院暨云南大学文化产业研究院自行测算、绘制。

所占比例相对就大，一些较集中的民族，如彝族、白族、傣族也拥有这样的优势（参见图3）。

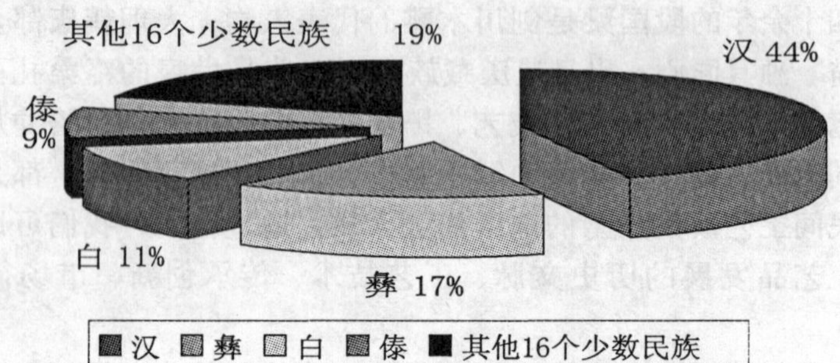

图3 云南"工艺美术大师"和"民族民间高级美术师"民族分布比例①

从"云南省'工艺美术大师'和'民族民间高级美术师'民族分布比例图"可以看出，位居前四位的民族分别是汉族107名，占44%，彝族41名，占17%，白族26名，占17%，傣族22名，占9%，共计196名，占总数的81%，反映了这些民族民间工艺优势的状况，其他17个民族所占名额仅为45名，② 说明了这些民族其文化现象要相对单薄些，但这并不等于这些民族的文化弱势，因为民族文化没有强弱优劣之分。对于上述的民族工艺而言，其工艺人才在数量上的劣势，或由其民族整体工艺人才的缺乏造成，或由当地在申报工艺人才时对当地民族工艺人才普查不够、认识不足导致。但不可忽视的是，民族工艺在体现形式上具有综合性和生活性的特征，它与我们工业化工艺生产多技能、多程序的分工不同，往往一个民族工艺人才兼具着多项工艺技能。因此，在民族工艺人才方面，不仅要注重同一民族、同一工艺、众多技能人才的集聚，这样才有利于形成集中的民族工艺人力资源，对于数量较少部分民族的工艺人才更是要加以保护和培养（见表1）。

抛开地域划分，仅从云南省第一批非物质文化遗产保护名录之工艺目录的12个项目中，我们不难看出这样一些体现民族文化特征的工艺资源，它们是昆明、会泽县的斑铜；石林小箐村的彝族刺绣、西双版纳州、红河县、新

① 基础数据来源于《都市时报》2005年12月8日，《2005云南文化产业报告暨首届中国西部文产博览会特刊》，《云南民族民间艺人名单（一）》，图由云南文化产业研究院暨云南大学文化产业研究院自行测算、绘制。

② 该数据根据1999年、2002和2005年《云南省工艺美术大师》、《民族民间高级美术师》名单，由云南文化产业研究院暨云南大学文化产业研究院自行测算得出。

平县、孟连县、潞西县的傣族传统制陶；大理白族的扎染；昭通大关县的苗族芦笙；德宏陇川县的阿昌刀；香格里拉县的纳西族东巴造纸；富宁县的苗族服饰；临沧市、孟连县的傣族手工造纸；普洱澜沧县的拉祜族葫芦笙；石屏、晋宁县的汉族乌铜走银（走金）；楚雄南华县的南月琴；腾冲县的皮影。围绕这些民族文化浓郁的民间工艺资源，与其紧密相连的就是支撑这些工艺行业生存发展的一些民族民间艺人。由于他们的存在和真实的生活状态，使这些多元的民族民间工艺得以存活和发展。

表1　云南省民族民间高级美术师、民族民间美术师、云南民族民间美术艺人名录（1999年、2002年）①

年份	类别	姓名	县、区	民族	性别	年龄或出生	特长
1999	民族民间高级美术师	张德和	盘龙	白	女	83	刺绣、布扎
1999	民族民间高级美术师	袁狱兰	呈贡	汉	女	80	彩扎、剪纸、刺绣
1999	民族民间高级美术师	郑其宽	呈贡	汉	男	79	绘画（圣贤画）、彩扎
1999	民族民间高级美术师	和即贵	丽江	纳西	男	73	东巴传统艺术（书、画、塑、扎）
1999	民族民间高级美术师	李云新	大理	白	男	72	彩扎
1999	民族民间高级美术师	和志本	中甸	纳西	男	70	东巴传统艺术（书、画、塑、扎、造纸）
1999	民族民间高级美术师	刀儒明	勐海	傣	男	64	剪纸、绘画（壁画）、雕、塑
1999	民族民间高级美术师	谭继成	永胜	汉	男	55	珐琅器物、银饰制造、设计
1999	民族民间高级美术师	刘永周	腾冲	汉	男	54	皮影造型、制作、表演、泥塑、绘画
1999	民族民间高级美术师	代宗义	禄劝	汉	男	56	羊毛毡画、染
1999	民族民间高级美术师	陈国稳	禄劝	汉	女	40	图样设计绘制、剪纸、挑花刺绣
1999	民族民间高级美术师	孙诺七林	中甸	藏	男	50	藏族土陶制作

① 根据《都市时报》2005年12月8日，《2005云南文化产业报告暨首届中国西部文产博览会特刊》，《云南民族民间艺人名单（一）》，表由云南文化产业研究院暨云南大学文化产业研究院整理、绘制。

续 表

年份	类别	姓名	县、区	民族	性别	年龄或出生	特长
1999	民族民间高级美术师	寸发标	鹤庆	白	男	36	金、银、铜、首饰、民族工艺品设计、加工
1999	民族民间美术师	高汝怀	呈贡	汉	男	75	绘画（圣贤画）、甲马（民间版画）
1999	民族民间美术师	郭树谟	呈贡	汉	男	73	甲马、彩扎
1999	民族民间美术师	万树青	呈贡	汉	男	68	陶制瓦猫
1999	民族民间美术师	和积宽	丽江	纳西	男	67	各种铜器制作、加工
1999	民族民间美术师	杨添瑞	大理	白	男	45	木、石雕、泥塑、民族建筑装饰、民族现代园林建筑
1999	民族民间美术师	李新成	大理	白	男	72	民族民间玩具
1999	民族民间美术师	张月仙	盘龙	汉	女	72	剪纸、刺绣
1999	民族民间美术师	张月娥	盘龙	汉	女	70	剪纸、刺绣
1999	民族民间美术师	郜金福	鹤庆	汉	男	36	瓦猫制作
1999	民族民间美术师	李老满	河口	瑶	男	53	瑶族面具
1999	民族民间美术师	金建明	泸西	汉	男	34	木雕、泥塑
1999	民族民间美术师	波喃短	孟连	傣	男	71	雕、刻、剪纸、建筑设计、服饰、民族乐器制作
1999	民族民间美术师	周俊程	景东	彝	男	75	绘画、纸扎
1999	民族民间美术师	姚正勇	镇康	德昂	男	55	绘画、木雕、石刻、泥塑、剪纸、纸扎
1999	民族民间美术师	毕亚	耿马	傣	男	55	绘画、壁画、文身、竹编（大象、马、鹿）
1999	民族民间美术师	罗云林	盐津	汉	男	50	雕刻、竹笔筒
1999	民族民间美术师	张克康	会泽	汉	男	42	斑铜、铜工艺品
1999	民族民间美术师	彭守中	麒麟	汉	男	84	烧制陶瓦猫
1999	民族民间美术师	姜开良	沾益	汉	男	58	绘画
1999	民族民间美术师	郎万平	富源	汉	男	25	雕刻、水族吞口制作

续 表

年份	类别	姓名	县、区	民族	性别	年龄或出生	特长
1999	民族民间美术师	岳树华	陆良	汉	男	70	绘画、泥塑、纺织(草编)
1999	民族民间美术师	段继昌	晋宁	汉	男	33	木雕、石刻、泥塑
1999	民族民间美术师	张庆山	官渡	汉	男	52	陶艺制作(瓦麒麟、狗、吹锅、火锅、蒸子)
1999	民族民间美术师	罗竹香	官渡	汉	女	72	剪纸、刺绣、绘制图标样
1999	民族民间美术师	陆光才	官渡	汉	男	51	瓢画
1999	民族民间美术师	毕志节	路南宁	彝	男	49	制作狮虎面具
1999	民族民间美术师	毕风林	路南宁	彝	男	77	毕摩画
1999	民族民间美术师	思华章	潞西	傣	男	72	剪纸、刺绣
1999	民族民间美术师	邵梅罕	潞西	傣	女	35	剪纸
1999	民族民间美术师	张岚云	腾冲	汉	男	60	制作皮影
1999	民族民间美术师	刘定三	腾冲	汉	男	49	皮影制作(并长于绘画、洞经演奏)
1999	民族民间美术师	程贵华	保山	汉	男	46	铜雕
1999	民族民间美术师	岩罕滇	景洪	傣	男	47	土陶、陶饰
1999	民族民间美术师	扎西	德钦	藏	男	35	金属器皿、饰物、乐器、绘画
1999	民族民间美术师	杜超武	富宁	壮	男	62	彩扎、面塑、金属神龛灯
1999	民族民间美术师	陆成芳	麻栗坡	彝	女	32	蜡点、刺绣
1999	民族民间美术师	张齐义	通海	汉	男	55	高台制作、绘画、木模、木雕
1999	民族民间美术师	李正权	通海	汉	男	44	石雕
1999	民族民间美术师	张正明	通海	汉	男	39	木雕
1999	民族民间美术师	李贵华	江川	汉	男	46	特种竹编
1999	民族民间美术师	李桂生	易门	汉	男	70	皮影制作、演出
1999	民族民间美术师	杨荣品	永平	汉	男	59	面塑、纸扎、木、石雕刻、剪纸

续 表

年份	类别	姓名	县、区	民族	性别	年龄或出生	特长
1999	民族民间美术师	李云义	洱源	白	男	56	泥塑、彩绘
1999	民族民间美术师	杨世昌	洱源	白	男	45	石雕、石砚
1999	民族民间美术师	吴猛	祥云	汉	男	29	泥塑佛像、绘画
1999	民族民间美术师	余全希	祥云	汉	男	50	银饰加工制作
1999	民族民间美术师	徐正海	东川	汉	男	45	木雕、彩绘
1999	民族民间美术师	王财友	东川	彝	男	40	制作芦笙、唢呐、银饰、口弦、纺织工具等
1999	民族民间美术师	都付迪	福贡	傈僳	女	40	傈僳族传统纺织、服饰制作
1999	民族民间美术师	车四恒	福贡	傈僳	男	35	傈僳族民族乐器制作
1999	民族民间美术师	羊瑞臣	兰坪	白	男	63	面塑(祭品)
1999	民族民间美术师	冯玉林	禄丰	汉	男	84	泥塑
1999	民族民间美术师	聂元龙	剑川	白	男	61	制作民间儿童玩具
1999	民族民间美术师	徐国珍	剑川	白	男	77	泥塑、塑造、释道和白族本主像
1999	云南民族民间美术艺人	罗绍祥	河口	布依	男	32	木雕(布依族打保福、做斋用的木鱼、小山人)
1999	云南民族民间美术艺人	普丽仙	石屏	彝	女	61	花腰彝服饰制作、挑花刺绣
1999	云南民族民间美术艺人	罗智宝	石屏	彝	男	47	木雕、面具、绘画、纸、草扎
1999	云南民族民间美术艺人	杨正凡	石屏	汉	男	76	彩画、泥塑、面具、纸、彩扎
1999	云南民族民间美术艺人	杨占本	蒙自	汉	男	57	雕刻、绘画、对联雕刻
1999	云南民族民间美术艺人	杨富清	蒙自	彝	女	89	剪纸、刺绣
1999	云南民族民间美术艺人	普庆英	个旧	彝	女	73	剪纸、刺绣

续 表

年份	类别	姓名	县、区	民族	性别	年龄或出生	特长
1999	云南民族民间美术艺人	陈世明	金平	彝	男	66	藤篾编织
1999	云南民族民间美术艺人	白小白	红河	彝	女	45	剪纸、刺绣
1999	云南民族民间美术艺人	昂俊魁	弥勒	彝	男	41	面塑、民族乐器制作
1999	云南民族民间美术艺人	杨加礼	开远	汉	男	76	纸扎
1999	云南民族民间美术艺人	李东妹	永德	彝	女	37	彝族俐侎服饰制作、纺、织、染、裁、缝等
1999	云南民族民间美术艺人	鲍俄农	沧源	佤	女	38	佤族手工编织、织锦、挎包
1999	云南民族民间美术艺人	景继贵	双江	傣	男	57	绘画
1999	云南民族民间美术艺人	俸继进	双江	傣	女	83	剪纸、刺绣
1999	云南民族民间美术艺人	罗娜茶谢	临沧	拉祜	女	47	制作拉祜服饰、头巾、火磷包
1999	云南民族民间美术艺人	沈修泰	云县	汉	男	63	制陶（主要是生活用品）
1999	云南民族民间美术艺人	毕向华	凤庆	汉	男	51	鸟笼制作
1999	云南民族民间美术艺人	刀永光	景谷	傣	男	74	傣族竹编
1999	云南民族民间美术艺人	王兴康	普洱	汉	男	42	彩扎
1999	云南民族民间美术艺人	罗维宽	墨江	哈尼	男	62	竹篾编制
1999	云南民族民间美术艺人	岩孔	西盟	佤	男	50	制陶、陶器烧制
1999	云南民族民间美术艺人	李文银	思茅	汉	男	71	木雕、彩扎

续 表

年份	类别	姓名	县、区	民族	性别	年龄或出生	特长
1999	云南民族民间美术艺人	罗玉芳	姚安	彝	女	47	剪纸、刺绣、纹样设计
1999	云南民族民间美术艺人	李秀芳	武定	彝	女	52	刺绣
1999	云南民族民间美术艺人	王光金	牟定	彝	男	42	民族乐器月琴制作
1999	云南民族民间美术艺人	肖国庆	禄丰	汉	男	61	石雕、石狮、墓碑
1999	云南民族民间美术艺人	普家富	双柏	彝	男	67	雕刻、制作四弦琴
1999	云南民族民间美术艺人	王良成	元谋	汉	男	55	编扎、道具制作
1999	云南民族民间美术艺人	雷本强	永仁	汉	男	48	雕刻、铸造
1999	云南民族民间美术艺人	朱开秀	彝良	苗	女	48	纺织、织锦、蜡染
1999	云南民族民间美术艺人	王秀芬	永善	苗	女	35	纺织、织锦、蜡染、刺绣
1999	云南民族民间美术艺人	杨永芝	镇雄	苗	女	42	苗族服饰刺绣、挑花、蜡染
1999	云南民族民间美术艺人	杨连芝	威信	苗	女	48	挑花、刺绣、蜡染、剪纸
1999	云南民族民间美术艺人	姜崇英	昭通	汉	女	60	剪纸
1999	云南民族民间美术艺人	毛昆良	呈贡	汉	男	34	民间绘画
1999	云南民族民间美术艺人	普加森	晋宁	彝	男	61	木雕、面具
1999	云南民族民间美术艺人	罗德洪	晋宁	汉	男	35	绘画、泥塑、甲马
1999	云南民族民间美术艺人	唐兰英	晋宁	彝	女	56	民族服饰、刺绣

续 表

年份	类别	姓名	县、区	民族	性别	年龄或出生	特长
1999	云南民族民间美术艺人	杨正芳	禄劝	汉	男	71	银器首饰加工
1999	云南民族民间美术艺人	毕光明	石林	彝	男	50	木雕、乐器制作
1999	云南民族民间美术艺人	张秀珍	西山	苗	女	35	蜡染
1999	云南民族民间美术艺人	常本寅	五华	汉	男	72	古建筑彩绘
1999	云南民族民间美术艺人	肖国祥	安宁	汉	男	71	泥塑、竹编、印符
1999	云南民族民间美术艺人	王桂英	呈贡	汉	女	67	麦秆编、菱角
1999	云南民族民间美术艺人	马老扁	嵩明	回	女	75	绘纹样、绣花
1999	云南民族民间美术艺人	李桂兰	维西	傈僳	女	37	纺织、刺绣
1999	云南民族民间美术艺人	线波罕亮	盈江	傣	男	48	制作象脚鼓
1999	云南民族民间美术艺人	张寿福	陇川	汉	男	58	银饰、铜器制作
1999	云南民族民间美术艺人	李德永	陇川	汉	男	57	刀具制作(户撒刀)
1999	云南民族民间美术艺人	蚌德亮	梁河	傣	男	56	绘画、傣族戏衣制作
1999	云南民族民间美术艺人	龚四	梁河	傣	男	66	雕刻
1999	云南民族民间美术艺人	相很	瑞丽	傣	男	61	绘画(壁画)、佛像雕塑、彩扎
1999	云南民族民间美术艺人	赖有洪	陇川	阿昌	男	46	木雕
1999	云南民族民间美术艺人	郑家朝	腾冲	汉	男	71	花纸伞制作

续 表

年份	类别	姓名	县、区	民族	性别	年龄或出生	特长
1999	云南民族民间美术艺人	寸康明	腾冲	汉	男	42	藤编
1999	云南民族民间美术艺人	殷明珍	保山	傣	女	58	织锦、刺绣
1999	云南民族民间美术艺人	金积文	保山	傣	男	69	剪纸
1999	云南民族民间美术艺人	杨银强	昌宁	汉	男	33	彩扎
1999	云南民族民间美术艺人	王立魁	龙陵	汉	男	56	制纸伞
1999	云南民族民间美术艺人	赵润芝	龙陵	汉	女	73	泥塑、面塑
1999	云南民族民间美术艺人	聂建荣	麒麟	汉	男	38	彩扎、剪纸
1999	云南民族民间美术艺人	李琼美	麒麟	汉	女	48	刺绣
1999	云南民族民间美术艺人	李绍英	寻甸	汉	女	74	剪纸
1999	云南民族民间美术艺人	罗澄秋	陆良	汉	男	83	绘画、刺绣、制作戏曲服装
1999	云南民族民间美术艺人	李护珍	宣威	汉	女	76	剪纸、刺绣
1999	云南民族民间美术艺人	缪婉珍	宣威	汉	女	73	制作食物贡品(面塑)
1999	云南民族民间美术艺人	张春香	师宗	彝	女	35	服饰制作、挑花
1999	云南民族民间美术艺人	马天培	罗平	布依	男	52	泥塑、木雕、绘画
1999	云南民族民间美术艺人	全万魁	邱北	壮	男	57	传统家具雕花
1999	云南民族民间美术艺人	熊光远	富宁	瑶	男	56	绘画、木雕

续 表

年份	类别	姓名	县、区	民族	性别	年龄或出生	特长
1999	云南民族民间美术艺人	钟天珍	西畴	彝	女	52	制作服饰、挎包
1999	云南民族民间美术艺人	陈世珍	文山	汉	女	77	绘画、刺绣、灯笼
1999	云南民族民间美术艺人	代宝莲	文山	汉	女	79	布扎玩具
1999	云南民族民间美术艺人	郭凤友	江川	彝	男	80	民族乐器(月琴)制作
1999	云南民族民间美术艺人	苏文英	华宁	汉	女	80	刺绣、挑花、布扎
1999	云南民族民间美术艺人	靳海清	峨山	汉	男	76	彩扎、民族杂耍道具
1999	云南民族民间美术艺人	肖会玉	峨山	彝	女	44	剪纸、刺绣
1999	云南民族民间美术艺人	普会友	峨山	彝	女	69	剪纸、刺绣
1999	云南民族民间美术艺人	施桂凤	红塔	彝	女	50	刺绣
1999	云南民族民间美术艺人	刀拉爱	新平	傣	女	68	烧制土陶
1999	云南民族民间美术艺人	张文英	新平	彝	女	38	剪纸
1999	云南民族民间美术艺人	华美仙	通海	蒙古	女	57	制作蒙古族服饰
1999	云南民族民间美术艺人	瞿月芳	大理	彝	女	53	刺绣、剪纸、画纹样
1999	云南民族民间美术艺人	张文祥	大理	白	男	36	甲马纸
1999	云南民族民间美术艺人	梁小龙	剑川	白	男	31	石雕
1999	云南民族民间美术艺人	刘丽湖	剑川	白	女	40	布扎

续 表

年份	类别	姓名	县、区	民族	性别	年龄或出生	特长
1999	云南民族民间美术艺人	叶春龙	南涧	彝	男	39	民族乐器、闷笛、响篾制作
1999	云南民族民间美术艺人	刘勇	南涧	汉	男	34	石雕
1999	云南民族民间美术艺人	夏菊会	祥云	汉	女	49	刺绣
1999	云南民族民间美术艺人	李秉华	祥云	汉	男	41	木雕
1999	云南民族民间美术艺人	张素娟	云龙	白	女	81	剪纸、刺绣
1999	云南民族民间美术艺人	上官绍荣	永胜	汉	男	60	剪纸
1999	云南民族民间美术艺人	王次丁	宁蒗	纳西	男	56	绘画、面塑
1999	云南民族民间美术艺人	和积兮	丽江	纳西	男	67	制作东巴法器
1999	云南民族民间美术艺人	阿才妞	泸水	白	女	48	制作怒江白族直系勒墨人服饰
1999	云南民族民间美术艺人	阿真	贡山	怒	男	57	竹编
1999	云南民族民间美术艺人	路济亚	贡山	怒	女	41	线织（织怒毯）
2002	云南民族民间美术艺人	余秀芝	迪庆	傈僳	女	1983	编制手工艺
2002	云南民族民间美术艺人	蜂云波	迪庆	傈僳	女	1979	编制手工艺
2002	云南民族民间美术艺人	余自良	迪庆	傈僳	男	1960	制作弩弓
2002	云南民族民间美术艺人	谢亮	迪庆	藏	男	1954	木雕
2002	云南民族民间美术艺人	廖文华	迪庆	藏	男	1969	绘画、木雕

续 表

年份	类别	姓名	县、区	民族	性别	年龄或出生	特长
2002	云南民族民间美术艺人	余信芝	迪庆	傈僳	女	1954	编制工艺品
2002	云南民族民间美术艺人	于鳌	大理	白	男	1928	彩扎、服饰、雕塑
2002	云南民族民间美术艺人	洪钰昌	大理	白	男	1950	金、银、铜首饰制作和加工
2002	云南民族民间美术艺人	包根	大理	白	男	1963	纸扎
2002	云南民族民间美术艺人	赵琦	大理	白	男	1957	民间建筑、雕塑、彩绘
2002	云南民族民间美术艺人	尹宜惠	大理	汉	女	1945	刺绣
2002	云南民族民间美术艺人	段文信	大理	白	男	1946	石雕、木刻
2002	云南民族民间美术艺人	李昌秀	大理	彝	男	1944	乐器制作、彩扎
2002	云南民族民间美术艺人	盛文慧	大理	汉	女	1951	刺绣
2002	云南民族民间美术艺人	杨慧英	大理	白	女	1964	剪纸、刺绣、绘画
2002	云南民族民间美术艺人	梁春喜	大理	汉	男	1931	篾编
2002	云南民族民间美术艺人	陈德	大理	彝	男	1965	剪纸、木刻
2002	云南民族民间美术艺人	张福兴	楚雄	汉	男	1918	面塑
2002	云南民族民间美术艺人	赵化友	楚雄	彝	男	1942	泥塑、土陶、木器
2002	云南民族民间美术艺人	余昌才	楚雄	彝	男	1949	锣笙面具
2002	云南民族民间美术艺人	张春梅	楚雄	彝	女	1978	刺绣、挑花、服饰

续 表

年份	类别	姓名	县、区	民族	性别	年龄或出生	特长
2002	云南民族民间美术艺人	谢富国	楚雄	汉	男	1933	土陶
2002	云南民族民间美术艺人	周绍明	楚雄	彝	男	1949	面塑、纸扎
2002	云南民族民间美术艺人	车学林	楚雄	汉	男	1917	纸扎、吞口
2002	云南民族民间美术艺人	宋子荣	临沧	傣	男	1921	编织佛团
2002	云南民族民间美术艺人	封琴英	玉溪	傣	女	1949	纺织
2002	云南民族民间美术艺人	适正兰	玉溪	汉	女	1938	服饰
2002	云南民族民间美术艺人	邓世先	昆明	汉	男	1934	石雕
2002	云南民族民间美术艺人	段发科	昆明	汉	男	1931	彩扎
2002	云南民族民间美术艺人	尤定美	昆明	汉	女	1948	刺绣
2002	云南民族民间美术艺人	杨自道	保山	汉	男	1943	木雕
2002	云南民族民间美术艺人	左金丽	保山	彝	女	1974	刺绣、缥花
2002	云南民族民间美术艺人	张翠秀	保山	彝	女	1958	剪纸、刺绣
2002	云南民族民间美术艺人	王兴彭	保山	汉	男	1928	古建筑绘画
2002	云南民族民间美术艺人	吴树芹	保山	汉	女	1943	篾编
2002	云南民族民间美术艺人	白光中	保山	汉	男	1942	木雕、石雕
2002	云南民族民间美术艺人	华荣贵	保山	汉	男	1920	纸扎、剪纸

续 表

年份	类别	姓名	县、区	民族	性别	年龄或出生	特长
2002	云南民族民间美术艺人	白兰仙	思茅	彝	女	1945	服饰、绘画
2002	云南民族民间美术艺人	咪宰君	思茅	傣	女	1929	纺织
2002	云南民族民间美术艺人	鲁桂枝	思茅	彝	女	1950	刺绣、彝族服饰制作
2002	云南民族民间美术艺人	李学章	思茅	汉	男	1967	纸扎
2002	云南民族民间美术艺人	蒋石妹	思茅	汉	女	1943	纺织、缝纫
2002	云南民族民间美术艺人	咩叶章	思茅	傣	女	1959	土陶
2002	云南民族民间美术艺人	王云青	红河	汉	男	1968	仿古建筑雕塑、彩绘
2002	云南民族民间美术艺人	王建明	红河	汉	男	1962	绘画、雕刻、泥塑
2002	云南民族民间美术艺人	石玛丁	德宏	景颇	女	1960	纺织
2002	云南民族民间美术艺人	鲍勒况	德宏	景颇	男	1957	绘画、雕刻、纺织
2002	云南民族民间美术艺人	金秀英	怒江	独龙	女	1950	纺织
2002	云南民族民间美术艺人	岩保	版纳	布朗	男	1965	民族乐器
2002	民族民间高级美术师	习阿牛	迪庆	纳西	男	1918	东巴书画
2002	民族民间高级美术师	张师能	大理	彝	男	1925	木雕、彩绘、泥塑
2002	民族民间高级美术师	董中豪	大理	白	男	1946	金、银、铜、民族工艺
2002	民族民间高级美术师	倖宗贵	临沧	傣	男	1941	泥塑、绘画
2002	民族民间高级美术师	李元生	玉溪	白	男	1948	木雕
2002	云南民族民间美术师	李忍汉	大理	汉	男	1931	面塑

续 表

年份	类别	姓名	县、区	民族	性别	年龄或出生	特长
2002	云南民族民间美术师	段臻然	大理	白	男	1948	砚台制作
2002	云南民族民间美术师	张文献	大理	白	男	1920	泥塑
2002	云南民族民间美术师	母炳林	大理	白	男	1970	金、银、铜及鎏金工艺品
2002	云南民族民间美术师	庄荣	昆明	汉	男	1953	竹、木、牙、角雕刻(鸟笼)
2002	云南民族民间美术师	赵文令	昆明	汉	男	1942	纸扎
2002	云南民族民间美术师	罗爱军	昆明	汉	男	1966	瓦猫、土陶
2002	云南民族民间美术师	马加寿	昆明	汉	男	1947	泥塑、雕刻
2002	云南民族民间美术师	邓石云	曲靖	汉	男	1933	面塑、剪纸
2002	云南民族民间美术师	南子能	临沧	傣	男	1949	泥塑
2002	云南民族民间美术师	曹文兴	临沧	汉	男	1976	雕塑、面具、绘画
2002	云南民族民间美术师	杜芝芳	楚雄	汉	男	1921	吞口绘画
2002	云南民族民间美术师	额加寿	楚雄	汉	男	1951	皮影演出制作
2002	云南民族民间美术师	郭庆云	楚雄	汉	男	1949	做月琴
2002	云南民族民间美术师	李开富	楚雄	彝	男	1954	木雕面具
2002	云南民族民间美术师	熊自会	保山	苗	女	1963	缥花、逢花、刺绣
2002	云南民族民间美术师	高丽华	保山	汉	女	1957	玉雕
2002	云南民族民间美术师	陈平	保山	汉	男	1943	雕刻、绘画
2002	云南民族民间美术师	刘伟刚	丽江	汉	男	1948	石雕
2002	云南民族民间美术师	谢松山	丽江	纳西	男	1921	剪纸
2002	云南民族民间美术师	树银甲	迪庆	纳西	男	1920	东巴绘画
2002	云南民族民间美术师	郭建华	迪庆	藏	男	1948	泥塑
2002	云南民族民间美术师	和乾坤	迪庆	藏	男	1964	金银首饰
2002	云南民族民间美术师	刘国斌	玉溪	汉	男	1960	木雕、金银雕刻

3. 云南民族民间工艺品的生产与市场

在经济社会的历史发展长河中，民族民间工艺向来以手工劳动为主，家庭作坊为辅，其技艺的传承，更是以家庭世代相传为特征。这种情况使各种工艺产品因人而异具有独特鲜明的个性，灵活的生产方式更为民族群众的生产和生活带来了相当的便捷，但同时这样的生产模式也因太自由松散给规模化、批量化生产带来了发展的难度，对于产业门路单一、选择方向狭窄的农民来说，无疑在繁荣民族文化、改善民族经济，提高民族群众生活水平上产生了一定的影响。换句话说，顾此（传统）失彼（规模）的矛盾是民族民间工艺品发展过程中回避不了的大问题。在此，我们想就云南省规模化生产的企业和民间自成一体的生产组织结构给予解剖，以窥其间之联系与问题。

3.1 企业状况

目前，云南省登记注册的以生产民族民间工艺品为主的企业为7 058家，这些企业及厂商所生产的产品，涉及我们所划分的六大种类 40 多个分类，构成了云南民族民间工艺品产业的主体力量。

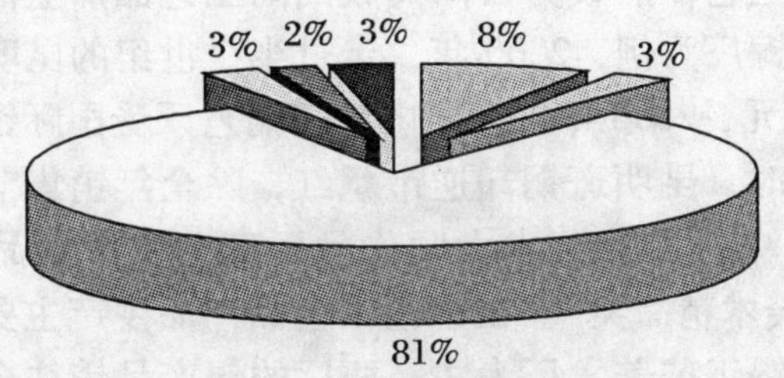

图4 云南部分民族民间工艺类型企业数量统计①

① 该数据基础来源于：橡好公司 exact data rehouse（精确客户数据仓库）2007 年1 月份的统计数据。其数据库根据国家统计部门及 internet 上网络黄页站，B2B 公司库、供求库等多方渠道建立。玉石行业因企业数量众多，从陶石工艺品中单列出来。表中陶石工艺包括的是非玉石类企业在内的其他工艺企业。民间工艺品一类对应的是包括风筝、工艺伞、皮影、漆器、葫芦工艺品、扎染工艺品、木偶、泥塑工艺品、花鼓、布老虎等在内的民间工艺品。

其中，玉石珠宝加工因高附加值和巨额利润吸引了众多生产厂家，成为云南民族民间工艺产业的龙头行业，全省各种大小珠宝企业接近6 000家，占民族民间工艺品生产企业总数的80%以上，从业人员接近40万人，占全国同类从业人员总量的15%；年销售额在人民币70亿元左右，为全国总量的5%左右。作为“中国珠宝特色产业基地”的腾冲在此担纲起重任，紧邻腾冲的德宏州瑞丽市以“东方珠宝城”的定位扶持当地珠宝行业发展，当地从业人员高达10 000余名，可见影响之大。从一定意义上来说，珠宝玉石成为云南民族民间工艺品的一枝独秀。与陶石有关的工艺品还有大理石和土陶，这两者的数量合计不超过100家，且主要集中在昆明和大理。此外，成立于1995年的勐海县工艺美术黑陶厂在生产传统土黑陶制品的基础上，针对旅游纪念品市场，先后开发出坛、罐、瓶、烟具、茶具、陶马、陶牛等63个系列产品。这些产品生产的旁侧效应影响很大，解决了资源地部分农村劳动力的就业问题。2005年，一个小小的大理三文笔村就有加工户86户，从业人员172人，年产值近5 000万元。

与地区资源优势有关，金属制品类行业企业共有230家，占总数的3.25%，其产品在旅游工艺品的发展中逐渐呈现出了材质的特殊性、艺术的审美性、民族文化差异性等诸多产品特征。虽然金属制品类企业在数量上不能与玉石工艺相比，但它依然成为云南民族民间工艺品产业的又一特色。以老字号企业昆明市斑铜厂为例，2005年，走过半个世纪的昆明市斑铜厂年销售收入超过了4 934万元，2006年，在国内众多铜艺厂受国际铜价数倍翻升的打压，纷纷闭门谢客时，昆明斑铜却逆市飘红，除全年销售节节攀高外，在年底又夺得了第七届中国工艺美术大师作品暨工艺美术精品博览会“2006‘百花杯’中国工艺美术精品奖”。云南锡工艺品产品生产主要以个旧市锡工艺美术厂和个旧市云锡工艺美术厂为主，两厂的锡产品销往全国各地，出口日本、德国、英国、美国、瑞士等三十多个国家和地区，后起之秀红河锡文化产业发展有限公司的斑锡产品以其精美占据高端市场。云南的竹木制品企业较为分散，总数大约在两百家左右，上一定规模的木雕厂以大理剑川较为集中，仅木雕设计人员全县就有3 645人。2006年剑川一共有木雕企业七个，分别是剑川木雕集团有限责任公司、剑川木雕总公司、剑川古典木雕家具厂、剑川塔山木雕厂、剑川民族木雕工艺品厂、剑川艺林木雕工艺厂和剑川固件公司。这七家木雕企业2005年年产值达到了4 078万元。

此外，就是目前看来企业数量还未形成大的格局，生产规模还较为弱小的一些工艺品厂家，其产品的特色在市场上已经引起广泛关注。比如西双版纳、德宏一带的傣锦厂家，如德圳傣寨实业开发公司；丽江纳西族的织锦和毛毯厂家；文山西畴、马关一带的壮族传统手工艺刺绣厂；腾冲、盈江等地藤编家具厂；红河个旧的民族珠料厂；楚雄彝族的漆器厂家等等。

近年来，由于市场的变化，云南的民族民间工艺类生产厂家又有了新的增加（因为统计口径的不一，以及延报、漏报等原因，目前我们还不能提供准确的数据资料），产品种类有了新的开发，许多企业有了重大调整。在“十五”期间，如果不考虑企业规模的大小，从整体看，云南省民族民间工艺企业基数高于全国的平均水平（参见图5、图6）。

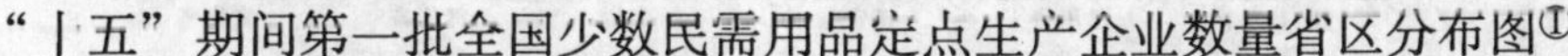
“|五”期间第一批全国少数民需用品定点生产企业数量省区分布图①

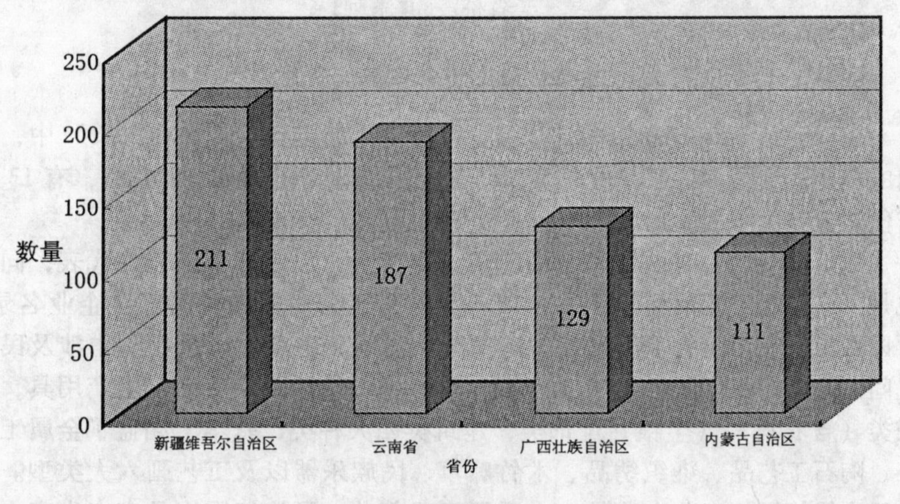

图5　企业数量在百家以上的省区

① 基础数据来源于中华人民共和国国家民族事务委员会网站：中国民族特需用品定点生产企业、产品一览表（十五）http：//www. seac. gov. cn/gjmw/zlk/2004 - 07 - 20/1165370090651044. htm。经云南文化产业研究院自行测算、绘制。

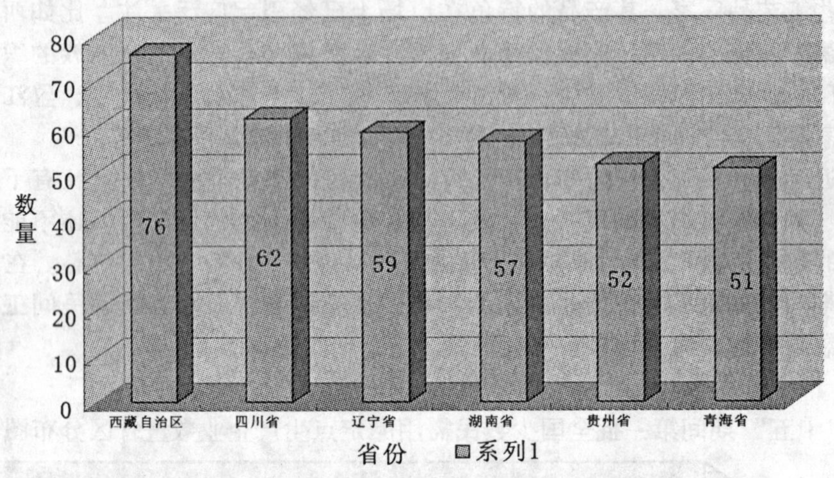

图6　企业数量在50～100家之间的省区

在"'十五'期间第一批全国少数民需用品定点生产企业名单"中，云南的企业达到了187家，位居第二，占全国1 208家企业的15.48%，有13个省份其少数民需用品定点生产企业数量甚至不足50个。

数量众多的云南少数民需用品定点生产企业作为云南工艺的代表，同时也是民族民间工艺市场的开发主体。从下图《云南民族民间工艺企业名录》可以看出，在云南省187家"中国民族特需用品定点生产企业"中涉及民族民间工艺诸行业门类的共有156家。产品主要包括民族生活、生产用具，服饰类（含衣料），（金银）配饰类，建筑类四大种类，基本上涵盖了金属工艺品、陶石工艺品、染织绣品、木竹藤草、民族乐器以及工艺画六大类型。作为云南民族民间工艺企业的一个重要组成部分，民族特需用品定点生产企业销售主要是面向当地少数民族，但其市场规模有限，传统民族民间工艺产品的市场潜力较小。特别农业生产用具，其适用范围受到严格限制，从技术工具上升到工艺层面还需要经过设计、开发、生产以及销售定位等多个环节的努力。因此，对这些民族特需用品定点生产企业的技术优势和现有的市场销售渠道的利用还有待挖掘。

表2 云南民族民间工艺企业名录①

定点企业名称	民族特需用品名称
保山市民族棉麻纺织厂	少数民族筒帕、包、针织带
保山市丝绸厂	光霞羽纱、真丝交织绸
沧源佤族自治县民族农机修造厂	蹈镰、板锄
沧源佤族自治县民族皮鞋厂	少数民族靴、鞋
沧源佤族自治县民族五金厂	农用提桶、家用铁木桶
楚雄秦琳民族服饰制衣行	少数民族服装
楚雄彝族自治州丝绸厂	条花绸、交织棉绸、云巾绉等
楚雄益友骨角工艺厂	角雕
大理苍洱实业集团有限公司	白棉布
大理州华兴纺织有限责任公司	白棉布
大理周城民族扎染厂	扎染品
大姚县棉织有限责任公司	白棉布
大姚县兴达纺织有限公司	扎染品、白棉布、民族红蓝布、包头布
德宏州国有民族皮革制品厂	马靴、傣锦
德钦县民族地毯厂	少数民族手工地毯
德钦县民族银制品厂	具有少数民族特色的银饰品
迪庆藏族自治州民族用品厂	具有少数民族特色的金银饰品、银雕木碗
迪庆州民族服装厂	少数民族服装
峨山彝族自治县岔河乡铸件厂	彝族火盆
峨山彝族自治县服装厂	少数民族服装
福贡县民族服装厂	少数民族服装

① 根据“十五”期间第一批国家少数民需用品定点生产企业名录中云南民族民间工艺品企业名单绘制而成。其基础数据来源于中华人民共和国国家民族事务委员会网站《中国民族特需用品定点生产企业、产品一览表》http://www.seac.gov.cn/gjmw/zlk/2004-07-20/1165370090651044.htm。经云南文化产业研究院自行测算、绘制。在原有少数民需用品定点生产企业上主要剔除了香皂、少数民族文字印刷品、少数民族成药、农业机械四类生产厂家。

续 表

定点企业名称	民族特需用品名称
富民青云工艺厂	具有少数民族特色的铜饰品
富宁县古典家具厂	少数民族家具
富宁县踏花被棉絮厂	婚被、枕头套
富源县服装厂	少数民族服装
富源县铸锅厂	宽沿铸铁锅、套锅、民族无耳锅、铸铁火盘、烤盘等
个旧市瓷器厂	民族花碗、民族细瓷碗
个旧市民族床单厂	少数民族彩条布、白棉布
个旧市锡工艺美术厂	具有少数民族特色的铜锡饰品
个旧市制鞋总厂	少数民族鞋
贡山县民族服装厂	少数民族服装
贡山县农机厂	月亮锄、板锄
股份合作制禄丰剪刀厂	火剪
广南县民族银饰工艺厂	具有少数民族特色的金、银饰品
广南县民族用品厂	少数民族服装
鹤庆县标祥九龙工艺加工厂	具有少数民族特色的银、铜工艺品
红河县民族纺织厂	白棉布、哈尼族头线
红河县民族服装厂	少数民族服装
红河县五金厂	刮田刀、砍田刀
华宁县白塔山建筑陶瓷有限责任公司	少数民族缸、罐、园林瓷、民族建筑装饰品
华宁县民族陶瓷有限公司	少数民族缸、罐、园林瓷、民族建筑装饰品
建水县工艺美术陶厂	具有少数民族风格的陶瓷
建水县民族金银首饰有限责任公司	少数民族特色金银饰品

续 表

定点企业名称	民族特需用品名称
建水县民族织染有限责任公司	少数民族头巾等
建水县陶瓷总厂	少数民族缸
剑川县民族刺绣厂	少数民族刺绣品
剑川县民族木器厂	少数民族家具
金平苗族瑶族傣族自治县民族塑料制品厂	民族胶套鞋
景洪市民族家具厂	少数民族家具
昆明长兴铝业有限责任公司	套锅、奶锅、铝茶壶等
昆明吉运达工贸有限公司	具有少数民族特色的金、银饰品
昆明金泽工贸有限公司	民族红蓝布、毛蓝布
昆明民族塑料化工实业总公司	朝鲜族锅、瓢、盆、餐具等
昆明市斑铜厂	具有少数民族特色铜饰品
昆明市雕刻工艺厂	民族工艺品
昆明市金银首饰厂	具有少数民族特色的金银饰品
昆明市乐器厂	少数民族乐器
昆明市铝制品厂	民族艺术装饰用品
昆明市太和牛角工艺厂	角雕
昆明市戏剧用品厂	少数民族戏剧服装
昆明市制镜厂	镜屏
昆明市制帽厂	少数民族帽
澜沧县民族家具厂	少数民族家具
澜沧县陶器厂	少数民族缸等
澜沧县五金厂	三脚架、斜水桶、户撒刀
丽江宏达工贸有限公司	少数民族家具

续 表

定点企业名称	民族特需用品名称
丽江华丽印刷有限责任公司	少数民族文字印刷品
丽江毛纺织品有限责任公司	民族包、袋等
丽江民族首饰厂	具有少数民族特色的银饰品、银雕木碗等
丽江纳西族自治县民族鞋帽服装厂	少数民族鞋、帽、服装
丽江纳西族自治县五金厂	斜水桶、铜锅、铜（铝）饭勺等
丽江县丽雪民族服装厂	少数民族服装、戏剧服装、民族帽等
丽江县民族工艺美术陶瓷厂	具有少数民族风格的陶瓷
丽江县民族用品纺织厂	花边、花线等
丽江县皮毛皮革厂	少数民族服装、靴鞋、马上用具
梁河县九保昌乡家具厂	少数民族家具
梁河县民族五金厂	板锄、稻镰、铁桶等
临沧县民族制鞋厂	少数民族鞋
泸水县民族服装厂	少数民族服装
泸水县民族木器厂	少数民族家具
陆良县民族金属制品厂	铜锅、勺、瓢等日用杂品
绿春县金属厂	家用铁木桶、三脚架等
绿春县民族编织厂	少数民族家具
绿春县民族服装厂	少数民族服装
绿春县民族木器厂	少数民族家具
麻栗坡县农具厂	铁犁、板锄、镰刀等
勐海县民族银饰品厂	具有少数民族特色的金、银饰品
勐腊县民族服装厂	少数民族服装
勐腊县农具厂	砍田刀等
蒙自县民族毛巾厂	白棉布、少数民族头巾等

续 表

定点企业名称	民族特需用品名称
孟连县民族服装厂	少数民族服装
孟连县民族陶器厂	少数民族缸、罐、园林瓷
弥渡县民族线带厂	民族线带
弥勒县铝制品有限责任公司	套锅、水舀、铝茶壶等
牟定县轻工锻压厂	板锄、月亮锄等
牟定县五金厂	火剪
南华县铸锅铸管厂	铸铁火盘
普洱哈尼族彝族自治县民族纺织厂	白棉布、扎染品、少数民族头巾、包头布
普洱哈尼族彝族自治县民族服装厂	少数民族服装、戏剧服装
普洱哈尼族彝族自治县民族五金厂	具有少数民族特色的金、银、铜、玉、珠宝饰品
千佛茧丝绸集团有限公司	真丝交织绸、真线花软缎等
丘北县民族服装厂	少数民族服装
丘北县民族五金厂	火剪、刮田刀
丘北县民族用品有限责任公司	壮锦、苗族裙子麻布等
曲靖市麒麟服装厂	少数民族服装
曲靖市石林瓷业有限责任公司	民族花碗、藏族罗汉盅、民族细瓷碗等
曲靖珠源纺织有限公司	白棉布、毛蓝布等
瑞丽市民族服装厂	少数民族服装
瑞丽市民族家具厂	民族花木箱、腿桌椅等
瑞丽市民族皮革厂	少数民族靴、鞋
瑞丽市畹町经济开发区民族服装厂	少数民族服装
石屏县民族装潢工艺厂	民族艺术装饰用品

续 表

定点企业名称	民族特需用品名称
双江拉祜族佤族布朗族傣族自治县陶器厂	具有少数民族风格的陶瓷
双江县农机修造厂	稻镰、板锄
思茅市民族服装公司	少数民族服装
思茅天兴民族织染有限公司	白棉布、毛蓝布
腾冲县工艺美术厂	少数民族特色金、银、玉、珠宝饰品
腾冲县民族服装厂	少数民族服装
腾冲县民族木器厂	少数民族家具
通海民族织染厂	少数民族头巾、白棉布、袋等
通海县民族银饰制品厂	具有少数民族特色的金、银饰品
巍山县宏胜染织厂	扎染品
巍山县蓝龙扎染有限责任公司	扎染品
巍山县民族服装厂	少数民族服装
巍山县民族工艺服装厂	扎染品
巍山县土产工艺染织厂	少数民族服装
巍山县兴巍民族工艺厂	少数民族服装、扎染品
巍山彝族回族自治县巍宝彝族染织厂	扎染品
维西傈僳族自治县民族服装厂	少数民族服装
维西傈僳族自治县民族木器厂	少数民族家具
维西傈僳族自治县民族用品厂	酥油茶桶、酥油壶等
文山县江花民族印染厂	苗族服装、蜡染品
文山州金塑制品厂	火剪、砍田刀
西双版纳民族工艺黑陶有限公司	具有少数民族风格的陶瓷
西双版纳州民族工艺品厂	少数民族绣品、服装

续 表

定点企业名称	民族特需用品名称
香格里拉县民族木碗厂	藏族木碗、茶桶
祥云县前所农机制造厂	板锄等
新平彝族傣族自治县综合厂	具有少数民族特色的金、银饰品
新平云南长秀服装厂	少数民族服装
砚山县民族服装工业公司	少数民族服装
砚山县民族染织厂	少数民族包头布
砚山县农具厂	板锄、民族稻镰
砚山县五金厂	板锄、火剪
易门瓷厂	民族花碗、茶盘
易门县陶瓷厂	民族花碗、茶盘
盈江县民族藤木器厂	少数民族家具
盈江县民族五金厂	火剪、吊刀、刮田刀
永仁县软木厂	民族艺术装饰用品
玉溪市民族毛巾厂	彝族、傣族印花包头巾
玉溪市织带厂	少数民族用针织带、花线
元阳县民族纺织厂	白棉布、哈尼族头线
元阳县民族服装厂	少数民族服装
云南衬衫厂	少数民族服装
云南金花针织有限公司	花边、花线、少数民族针织带
云南毛巾床单厂	少数民族头巾等
昭通市版纳地毯厂	少数民族手工地毯

3.2 民间状况

事实上，云南民族民间工艺品生产还更多有赖于活跃在田间地脚的工匠们。他们以各民族文化的工艺资源为基础，成为在适应社会化大生产的企业开发之外，以一种非企业的民间经济形式的“民间状态”勃勃发展与壮大，通过极少数工艺水平较高的代表性人物，带出了一大批工艺从业人员。在这里，我们选择了云南省具有典型性的几个地方——大理周城、剑川狮河以及鹤庆新华来看。这几个地方有一个共同的特点，就是在民族工艺村的基础上，充分利用旅游工艺品的规模化开发使当地从事手工作业的村民比例提高到了60%以上，开启了民族民间工艺资源优势向产业优势转化的步伐。2004 年，新华村从事手工艺品加工的农户将近 900 多户，占全村总户数的 77.49%[①]。2006 年剑川狮河从事木雕的个体经营加工户达到了 446 户，占全村总户数的 71.2%[②]。大理周城，白族扎染历史悠久，是大理三地中较早开始传统民族工艺开发探索的地区，被文化部命名为“白族扎染艺术之乡”。这个地区除了周城扎染厂以外，全村多以家庭式作坊的形式参与扎染工作。劳动力耗费较大的扎布工序，往往以通过染布作坊或者是扎染企业下量到户，以家庭为单位分配相应的工作量，并以家庭为单位回收扎布。因此，耗费工时的多少将直接决定着每一道工序从事人员的数量，周城全村 90% 的人员均从事扎染相关工序。全村较大的染布作坊、染布企业数量常年保持在 10 ~ 20 家之间。仅 2006 年，布衣加工企业、作坊数量就有 100 户人家。他们还采取“公司 + 农户”的方法扩大经济实力。特别值得一提的是“周城扎染专业合作社”，这个合作社自成立以来，各加工户在生产经营过程中相互支持合作，在订单分配、人员使用等方面相互调剂补充，健全和完善了产、供、销一体化网络。2005 年人员发展到5 400多，产值达到了6 000万元，并带动了周边村庄6 000多人参与扎花[③]。大理剑川的七家木雕企业、大理石生产、加工主要集中的三文笔村和银桥村也是采用这种合作社的办法进行生产与加工、销售的，这种生产经营状态是很符合当地百姓习惯和要求的，也就比较容易被广大民众所接受。

地区经济强势以及一些具有经营头脑的民族民间艺人们，可以对自己熟悉的工艺品做出一些大胆的市场行为，利用诸如以“公司 + 农户”或是“合作社”的方式生产、订单、销售其产品。但不容否认，从云南民族民间工艺的整个民间组织状况来看，松散性和多向性仍然是当前民族工艺村民族民间工艺开发的主要经济特征。特别是一些民族服饰、绣品，虽然事实上适销对

① 新华村相关数据是 2004 年、2005 年 8 月以及 2007 年 1 月，由当地政府提供。
② 剑川狮河相关数据是 2007 年云南大学文化产业研究院调研时，由剑川县文产办提供。
③ 资料来源：大理市人民政府门户网站。

路，但由于中间环节以及组织不力的问题，从而也在一定程度上影响了它的发展壮大和产业规模化的速度。

3.3 市场状况

云南民族民间工艺品市场按照销售网点数量的多少和销售额大小以及销售渠道的指向，主要分为以下三个板块：一是依托于本地旅游市场而销售的工艺品，规模效应表现为年销售额在80亿元左右，其中“云玉”珠宝就占到了70亿元①；二是面向省外旅游市场和民族用品市场的特殊工艺品；三是省内民族自需所用的工艺品市场。其中我们将分析的重点放在了第一板块上，原因主要是因为在第二板块里考虑到产品是由用户直接下订单给厂家，厂家不愿透露，再加之一些可能涉及的商业机密统计阻力较人；而第三板块更多体现的是民族的生活用品，因其产品附加值不高、价格偏低，我们暂时也不把它归入“真正”市场化的工艺品。

从地缘上看，依托旅游业销售的云南民族民间工艺品市场主要包括昆明旅游市场和工艺品集散中心、滇西北旅游市场、滇西南旅游市场。在三大市场的基础上最终形成了一个以昆明为中心，以腾冲、瑞丽、盈江、河口等口岸为支撑，以大理、丽江、西双版纳等旅游名城为营销终端的三级市场网络营销体系。

昆明旅游市场和工艺品集散中心主要包括有昆明最主要的几个旅游购物场所和景区景点——七彩云南珠宝城、世博园区、泰丽宫、翠玺珠宝和螺蛳湾商品批发市场和景星花鸟市场等地，年销售额大概在15亿元以上。②

滇西北旅游市场主要是指大理、丽江古城的旅游纪念品市场。其月销售总额平均在1 500万以上，在旅游大假期间年销售额更高些，因此，一年保持在3亿元左右③。

滇西南旅游市场以腾瑞珠宝玉石加工销售为主，包括部分的傣族、景颇族民族民间工艺品。以全省70亿的珠宝玉石销售额计算，滇西南珠宝玉石的销售额应在40亿元以上。

随着云南民族民间工艺品市场的逐渐扩大，云南民族民间工艺品新的销

① 该数据为云南大学文化产业研究院《发展、壮大、充实云南名优品牌课题》研究数据。

② 该数据测算主要根据六大市场及企业经营成本和经营户数推算得出。

③ 该数据测算主要根据大理、丽江两地主要旅游景区民族民间工艺品经营成本和经营户数以及进入以上地区的省外游客推算得出。

售形式开始出现，网上在线销售逐渐成为这一产业的发展契机。现在主要的网上销售方式主要是网上在线销售配之以传统的连锁加盟主要包括云南工艺品批发网（艺铭坊）、艺博云天云南民族民间手工艺品、新云南民族民间工艺品购物网、彩云之声民族特色商城等几大网站。该类网站以综合经营为主，涵盖了云南主要的民族民间工艺种类，同时还包括了泰国、印尼等地的民间工艺品制品，是民族民间工艺品销售的一大平台。一些传统的民族民间工艺生产、经销产家也都逐渐适应了新的销售方式，采取传统销售渠道与网络销售两种销售渠道并存的经营方式。如云南手工艺网是云南传统手工艺公司专门的网上销售渠道。此外，利用易趣、淘宝网、中国民营企业网、企业联合网、阿里巴巴等主要的网站平台，有近百家的民族民间工艺企业发布企业信息，进行网上交易。还有一些专门的行业网站，如斑铜工艺—云南会泽斑铜网、大理石画网、瑞丽珠宝网、腾冲珠宝玉石交易中心也都在为该行业搭建销售平台，促进了云南民族民间工艺品市场的进一步扩大。此外，部分的民族民间工艺研究性网站，同时承担了部分产品推广职能，如中国民间艺术中心、云南工艺美术信息网。

3.4 行业组织状况

由云南省文化厅主管的“云南省非营利性社会团体——云南民族民间文化遗产保护与开发协会”是目前云南省在册登记的具有一定专业水准的机构，其主要工作业务是致力于云南民族民间工艺的保护和产业化开发推荐。

近年来，随着云南民族文化不断被世人的认知与流传，中国工艺美术学会作为中国科学技术协会的一级学会，在2006年10月21日至24日，经中华人民和国文化部，云南省人民政府批准，委托云南省文化厅和中国云南国际文化交流中心共同举办了“云南国际民间工艺高层论坛暨中国工艺美术学会民间工艺美术专业委员会第二十一届年会”，会上还发表了“昆明宣言”，以及倡议在2008年世界人类学大会在昆明召开之际成立“国际民族民间手工艺协会”，这在一定层面上反映出云南民族民间工艺近年来所取得的成绩。此外，中国工艺美术学会下属的中国民间工艺美术专业委员会作为全国性的民间工艺美术专业学术组织长期关注云南民族民间工艺的发展，有计划地组织开展对包括云南在内的全国民间工艺美术的调查收集、资料整理和学术研究，推动了云南民族民间工艺的发展。

云南民族民间工艺类型众多，以主要类型为核心形成了多行业、多级别的专业行业组织。这些行业组织涉及金属工艺品、陶石工艺品、染织绣品、木竹藤草等四大工艺类型。其中，省级行业组织包括云南省竹藤产业协会、云南省石材商会等，州市级相关行业协会包括腾冲县宝玉石协会、瑞丽市珠宝玉石行业协会、巍山彝族回族自治县扎染协会、剑川木雕协会等多家行业协会。这些行业协会工艺类型凸显专业化，以木雕为例，剑川木雕和浙江东阳木雕同属中国四大木雕之乡，而在东阳木雕协会是以东阳市工艺美术协会的面目出现，门类的专业化受到了一定的限制。此外，一些以民族工艺见长的村落依靠工艺制作的广泛群众基础，也以村为单位建立了自己的行业协会。如文山州西畴县兴街刺绣协会、石林阿着底刺绣协会。部分地区在民间文艺家协会分设了相应的民族民间工艺相关工艺类型协会，如曲靖市民间文艺家协会就分设了下属的根雕艺术、石雕艺术专业委员会。这些行业协会在一定程度上规范了当地的行业行为，有力地推动了当地民族民间工艺的健康发展。但从全省的角度看，这些行业协会所涵盖的地区范围和行业类型较少，特别是经费有限，影响面不大，协会作用发挥不力，还未能较好地适应民族民间工艺产业化开发的新趋势，在工艺产品的开发和组织方面未能起到应有的作用。

4. 云南民族民间工艺品发展情态分析

综观云南近年来民族民间工艺品的发展状况，我们有目共睹，伴随着人民群众物质生活和精神生活的不断提高和旅游业的发展与逐步成熟，工艺品市场也在不断扩大。民族民间工艺品生产自身既是一种伴生性和复合型的产业，在市场培育的基础上，受外部力量的驱使还将成长为一个外延拓展性能良好的产业。作为它的伴生性和复合性，更多地反映在对旅游的依赖性上。云南旅游业多年的情形是旅游人数以15%以上的速度增长，旅游产值的增幅年超过10%，但在这个增量过程中，游客用于吃住行的比例占据了大头，用于购物的花销却少之又少。2006年，云南的旅游人数和产值都创历史新高，达到7 900多万人次，产值499.78亿元[①]，游客的购物消费总额为125亿元，而人均消费只有158元。在调查中我们甚至还发现，省内游客消费中实际用于旅游工艺品购买的人均消费不足10元，其中外地游客平均在50~900元

① 杨福泉、余繁、郑海：《2005~2006云南旅游发展报告》，P.22，云南大学出版社，2007。

之间不等，推算全省累计消费仅为12亿元，且其中绝大部分还是玉石珠宝，显示出云南省工艺品消费比重的严重失衡。

云南作为一个旅游大省，民族文化的展示是最能吸引游客的，这种独特的优势是中国内地许多地方都不能相比的。旅游作为云南的支柱产业之一，所带来的产业链更不可低估。云南在2010年以前，按照游客人数的增长以及旅游产值的增加，根据我们的研究与测算，全省每年的工艺品理想产值应该达到120~150亿元，而目前我们的实际只有80个亿，也就是说，作为旅游市场，民族民间工艺品还有40~70亿元的销售空间。由此我们也看到，云南是具备民族民间工艺品的后市基础的，特别是以丽江、大理、腾冲为主体的滇西北民族民间工艺品集散地已逐渐成形，为培育和打造这一新兴产业起了助推作用。分析手工艺产品在市场中的走势，我们认为云南民族民间工艺品要求大发展，关键是如何提升产品品质与增加高附加值的问题。在目前云南80亿元的工艺品中，有六至七成产品是作为初级原料被销售出去，从玉、大理石、铜、锡到木、竹藤、泥陶都有这样的问题，这也是产值不高的主要原因之一；而一些订单式的加工因是按客户需求进行的，故文化附加的增值空间有限，市场上难以看到因此而提高的经济效益；此外，市面上我们所看到的很多冠以民族手工艺的产品，要么是制作简陋粗糙，要么本身并不是民间手工艺而只是简单地拼贴了少数民族的某一个文化元素被当做民族工艺品，这样的制作因其质量无法保障，内容牵强而形成不了民族手工艺市场的主流，固然也就不会带来产值的巨大变化。

云南民族民间工艺品生产作为一个与旅游产业紧密相连的伴生性产业，还有很大的产值利润空间，但对于目前的市场情况，尚需结构性和布局性的阶段调整，整合力度还要不断加强，起步时期的扶持和培育是使云南民族民间工艺品走上健康发展之路的必然选择。同时，还要继续落实以下工作的开展：

（1）提高精品份额，扩大具有竞争优势的工艺品种，改变云南民族民间工艺品品种单一，结构基数不成比例的现象；

（2）深度挖掘开发富有旅游特质性能的民族民间工艺品，引导从业人员在质量、品种、传统与创新上多下功夫；

（3）按照地区资源优势，重点扶持具有市场导向的企业与民间机构，形成文化与资金链接的优势集中产业开发群；

（4）打造实施云南民族民间工艺品牌工程，营造和扩大具有影响力的云南民族民间手工艺氛围，实现民间工艺品外延拓展性能的绩优化；

(5) 制定相关条例，规范旅游市场，减少民间工艺品的恶性低价竞争；

(6) 加大人才培养，对年轻的艺匠、技师，由各级政府倡导扶持，配备专人跟师学艺，保证名师名技得以传承、保留和提高；

(7) 依托资源（包括自然资源、文化资源、人才资源）优势，有序切实做好云南民族民间工艺品的发展规划，促进产品系列化、档次化、链条化的开发；

(8) 通过专项工艺评估鉴赏师对产品品质的认定，解决民间工艺品不为人知的境界，提高产品的知名度、增加文化含量、提高附加值；

(9) 以多种方式、多条渠道建立强大的营销队伍网络，改变目前销售困难的尴尬，形成云南工艺品甲天下的格局。

参考文献：

近年来云南省各州、县的《州志》、《县志》、《年鉴》，此略去。

课题组成员：林　艺　李　炎　罗友梅　李联斌　王　佳　陈　芳

（执笔：林　艺　李　炎　陈　芳　王　佳）

※ 感谢参与资料收集及市场调研的云南大学文化产业研究院王莹、毕任老师，研究生熊一蔚、林丽、李菡静同学。

云南省体育产业研究报告

体育产业研究室

近年来，云南省充分利用国家西部大开发的有利政策，通过新型工业化战略的实施，大力发展云南经济，通过有效的产业增长、投资拉动和消费增长，使云南国民经济 GDP 呈现出快速稳步的增长态势。伴随着云南经济的快速发展，云南体育产业也得到飞速发展，体育产业规模迅速扩大，产业间的联动关系显著提高，体育产业渗透性强、辐射范围广的优势逐渐得到体现，已成为推进云南经济社会发展的新亮点。

在此，我们对 2001～2006 年云南省体育产业发展的基本情况进行系统的研究，以全面分析云南体育产业发展的现状，发现其中存在的问题及制约发展的各种因素，通过对云南省与其他省市在体育产业发展方式上的横向比较研究，探寻云南体育产业最佳发展路径，找准云南体育产业发展的切入点与产业启动方式。为促进云南体育产业又快、又好的发展提供科学、有效的决策依据。

1. 国内外体育产业的发展现状

1.1 国外体育产业发展现状概述

世界科学技术的不断发展及人类生产、生活方式的变革，使人们从逐渐繁重的工作和生活中解放出来。此外，随着人类经济社会发展的不断进步，人们的消费水平和生活质量得以显著提高，余暇时间日益丰富，体育活动作为一种提高人类生活质量的重要方式，在全球范围内得以广泛开展。由此，催生了人类社会一个新兴、巨大的产业——体育产业。体育作为一个投入和产出规模宏大的产业，无论在其产值方面在还是社会就业构成上均已成为国民经济部门的重要组成内容。尤其自 20 世纪 70 年代以来，随着西方各国经济的持续增长，产业结构的不断调整与升级，使体育资源要素的经济功能不断开发，体育资源的市场化、产业化趋势日趋明显，体育产业呈现出快速化、国际化的发展趋势。在西方主要发达国家，体育产业已成为国民经济的重要产业部门，甚至已成为一些国家国民经济的支柱产业，如美国、意大利、英国、法国、德国、日本等国家。进入20世纪90年代，由于体育产业运作的成本低、启动快、安全性高、无污染和关联效应强等特点，使体育产业规模迅速扩大，产业间的联动关系明显提高，体育对国民经济的促进作用日益明显，一些发达国家已提出“国民体育总产值”的概念。可见，体育产业在发达国家已成为国民经济体系中不可缺少的重要组成部分。

从世界范围看，体育是蕴藏着巨大商机的新兴产业，逐渐成为世界各国国民经济发展新的增长点。目前，全球体育产业总产值已达5 000亿美元左右，发达国家体育产业产值占本国GDP的比重已在1%～3%之间①，并以每年20%的速度递增。在体育产业比较发达的北美、西欧和日本，体育产业在国民经济中的地位普遍较高，其产值占GDP的比重约为2%左右，美国曾经达到过4.7%②。1999年全美体育产业创造的增加值为2 125.3亿美元，占当年GDP的比重为2.4%③，跃居美国第六位的支柱产业；日本1997年体育产业总产值为528亿美元，占GDP的3.89%，成为日本第六位支柱产业。在21世纪中，体育产业将成为世界上最具活力与广阔前景的“朝阳产业”。

1.2 我国体育产业发展现状概述

相对西方发达国家体育产业的发展来说，我国体育产业的发展起步较晚。但伴随着我国改革开放政策的不断深入、市场经济的壮大发展，我国体育产业的发展正在引向深入，体育正成为全社会关注的一个消费与投资热点，体育市场日趋活跃，体育产业在整个国民经济发展中的重要地位越来越明显地凸现出来。

从体育产业发展总体水平来看，我国东部沿海发达地区体育产业发展已接近西方中等发达国家20世纪90年代的水平，体育产业的增加值已占当地GDP的0.7%至1%④，从业人数已占当地总就业人数的1%左右。体育产业

① 张林、陈锡尧：《我国体育产业未来五年发展构想与展望》，《体育科学》，2005，26（7）。
② 李建设：《发展体育产业的若干理论问题》，《中国体育科技》，2004，40（5）。
③ 鲍明晓：《国外体育产业形成与发展》，《体育科研》，2005，26（5）。
④ 陈林祥：《我国体育产业结构与产业布局政策选择的研究》，《体育科学》，2007，27（3）。

已逐渐成为扩大内需、带动相关产业发展、促进区域经济增长和推动社会就业的重要途径。据有关研究表明，2002 年我国体育产业增加值为 696.64 亿元（不包括港、澳、台地区），占当年全国 GDP 的 0.67%；2002 年全国体育产业吸纳的就业人数为 306.35 万人，占全国就业人员的 0.4%。预计在 2010 年以前，我国体育产业增加值将以每年 15% ~20% 的速度增长，至 2010 年，我国体育产业增加值将达到2 510.5亿元，占全国 GDP 的 1.32%①。

从体育产业自身的结构特征来看，经过多年的发展，我国体育产业的结构发生了明显变化，已从“体育用品主导型”产业向“体育服务业、体育用品业”并驾齐驱型产业转变。从体育产业发展的区域特征来看，已形成以北京为中心的京津地区、以上海为中心的长江三角洲地区和以广州为中心的珠江三角洲地区三个体育经济快速增长区域，并呈现出巨大的比较优势。

2. 云南体育产业的发展现状

2.1 云南体育产业总体规模分析

随着云南省社会经济的快速增长，云南体育产业也进入快速发展时期。以体育彩票、体育管理和公共服务、体育健身娱乐、竞赛表演、技术培训、体育用品为主的体育产业已初具规模。从表 1 中可以看出，截至 2006 年 10 月底，云南体育产业已实现总产值 38.27 亿元，占 2006 年全省 GDP 的 0.96%；体育产业实现增加值为 11.29 亿元，对全省当年 GDP 的贡献率为 0.28%；2006 年全省体育产业增加值率为 29.50%；体育产业部门从业人员已达 5.9725 万人，占全省 2006 年就业人口的 0.24%。

在 2001 ~2006 年期间，全省体育产业产值以平均每年 17.9% 的速度向上增长；体育产业增加值以平均每年 21.64% 的速度增长。从图 1 中可以看出，在这六年中，体育产业增加值对全省 GDP 的贡献率没有多大变化，基本维持在 0.22% ~0.30% 之间，并且在 2006 年中还有所下降，为 0.28%。此外，从图 2 中可以看出，这六年间全省体育产业增加值率也没有多大变化，基本维持在 28.27% ~32.04%，同样在 2006 年中还有所下降，为 29.50%。体育产业从人员的增长平均以每年 63.45% 的速度增长；体育产业部门对全社会的就

① 林显鹏、虞重干：《我国体育产业发展现状及对策研究》，《体育科学》，2006，26（2）。

业贡献率从2001年的0.02%增长到2006年的0.24%，增长速度之快，也是显而易见的。

表1 云南体育产业发展规模情况

年份	全省GDP（亿元）	体育产业就业人口（万人）	占全省就业人口比例（%）	体育产业产值（亿元）	占全省GDP比例（%）	体育产业增加值（亿元）	占全省GDP比例（%）	体育产业增加值率（%）
2001	2 138.31	0.5119	0.02	16.8	0.79	4.75	0.22	28.27
2002	2 312.82	0.8367	0.04	19.80	0.86	5.78	0.25	29.18
2003	2 556.02	1.3676	0.06	23.35	0.91	7.03	0.27	30.10
2004	3 081.91	2.2355	0.09	27.53	0.89	8.55	0.28	31.06
2005	3 472.89	5.6177	0.23	32.46	0.93	10.4	0.3	32.04
2006	4 001.87	5.9725	0.24	38.27	0.96	11.29	0.28	29.50

数据来源：《云南体育产业报告》、《云南省各年国民经济和社会发展统计公报》，《2006中国统计年鉴》，注明：2002～2004年间的各项数据，是根据2001～2006年间各项指标增长的平均速度计算得出：体育产业人口年平均增长速度为63.45%，体育产业产值年平均增长速度为17.9%，体育产业增加值年平均增长速度为21.64%。

$$体育产业增加值率=\frac{体育产业增加值}{体育产业产值}\times 100\%$$，增加值率是增加值占总投入（总产出）的比例，在同样的投入情况下，新创造的价值（增加值）越大，增加值率就越高，即单位总投入中新创造的价值就越大。因而，增加值率是从总体上度量一个经济体投入产出效益的综合指标，也是一个经济体增长质量的评价指标。从图2可以看出，即使与我国2000年体育产业增加值率35.86%相比，云南省2006年的体育产业增加值率仅为29.5%，低于全国产业增加值率6.36个百分点。这些情况表明云南省体育产业投入产出的效益与产业质量不高。

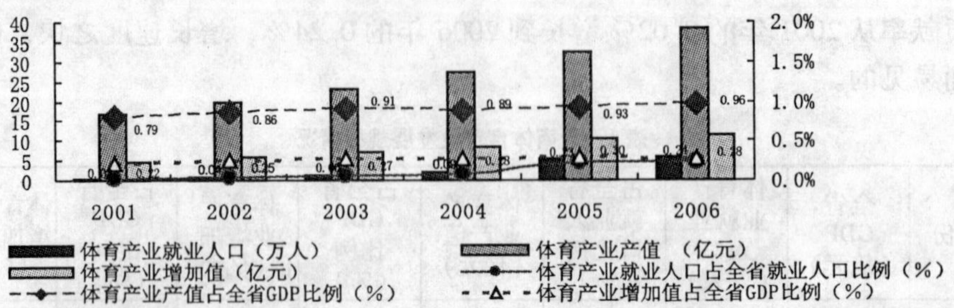

图1　云南2001～2006年体育产业部门产值、增加值和就业人口情况

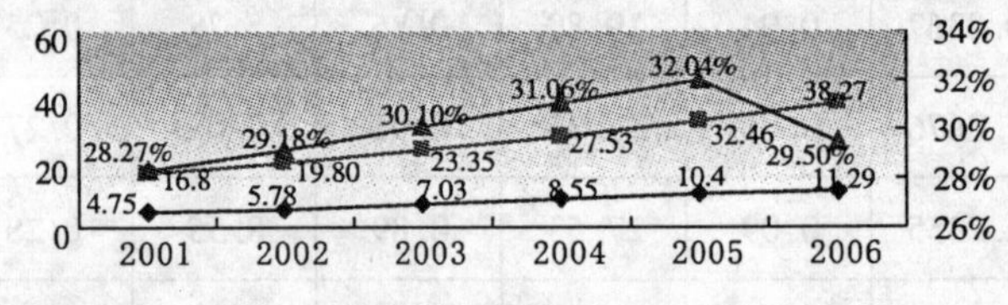

图2　2001～2006年云南体育产业产值、增加值和增加值率情况

2.2　云南体育产业结构特征分析

2006年云南省体育产业调研组的统计结果显示，2006年云南体育产业实现产值38.27亿元，增加值11.29亿元。其中，体育彩票实现产值为16.42亿元，所占比例达42.91%；实现增加值3.79亿元，占总数的33.6%；体育健身娱乐服务业实现产值2.098亿元，所占比例5.48%，实现增加值1.77亿元，占比例15.7%；体育管理和公共服务实现产值18.18亿元，占比例48%，实现增加值5.08亿元，所占比例为45%；体育用品制造业实现产值0.02亿元，占比例0.05%，实现增加值0.013亿元，占比例0.11%；体育用品销售业实现产值1.55亿元，占比例4.05%，实现增加值0.63亿元，占比例5.63%。

表2　云南体育产业产值、增加值构成　（单位：亿元、%）

	体育彩票				体育健身娱乐服务业				体育管理和公共服务				体育用品制造				体育用品销售			
年份	产值	%	增加值	%	产值	%	增加值	%	产值	%	增加值	%	产值	%	增加值	%	产值	%	增加值	%
2005	11.83	38.4	3.27	32.57	1.75	5.68	1.34	13.4	15.83	51.3	4.77	47.5	0.017	0.06	0.011	0.11	1.4	4.55	0.637	6.35
2006	16.42	42.91	3.79	33.6	2.098	5.48	1.77	15.7	18.18	48	5.08	45	0.02	0.05	0.013	0.11	1.55	4.05	0.63	5.63

从图3可以看出，2006年云南省体育产业的增加值主要靠体育管理和公共服务业与体育彩票业提供，其比例分别为45%和33.6%。两项收入已占全省体育产业增加值的78.6%，体育用品制造业仅为0.11%，体育用品销售业为5.63%；而体育健身娱乐服务业的贡献仅为15.7%；体育产业发展的结构极不合理。从体育产业的本质属性上看，体育产业是全社会开展的以提供体育服务及相关产品的生产与经营活动的总和。因此，体育健身服务和运动竞赛服务应是体育产业的主体产业。但云南体育产业的发展更多的是靠体育管理与公共服务业和体育彩票业（二者之和已占78.6%），而作为主体产业的体育健身服务业所占的比重却很小，发展远远不够。

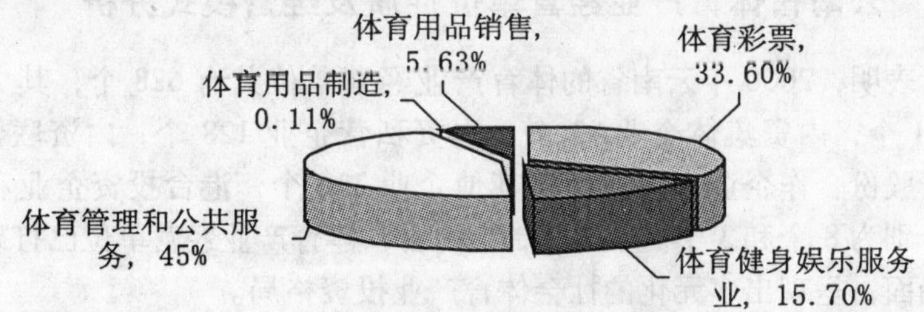

图3 2006年云南省体育产业增加值构成

2.3 云南体育产业发展的区域特性分析

从表3和图4可以看出，云南体育产业在区域分布上处于“非均衡”发展态势。2006年思茅、昆明、文山、玉溪、大理、红河、曲靖和楚雄等地区的体育产业增加值的增长规模相对较大，分别为43.25%，24.04%、6.68%、5.51%，4.44%、3.87%、3.43%和2.21%。除思茅和文山地区以外，上述体育产业增加值规模相对较大的地区，都有地区社会经济发展水平相对较高的特殊背景，这也表明体育产业的发展离不开良好的经济社会发展环境。

表3 云南2006年各州市体育产业增加值

	昆明	玉溪	曲靖	红河	楚雄	大理	丽江	版纳	德宏	迪庆	保山	临沧	思茅	怒江	文山	昭通
增加值（亿元）	1.47	0.32	0.21	0.24	0.13	0.27	0.026	0.045	0.062	0.026	0.068	0.069	2.65	0.025	0.41	0.105
所占比例（%）	24.04	5.15	3.43	3.87	2.20	4.44	0.42	0.73	1.01	0.42	1.11	1.12	43.25	0.40	6.68	1.71

注明：此统计数据没有包括高尔夫、体育彩票和体育用品生产等方面的数据。

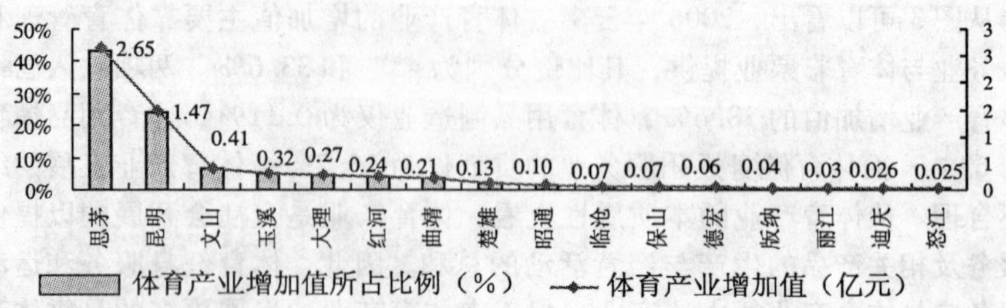

图4　2006 年云南体育产业增加值的区域分布

2.4　云南省体育产业经营单位性质及经营模式分析

统计表明，2000 年云南省的体育产业经营单位共有 628 个，其中内资国有企业 61 个，内资集体企业 83 个，内资私营企业 128 个，内资联营企业 1 个，内资股份合作企业 8 个，内资其他企业 336 个，港台投资企业和外商投资企业分别为 8 个和 3 个。从所有制结构看，体育产业经营单位已打破国家办体育的局面，呈现出多元化的社会体育产业投资格局。

2001 年，云南省的体育产业经营单位共 790 个，其中内资国有企业 65 个，内资集体企业 96 个，内资私营企业 161 个，内资联营企业 2 个，内资股份合作企业 10 个，内资其他企业 443 个，私营独资企业 5 个，私人合伙企业 5 个，港台投资企业 3 个。

到 2006 年，云南省的体育产业经营单位已达2 342个，是 2001 年的 2.96 倍。其中内资国有企业 333 个，比 2001 年增加 268 个；内资集体企业 719 个，比 2001 年增加 623 个；内资联营企业仅 1 个，比 2001 年减少 1 个；内资股份合作企业 61 个，比 2001 年增长 51 个；私营独资企业 127 个，比 2001 年增加 122 个；私人合伙企业 33 个，比 2001 年增加 28 个；国有独资公司 2 个，有限责任公司 131 个，股份有限公司 32 个，私营有限责任公司 427 个，私营股份有限公司 39 个；港台投资企业 10 个，比 2001 年增加 7 个；外商投资企业 8 个。

表 4 云南体育产业经营单位性质及其组织形式 （单位：个）

	内资国有企业	内资集体企业	内资私营企业	内资联营企业	内资股份合作企业	内资其他企业	私营独资企业	私人合伙企业	国有独资公司	有限责任公司	股份有限公司	私营有限责任公司	私营股份有限公司	港澳台投资企业	外商投资	其他类型	合计
2000	61	83	128	1	8	336								8	3		628
2001	65	96	161	2	10	443	5	5						3			790
2006	333	719		1	61		127	33	2	131	32	427	39	10	8	419	2 342

从表 5 可以看出，云南省体育产业经营单位的所有制结构已呈现出多元化的局面，私企办体育的比例有所上升。2006 年私营性质的企业或公司经营比例上升较快，从 2000 年的 20.4% 上升到 2006 年 26.7%。与此同时，国有性质经营单位的进入比重也有所上升，由 2000 年的 9.6% 上升到 2006 年 14.3%；集体性质经营单位的增长率也上升较快，从 2000 年的 13.2% 上升到 2006 年 30.7%。从整体上看，专营体育产业的经营单位上升幅度较大，从 2000 年的 27.4% 上升到 2006 年的 37.4%，这种转变极有利于体育产业的健康发展。

另外，从企业经营的治理结构来看，2006 年云南省已出现公司治理结构的现代企业制度形式。这一情况表明，随着经济社会的快速发展，体育经营单位的管理模式已逐渐朝着更加科学化、规范化的现代企业制度方向转变。

表 5 云南体育产业经营单位所有制结构及其经营模式情况 （单位：%）

	国有单位所占比例	集体单位所占比例	私人所占比例	公司治理结构所占比例	体育产业专营单位所占比例	体育产业兼营单位所占比例
2000	9.6	13.2	20.4	0	27.4	72.6
2001	8.2	12.2	21.6	0	29.5	70.5
2006	14.3	30.7	26.7	26.9	37.4	62.6

2.5 云南省体育健身娱乐企业经营项目分布情况分析

近年来，云南体育健身娱乐经营单位以消费市场为导向，不断推出能满足人们需求的体育消费产品。表 6 说明，云南体育健身娱乐业的经营项目较为齐全。在2001年云南体育健身娱乐企业经营的项目中，出现频率较高的体育服务产品分别为棋牌、台球、乒乓球、游泳、保龄球、网球、羽毛球、篮球、足球等群众喜爱的体育活动项目。这些项目在总经营项目中所占比重依次为：27.47%、15.57%、7.64%、7.35%、4.76%、3.97%、3.39%、3.24%和2.74%。在2006年云南体育健身娱乐企业的经营项目中，出现频率较高的体育服务项目为棋牌、台球、水上运动（划水）、体操健美操、乒乓球、武术、羽毛球、射击射箭、轮滑等体育项目，它们所占的比重依次为：38.10%、20.63%、4.71%、3.97%、3.46 %、3.32%、3.21%、2.98%和1.97%，经营项目更加多样，消费档次不断提升，体育消费市场的经营规模与效益不断提高。

从2001到2006经营的项目情况看，尽管云南省体育产业经营中出现了一些新的高端消费项目，如航空体育、高尔夫球、冰雪运动等项目，但大众消费程度和参与热情不高。在体育市场中，一般性的中低档运动项目仍是体育企业经营的主要内容，而高档的体育消费项目却很难开展经营。如2001年省内开展的滑雪运动项目经营比重为0.72%，到2006年时却只有0.19%；另外，像保龄球这一类供给过剩的运动项目，由于经营效益较差，项目经营比重已由2001年的4.76%下降为2006年的0.61%。

表6　云南体育健身娱乐企业经营项目分布

年份	棋牌	台球	乒乓球	游泳	保龄球	网球	羽毛球	篮球	足球	排球	田径	体操	武术
2001	27.47	15.57	7.64	7.35	4.76	3.97	3.39	3.24	2.74	2.09	1.73	1.30	1.23
2006	38.10	20.63	3.46	1.79	0.61	1.59	3.21			0.79		3.97	3.32
年份	滑雪运动	赛车	射击射箭	拳击	高尔夫	壁球	轮滑	水上运动	登山	蹦极	健身	航空	其他
2001	0.72	0.72	0.58	0.43	0.36	0.36	0.36	0.36	0.22	0.22	0.00	0.00	13.19
2006	0.19	0.00	2.98	0.00	0.00	0.00	1.97	4.71	0.00	0.00	1.61	0.29	10.78

2.6　云南省体育产业部门从业人口情况分析

以2006年全省体育产业各行业从业人员结构情况看，云南体育用品经营业所吸纳的就业人口最多，占全省体育产业就业人口的45.83%；其次是体育服务业，占全省体育产业就业人口的42.61%，二者对体育产业就业人口的贡献率达88.44%。从体育产业就业人口的区域分布看，处于前五位的地区依次是昆明、曲靖、玉溪、红河和大理，占全省体育产业就业总人口比例分别为30.43%、10.26%、8.95%、7.67%和5.96%。云南体育产业区域性就业人口的分布情况也充分表明，经济较发达的昆明、曲靖、玉溪、红河、大理等地区，是全省吸纳体育产业就业人口的主要聚集地。

表7 2006年云南体育产业各行业就业情况 （单位：万人、%）

体育产业部门总计		体育服务业		体育管理和公共服务		体育用品经营	
（万人）	（%）	（万人）	（%）	（万人）	（%）	（万人）	（%）
5.9725	0.24	2.5446	42.61	0.69060	11.56	2.7373	45.83

3. 云南体育产业的横向比较分析

3.1 体育产业规模与质量的比较分析

我们将云南省与中部的北京与东部的浙江省作一个阶段性比较（见表8）。

表8 云南、北京、浙江三省市1999~2006年体育产业发展情况

省市	年份	体育产业总产值（亿元）	体育产业增加值（亿元）	体育产业增加值率（%）	体育产业增加值占GDP（速度%）	就业人口（万人）	占当地就业人口比例（%）
浙江（东部）	1999	208.74	46.24	22.15	0.86	18.16	0.68
	2000	252.37	55.65	22.05	0.92	20.76	0.76
	2001	303.7	66.91	22.03	0.97	23.73	0.86
	2002	367.06	80.7	21.99	1.05	27.12	0.96
	2003	437.80	96.6	22.06	1.03	31.00	1.05
	2004	526.86	116.14	22.04	1.00	35.43	1.15
	2005	634.03	139.63	22.02	1.04	40.50	1.26
	2006	763.01	167.87	22.00	1.07	46.29	

续　表

省市	年份	体育产业总产值（亿元）	体育产业增加值（亿元）	体育产业增加值率（%）	体育产业增加值占GDP（速度%）	就业人口（万人）	占当地就业人口比例（%）
北京（中部）	2001	106.4	45.5	42.76	1.23	5.6209	0.89
	2002	128.4	52.9	41.20	1.22	6.7307	0.97
	2003	118.4	45.2	38.18	0.90	6.3173	0.74
	2004	133.13	69.4	52.13	1.15	6.3173	0.71
	2005	143.23	80.06	55.90	1.16	6.5681	0.71
	2006	154.09	92.36	59.94	1.20	6.8287	
云南（西部）	2001	16.8	4.75	28.27	0.22	0.5119	0.02
	2002	20.53	5.78	29.18	0.25	0.8367	0.04
	2003	23.35	7.03	30.10	0.27	1.3676	0.06
	2004	27.53	8.55	31.06	0.28	2.2355	0.09
	2005	33.43	10.4	32.04	0.3	5.6177	0.23
	2006	38.27	11.29	29.50	0.28	5.9725	0.24

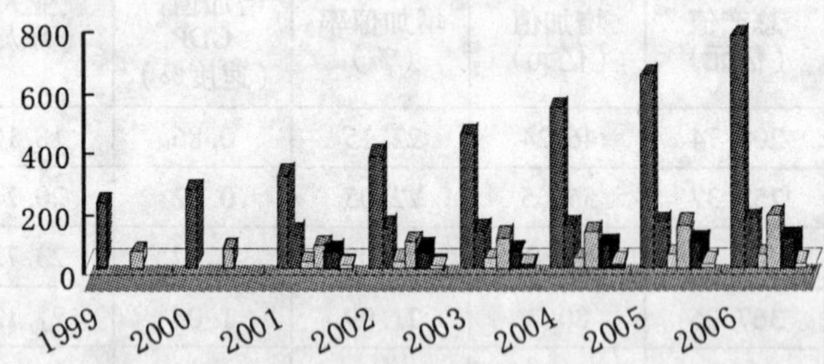

图5　云南、北京、浙江1999～2006年体育产业产值、增加值情况

从表8看出，2001～2006年间，云南体育产业的产值和增加值都明显落后于中部地区的北京和东部地区的浙江等省份。云南体育产业产值从2001年的16.8亿元增长到2006年的38.27亿元，以年均17.9%的速度增长；体育

产业增加值从2001年的4.75亿元增加到2006年的11.29亿元，实现了年均21.64%的增长速度。中部地区的北京，体育产业产值从2001年106.4亿元增加到2006年的154.09亿元，年均增长速度为7.8%，但其增加值却从2001年45.5亿元增加到2006年的92.36亿元，实现了年平均15.3%的增长速度，明显快于体育产业产值的增长速度。由于受“非典”影响，2003年北京体育产业产值、增加值均有所回落，体育产业产值从2002年的128.4亿元，降低到118.4亿元。2005年和2006年的体育产业的产值与增加值是按2001年至2006年的年均速度推算的。由于2008年奥运会的契机作用，近年来北京市体育产业的产值与增加值的实际增长速度应远远高于2001~2006年的年平均增长速度。东部地区的浙江，体育产业产值从1999年208.74亿元增加到2006年的763.01亿元，实现了年平均20.34%的增长速度，增加值从1999年的46.24亿元增加到2006年的167.87亿元，实现了年平均20.23%的增长速度，体育产业增加值增长速度稍微滞后于体育产业产值的增长速度。

云南体育产业增加值对本省GDP的贡献率没有明显变化，从2001年的0.2%增长到2005年的0.3%，但在2006年该比值却下降为0.28%。体育产业增加值率从2001年的28.27%增加到2005年的32.04%；2006年降至29.50%。北京体育产业增加值对本市GDP的贡献率，从2001年的1.23%降至2006年的1.2%。但体育产业增加值率却从2001年的42.76%增加到2006年的59.94%。浙江体育产业增加值对本省GDP的贡献率，从1999年的0.86%增至2006年的1.07%。体育产业增加值率从2001年的22.15%降至2006年的22.00%。通过比较可以看出，尽管北京几年间的体育产业增加值对GDP的贡献率没有多大变化，甚至有所下降，但在三个省、市中，它对本地区GDP的贡献率是最大的，特别是其体育产业的增加值率很高，在2006年已达到59.94%，这说明北京地区体育产业的投入产出效益与体育产业质量提高较高。

从就业情况看，云南体育产业各部门就业人口比例从2001年的0.02%增长到2006年的0.24%，北京就业人口的比例却从2001年的0.89%下降至2005年的0.71%，浙江就业人口比例已从1999年的0.68%增至2005年的1.26%。在上述三省、市中，浙江体育产业部门吸纳社会就业人口的贡献最大，其次是北京，最后为云南。云南体育产业部门对当地就业的贡献相对较小，不足0.3%，这与云南体育用品制造业的落后有关。

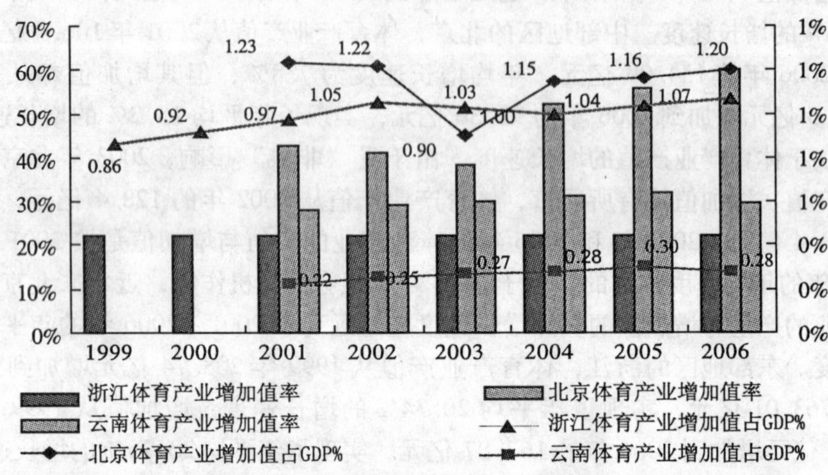

图 6　云南、北京、浙江 1999～2006 年体育产业增加值对 GDP 的贡献

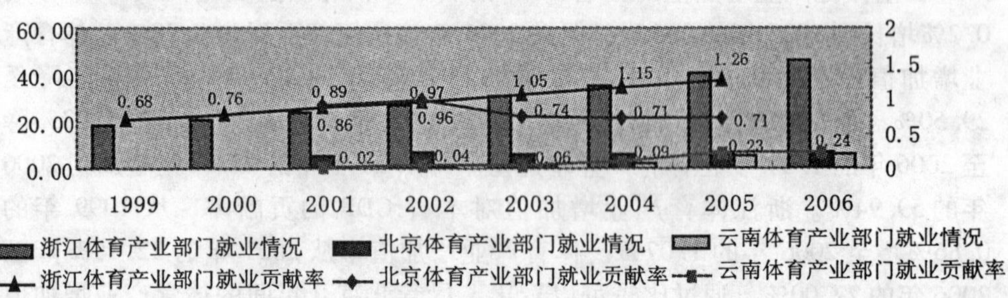

图 7　云南、北京、浙江 1999～2006 年体育产业部门就业情况与就业贡献率

3.2　体育产业结构特征的比较研究

从表 9 中可以看出，在三省、市中，云南省 2006 年体育产业所产生的增加值最小，北京次之，浙江的增加值最高。从体育产业结构看，云南体育产业的支柱产业主要是体育服务业和体育彩票业，分别为 60.69% 和 33.57%，而体育用品制造和销售业的构成比例十分微小，总共不足 6%。而北京体育产业的支柱产业是体育用品销售业，占整个体育产业构成的 54.65%，其次是体育服务业，占 23.89%。体育用品制造业也十分薄弱。浙江体育产业的主导产业却是体育用品制造业，占体育产业整体构成的 59.82%，其次是体育用品销

售业，占25.3%，而体育服务业的发展相对薄弱，仅占14.88%。由于浙江体育彩票业没有纳入体育产业的统计指标体系，因此无法计算其体育彩票业的比重。

由于体育产品制造业的耗能系数相对较高，附加值低，因而其投入产出效益不高，体育产业发展质量不好，这也印证了浙江体育产业增加值率在三省、市中处于最低水平的现实状况（浙江2006年体育产业增加值率为22%，北京为59.94%，云南为29.5%）。同时也进一步说明，浙江体育产业经济的增长模式仍是一种粗放增长型发展模式，还没有向集约增长型发展模式转变。

尽管在产业结构上，云南体育产业结构中的体育服务业比例最高，为60.9%，但在这60.9%的比例中，体育管理和公共服务业为45%，高尔夫项目占11.3%，而具体的体育健身娱乐服务业的规模较小，其增加值只有0.49亿元，在整个体育产业结构中的比例仅为4.5%。这说明，云南体育服务业仍主要靠国有体育行政事业单位的支撑，社会办体育服务业的力量还很弱小。

表9　2006年云南、北京、浙江体育产业结构　（单位：亿元、%）

	体育产业增加值	体育彩票	所占比重（%）	体育服务业	所占比重（%）	体育用品制造业	所占比重（%）	体育用品销售	所占比重（%）
浙江	167.87			24.98	14.88	100.42	59.82	42.47	25.3
北京	92.36	17.98	19.47	22.07	23.89	1.83	1.99	50.47	54.65
云南	11.29	3.79	33.57	6.8521	60.69	0.01264	0.11	0.6353	5.63

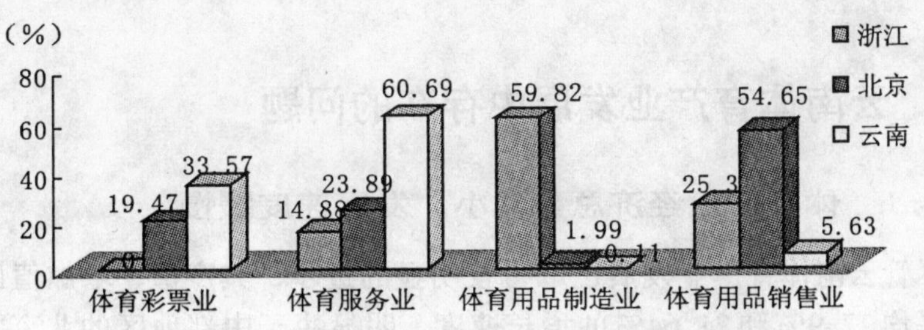

图8　2006年云南、北京、浙江体育产业增加值构成

3.3 体育产业各行业对社会就业贡献率的情况分析

从2006年三省、市体育产业各行业的就业情况看，云南体育产业部门吸纳社会就业人口的数量最小，仅为5.61万人；北京为6.57万人，就业贡献率为0.71%；浙江就业人口为40.50万人，就业贡献率为1.26%。从表10看，2005年在云南体育产业各行业中，体育服务业的就业人数比重最大，占整个体育产业就业人数的58.03%，其次是体育用品销售业为41.97%（由于云南省体育产业统计调查中没有明确细分体育用品制造业和体育用品销售业的就业人数，只笼统地归为体育用品就业人口，考虑到云南省体育用品制造业比例十分微小，因而把体育用品业的就业人口全部列入体育用品销售业计算）。2005年在北京体育产业各行业中，体育服务业的就业人数比重最大，占整个体育产业就业人数的49.50%，其次是体育用品销售业为47.50%。2005年浙江体育产业各行业中，体育用品制造业的就业人数比重最大，占整个体育产业就业人数的69.54%，其次是体育用品销售业为19.89%。

表10　2005年云南、北京、浙江体育产业各行业就业情况　（单位：万人、%）

内容	体育服务业		体育用品制造业		体育用品销售		就业总人数和就业贡献率	
	（万人）	（%）	（万人）	（%）	（万人）	（%）	（万人）	（%）
浙江（东部）	4.3133	10.65	28.1313	69.46	8.0555	19.89	40.50	1.26
北京（中部）	3.251	49.5	0.197	3.00	3.1198	47.5	6.568	0.71
云南（西部）	3.2566	58.03			2.3551	41.97	5.6117	0.23

4. 云南体育产业发展中存在的问题

4.1 体育产业经济总量偏小，发展速度缓慢

尽管云南体育产业发展已取得较明显的进步，其产值、增加值已分别达到年平均17.9%和21.64%的增长速度，明显快于中部地区的北京（7.8%、15.3%），甚至增加值的增长速度还快于东部地区的浙江（20.23%）；但相对于我国经济较发达的东中部地区，云南体育产业发展的差距仍在进一步加大，这说明云南体育产业发展的社会基础与前期条件较为薄弱。从云南省国民经

济的发展情况看，2006 年全省 GDP 的增长速度取得了 11.9% 的喜人成绩，人均 GDP 已跨上了1 000美元的台阶，实现了云南经济社会发展的重大突破。从理论上讲，云南经济的快速发展和人均收入水平的提升，应十分有利于体育产业的发展。但 2006 年云南体育产业产值、增加值的增长速度、投入产出效益（增加值率）、对全省 GDP 的贡献率都在回落。体育产业增加值率从 2005 年的 32.04% 下降到 2006 年的 29.50%；体育产业增加值对全省 GDP 的贡献率也从 2005 年的 0.3% 下降到 2006 年的 0.28%。

4.2 体育产业结构不合理，区域发展不均衡

现代产业经济学理论认为，产业经济的发展是从物质生产领域逐渐向非物质生产领域扩展渗透的。由于云南省社会经济环境发展滞后的影响，体育产业的发展还处于较薄弱的初级阶段。因次，云南体育产业的发展，应先从发展体育产业的物质生产，即体育用品业着手。美国早期体育产业的发展就是以提供实物性体育产品为主，主要是为竞技体育和大众体育提供有关的体育实物用品，而此阶段所提供的体育服务产品比例却很小。即使在我国经济较为发达的东部省份浙江，目前仍然是以“体育用品业”为支柱产业。浙江省 2006 年体育用品制造业和体育用品销售业的产值比重就占全省体育产业总产值的 85.12%；而云南省 2006 年的体育产业结构中体育用品业的产值比重仅占 5.74%，显现出本省体育用品制造和销售业发展滞后的状况。

体育产业是为满足人们的体育消费需求而存在的。尽管它也向市场提供实物产品，但从体育产业的本质属性看，体育产业应主要是提供体育服务或劳务产品的经营活动的集合，其核心主要是向市场提供各种体育服务产品。因此体育健身服务和运动竞赛服务应该成为体育产业的主体产业。从体育产业增加值的构成比例看，云南体育产业的发展更多是依靠国有体育事业单位提供的体育管理与公共服务业及体育彩票业。而社会兴办体育健身服务业的构成比重却很小，说明云南体育产业发展中的社会化构成程度低。

从 2006 年云南体育产业增加值的区域分布结构看，云南体育产业的发展处于区域间的“非均衡”态势。仅思茅和昆明两地区就占据了全省体育产业增加值的 67.29%。整体上看，云南区域经济发展的不平衡，也导致了区域体育产业发展不平衡的状况。除思茅和文山地区较特殊外，经济发展水平较高的地区，其体育产业增加值及规模也相对较大。

4.3 体育产业投入产出效益不高

正如前面所述，“增加值率”是从总体上度量一个经济体投入产出效益的综合指标，也是一个经济体的增长质量指标，增加值率越高，说明单位投入中包含的新创造价值就越大。从云南省2001~2006年间的体育产业增加值情况看，一方面全省体育产业增加值率的普遍偏低，虽然2005年是此期间增加值最高的年份，但也仅达到32.04%；另一方面是体育产业增加值率的增长速度极为缓慢，从2001年的29.18%增加到2005年的32.04%，五年间只增加了3个百分点，且在2006年时又下降为29.50%。而北京市体育产业的增加值率，在2006年时就已达55.9%的程度，足足高出云南省23.86个百分点。

4.4 体育产业社会化、市场化程度不高

从体育产业经营单位所有制结构看，虽然云南省体育产业经营单位的构成已打破国家办体育的局面，呈现出一定的多元化体育产业投资主体格局，社会办体育的态势已开始显现出来。但其中国有体育事业单位的体育管理和公共服务所产生的增加值就占据了整个云南体育产业增加值的45%。如果再加上体育彩票业所创造的增加值比例33.6%，那么国有性质单位创造的体育产业增加值就占总数的78.6%，只有21.4%的体育产业增加值是社会企业所创造的。这些数据说明，云南体育产业的社会化、市场化程度还很低，尽管在经营单位所有制结构方面非国有制企业在数量上占优，但从各类企业单位所创造的体育产业增加值比重上看，仍然是靠国有体育事业单位的经营支撑为主。

另外，从云南体育产业经营单位的产业组织形式看，整个体育产业市场主体还不够成熟，体育产业经营单位按照现代企业制度进行经营管理和组织运作的水平不高，大多数体育经营企业仍处于较为低下、粗放的经营运作状况，市场竞争力较弱。

4.5 体育产业发展政策的支持力度不够

西方发达国家体育产业发展的经验表明，政策倾斜往往是一个新兴产业发展的必要助推剂。云南体育产业作为一个刚刚起步的“朝阳产业”，迫切需要通过产业政策倾斜支持，以加速体育市场的培育，加速体育产业的壮大发展，使体育产业成为云南国民经济发展的新增长点。尽管2004年云南省有关

部门制定并实施了《加快云南文化产业发展的实施意见》等若干文件，但由于我国的《国民经济行业分类》标准中，尚未将体育产业纳入“文化产业”领域，加之我国目前还没有对体育产业进行明确的分类界定等原因，在落实文化优惠政策和国家西部大开发政策的过程中，云南省的体育产业各经营实体均未享受到相关的优惠政策。

5. 云南体育产业的发展对策与思路

5.1 云南体育产业的发展目标

在“十一五”期间，要进一步建立和完善与云南国民经济发展相适应的、以市场为主导的体育产业经营管理体制和运行机制，逐步发展壮大云南体育产业。实现云南体育产业增加值以每年25%左右的速度快速增长，力争2010年体育产业增加值达到25亿，使体育产业对全省国民经济GDP的贡献率达0.25%，将体育产业培育成为国民经济新的增长点。大力推进体育产业的结构调整与质量提升。加快体育竞技观赏业和体育健身娱乐业的发展，使其在2010年对体育产业增加值贡献率达到30%。推进体育产业发展规模的同时，要不断促成体育产业从“粗放经营型”向“集约增长型”转变，实现体育产业增加值率达到40%的目标。

5.2 云南体育产业的发展思路

体育产业作为云南社会经济发展中的一个组成部分，它的发展受到经济社会大环境条件的制约。2006年云南省的国民经济得到了较快发展，全省的GDP以11.9%的速度增长，人均GDP也跨上1 000美元的新台阶，实现了云南经济发展的重大突破，为本省的体育产业发展提供了较好的经济环境。基于云南省国民经济的发展潜力、全省人均消费水平、城乡二元结构差异、区域的非均衡发展状况及体育产业发展的前期基础等条件，我们认为，云南体育产业的发展思路可概述为：以促进体育服务业发展为基础；扩大体育服务和体育用品业的经营规模，以高原体育训练业和体育旅游业为优势，以促进体育产业结构升级为核心；不断提高体育产业的市场规模和质量，以提升体育产业在国民经济中的地位，使之成为云南国民经济发展中新的增长点。要以体育服务业的快速发展（特别是体育健身娱乐服务）带动云南体育产业结构的优化升级为突破口，依靠体育产业的深化改革，走规模化、集约化的发展道路，最终推进云南体育产业向科学、健康、可持续的方向发展，为云南省经济社会的快速发展作出贡献。

5.2.1 区域体育产业发展模式——非均衡协调发展

非均衡协调发展指将有限的资金、技术、资源较集中地投入到具有区位优势的区域，以支持和带动各地区经济整体水平快速、持续的发展。同时各地区在总体上的发展保持着相对的协调互动，这是一种适度倾斜的非均衡区域经济发展战略。这种模式的关键在于体育产业“极化区”的选择、体育主导产业的选择及各行业优势互补的协调发展。

根据云南省经济社会、自然环境与体育资源禀赋等条件及体育产业发展的区域特点和体育产业结构特征，我们认为，云南体育产业的区域发展模式应采取以重点城市为“极化区”的非均衡协调发展方式，即以昆明、玉溪、红河、曲靖、思茅、大理、楚雄等城市为始发中心，政府在资源和政策上予以重点支持，同时使各城市体育产业发展的重点不同，注重发挥优势互补的协同作用。充分发挥“极化区”发展向周边地区所产生的“扩散效应”，带动周边地区体育产业的发展；并通过“极化区”各自主导产业的发展，推进各地区产生优势互补的效应，继而产生较好的产业增长与协调发展态势。

5.2.2 以竞技体育观赏业为核心行业的常规启动方式

美国经济学家赫尔曼利用外部经济学理论提出了“产业关联效应”理论，认为现代经济各部门间都存在前向、后向联系，并由这种联系形成一连串不均衡的链锁过程。在任何一个时期，各行业部门都存在相互作用的关系，经济发展是一个部门伴随另一个部门一系列不均衡发展所造成的结果。借鉴该理论的思想，我们将体育产业各行业之间的关联模式应用于云南体育产业发展的链式传导机制之中。

竞技体育观赏业作为体育产业行业结构关联的核心行业和“引擎行业”，具有拉动体育产业行业关联链式反应的龙头作用。该行业发展会刺激中间需求扩张（如运动训练服务业、职业体育、体育用品与设备制造业等），并会强有力地影响和强化人们的体育价值观念，促进体育健身娱乐和体育旅游等行业的发展，使行业间的关联效应放大，从而引起原有产业的结构变化与增长。美国与欧洲的许多体育产业发达国家都是采用这种方式来实现体育产业的行业结构变动和产业升级的。

云南作为一个地处祖国西南边陲的不发达省份，人均可支配收入水平较低下。但云南采用竞技体育作为核心行业或龙头行业的发展模式同样也能发挥较为有效的积极作用。例如1995年第五届全国少数民族传统体育运动会在云南的举行；云南红塔足球队、红河奔牛男子篮球队与红河女子排球队、红河雄风汽车俱乐部队、云南红围棋队都曾进入全国甲级俱乐部联赛的前几名；2003年西班牙皇家马德里足球队来昆训练、比赛及国际“七星”越野挑战赛在云南的五届比赛，都表明云南具有发展竞技体育观赏业的巨大潜在市场，对云南体育产业的发展也起到较大的拉动效应。

5.2.3 以“高原训练服务业”和“体育健身娱乐业”为发展重点

产业发展是一个产业部门伴随另一个产业部门一系列不均衡发展所造成的最终结果。为此，区域体育产业可持续发展的重点与产业间链式反应的启动方式是我们重点研讨的关键性问题。在此我们依据云南省体育产业的自然环境、社会环境与体育资源禀赋优势，提出符合云南实际的体育产业发展的行业重点和启动方式。

尽管“运动训练服务业”不像“运动竞赛服务业”那样影响大、产业关联效应强，能刺激各种体育产业链中间需求的有效扩张。但由于有特殊的自然资源禀赋和旅游大省的环境支持，云南已建设有海埂训练基地、红塔体育基地、呈贡体育训练基地，并经过多年的发展、完善，已成为国内外著名的高原体育训练基地。它们在区位条件、自然气候、建设规模、服务水平、品牌效应等方面已占据独特的优势。尤其是特殊的高原地理环境与气候条件，对耐久力有氧运动项目的训练有得天独厚的优势，使其具有极强的市场竞争能力和广阔的发展空间，同样也可通过非常规传导方式刺激其他相关行业的需求扩张，使行业间关联效应扩大，进而带动整个体育产业的发展。运动训练服务产业在云南体育产业增加值方面具有较大贡献，在体育产业中具有举足轻重的地位和作用。

同样，虽然体育健身娱乐产业对相关产业的拉动效应也不如体育竞赛观赏业，但在实际的区域体育产业关联结构变动中，它也能实现以非常规方式刺激其他产业部门的需求扩张。由于受云南社会经济发展较为滞后的影响，广大民众的收入水平和体育消费水平普遍偏低，从而会制约云南省体育产业的规模化、社会化发展的进程。

另外，据云南省体育局2006年所发布的数据，云南省目前的体育人口已达1 340万，占全省总人口数的35.23%。体育人口数的提高是我们推进全民健身活动、发展体育产业的重要社会基础。从社会生产结构变动趋势看，产业结构（产品结构）的发展是由消费结构决定的，社会需求结构的变动必然导致产业结构的变动[①]。在我国建设小康社会、推进全民健身计划活动及构建社会多元化体育服务体系的进程中，可通过大力发展面向大众的体育健身娱乐业，不断满足各类消费者的体育健身需求，努力扩大体育消费者群体和体育市场规模，以全面推进全社会体育事业与体育产业的协调发展。

5.2.4 依托旅游大省平台，着力打造体育旅游业

云南从20世纪90年代以来，旅游产业发展十分迅速，已成为云南经济社会发展中的重要支柱产业（旅游总收入已占全省GDP的10%以上），并也跻身为中国旅游大省的行列之中，如今云南旅游年接待海内外人数已达7 721.3万，旅游总收入已近500亿元人民币。旅游大省的特殊背景和巨大的市场环境为云南体育旅游业的发展提供了坚实的基础与广阔的市场。

为进一步发展壮大云南的旅游产业，云南省委、省政府在2004年提出了“云南旅游倍增计划”，即到2010年全省旅游总收入要在2003年的基础上翻一番，达到750亿元；2020年达到1500亿元。并指出，要达到这个目标，必须进一步开拓思路，拓宽旅游内涵，开发多元化的旅游产品，优化旅游产业结构；在巩固发展观光旅游产品基础上，要大力发展休闲度假、会展商务、康体科考等旅游产品。在此，省委、省政府十分看好康体旅游的发展前景，并将其列入云南旅游产业的新经济增长点。

云南的体育旅游发展具有独特的自然环境、社会人文环境、民族体育资源与探险娱乐运动资源等良好的条件。借此，云南可以开发高原景观实地科考、体育探险、康体休闲娱乐、民族体育风情体验、运动竞赛与训练及跨国境的漂流、登山、汽车自驾游等多种体育旅游产品，将云南打造成“体育旅游的胜地”与“户外运动的天堂”，形成云南旅游产业与体育产业的互动发展。

5.2.5 开发少数民族体育资源，为民族文化大省建设彰显光彩

建设民族文化大省是云南在21世纪中的三大发展战略目标之一，民族文化大省的建设已成为云南发展文化产业与体育产业的重要宏观背景。

中共云南省委在七届四次全委会上提出，要像抓烟草、抓旅游一样抓文化产业，把文化产业培育成新的经济增长点和新的支柱产业。近年来，云南文化产业凭借独特的民族文化与地域文化的资源优势，在体制与机制创新和

① 谭崇台：《发展经济学的新发展》，武汉大学出版社，1999。

发展运作上实现了重大突破，使云南文化产业发展走在全国的前面，堪称典范；“云南现象”也在全国文化产业界被屡屡提及，2005 年云南文化产业产值已占全省 GDP 的 5.29%。

云南省在4 000人以上的少数民族有 25 个，其中有 15 个民族为云南所独有。在全省少数民族中流传、开展的传统体育活动多达 380 多项，占《中华民族传统体育志》所列出的少数民族传统体育项目的 40% 以上，可谓之“少数民族体育资源大省”。这是一份极为珍贵的人类体育文化遗产，也是推进云南文化与体育产业发展的要素动力与资源禀赋。因此，应建立若干具有较大影响力的大型少数民族体育广场，举办有特色、有影响的“国际民族体育狂欢节”（该活动已被列入《云南文化产业“十一五”发展规划》）。西双版纳州和德宏州还每年举办“五国民族文化节”和“滇缅胞波体育文化节”，各地还利用彝族的“火把节”、藏族的“赛马节”、白族的“三月街”、苗族的“花山节”等各种少数民族传统节日开展丰富多彩的民族体育活动，既促进民族体育的国际国内交流，又促进少数民族体育产业的迅速发展。目前，云南将进一步组建少数民族体育展演团队，建立一批经营民族体育项目的大型公司，成立有关的中介组织、展演竞赛公司，体育商务咨询与策划公司，以更好地推进云南民族体育的社会化、市场化、国际化进程。

与此同时，云南还要稳步地拓展体育彩票市场，加强培育和发展体育中介市场，重视体育无形资产的经营开发与管理，积极扶持与开发体育用品业，加速有关的体育产业制度与法规建设，加强体育经营与管理人才的培养，为云南体育产业的壮大发展提供有利的条件。

5.3 云南体育产业发展的对策措施

5.3.1 制定和完善体育产业发展政策

云南社会经济发展不平衡，加之体育产业还处于发展的初步阶段，存在着因体育市场机制不成熟而引发的“市场失灵”现象，继而影响体育资源在市场中的有效配置和体育要素的合理流动。此外，有些体育产品（如体育公共服务、全民健身服务和运动竞赛服务中的很多产品）具有极强的社会公益性特征，不能仅靠市场机制来提供和保障。为此还必须靠政府这只“看得见的手”来发挥作用，通过制定与实施各种有效的体育产业发展政策协调好全省体育事业与体育产业发展的关系。不断推进云南省体育产业健康、稳定与可持续发展。

5.3.2　加速发达城市“极化区”的建立，以促使增长极的形成与发展

为充分发挥“非均衡协调发展”区域经济模式的作用，通过政府在资源与政策上的相对倾斜配置和自身优势的发挥，我们应加快建立以昆明、玉溪、红河、曲靖、思茅、大理、楚雄等城市为中心的“极化区”，以通过增长极乘数效应、剥夺效应、集聚效应、扩散效应等作用的发挥，最终实现区域体育产业的非均衡协调发展。

5.3.3　加速体育产业规模扩张，推进体育产业结构的调整与升级

由于云南体育产业正处于发展的起步阶段，社会经济基础薄弱，体育产业规模与质量较低。因此，体育产业规模的快速扩张是其发展的首要任务，并要在培育和扩大体育产业市场规模的过程中不断促进产业结构的调整与产业质量的提升。

5.3.4　加快培育中介组织，发展体育中介市场

市场中介组织是联结体育产品生产者与消费者的纽带，是体育产业发展中的关键要素。目前，市场中介组织建设的滞后也成为云南体育产业发展的瓶颈问题。因此，要加快体育中介市场的培育与发展，加速体育经纪人的培养和体育经纪公司的建立，为云南体育产业发展提供优质的服务与保障。

5.3.5　建立和完善体育产业投融资体系

投融资体系的建立与完善，是确保体育产业快速发展的重要途径。云南体育产业管理的行政主管部门应创建良好的投融资环境，尽量减少体育产业经营的进入壁垒，鼓励组建各种体育产业的基金组织和投资公司；形成多元化的产业投资格局，以促进云南体育产业的快速发展。

5.3.6　加强制度保障，促进体育产业的社会化、市场化发展

“制度提供了一种经济的刺激结构，随着结构的演进，它规划了经济朝着增长、停滞或衰退变化的方向①”。合理的制度安排可以有效地发挥市场配置资源、调节收入分配的效能。因此，要通过制定科学、有效的体育产业市场的管理制度，加强对体育市场的监管，以推进云南体育产业健康、有序地向社会化、市场化方向发展。

（执笔：饶　远　杨　钢　张云钢　田世昌　张予云　王万均　张　凯）

---

① 孙彦，李春玲：《论我国体育产业的现状、问题与对策》，《北京体育大学学报》，2004，27(2)。

附录：昆明市大众休闲文化消费调查报告

综合研究室

大众文化消费是指人们使用大众文化产品及服务以满足精神文化需求的活动，它与高雅文化消费一起构成了精神文化消费的整体。随着我国经济的发展，消费时代已经来临，大众文化消费也成为当今社会生活中最为活跃的一类文化，我们和它的各种表现形式有着亲密的接触。居民文化消费在总消费中的比例迅速增加，我国居民的文教娱乐支出近年开始超过了用品类的消费。一种以大众文化为中心的文化生产和消费机制已经形成，“大众”的文化消费取向在一定程度上支配大众文化的发展趋势。

“新时期”以来，中国社会发生了深刻的市场化转型，这种转型最为重要的文化表征就是文化市场化的趋势。20 世纪 90 年代以来，这种趋势就更加明显。首先，居民文化消费在总消费中的比例快速增加。我国居民的文教娱乐支出近年开始超过了用品类的消费，这也意味着过去往往由计划经济体制提供的文化娱乐逐渐转变为由个人自己通过消费市场获得。文化消费成为文化市场发展的巨大基础和条件，这当然也显示出以经济增长为背景的文化消费化的趋势，原来以生产为导向的文化开始转变为以消费为中心的文化，其次，文化市场的发展已经成熟。1978 年，广州东方宾馆率先开办音乐茶座，开启了文化市场化之门。此后，许多文化单位开始进行市场经营，实行了自负盈亏的企业化管理，开始尝试基础的文化体制改革。到了 1998 年，民营的文化产业机构总数就已经达到文化系统机构数的 2.7 倍，从业人员达到 1.5 倍，原有的各种文化机构也经历了深刻的市场化转型。但是中国文化市场的总体规模仍然太小，文化消费在居民消费性支出中的比例还不足 20%，而发达国家的文化消费一般占居民总消费的 30% 左右，文化消费的潜能和市场化环境下文化消费发展的空间仍然巨大，中国文化市场的发展还没有能够充分满足人们文化消费的需求。

在大众文化消费里，有个比较特殊的消费现象——休闲文化消费，近代和现代大工业社会的崛起，使闲暇时间增多成为必然。闲暇时间的增多是社会进步的标志，也是传承文化的一个载体，对闲暇时间的利用，已由如何“休息”转变为如何“休闲”。

中国虽然是一个发展中国家，距休闲时代还有一大段遥远的路，但是我们可以看到，随着社会生产力的迅速发展，我们的生活结构发生了明显的变化，中国自1995年5月起，开始了每周五天工作制，1999年又推行“五一”、“十一”、“春节”三个长假，现在已有法定假日144天，不包括日常生活中“八小时以外”的闲暇时间，这意味着中国人的1/3的时间是在闲暇中度过。“休闲”如今是中国人使用频率最高的词之一，诸如：休闲度假、休闲购物、休闲娱乐、休闲经济、休闲产业、休闲聚会和休闲文化等等，可以说在中国城乡的很多角落都可以发现这样的字眼。

显而易见，休闲在人们的生活和社会经济中居于越来越重要的地位。而休闲作为一个新的文化现象和经济现象正浮出社会的水面，并全面地影响着人的生活质量和行为方式，影响着整个社会的精神文明建设和思想道德建设，影响着以人为本的科学发展观，影响着社会的生产关系和产业结构，影响着整个文化政策、经济政策和社会建制，影响着领导决策层的战略选择和调整。

昆明是云南省省会，西南地区中心城市之一，国家历史文化名城，地处我国西南边陲、云贵高原中部。全市总面积21 111平方公里，辖5区1市8县，总人口578万，聚居着26个民族。冬无严寒，夏无酷暑，百花盛开，气候宜人，是著名的“春城”、“花城”。

改革开放以来，昆明经济始终保持快速和健康地发展态势，综合经济实力进入西部地区先进行列。经过多年的发展，形成了卷烟、机电、生物资源、信息、商贸旅游五大支柱产业。近年来，第三产业在国民经济中的比重日益增大，商贸、旅游、信息、现代服务业快速发展，对全市经济社会地发展起到了重要的带动和促进作用。美丽的自然风光、灿烂的历史古迹、绚丽的民族风情，使昆明跻身为全国十大旅游热点城市，首批进入中国优秀旅游城市行列，并且形成以昆明为中心，辐射全省，连接东南亚，集旅游、观光、度假、娱乐为一体的旅游体系，旅游业继续呈恢复性增长。2004年共接待海内外游客1 757.09万人次，比上年增长10.4%，其中国内游客1 707.76万人次，旅游收入126.61亿元，分别增长10.2%，16.1%；海外游客49.33万人次，旅游外汇收入13 073万美元，分别增长15.6%，15.4%。旅游总收入137.50亿元，增长16.1%。

特别值得一提的是，昆明市文化及相关产业近年来均呈快速发展态势，文化产业增加值2003年为32.96亿元，2004年为45.88亿元，2005年达到71.17亿元；文化产业增加值2005年比2003年增加38.21亿元，比2004年增加25.29亿元，明显高于GDP增长速度。昆明市文化产业增加值占全省比重由2003年的32.93%、2004年的34.22%上升到2005年的38.76%，占全省三分之一强；2005年，昆明市文化产业增加值占GDP比重的6.7%，高于全省1.41个百分点。

根据2003统计昆明市总人口为500.79万人，其中城镇人口为293.25万人，农村人口为207.54万人，2002年全国城镇居民人均可支配收入为7 702.08元，农村人均可支配收入为2 475.06元，昆明城镇居民人均可支配收入为7 380元，农民人均纯收入为2 411元，为基本点测算。到2020年，全国城镇居民人均可支配收入要达到20 000元，农村人均纯收入要达到8 000元，那么到2020年昆明城镇居民可支配收入应达到18 000元以上，而农民人均纯收入则应该在7 000元左右进行折算，那么到2010年城镇居民人均可支配收入应该达到14 460元，农民纯收入应达到5 470元。

按此推算，到2010年昆明市城镇居民可支配收入的总量应在608.562亿元左右，农民纯收入总量为149.723亿元。根据国际发展经验和凯恩斯收入与消费理论，人均可支配收入达到2 000美金时，用于文化消费的比例应在可支配收入的30%左右，而在1 000美金时，用于文化消费的比例大约在20%。以此推算，到2010年，昆明市城镇居民文化消费总量就应该在182.57亿元，农民用于文化消费的总量应该在29.95亿元，合计为211.52亿元，这将是一个巨大的大众休闲消费市场。

为了更好地推动云南省，特别是昆明市文化产业的发展，更好地了解昆明大众的文化休闲消费趋势，及时获取相关信息，为政府及其相关部门制定法规、政策提供决策依据，为更好地发展昆明的文化休闲产业，特别针对昆明市的珠宝玉石、民族民间工艺品、茶文化、时尚文化、演出演艺、农家乐、网吧、文化主题社区和花卉九个大众文化休闲消费市场进行调查。

1. 珠宝玉石

由于特殊的区位、资源、历史等原因，云南历史上就是中国与东南亚、南亚之间翡翠珠宝集散、加工和销售的重要核心区域之一。目前，云南已有大小珠宝企业6 000多家，从业人员达 30 多万，占全国总量的 10% 左右；年销售额在人民币 50 亿元以上，占全国总量的 5% 左右，珠宝业事实上已经成为占云南省年批发零售贸易业销售总额的 10% 左右的重要经济产业。近 10 年来，在云南旅游业快速发展地推动下，珠宝玉石已成为云南形象产品和重要旅游商品之一，珠宝玉石产业成为云南一大特色和优势产业。云南是沟通中国内地与东南亚、南亚及印度洋沿岸国家最为便捷的陆上通道，在我国与邻近各国人民交往的历史长河中，云南自然成为东南亚、南亚国家珠宝玉石的主要集散地，是东南亚各国宝玉石原料的传统贸易市场。明、清以来，缅甸翡翠、宝石原料都由云南转口发运，北上京城，东去苏州、上海，南下广东、香港。以至于相当长一段历史时间以来，西方人都习惯性地把翡翠叫做“云南玉”。中国珠宝市场上的宝玉石大多来自于与我国毗邻的东南亚、南亚地区。如翡翠全部来自缅甸，钻石来自非洲，红宝石、蓝宝石来自泰国、越南、缅甸、柬埔寨和斯里兰卡等国，东盟陆上五国（缅、泰、柬、老、越）是世界性宝玉石原料产区，产各种档次宝玉石 40 多种，这些原料的贸易、加工及转运销售，也大多通过云南的华侨、边民及商贩来完成。至今，云南由于特殊的区位优势，这种宝玉石集散功能仍在发挥着积极的作用。着眼未来，中国与东盟将在 10 年内建成自由贸易区，云南将成为中国内陆和东盟各国的贸易大通道和平台，云南这一独特的区位优势和集散功能将更为明显，也为云南大力发展珠宝产业带来了新的机遇。

因此，在未来 3 ~ 5 年内，对云南珠宝玉石产业加强政策和金融扶持，加大投入力度，积极调整生产结构，拓展生产规模，拓宽销售渠道，建立健全符合消费市场发展客观实际的产业化格局，跟上和适当超出全国增长的步伐，云南珠宝玉石产业有可能成长成为年产值过百亿元的重要经济产业。

昆明是云南省玉石工艺品生产、制作和交易、销售中心。在全省6 000多家大小企业中，大部分集中在昆明，或在昆明有其销售、交易部门。市场调查显示，在经营民族民间工艺品的店铺中，以经营玉石和珠宝的店铺数量最多，分布也最为集中。在昆明主要的几个花鸟市场中，经营玉石珠宝和玉石加工制品的店铺大大小小有近 700 家。此外，在昆明——石林旅游线、白塔路原地矿厅附近和各旅游景点、景区、商店、小区、宾馆、机场和车站还有上千家经营珠宝玉器的店铺。各店铺经营的规模普遍大小不一。有泰丽宫、七彩云南、百货大楼珠宝玉石、民族工艺商店等超大型珠宝玉器经营的店铺。而一般的店铺则在 15 ~ 30 平方米之间，商品均为中低档玉器，种类很多，主要包括项链、手链、戒指、吉祥挂件（节节高、佛、观音、貔貅、生肖、佛手、长命锁等）、手机坠、车坠、包坠等。玉石的原材料大都是缅甸玉，但加工的地点有较大不同。有的在昆明本地就有加工厂，有的直接从广州或福建购置成品再行出售。

从世界范围内来看，珠宝玉石的消费市场还处于比较低的阶段，人们“拥有”珠宝玉石的满足才刚刚开始，真正欣赏、收藏的人还非常少，中、高档饰品、收藏品的市场才开始启动。特别是东盟—中国自由贸易区的建设，更为云南珠宝玉石产业的发展提供了广阔的国际市场空间。用10~15年时间的努力，使云南珠宝玉石产业发展为年产值超过200亿元，从业人员超过100万人的云南省重要经济产业是完全可能实现的。

2. 民族民间工艺品

昆明是云南省最大的民族民间工艺品集散地，种类繁多，主要有版画重彩画、木雕木刻、扎染刺绣、民族服装服饰、金银铜器、民族乐器、陶制品、手工编制、仿古家具等。工艺品的销售遍及全城，主要集中在小龙四方街花鸟市场、新圆通古玩文化市场、真庆观文化广场、张官营花鸟市场、金马坊、景星花鸟市场、螺蛳湾批发市场、火车南站附近的批发市场以及昆明—石林旅游沿线和各旅游景点、景区。其中以景星花鸟市场、螺蛳湾批发市场、新圆通古玩文化广场和昆明—石林旅游沿线规模最大。

近年来，随着昆明城市的迅速发展，在很多新建的住宅区内，也出现了各种以家庭装饰为主体的民族工艺店铺。全市经营民族民间工艺品的铺面估计近4 000家，其中三分之二集中于这六七家大型批发零售交易市场内。工艺品是带动昆明及云南旅游发展的主要动力之一，其市场状况和消费水平也是反映昆明文化消费的重要因素。

2.1　民族工艺品的种类及基本现状

（1）民族服装服饰。云南以美丽的自然风光和多样的少数民族风情闻名遐迩，自然具有浓郁民族特色的服装及服饰也成了一大消费热点。销售民族服装和饰品的商店星罗棋布，分散于城市的各个角落，但以文化巷、翠湖环湖片区、各大宾馆周边和各花鸟市场最为集中。各式民族特色的上衣、背心、裤子、裙子等，色泽鲜艳，款式独特。还有很多女士围巾、披肩等，面料主要以棉、麻、羊绒等为主，也纷纷带有民族风格的韵味。部分商铺还专门出售来自印度和尼泊尔的各类服饰，以上衣和裙子为主，深受广大女性，特别是年轻白领女性和外国友人的欢迎。特别是在各大宾馆周边和花鸟市场的民族服饰店内，外地游客对服装上有手工刺绣，特别是扎染蜡染图案的特别感兴趣，而且购买数量很大，女士们基本上都买两三件，男士们在导购的建议下买回家给妻子做礼物的也不在少数。著名舞蹈家杨丽萍在云南省歌舞团旁边开了一家专门从事民族服装经营的商店“孔雀窝”，那里出售的服装全部由她的妹妹自行设计，款式独特、新颖，颜色鲜艳、浓重，很有特色。民族饰品的经营可以说是遍布全城，大到民族民间工艺品市场，小到每家经营各种饰品的小店，甚至是集中在各大高校附近的路边小摊，都可以看到各式各样、大大小小的民族饰品在出售。民族饰品的种类很多，如项链、手链、耳环、戒指等，材质也有所不同，有苗族、彝族喜爱的银饰品，也有浓郁藏族特色的绿松石、红松石，也有各种用水晶、玉石加工出来的。民族饰品的销售面如今已经非常广泛，特别是那些价位在 5～25 元，做工不是很精细，但因款式大方受到了广大女性的喜爱，特别是云集在高校周边的各种饰品小店，更是受到了女生的追捧。

（2）根雕木刻和木制挂件、工艺品。根雕木刻的工艺品多为大象、熊猫、猎鹰等动物形象，还有其他诸如首饰盒、笔筒、笔架、仙鹤、帆船、弥勒佛等，规格有大有小，价格从百元到千元以上各不相同。在消费群体中，大型的根雕木刻产品以单位购买居多，一般是政府、宾馆和大型企业用来作为房间的摆设。私人前来采购的多为外国人，多买一些体积不是很大，造型优美的，价格一般在 100～300 元之间的产品比较好销。其他的木刻挂件售价一般在 30～50 元左右，都深受广大游客和本地人的欢迎。

（3）扎染刺绣。包括民族布艺、绣片、绣花布鞋等，有蜡染的、扎染的和纯手工缝制的，造型多样，颜色绚丽。这些工艺品充分体现了云南多姿多彩的民族特色，各式民族布艺用途广泛，既可以当桌布，也可以挂在墙上做装饰，同时还可以当做头巾、围巾等；加上民族布艺和绣片携带方便，成为外地游客到昆明后的首选消费品之一，具有较高的收藏价值和馈赠价值。

（4）民族乐器。民族乐器以葫芦丝和萧、笛等为主，材质各不相同，价格在几十到千元不等，购买者多为游客。

（5）其他杂艺品。除了上述这些比较具有特色的民族工艺品外，昆明的各主要花鸟市场还经营了相当数量的其他工艺品，包括中国结、重彩皮画、铜器、石器、手工缝制的背包、少数民族木偶和鲜花制品等。

随着云南旅游文化大省的建设步伐，云南特有的带有浓厚少数民族特色的工艺品日益受到广大游客的喜爱，市场得到了前所未有的拓展，并且含有持续更好发展的巨大空间。必须进一步规范民族民间工艺品市场，使之更快更好地发展，将云南的民族民间工艺品推向全国和世界。

2.2 民族工艺品的总体经营及发展现状

随着社会的发展，人们对装饰品、服饰、配饰的选择已成为一种时尚化象征和个人品位的追求，这使得民族民间手工艺品不仅出现于农村和少数民族的服饰上，它也被“城市人”广泛作为家庭装修、装饰和个人衣饰的一种时尚选择。针对这种现象我们对昆明市民族民间工艺品批发市场和销售点做了一个具体的实地调查，并结合实地调查对昆明市民族工艺品的经营发展现状进行了整体分析和测算。

表1 工艺品批发市场基本情况

名称	销售点数量	商品类型	销售的：（平均值）元/天/间
螺蛳湾商品批发市场	106 间	骨制品、木制品、刺绣、民族画品、民族乐器、民族饰品	400 左右
云纺商业区	78 间	骨制品、木制品、刺绣、民族画品	300 左右
毛纺厂商品批发市场	34 间	刺绣、民族画品、民族乐器、民族饰品	200 左右
南窑商品批发市场	43 间	刺绣、民族画品、民族饰品	300 左右

资料来源：调查组实地调查

表2 昆明螺蛳湾商品批发市场简况

项目 分类	店面数量：间	日均销售额（商家提供的估算）	月均销售额（商家提供的估算）	年均销售额（商家提供的估算）
骨制品	23	0.04万元/间	1.2万元/间	14.4万元/间
木制品	19			
刺绣	34			
民族画品	8			
民族乐器	2			
民族饰品	26			
合计	106	4.24万元	127.2万元	1526.4万元

资料来源：调查组实地调查

表3 云纺商业区简况

项目 分类	店面数量：间	日均销售额（商家提供的估算）	月均销售额（商家提供的估算）	年均销售额（商家提供的估算）
骨制品	13	0.03万元/间	0.9万元/间	10.8万元/间
木制品	11			
刺绣	33			
民族画品	21			
合计	78	2.34万元	70.2万元	842.4万元

资料来源：调查组实地调查

表4 毛纺厂商品批发市场简况

项目 分类	店面数量：间	日均销售额（商家提供的估算）	月均销售额（商家提供的估算）	年均销售额（商家提供的估算）
骨制品	5	0.02万元/间34	0.6万元/间	7.2万元/间
木制品	3			
刺绣	17			
民族画品	9			
合计	34	0.68万元	20.4万元	244.8万元

资料来源：调查组实地调查

表 5　南窑商品批发市场简况

项目 / 分类	店面数量：间	日均销售额（商家提供的估算）	月均销售额（商家提供的估算）	年均销售额（商家提供的估算）
民族饰品	15	0.03 万元/间	0.9 万元/间	10.8 万元/间
刺绣	12			
民族画品	16			
合计	43	1.29 万元	38.7 万元	464.4 万元

资料来源：调查组实地调查

表 6　批发市场销售额统计　　（单位：万元）

项目 / 名称	日均销售额（商家提供的估算）	月均销售额（商家提供的估算）	年均销售额（商家提供的估算）
螺蛳湾商品批发市场	4.24	127.2	1526.4
云纺商业区	2.34	70.2	842.4
毛纺厂商品批发市场	0.68	20.4	244.8
南窑商品批发市场	1.29	38.7	464.4
合计	8.55	256.5	3 078

资料来源：调查组实地调查

通过对昆明市八个大型商品批发市场的抽样调查，我们可以推出昆明市约有 580 家民族民间工艺品批发单位①，它们主要经营：骨制品、木制品、刺绣、民族画品、民族乐器、民族饰品等民族民间工艺品；年销售情况约为 5 650.6万元。

另外通过对昆明市旅游景点、花鸟市场、时尚消费片区、各大宾馆酒店、机场、火车站、汽车站及石安公路沿线的民族民间手工艺品零售商店的抽样调查，我们可以估算出昆明市共有4 000家这类零售商店，其日均销售额也是在 0.03 万元/间左右，那么它们的年均销售额就应该是43 200万元/年。

综合批发商和零售商的情况，昆明民族民间手工艺品的年均销售总额应该在 4.63 亿元左右。

---

① 调查的四个批发市场有29 家，昆明有八个这样的大型批发市场，可推算出：（291 ÷4） ×8≈580 家。

在这里需要特别提到昆明石林风景旅游区的文化休闲消费状况：

石林位于云南省石林彝族自治县境内，西北距昆明78公里，是我国著名的风景胜地，被誉为“天下第一奇观”。随着昆（明）石（林）高速公路、曲（靖）石（林）一级公路和九（乡）石（林）阿（庐古洞）旅游专线的建成通车，为石林旅游业的发展带来了新的发展机遇，石林旅游业已成为石林县的主导产业，年均接待国内外旅客150万人次以上，旅游经济对地方财政的贡献率高达35%以上。

2005年，石林被列为全省加快文化产业发展试点县和昆明市文化产业发展重点县。2006年，石林文化产业增加值预计将占全县地区生产总值的7%。2006年石林接待游客数达210万人次，直接经济收入2.2亿元，综合收入6亿元。

为了了解国内外的游客在石林沿线的消费状况，更好地推动石林地区文化产业的发展，特别对石林沿线一些主要的游客购物区进行了抽样调查。

（1）七彩云南

从昆明到石林沿线有很多旅游购物店，而规模最大，品种最全，名气最大的就是“七彩云南”。“七彩云南”是昆明诺仕达企业（集团）有限公司下的旅游文化购物城，位于昆明石安公路12公里处，是集旅游观光、购物、餐饮、商品生产为一体的高档次综合性旅游接待企业。“七彩云南”园区总经营面积39 000平方米，园内设有翡翠珠宝商城、庆沣祥茶庄、怡心园大酒店、名药馆、土特产馆、工艺品馆、植物精油馆、七彩云南孔雀园八大经营场馆，主要经营“七彩云南”翡翠和“庆沣祥”茶叶两大品牌商品及67 000多种云南特色商品，是目前全国经营规模最大、经营档次最高的旅游购物中心。这里是昆明到石林旅游的必经之路，交通便利，环境幽雅，是都市人休闲购物和旅游购物的好去处。

据调查了解，“七彩云南”的消费者主要是省外的游客，以团队为主。游客流动量相当的大，每天到“七彩云南”的游客数量大约在四万到五万人左右，其中70%的游客会在“七彩云南”消费，游客们大都有一种到一个旅游地都会买一些当地的纪念品带回去送家人和朋友的心理，“七彩云南”大规模、高品质、多品种、有质量保证的购物环境正好满足大部分游客的购物心理，到“七彩云南”游客的人均消费在20到150元左右，最低消费5元，最高消费可达几十万元，现在“七彩云南”的产值大约在20亿左右。

调查中，还了解到“七彩云南”的员工的素质普遍偏高，具有大专学历的人员占到70%，大学本科学历的人员占到20%，“七彩云南”每三个月就会对员工进行产品知识、营销知识的培训。这样严谨、有计划的人力资源管理方法是“七彩云南”一直以来高速发展的有力保障。

（2）石林风景区周边的旅游购物店

石林风景区国家首批重点风景名胜区，是中国首批5A级景区，是中国首批地质公园，是世界首批地质公园。石林已成功申报世界自然遗产。

在调查中了解到石林为了申报世界自然遗产把曾经设在石林风景区内的旅游购物店全部搬到了石林风景区外，现在石林风景区内的旅游购物店只有五家，它们都是设在风景区大型宾馆和饭店里面。

通过对石林风景区周边旅游购物店的实地调查，对石林风景区小型的旅游购物店进行了分析。

石林风景区周边大约有小型旅游购物店50～60家，这些购物店面积在15～25平方米左右，装修大多没有特色，不同品种的工艺品拥挤的堆放在一起。产品主要以民族骨制品、木制品、刺绣、民族画品、民族乐器、民族饰品等民族民间工艺品为主，兼营玉石制品。产品从10元到4 000元不等，每店的日均人流量都不大，每天10到100人左右，消费者主要是省外的游客，以散客为主。团队游客基本不在石林风景区周边购物，他们由导游带到昆石公路上的一些大型的购物店购物，像“七彩云南”、国瑞珠宝等大型旅游购物店，这些小购物店的生意在大企业的垄断和激烈的竞争下，显得有些无奈，加上这些小店的经营者管理意识不强，竞争不规范，没有统一有序的管理体制来管理购物店，因此这些购物店大都陷入一个进退两难的境地。

现在，石林将建一个占地200亩，云南省最大的民族民间工艺品交易中心，这个中心将成为带动全省民族民间工艺品发展壮大，上规模、上档次、创名牌的龙头企业，也可以带动石林这些小购物店的管理走向规范化，同时也可以更好地推动石林文化产业的发展。

3. 茶文化

随着人们对天然、绿色食品消费的追求升温，茶叶消费呈现出逐年增长的趋势。目前，云南省茶园面积和茶叶产量分别居中国第一位和第三位，茶叶产业已成为我省农村经济发展的重点产业之一。在云南省129个县（市、区）中就有110多个生产茶叶。全省从事茶叶生产经营的总人口达1 100多万人，其中茶农600多万，是目前云南经济作物中涉及人口最多的产业之一。云南省去年茶叶种植面积达297万亩，茶叶总产量11.6万吨，农民的茶叶产业纯收入增加了5.6亿元人民币，茶农人均增收93元。茶叶出口创汇1 738万美元，在农产品中仅次于烟草、食用菌和蔬菜。据相关部门预计，今年茶叶产量可达12.5万吨左右，茶叶总产值将达88亿元左右，其中农业产值31亿元。

随着茶叶产业的发展，云南茶叶生产格局也发生了变化：高产优质茶园面积大幅增加，无性系良种茶园面积达82.9万亩；去年普洱茶总产量达5.2万吨，已超过绿茶和红茶的产量，位居第一；茶叶加工企业开始进行大幅度技术改造，下关沱茶集团、龙生集团、龙润集团、勐库茶叶有限公司等一批重点企业首批通过了国家食品生产企业QS认证，产品质量大幅度提升。此外，还有55家企业和近100个产品通过有机食品、绿色食品和无公害食品认证；茶叶龙头企业带动能力增强，全省已有年加工能力在15万吨以上的茶叶初制厂4 500多个，年加工能力近10万吨的茶叶精制厂500多个。

特别值得一提的是，由于普洱茶具有的降脂减肥和降血压等保健功能越来越被人们所认知，带动了普洱茶产品的热销。在市场作用的推动下，普洱茶的规模、产量、产值和利润均取得了快速发展。2005年云南茶叶批发市场五万多吨的年成交量中，普洱茶占了80%。在云南省茶叶批发市场、康乐茶叶市场、前卫茶叶市场、即将竣工的西苑茶城昆明四大茶城中，经营普洱茶的商家也占到了商铺总数的80%。同时，勐海茶厂、下关坨茶、滇红集团、龙生集团、大渡岗茶厂、王霞茶厂、银生茶业、勐库茶厂、易武茶厂等一批以普洱茶为主打产品的云南知名茶企，前后占据了各大市场的重要一席，改变了茶叶市场的产业结构，普洱茶成了搞活茶叶市场的"金手指"。

随着云南各大茶叶的健全和兴盛，全国各地到云南采购茶叶十分活跃，在云南茶叶市场的年交易量中，销往省外占了70%；在康乐茶叶交易中心的成交金额中，省外市场和省内市场所占比例为1∶1。

为此，省政府特别出台公布《云南省人民政府关于加快茶叶产业发展的意见》，确定了云南茶叶产业发展的目标，即进一步完善云南茶叶产业体系，提高行业整体竞争力和经济效益，把"云茶"培育成我省继"云烟"、"云药"、"云花"之后的又一重要品牌，成为全国乃至世界具有较大影响力的知名产业，成为促进农民增收、财政增长的新增长点和推进经济发展的重要力量。到2007年，全省茶园面积保持在300万亩左右，茶叶采摘面积260万亩，无性系良种茶园面积100万亩，茶叶产量13万吨，出口创汇760万美元，产值达70亿元，其中茶叶一产业产值30亿元，二、三产业产值40亿元。到2010年，茶叶采摘面积280万亩，无性系良种茶园面积150万亩，茶叶产量15万吨，出口创汇1亿美元，产值超过100亿元。

云南茶叶市场的巨大发展，也同时带动了全云南省，特别是省会城市昆明的茶文化发展。据统计，昆明目前有大大小小茶馆、茶楼近2 000家。大型茶叶批发市场六个，分别为金实小区茶叶批发市场（800～1 000家），其余五家批发市场约600家，包括前卫茶叶批发市场、康乐茶叶批发市场、春江茶叶批发市场、菊花茶叶批发市场、西山区茶叶批发市场等，其中金实小区茶叶批发市场已经拓展出二期、三期工程。为了更好地了解昆明目前的茶叶市场和茶文化消费状况，特针对文林街—北门街—青云街—翠湖片区、北市区张官营—金康园——金实片区和金实—北辰片区和几大茶叶批发市场进行了调查。

3.1 茶馆和茶楼

（1）文林街—北门街—青云街—翠湖片区（近200家）

文化巷—文林街—北门街—青云街—翠湖一带是昆明较有特色的区域，一定程度上可以被视为昆明主要的娱乐休闲场所集散地之一，这里不仅汇集了各式各样的特色餐厅、酒吧、咖啡馆，而且囊括了较为出名的各式茶楼和茶馆。据调查统计，该片区有各式茶馆、茶楼近200家，茶叶销售点也有10多家。这些店铺装修风格各异，经营规模有大有小。在近200家的茶馆茶楼中，经营面积较大的茶楼占了总数的1/3左右，有些茶楼的面积甚至在100～500平方米之间，其他较小的茶馆则在几平方米到几十平方米不等。

各茶楼的主要经营内容为茶，包括泡茶表演、茶叶展示和茶水提供。茶叶主要有普洱茶、碧螺春、铁观音、各类花茶等，大都以普洱茶为主，普洱茶中比较容易经营的是熟茶。有些茶楼的经营带有混合特色，即部分茶楼同时附带出售茶叶，部分茶楼在经营上与餐饮相结合。这些茶楼几乎都提供棋牌和麻将等娱乐用具，有的还附带经营如啤酒、红酒，以及水果果盘和爆米花、坚果等其他食品。由于翠湖得天独厚的美丽景色和休闲安逸的悠闲氛围，依湖而建的各式茶楼生意非常好，特别是几家装修精美、环境幽雅的大型茶楼，如“翠湖会馆”、“普洱茶苑”、“吉人茶楼”、“赖着不走”等，更是昆明人亲朋聚会、商务洽谈的首选之地。

（2）北市区张官营—金康园—金实片区和金实—北辰片区（近300家）

北市区是近些年来随着昆明城市建设和城市拓展而新发展的区域，根据《昆明主城北市区规划概要》，昆明主城北市区方圆52平方公里将建成以文化教育、商务活动、居住为主，无污染第二产业为辅的城市副中心。在这里，云集了昆明各个较为有档次的住宅小区，包括金实小区、金康园、凤凰城、华龙人家、春之城等，同时，还将根据《规划概要》在这里依次建盖文化行政广场、中心公园以及体育中心、云南大剧院、云南省科技宫、云南省博物馆、聂耳音乐厅等五大建筑。随着北市区的逐年建设和发展，目前已经形成了张官营—金康园—金实片区和金实—北辰片区两大茶叶经营集中区域，这两大区域内较为集中地分布着大大小小的各式茶楼，另外还有许多茶楼和茶馆零散分布在各住宅小区的周围，茶馆总数在300家左右。这两大片区的茶馆和茶楼的服务对象基本上是附近住宅小区的居民。其中经营规模较大、装修较有档次的茶楼也是昆明白领阶层、企业事业单位及其人员、自由职业者和商务人士常常光临的地方。这些茶楼的经营内容也是品茶、茶叶展销、麻将、棋牌、小食品、酒类等。随着近年来普洱茶热，大多数茶楼都选择了普洱茶作为主要的经营内容。

3.2 茶叶批发市场

昆明的茶叶市场在近两三年的时间里迅速地膨胀起来，普洱茶的店铺林立于昆明的大街小巷，批发市场由过去的金实一、二期发展到现在的前卫、康乐、雄达、菊花园等五家，各占据着昆明各方位的黄金要地，大有一分天下的架势。

2000年8月8日，云南茶叶批发市场即金实茶叶市场一期工程（又称云南茶叶市场—期）在昆明市金星立交桥旁的金实小区南门隆重开业，使云南告别在产茶大省的中心城市昆明没有专业茶叶批发市场的历史。这个茶叶批发市场有企业900多家，店铺1 200多个。金实茶叶市场位于昆明市北二环路小庄村金实小区南门。该地段地处昆明市郊接合部，是昆明北市区的中心地带，有通往滇东北及全国各地的交通枢纽。加上这里是省、市二级政府开发的重点小区，小区人口数达40~60万，且市场周围已建起金星小区、金实小区、金康小区、北辰小区、江东花园、省市政府小区等20多个小区，市场到飞机场、火车站、世博园分别只有5至15分钟的车程，交通十分方便。地理位置的优越，吸引了全省和全国众多的茶叶商家来这里设点。2001年先后在市场举办了中国云南首届春茶交易会、第二届茶叶交易会和万人品茶活动，提高了茶叶市场的知名度，市场客商云集，省内外茶叶商家纷纷要求来市场设点。投资近亿元人民币，年交易茶叶达5万吨，成交金额达10亿元人民币的全国大型茶叶市场之一。

2004年开始建设的康乐茶叶交易中心，入驻商家中不仅有云南各地的知名茶厂、茶商，还有来自韩国和中国香港、中国台湾的茶商，共有400多家企业，380多个店铺。这些批发市场的建成，不仅把福建安溪铁观音、浙江龙井、汕头凤凰单枞、台湾高山茶等名茶引进云南，更为云南本土茶叶特别是普洱茶开拓了一片崭新的天地。

前卫茶叶批发市场占地面积40余亩，建设规模较大。共有企业和店铺共200多家。其与北市区的茶叶市场在规模上相差无多，但具自身特点：每户客商都是一楼门店二楼品茶，交易区银行、工商、税务坐地办公，提供“一条龙”服务。据报道，这家茶叶交易市场是由广东、福建及云南省的客商自己选址、规划、设计的。出资方是云南福联实业有限公司。市场内多数为外地客商，南来北往的人流中，展示云茶品牌，也是本土茶商的愿望。南市区再兴茶叶交易市场，被业界认为是“云茶”外销的集约化体现。

另外，塘子巷茶叶市场有店铺70多家，新建成的西苑茶叶批发市场目前正在招商中。东菊茶叶批发市场有110多家店铺。

综上，整个昆明茶叶市场发展潜力巨大不容置疑，但目前的问题是，市场上缺乏茶叶的行业准则和茶叶质量的鉴定机构，茶叶的价格非常混乱。市场的健康发展还需要政府、企业等各方面人员的共同参与，在茶文化的开发中，更应该使茶文化成为茶叶销售的重要内涵，增加茶文化在茶叶价值的价值量比重。这样，昆明的茶文化消费才真正的成为文化产业的重要内容。

3.3 消费情况

（1）茶楼经营状况

据调研了解，一个在20～50平方米左右的小型茶馆，月纯利润可在在1 500～2 000元；面积在50～150平方米左右的中等规模的茶馆，每个月的纯利润可在3 000元以上，150平方米以上的规模较大的茶馆其月纯利可达万元以上。

（2）人均消费水平

根据调查统计，昆明人到各茶楼喝茶，附带棋牌、麻将等娱乐项目，人均消费价格在30～40元，如果是商务会谈或较大型的公务聚会，人均消费价格在80～100元。目前昆明各茶楼推出的普洱茶平均价格在68～88元/壶，部分品质较好、档次较高的普洱茶每壶的售价分别为680元、880元和980元。另据调查，目前昆明茶楼市场上最好的普洱茶售价已经达到了1 800元/泡。

3.4　茶产业带动的相关产业

云南省茶产业的巨大发展，同时也带动了相关产业的迅速扩大，茶产业的附加值日渐升高。

（1）茶具

无论是昆明的各大茶叶批发市场，还是零星分布在城市各处的茶叶销售点，几乎所有的商家在经营茶叶的同时选择了茶具作为附带经营项目。特别是自普洱茶销售升温以来，专门为冲泡普洱茶而生产的各式茶具迎来了巨大的市场空间。包括茶杯、茶盘、紫砂壶等在内的各式茶具都受到了广大消费者的欢迎。随着价值的不断增加，普洱茶和各式茶具也日渐成为政府、公司、企业和个人主要选择的收藏对象和馈赠佳品。

（2）包装和广告

随着云南茶产业销量的不断上升和外销比例不断增大，茶叶商品包装和广告宣传也日渐突显其重要性。好的包装不仅仅是为了保持茶叶原有的内在品质，同时也负有宣传和促进销售的重任。由此，也带动了包装产业的不断发展。如何在包装过程中做到既突显茶叶含蓄、优雅的文化内涵，又突破传统模式吸引消费者的关注显得尤为重要。

另外，根据包装的材料、包装容器形状和装饰要求灵活运用茶叶广告，这是拓宽茶叶销路、提高批发特别是零售茶叶销售率的行之有效的方法。由此，广告业也在茶产业的发展中获益匪浅。除了常见的电视、电台、报纸、杂志等传统广告媒介外，互联网已经越来越成为众多茶商的首要选择。互联网作为互动的媒体，已经逐渐成为城市中青年的主流媒体，网络广告越来越广泛地被他们所认同。网络广告针对性强，在茶叶广告方面表现更为明显。根据东方茶网的统计，浏览该茶叶网站中有83%的人是寻找买卖信息，用户构成年龄在23～34岁间的占56%，35～44岁间的占23%。互联网将会成为重要的广告媒介之一。

（3）装修装潢

茶楼和茶叶市场经营的成败，除了茶叶质量的好坏、服务水平的高低外，还取决于一个非常重要的因素，那就是店铺的装修情况，这一点对于茶楼和茶馆来说显得至关重要。在昆明，两类装修风格比较受到大众的欢迎：一种是传统的中式风格，通常带有木质的门窗和桌椅，大厅摆放有极富诗情画意的假山流水造型，墙壁上挂有装裱精美的字画，配上古典悠扬的轻音乐，营造出一副古色古香的幽雅环境。另一种就是所谓的休闲风格，没有固定的装修模式，重在突出店家的个人特色，但必须给人以宽敞、明亮、轻松和愉悦的内心体验。为了能够达到理想的视觉效果，吸引消费者，很多商家在准备经营前都聘请了专门的室内设计师来为自己的茶楼量身打造，这也在一定程度上推动了昆明市内装潢设计行业的发展。

（4）就业

昆明各处茶楼的兴起在很大程度上还解决了一部分人的就业问题。以翠湖旁边规模较大的"普洱茶苑"和"吉人茶楼"为例，营业面积在 200 ~ 500 平方米之间，服务生人数在 10 ~ 15 人左右，同时还有专门的茶艺表演人员、代客泊车人员和迎宾礼仪。部分经营规模较小的茶馆，服务人员也在 2 ~ 3 人左右。照此，如果按照平均每家茶楼的服务人员为 4 ~ 5 人计算，昆明全城近 2 000家茶馆便可提供近8 000 ~ 10 000个就业岗位。另外，国家劳动部早在 1999 年就已经正式将"茶艺师"列入《中华人民共和国职业分类大典》1 800 种职业之一，并制定了《茶艺师国家职业标准》，国家质检部门已经于 2005 年开始对茶业企业进行 QS 认证，茶叶企业、茶艺馆、茶叶店配备茶艺师将成为行业标准强制推行。但是目前，不少从业人员不懂行，不了解茶文化，不会鉴别优劣，不懂得冲泡技巧，从而影响行业的服务质量，这与昆明经济、文化的加速发展极不相称。据不完全统计，金星小区云南省茶叶市场、康乐茶叶市场、前卫茶叶批发市场这三大专业茶叶批发市场共有1 200余个店铺，有茶艺师的还不到 10%。2010 年，云南要建成亚太地区茶叶强省，届时预计需要近 10 万名茶艺专业人才，但现在，云南只有 1 万名左右的茶艺专业人才，茶艺师缺口高达 98%。随着茶叶消费市场容量的不断扩大，经过正规培训的茶艺专业人才非常抢手，在就业市场中已成为一个新兴、时尚而热门的职业。

（5）相关食品

所有的茶楼茶馆基本上都提供诸如果盘、花生、瓜子、泡米花等小食品，部分还附带经营酒类。这些都还是拥有巨大的市场空间。经营茶楼的商家在获得较高利润的同时，也在一定程度上促进了水果和食品市场的发展。

根据对昆明文化消费市场的不同档次和消费水平的调查，昆明近2 000家大大小小的茶楼，茶馆每年其纯利润约 1.2 亿，茶馆的利润一般在 60%，按此计算，其营业额近 2 个亿。此计算尚不包括茶楼带动的相应装修、茶具、小食品、包装广告等相关行业的收入，也不包括昆明大大小小宾馆、饭店、娱乐场所中的茶消费。如果将其产业延伸的行业门类综合估算的话，昆明茶文化消费产值近 10 个亿，涉及从业人员近 6 万。

4. 时尚文化消费

随着人们物质生活水平的提高，人们不再只满足于吃得饱、穿得暖，他们追求一种更高的精神消费——文化消费，这使得文化消费成为必然趋势。而时尚消费作为文化消费中最有代表意义的一类更是蓬勃发展。

昆明市作为云南省政治、经济、文化的中心由于收入水平较高，人们对文化消费、时尚消费的追求更为明显。下面把昆明市 KTV 、演艺吧、迪厅及浴场保健，就装修情况、消费层次、消费对象等方面做一个基本的调查。

据不完全统计昆明市有各类 KTV 消费场所 250 家。大致可分为五大片区：昆都商城片区、金马坊片区、翠湖片区、白塔路及北部片区、滇池及西部片区。（表7）

表 7 昆明市 KTV 基本情况

名称	地址	装修情况	人均消费	消费对象
好乐迪昆都店	新闻路 79 号	中高	80～150 元	18～45 岁
阳光天堂休闲 KTV 娱乐吧	东风西路 139 号 云南饭店四楼	中档	50～120 元	18～45 岁
好乐迪 KTV 量贩	同仁街	中高档	80～150 元	18～50 岁
新势力 KTV	人民中路 168 号	中档	50～100 元	18～45 岁
金马碧鸡广场 KTV	金马碧鸡广场	中档	50～100 元	18～45 岁
万家灯火	金马碧鸡广场	中高档	80～150 元	18～45 岁
山石久渡吧	宝善街宝善大酒店 4 楼	中档	50～100 元	18～45 岁
钻石年代	华山西路	高档	150～200 元	35～50 岁

续 表

名称	地址	装修情况	人均消费	消费对象
花样年华商务娱乐会所	关上	高档	150~200元	35~50岁
温莎KTV白塔店	白塔路392号	中高档	80~150元	18~45岁
北大门金玉满堂KTV	北大门美食城东门	中档	50~100元	18~45岁
尊龙娱乐城	东风东路延长线235号	高档	180~250元	35~50岁
金色概念KTV量贩	北京路延长线1083号（凤凰城对面）	高档	100~180元	20~50岁
钱柜KTV量贩	白云路	中档	50~100元	18~45岁
万紫千红KTV平价超市	白云路	中档	50~100元	18~45岁
星光灿烂KTV娱乐广场	北京路延长线	中档	50~100元	18~45岁
音乐之窗KTV	穿金路	中档	50~100元	18~45岁
水艺天下视听歌城	白云路539号	中高档	80~150元	18~45岁
星月明珠KTV	万华路	中档	50~100元	18~45岁
桃花盛开KTV量贩	北京路火车北站旁	档	50~100元	18~45岁
游龙KTV平价超市	北站穿金路	高档	150~180元	35~50岁
温莎KTV西华店	西园路工商大厦三楼	中高档	50~90元	18~45岁
温莎KTV武成店	人民中路丰宁店	中高档	50~90元	18~45岁
温莎KTV丰宁店	丰宁小区网球场综合楼	中高档	50~90元	18~45岁
金州湾KTV	北晨凤凰城路口	高档	150~200元	30~45岁
另外还有分布在昆明市3星级以上宾馆、酒店中的171家KTV消费场所。				

资料来源：调查组实地调查

由此我们可以看出昆明的KTV消费场所主要分为两大类，第一类以KTV为主营项目；第二类KTV则是辅助性消费场所。第一类消费场所其消费对象主要集中在18~45岁，并以激情消费为主即同学、朋友、生日聚会等，这类消费场所多集中在交通便利、人群密集、或是娱乐场所较集中的地段，且有醒目的店面，加之消费定位较为大众化，这就保证了他们有足够的消费人群。

而第二类 KTV 是在星级宾馆、酒店，虽然环境较好、消费也不算太高，但由于它们没有醒目的店面，而且位于宾馆、酒店中让人产生高消费的感觉，所以其经营状况明显不如第一类。

从昆明演艺吧的分布情况看（表 8），大致可分为几个消费区域，金马碧鸡片区、昆都商城片区、白塔路片区、翠湖片区等。而位于昆明市中心的金马碧鸡片区、昆都片区成为昆明市演艺行业最为集中和红火的两个消费区域，它们地理位置优越、交通便利、消费人群集中；其演出内容大都以歌舞表演、小品、简单的杂技作为主打节目，中间穿插与观众的互动节目类似抽奖和飞镖等；消费对象和消费水平的定位它们是以 16～35 岁的年轻人为主，这类消费对象得选择主要原因是这类人比较能接受新兴的事物、有较为固定的经济收入，加之其人均消费定位在 50～150 元，使得许多年龄较小、没有固定经济收入的人也能加入到这样的消费人群中。

表 8　昆明市演艺吧基本情况

名称	地址	装修情况	消费对象	人均消费
天籁村娱乐城	新闻路 106 号	中高档	16～35 岁	50～150 元
昆明波仕芭娱乐城	白塔路延长线 420 号	中高档	16～35 岁	50～150 元
第五元素 Disco 炫舞吧	金马碧鸡商城内	中档	16～35 岁	50～150 元
7 米 9 酒吧	金马碧鸡商场内	中档	16～35 岁	50～150 元
沙漠玫瑰酒吧	白云路 525 号	中档	16～35 岁	50～150 元
东方公主	拓东路 72 号	中档	18～40 岁	100～150 元
都市玫瑰	翠湖西路讲武堂旁	中高档	18～40 岁	100～150 元
大地王朝商务娱乐会所	高新开发区科医路 50 号	高档	30～45 岁	500～1000 元
高美高舞吧	金马碧鸡坊	中档	16～35 岁	50～150 元
CD 酒吧	金马碧鸡商城内	高档	16～35 岁	50～150 元
八点半	宝善大酒店	中高档	18～35 岁	50～150 元
饮相恋	昆都内	中低档	16～35 岁	50～150 元
天恒大酒店	青年路	高档	25～45 岁	150～250 元
昆明新兰花歌剧城	国防路 81	中高档	25～45 岁	100～200 元
红馆会	小西门南疆宾馆右侧	高档	30～45 岁	800～2000 元

资料来源：调查组实地调查

位于高新技术开发区的大地王朝商务娱乐会所和为于小西门的红馆会，它们的消费对象则是 30～45 岁的人群，在这两个高档娱乐场所的消费人群中，绝大多数的是从事商业，而他们选择这样的消费场所其目的是为了谈业务。

迪厅作为时尚消费的一个环节，有着较强的代表性。

从昆明主要的七家迪厅开设位置我们不难看出，它们还是集中在交通较为方便的市中心昆都商城周围，其主要消费对象仍是 18～35 岁的年轻人，人均消费水平处于 80～150 元，也属于大众消费型经济。(表 9)

表 9　昆明市迪厅基本情况

名称	地址	装修情况	消费对象	人均消费
芭比	昆都商城内	高档	18～35 岁	80～150 元
天籁村慢摇吧	昆都商城内	高档	18～35 岁	80～150 元
TOP ONE 慢摇吧	昆都商城内	高档	18～35 岁	80～150 元
PINK 慢摇吧	昆都商城内	高档	18～35 岁	80～150 元
眼镜蛇 disco	白塔路延长线 376 号	中高档	18～35 岁	30～80 元
夜访高跟鞋慢摇吧	国防路昆都商城外	高档	18～35 岁	80～150 元
火鸟	昆都商城内	中档	16～35 岁	50～100 元

资料来源：调查组实地调查

白塔路的眼镜蛇 Disco 消费定位较低，首先是因为白塔路附近没有较为高档的居民区，有的只是栗树头、东庄村、东华小区这样的早期的居民区，所以大部分消费者是昆明理工大学的学生和那一片区的居民；其次，眼镜蛇 Disco 的外环境较差，晚上占道情况严重，给消费人群极坏的印象，所以，任何地方的消费定位大致可由消费人群、环境等多种因素决定。

随着生活节奏地加快、生活水平的提高，在家沐浴已经不能缓解人们的紧张情绪和疲劳的身心，洗浴场所内的按摩浴缸、保健按摩、针灸推拿等服务为这些人提供了最大限度的放松。

滇池路作为洗浴场所较为集中的地段，其原因有二，第一是滇池路片区高档住宅较多，居民有较高的消费能力；第二是该地段较为开阔，每个洗浴场所都有较大的停车场，有车一族提供了方便，他们可以携家人一起前往，这一点我们从消费对象可以看出。

还值得一提的是，调查组通过解了它们的经营状况得知，中档、中高档洗浴场所的经营状况明显不如高档洗浴场所，这一点反映了人们的消费方式已由感受型消费转向享受型消费。人们不再是去感受洗浴给他们带来的轻松，而是去享受高级洗浴场所的服务及安逸。（表 10）

表 10 昆明市中高档浴场保健场所（部分）消费情况

名称	地址	装修情况	消费对象	人均消费
水艺天下	白云路	中高档	5～60 岁	798～478 元
碧海云天	白云路	中高档	5～60 岁	98～358 元
日新浴场	穿金路	中档	5～60 岁	98～580 元
滇池春天	滇池路后段	高档	5～60 岁	198～798 元
格琳美洗浴广场	官房大酒店对面	中高档	5～60 岁	98～450 元
金色池塘	滇池路中段	中高档	5～60 岁	28～258 元
阿波罗康体中心	滇池路口	中档	5～60 岁	50～188 元
方舟富士	滇池路口	中档	5～60 岁	98～378 元
正和洗浴广场	滇池路口	中高档	5～60 岁	98～480 元
金兰水榭	北辰中路	中高档	5～60 岁	60～300 元
金州湾	北京路延长线	中高档	5～60 岁	98～480 元
橄榄树	东站菊花村	中高档	5～60 岁	98～480 元
南亚风情园	滇池路中段	中高档	5～60 岁	88～458 元
康怡酒店	滇池路后段	中高档	5～60 岁	98～588 元
另外还有分布在昆明市 3 星级以上宾馆、酒店中的 171 家浴场保健场所。				

资料来源：调查组实地调查

根据对昆明都市时尚消费主要聚居区和不同档次的消费水平，结合昆明市文化消费的水平、消费群体的数量以及每年进入昆明的旅游人次、旅游消费的种类和标准进行测算，每年昆明市主城区的大众时尚消费大约在 8.8 亿左右。

5. 演出演艺消费

演出演艺业作为文化消费的一个环节，它的现状和发展如何？调查组就昆明市的演出演艺业做了抽样调查。（表 11）

表 11　昆明演出场地消费状况

调查地点	最低消费	主要消费群体	演出场次	场馆容量	上座率
天恒歌剧城	88 元/人	18～35 岁	1 场/天	500 人	35%
新兰花歌剧城	78 元/人	18～35 岁	1 场/天	800～900 人	15%～20%
世博吉鑫园	120 元/人	25～50 岁	1 场/天	1 000人	40%～70%
福天保地	120 元/人	25～50 岁	1 场/天	800 人	40%～60%

数据来源：调查组实地调查。

从上面的数据我们可以看出，昆明的演出演艺业大致可分为两类：

一类是以天恒歌剧城、新兰花歌剧城为代表的酒吧性质的演出演艺场所。演员多是零星的本土或外地艺人；文化消费品多为模仿明星的歌、舞、单口相声、小品等一些无主题的娱乐性节目，上座率不看好。

另一类是以世博吉鑫园、福天保地为代表的歌舞伴餐表演场所。演员都是自行培养的演出团队；文化消费品为反映民族文化、古滇文化的节目，上座率较好。

对比两个类型的演出演艺场所我们不难发现，大众对文化消费品的选择正由追求娱乐型向了解和品味文化型过渡。同样文化消费品的定位和消费对象的选择也是至关重要的，天恒歌剧城、新兰花歌剧城将其文化消费品定位在较为世俗化，这也就决定了其消费对象基本上是本地的年轻人和在酒店入住的散客，而年轻人追求新鲜事物的特性决定了他们不可能每天面对着同样的文化消费品。世博吉鑫园、福天保地由于其文化消费品具有较为浓郁的民族特色和独特的历史背景，消费对象定位除了本地消费者以外，很大一部分是省外甚至是国外的消费人群。另外，政府部门在迎接外来访问团体，并向到访者简要介绍基本的云南民族文化和古滇文化的同时，一部分也就成了它们的“常客”和“买单者”。

然而如何在各个演出演艺场所现有的基础条件下开发文化消费品？

我们从两个方面看。

首先，大众对文化消费品的选择虽然是以个体状态作为背景，但仍会受到外界诸多因素的影响（如宣传媒体或他人意志等），选择的过程通常是盲目的，这就使得文化消费品要有一个从被认知到被接受再到被推广的过程。简单和世俗化的文化消费品是经不住大众追求精神消费的考验，也就是说文化消费品中要能表现一定的文化。

其次，文化消费品它必须满足大众的精神消费需求，这就决定文化消费品至少应有两个特性，一是满足大众精神上的共性需求——休闲；二是满足以个体状态存在的消费者的特性需求——差异。这就是说文化消费品的定位和生产要以大众的消费心理为基础，同时满足大众对文化消费品的消费品位。举例说，为什么世博吉鑫园、福天保地的上座率明显高于天恒歌剧城、新兰花歌剧城呢？除了文化消费品的定位外，他们还抓住了大众的文化消费心理。大众对文化消费不仅仅只是停留在休闲娱乐上，同时也有获取知识的心理。无论是本土的文化消费者，还是外来的文化消费人群，他们不可能参与到少数民族的祭祀、耕种、婚嫁等活动中；更不可能让历史倒退，自己去亲身经历古滇国的覆灭。而这些东西又是被大众认可和接受的，将它们作为文化消费品，不必要原搬少数民族的各种活动，也不必重现古滇国的兴衰，但是同样可以通过表演再现的过程让人体验到一个特有的文明和文化。

演出演艺业的发展又是怎样呢？

演出演艺业的发展要把经济链、文化链和消费链有机地结合起来。形成“系统化”、“自优化”和“差异化”。

系统化，就是要协调统一，形成一个较为完整的理论系统；不能出现与此系统相冲突的逻辑错误。例如，《云南映象》、《丽水金沙》等歌舞晚会在演绎民族文化的时候可以出售一些舞台上出现过的服装和道具（如牛头骨、木鼓、铜鼓）等，作为现代个性家庭的装饰品，但决不能突然出现在大众品位民族文化的时候推销某品牌矿泉水或方便面，诸如此类的错误！

自优化，演出演艺场所不能靠零星的艺人维持和发展，要组建自己固定的表演班子，同时优化结构。因为零星的艺人流动性较大，没有时间提高文化消费品的质量，而自己的演出班子因为他们比其他人更了解自身演出的情况、大众对文化消费品的需求趋向，就可以随时根据消费者需求调整和提高文化消费品的质量。例如：宝洁公司只重用自己培养的经理人；摩托罗拉的职员在辞职三个月内回到公司以前的工龄照算；戴尔有一支专门从一个市场到另一个市场开拓业务的特种部队；所有成功的案例都在证明，只有通过自己对人才的培养，才能成就持续发展。

差异化，作为演出演艺业来说，因为其文化消费品都是在舞台上得到展现，这样也就限制了文化消费品的表现形式，所以只有通过转换文化消费品的经营思路来达到差异化的目的。例如：徐州有一位农民，因为种植桃树获得了很大的经济利益，而村民们纷纷开始种植桃树，由于产桃量大幅度提高，桃价迅速下滑；这时他就改种柳树，用柳枝编制装桃的筐！当种植柳树的人多起来后，他就在家后门砌了一道墙，因为有火车经过，他就用这道墙用来给可口可乐打广告。就这样他的成功就是在这样不停地转变营销思路中一步一步积累起来。一个简单的例子说明只有差异化才能成就竞争的胜者。

所以说“系统化”、“自优化”和“差异化”是演出演艺产业发展的应有思路。

昆明的演出演艺市场的发展空间巨大，我们需要更多地关注这个产业的发展，需要有更多优秀的人才来打造出一批艺术水准较高，市场前景看好的演艺新产品，使得昆明的演艺产品类型更加丰富，演艺市场更繁荣。

6.“农家乐”乡村文化休闲旅游

久居闹市的人都有这样的感受，繁忙的都市生活节奏快、压力大，大家都想利用工作之余和家人朋友一起到大自然里去放松和调整自己疲惫的身体和心灵。以昆明主城区为中心，周围30公里范围内，近几年出现了不同档次的各种农家乐。“农家乐”作为一种新兴的消费方式也进入都市大众文化消费的范围，有其独特的地位。

首先，城市都市化是不可避免的事实，在钢筋混凝土、汽车尾气、噪音包围中生活的人希望有份轻松、安逸、朴实的休闲方式；其次，选择“农家乐”的休闲方式不受年龄的限制，适合全家出行，或者是约上亲朋好友一起去休闲度假；再次；“农家乐”的消费较低，据调查，收费在50元左右的“农家乐”已经可以享受比较好的吃、住和休闲游戏。这些条件都为人们选择“农家乐”作为时尚休闲消费奠定了很好的基础。从1999年到2005年，昆明市周围的“农家乐”由100多家发展到了700多家。

为了更好地让大众了解昆明“农家乐”的消费状况，同时积极的推动昆明周边地区的“农家乐”发展，特别对昆明市周边四个比较集中的“农家乐”旅游区的状况和消费市场进行了调查。

6.1 昆明“农家乐”休闲旅游基本现状和特点

农家乐休闲旅游业的发展是时代发展和社会进步的产物。当前，我国总体上进入了工业化中期阶段，云南省统计局局长李灿光称：2006年云南省国民经济呈现出又快又好的发展势头，全省GDP首次突破四千亿元人民币，人均GDP突破一千美元，城镇居民人均可支配收入突破一万元人民币。这个阶段，昆明城镇老百姓显示出强大的消费能力，消费结构快速升级，休闲旅游成了城市居民一个新的消费需求和一种新的生活方式。

20个世纪90年代是昆明“农家乐”真正开始起步发展的阶段。

1998年年初，昆明市西山区团结乡开始试办“农家乐”旅游。1999年11月，在省、市、区有关部门的大力支持下，树立了15个样板户，团结乡的“农家乐”样板户有了可观的经济效益，带动了全乡“农家乐”的快速发展。此后，昆明郊县的“农家乐”旅游开始正式推出，然后迅速发展并经久不衰。

从昆明市旅游局获悉，2005年西山区农家乐在黄金周期间就接待游客9万人次，实现收入7 789万元，比去年同期分别增长61%和38%。盘龙区农家乐共接待游客1 748万人次，收入47 525万元。富民县农家乐黄金周期间共接待游客245万人次，收入7 489万元。寻甸钟灵山农业生态观光园黄金周期间就共计接待游客213万人次。

“农家乐”的发展也带动了昆明周边农村的发展。

在这次的调查中，可以了解到昆明“农家乐”休闲旅游有五个特点：

（1）丰富假日旅游活动，推动假日经济发展。

（2）有效解决农村剩余劳动力转移，同时带动农民脱贫致富。

（3）优化农村产业结构，改善农村面貌和生活环境，推动昆明周边村镇的发展。

（4）分布相对集中，多为农户自发行为，整体规划程度不高、营销手段单一、硬件升级投入不足。

（5）消费水平偏低，多数“农家乐”旅游内容单一、缺乏文化。

6.2 昆明“农家乐”休闲旅游区的分布情况和经营和消费

昆明市的“农家乐”休闲旅游主要集中在四个大的片区：西山区团结乡生态休闲旅游区，盘龙区松花坝“农家乐”旅游区，盘龙区金殿后山“农家乐”旅游区，富民县文化休闲旅游区。

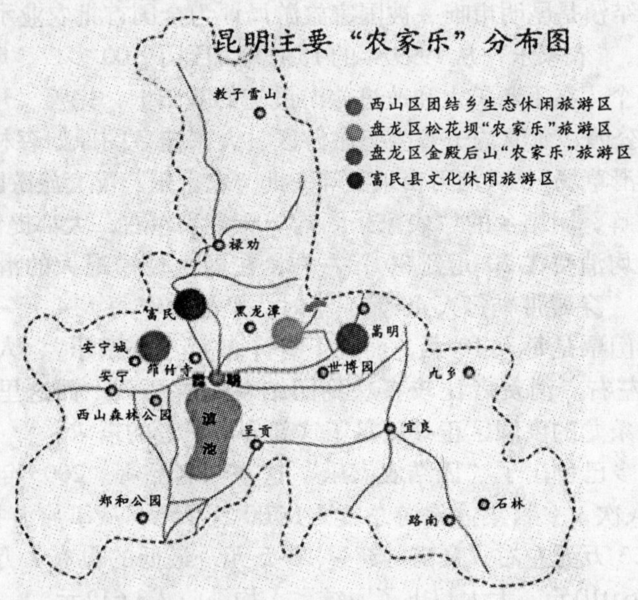

图 1　昆明四大“农家乐”休闲旅游区地理位置分布

根据实地调查，对四个“农家乐”片区的现状进行了一个分析：

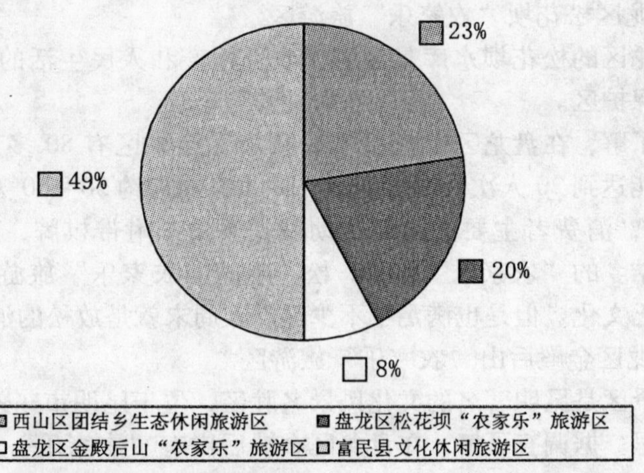

图 2　昆明四大“农家乐”休闲旅游区经营者数量分布

（1）西山区团结乡生态休闲旅游区

西山区团结镇是昆明市唯一被国家旅游局评为全国首批农业示范点的“农家乐”示范点，“农家乐”从1999年的15户增加到了100多户，床位由200个增加到了1 646个，在不断扩大和改进旅游设施的基础上，完善、开发建设了棋盘山国家森林公园、龙潭豹子箐生态旅游区、大兴桂皇阁原始森林旅游区、龙潭小村“欢喜滑草场”、大河万亩果园等一批“农家乐”配套旅游区。

据调查了解，团结乡的“农家乐”有100多家左右，大都提供“一条龙”式的服务，人均消费在20元到80元左右，在国内规模最大的滑草场“欢喜滑草场”滑草，穿履带鞋每人40元一小时，坐滑草车每人4元一次。棋盘山国家森林公园门票是每人10元，而山下有许多家“农家乐”，人均消费也在10元到80元左右。消费者比较喜欢到团结乡旅游两天，而这里已建成的集吃、住、玩一条龙的度假区正好满足了这部分消费者的需求。

现在团结乡已创出了“团结农家乐”这一知名品牌。2005年团结乡接待游客近50万人次，乡村集体旅游总收入1 700多万元；从事旅游接待的农户，户均旅游收入3万元左右，最高的超过10万元，最低的也有1万多元，人均旅游收入达到6 010元，大大超出了团结乡人均纯收入3 612元。

如今团结乡的农业生态旅游市场已基本形成了主要以家庭旅游和周末旅游为主的发展格局，客源已日趋稳定。是四个昆明主要“农家乐”乡村文化休闲旅游区中发展最好的一个

（2）盘龙区松花坝“农家乐”旅游区

昆明盘龙区的松花坝水库是昆明工农业生产和人民生活的重要水源，也是省级自然保护区。

据调查了解，在盘龙区松花坝“农家乐”旅游区有80多户“农家乐”，据估算日均能达到20人次（平日约5～10人，周末约30～60人），人均消费在10～40元，消费者主要的休闲活动就是垂钓，附带棋牌，麻将等娱乐项目，比较团结乡的“农家乐”旅游，松花坝的“农家乐”旅游就显得有些内容单一、缺乏文化。但是也满足了不少都市人周末就是放松的消费心理。

（3）盘龙区金殿后山“农家乐”旅游区

金殿风景区是昆明著名的文化风景名胜区，位于昆明市东郊的鸣凤山麓，距市区8公里。据调查了解，在盘龙区金殿后山有“农家乐”30多户，据估算日均能达到25人次（平日约5～10人，周末约60～100人），人均消费在20～40元左右，到这里“农家乐”主要的消费就是美食。以“锡伯龙农家

乐”为例，到这里消费的人都是为了品尝来自东北锡伯人的美食—烤全羊，这里的人均消费是30元。盘龙区金殿后山“农家乐”存在和松花坝的“农家乐”一样的瓶颈问题，那就是内容单一、缺乏文化。

(4) 富民县文化休闲旅游区

富民县的“农家乐”虽然起步晚，但是凭着规范的管理，深厚的文化，已经慢慢成为档次高、有很好市场前景的“乡村游”旅游区。

调查了解到，富民县的“农家乐”主要打的是文化牌，富民县有源远流长、丰富多彩的苗族文化，小水井苗寨位于富民县的大营镇，是昆明附近最大的苗寨，有昆明“苗族第一村”的称誉，在这里，餐饮人均消费是5~10元，住宿是人均25~50元。

5、6月是富民杨梅成熟的季节，200多家杨梅果园“农家乐”在主要路口树立明显的杨梅分布地图。经过调查了解，在这段时间到杨梅“农家乐”的游客每天可达到10 000人，人均消费在20~50元。在杨梅采摘期间富民县还组织了文艺表演、杨梅品质评比、吃杨梅比赛、杨梅采摘比赛、农家乐厨艺美食烹饪比赛、商品展销及项目成果展示、民族民间服饰和手工艺品展览、集邮展览、乡村旅游发展论坛等活动，这些活动更有利地推动了富民县的“农家乐”文化休闲旅游的发展。

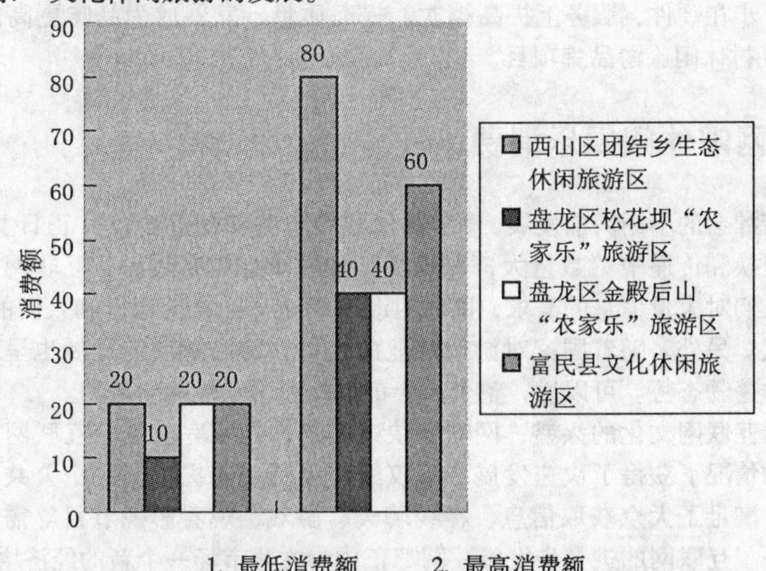

图3 昆明四大“农家乐”休闲旅游区人均消费额比较

6.3 昆明“农家乐”未来的发展

多年来，昆明积极探索发展“农家乐”乡村文化休闲旅游取得了明显成效。乡村文化休闲旅游不仅成为昆明人回归自然、放松身心、感受自然野趣、体验农村生活、进行休闲娱乐的主要方式之一，而且在丰富旅游产品和扩大旅游容量，带动农民脱贫致富和增加收入，推动农业产业结构调整，促进农村经济社会发展等方面都发挥了重要的积极作用。

虽然昆明的“农家乐”取得了很大发展，但是同时，由于一直多为农户自发行为，整体规划程度不高、营销手段单一、硬件升级投入不足等“先天”缺陷，造成了目前传统“农家乐”游客不愿在农家过夜住宿的“留不住人”、因消费项目仅为餐饮一项导致“留不下钱”、因缺乏文化内涵及包装营销而“留不住心”的窘况。

在调查结束后，分析了昆明“农家乐”休闲旅游消费状况，可以看到昆明“农家乐”乡村文化休闲旅游的消费市场还存在着很好的发展空间。同时也看到这些“农家乐”仍需不断加强完善基础设施条件，抓好宣传促销工作，更好的拓展“农家乐”的客源市场，要因地制宜、深挖特色，结合文化，大力发展“农家乐”乡村文化休闲旅游。现在，昆明“农家乐”旅游应不断升级，进一步在硬件、服务上提高档次、提高质量，发展成为品味更高的“农家乐”乡村休闲旅游品牌项目。

7. 网吧休闲娱乐消费

随着社会的不断向前发展，“全球化”带来的“信息爆炸”正日益明显。信息在交换和传递中“数量大，速度快”的要求也越来越高。互联网的出现满足了人们对大量信息的需求，同时也改变了整个社会的运行和人们的生活、工作方式。另外，随着国家对游戏产业的支持，网络游戏的发展也呈现出前所未有的蓬勃态势。可以说，整个社会都被打上了互联网的烙印。

随着互联网文化的兴盛，网吧也快速崛起，在家庭电脑和互联网没有完全普及的情况下获得了快速发展，不仅给广大消费者提供了一个公共文化消费场所，满足了大众获取信息、在线聊天、游戏、观看影视节目等需求，同时也促进了互联网的进一步发展。网吧正成为文化市场一个新的经济增长点。

根据中国互联网络信息中心的调查显示，网络是云南，尤其是昆明公众获取信息、交友、娱乐等精神生活的重要途径。在全省约 241 万网民中，有 1/3 的网民是通过网吧上网的。截至 2006 年 3 月，全省共有合法网吧3 731户，计算机近 20 万台。网吧业在文化部主管的歌舞、文物、音像、艺术品等 11 大文化市场项目中成为最大的亮点。

7.1 昆明网吧的基本状况和分布

就昆明市总体情况而言，根据云南省文化厅提供的相关数据，截至 2005 年底，昆明市（包括五华、盘龙、西山、官渡四区）共有合法注册、取得营业执照的网吧 552 家，其中五华区 199 家，盘龙区 146 家，西山区 103 家，官渡区 146 家。(图)

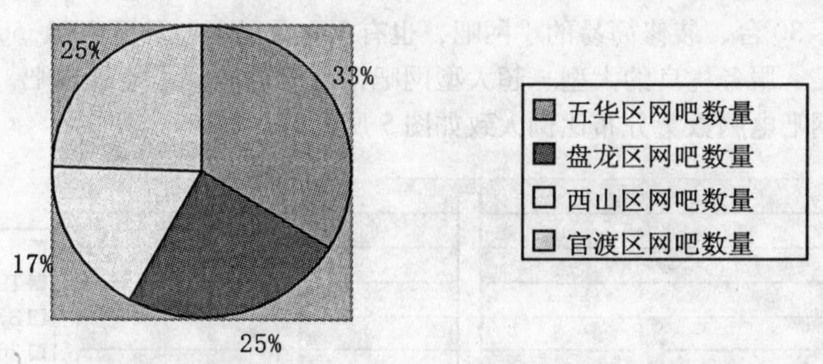

图 4 昆明网吧的基本分布

就空间分布来看，这些网吧遍布整个昆明城区，大街小巷随处可见。如果要划定分布区域，那么昆明市的网吧最主要集中在学校周边，尤其是高校聚集区、区民小区，其次是各类娱乐场所聚集区等。在高校聚集区中，尤其以一二一大街为中心方圆两公里范围内最为明显。这里汇集了云南大学、云南师范大学、昆明理工大学、云南民族大学、云南广播电视大学等多所高等学校以及云大附中、师大附二中等其他中小学，是网吧分布最为密集的区域。这个区域内的网吧数量约在 80 家左右，占全市网吧数量的 15%。该区域内网吧规模各不统一，既有 20 台左右的小型网吧，也有电脑数量为 600 台的大型网吧。高校聚集区的另一显著代表是以龙泉路为中心的区域。这里有云南财经大学、云南师范大学世博学院等几所高校，加之周边围绕着云南大学、师范大学、财经大学的居民小区，网吧在这里也是“遍地开花”，其中规模在300台以上的就达10家之多。其他学校如黄土坡的云南艺术学院，人民西路的昆明医学院等周围也分布着为数不少的网吧。

除了学校聚集区，居民小区和娱乐场所也是网吧分布比较集中的地区。最典型的当属新迎片区和北市区金星片区。新迎小区是昆明开发较早的社区昆明理工大学的昆明广播电视大学的校园将其包围，是网吧聚集区。另外，以北市区的金星小区为中心，这个区域内汇集了学校、医院、多家娱乐城和水疗会所，在万宏路和白云路乃至白龙路上都聚集了很多网吧。而且这个区域内的网吧规模大、装修好，属于比较上档次的类型，仅白龙路上就有四家规模在300台以上的大型网吧，万宏路上也有两家。

就网吧规模来看，昆明市内的网吧大小不一，而且装饰装饰也参差不齐。既有20~30台、装修简易的小网吧，也有300台以上，乃至400、500台并且装修精美、服务优良的大型、超大型网吧，甚至还出现了连锁网吧。据统计，昆明的网吧电脑数量分布比例大致如图5所示。

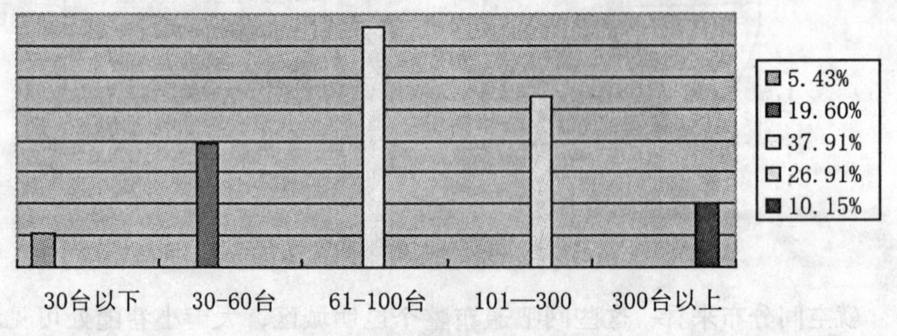

图5 昆明网吧电脑数量比例

特别值得一提的是电脑数量在300台以上的网吧，五华区31家、盘龙区10家、西山区9家、官渡区6家、分别占各区网吧总数的16%、7%、9%和5%。由此可见，昆明规模在300台以上的大型网吧主要分布在五华区内，其中又以龙泉路（10家）、东风西路（4家）、一二一大街周边（6家）最为集中。

7.2 昆明网吧的基本消费状况

到网吧上网的消费者有着较为明显的层次区分。相应的，网吧针对不同的目标群体，在其店面装饰、电脑配置上也有所区分，同时，网吧的上座率也有一定的差别。集中在高校聚集区的网吧，其目标群体以在校学生为主，平均年龄为 18 ~25 岁。这类网吧规模有大有小，装修有精有粗，平均规模在 60 ~80 台之间。电脑配置良好，可以满足在校生网页浏览、资料收集、收发邮件、在线聊天、视频影视和网络游戏的需求。这类网吧通常周一到周五上午上座率较低，平均在 25% 左右；中午 12 点后人数开始增加，上座率可达到 60% ~70% 并可以一直保持整个下午；晚上 7 点后迎来上座率高峰，维持在 90% ~100% 之间。而周六和周日全天的上座率均可维持在 80% ~90% 之间。坐落于繁华地段和社区周边的网吧，其目标群体主要为上班的白领和打工一族。这些网吧多半装修精美、氛围舒适、服务周到，机器配置相对较好。与分布在高校周边的网吧比起来，其白天的上座率不是很高，但晚上 7 点以后，可以达到 85% 以上甚至 100%。

根据调查，昆明网吧每小时的平均收费为 1 ~5 元，其中以 1.5 ~2 元/小时最为常见。有些网吧实行分时段收费标准制度，上午平均 1 元/小时，下午平均 2 元/小时，晚上平均 2 ~2.5 元/小时。有些网吧还实行会员制度。一次性交纳一定金额的上网费用便可成为会员，会员可以获得比非会员便宜 0.5 ~1 元/小时的优惠额度。3 ~5 元/小时的收费标准则多见于档次高、规模大、环境好的大型网吧。

上网的目的大致可以分为如下几种：收发邮件、浏览新闻、搜索资料、在线聊天、网络游戏、BBC 论坛、网络购物、在线收看影视节目等。网络游戏是最受网民欢迎的项目，约有 60% ~70% 的上网用户都在玩游戏，其中又以“魔兽”、“传奇”、“CS”、“泡泡堂”、“大唐”等最受网民喜爱。绝大多数网吧内部没有进行区域划分，用户进入网吧后可随意入座，“左边游戏右边电影”的场景随处可见，秩序凌乱；同时，绝大多数网吧不提供上网以外的任何附加服务，收入单一化。近来，在新开张的大型高档网吧中，经营者开始对内部区域进行人为划分，基本上划分成普通上网区、游戏区、视频和影视区、VIP 包房等，使得网吧内部秩序井然；同时，部分网吧已经开始增设餐饮、视频电话、远程教育等其他服务内容，收入呈多元化方向发展。

7.3 昆明网吧的未来发展

随着昆明网吧业的不断发展，新近又出现了几种新型网吧。从某网站的调查报道获知，昆明的“世纪网城”是目前全国最大的全酷睿品牌的电脑网吧。该网吧占地3 400平方米，500 台电脑全部采用长城电脑的全线产品，统一配备高配酷睿电脑。网吧分为 VIP 区、情侣区、大众区，并设有火锅店和超市，有效满足了用户的需求；同时网吧还自发成立了游戏战队，对聚集人气和提升网吧知名度都起到了积极的推动作用。与此同时，连锁网把也开始在昆明崭露头角，最具代表性的是获得牌照的“今朝网络”、“云南电信”和“中陆时空”、“互联星空”等全国性网吧。这种类型的网吧统一品牌、统一形象、统一服务标准，将会改变以往网吧留给人们的负面印象，同时以其优质的服务吸引大量用户，从而获得发展。另外，昆明市五华区文化局目前正在创办云南第一个绿色网吧。该网吧位于五华区图书馆一楼，占地 160 平方米，约 60 台机器设备全部由五华区内 70 余家网吧友情赞助。绿色网吧旨在为青少年提供正确的上网路经，提供相关的图书资料和教育信息，从而构建一个面向青少年的丰富的文化娱乐渠道。

8. 艺术主题社区休闲消费

随着经济的快速发展，文化艺术和大众的结合越来越紧密，艺术衍生出了一系列和经济有关系的活动，大众在满足了物质需求的同时，更加迫切的需要满足精神需求。这个时候艺术画廊和艺术主题社区的消费群开始出现，越来越多的人加入到了这个领域的消费中。更多的普通人正在向这个艺术消费的领域靠近，为了让大众消费者更好的了解这个新的消费群和更好地推动这个新兴产业的发展，特别针对昆明的两个艺术主题社区的概况进行了调查。

8.1 创库—艺术主题社区

说到昆明艺术家的聚集地，首先想到的应该是昆明创库艺术主题社区。昆明市西坝路 101 号，在数千平方米的空间内，艺术家、广告人、策展人、商人、工人、艺术爱好者、学生等混杂其间。除了 30 多位艺术家的工作室外，还汇集了画廊、酒吧、茶室、餐厅、书店、羽毛球运动馆、艺术传播公司等。传统艺术与当代艺术、本土文化与外来文化、简洁的创作空间与轻松时尚的消费空间汇聚在一起，共生共存，创库艺术主题社区形成了昆明最富特色和活力的年轻和艺术消费社区，同时也引起昆明文化界，媒体甚至国外艺术团体，企业界的广泛关注。

经过调查了解，来创库消费的消费者主要集中在画廊中的酒吧、茶室、餐厅、羽毛球运动馆。创库里有画廊、酒吧、茶室 5 家，艺术中心 1 个，艺术剧场 1 个，餐厅 2 家，羽毛球运动馆 1 家，人均消费在 8 ~ 100 元。调查抽样了五家比较有特色的作为主要调查对象。

(1) 井品画廊

井品画廊里有很多艺术家的工作室，在这些工作室下面是酒吧，装修的风格很有艺术气息，消费者可以喝啤酒，吃自助餐，和朋友聊天，人均消费 20 ~ 100 元。井品画廊还附设有井品文化传播有限公司，公司经营的项目有：画廊艺术品展售、图书音像产品企划、组织文化交流活动和展览展示活动。画廊还会不定期的开设画展，进行一些艺术性很强的主题沙龙聚会。

(2) TCG 诺地卡

TCG 诺地卡是一所国际艺术画廊及文化中心，它是由中国优秀的企业家吴月蓉女士和瑞典文化工作者 Anna Mellergard 于 2000 年 4 月份创建，这个画廊拥有 7 米高超过 500 平方米的空间。着重展示中国和北欧并国际的当代艺术，在 TCG 诺地卡的表演舞台上，每段时间都会呈现一些音乐、舞蹈、戏剧、诗歌和电影等方面的独特而高质量的演出。TCG 诺地卡的咖啡角是一个舒适与朋友和家人聚会、谈古论今的好去处。消费者可以快乐地选择世界各地的风味咖啡和甜点，人均消费 10 ~ 40 元。同时，TCG 诺地卡的文化教育中心开设了一些文化和艺术的短期和长期的课程，现在 TCG 诺地卡以较快的发展速度成为昆明一流的画廊和东西方文化交流的场所。

(3) “源生坊”艺术工作室

“源生坊”艺术剧场是个面积不大的现代实验剧场，里面有不定期的表演艺术的实验演出，还有云南最原始的原生态表演，票价在 20 到 50 元，学生还有特别优惠。

(4) 老别墅餐厅

很优雅的老房子，有很浓的艺术氛围。这座地地道道的昆明老房子里既经营有中餐厅、咖啡吧，也有画廊、书吧，创库内独有的艺术细胞在这座古老的庭院里任意滋生，人均消费 20 到 100 元。

(5) 蓝色阳光酒吧

酒吧的装修就像酒吧的名字一样，充满阳光。来这里的很多也是热爱艺术的消费者，看看画，聊聊艺术，时间就在昆明懒懒的蓝色阳光中慢慢流走，人均消费是 8 到 30 元。

8.2 昆明翰荣轩文化艺术博物馆

昆明翰荣轩文化艺术博物馆，之前是国内最大的私立博物馆，也是云南省内最大的民间珍宝馆。这里原来是集文物收藏展示、艺术创作交易、文化休闲与旅游、科学研究与交流、人才发掘与培训为一体的多功能文化艺术中心。馆内有五个展厅，分别为云南历代名人书画厅、云南青花瓷器厅、云南少数民族服饰厅、百龙奇石厅、云南建水紫砂陶展厅。曾经馆内还附设有宾馆、餐厅、商店，为国内外旅游者提供配套服务，还有画廊、书斋、为艺术界提供写生绘画、观光、采风的好环境。

在调查的过程中，我们了解到在2002年翰荣轩文化艺术博物馆由于管理不善，现在已经易主，成为一个韩国语的私立学校，很多博物馆收藏的艺术品已经拍卖。

8.3 艺术画廊和艺术主题社区未来发展

据调查访问，我们了解到来创库消费的人，看画的比买画的要多，周末的消费者要比平时多，主要集中在酒水、茶、小零食的消费上，而不是艺术品，创库的酒吧和餐厅人均消费从8元到100元不等。整个创库艺术主题社区呈现一片繁荣的景象。

而另一个昆明的文化艺术社区——昆明翰荣轩，面对的就是另一种情况。从这里我们可以看到昆明的消费者对艺术品的消费意识还没有完全的成熟，有一定盲目和跟风的影响在里面，所以经不住时间的考验。同时，加上本身管理者对市场的调研不够，对消费者的消费心理了解不够，导致了经营决策上的失误，最终使这个国内最大的私立博物馆，也是云南省内最大的民间珍宝馆遭遇倒闭的命运。

但是艺术画廊和艺术主题社区的发展空间是巨大，在中国随着经济的发展，对艺术品消费的需求会越来越大，消费者需要更多的文化艺术的交流来满足日益剧增的精神需求。同时，昆明作为东南亚和中国的文化艺术交流的一个窗口，昆明的艺术画廊和艺术主题社区是更好地向国际社会展示中国现代艺术的机会，也是对外交流的一个平台，可以更好地推动艺术消费市场发展。

9. 花卉产业

云南具有发展花卉的资源优势，已得到国内外专家和花卉种植者的一致认可。这一优势主要体现在两个方面，一是云南具有得天独厚的气候条件，世界上所有大宗商品花卉在云南都能找到适宜的生长地，且大多数品种都能实现周年、均衡、规模化生产；二是云南素有“植物王国”之称，花卉自然资源极为丰富，开发利用潜力巨大，有望培育出适应国内外市场的优质品种。

“九五”时期，云南省把生物资源开发工程列为全省着力培植的四大支持产业之一，花卉作为生物资源开发工程的重点项目，在政府的高度重视和支持下，在4~5年的时间内迅速由农民自发种植和少数外资企业涉足的起步阶段发展成为全国第一大鲜切花生产省。从1994年至今，云南省鲜切花发展速度一直保持全国第一，鲜切花种植面积从1991年的240亩增加到1997年的15 000亩。花卉生产企业从1995年的79户增加到1997年的250户，从业花农达10 000多户。鲜切花产量从1994年的2.1亿枝增加到1997年的5亿多枝。1997年全省花卉总产值2.42亿元，比上年增长30%。花卉已经成为云南省的一个优势产业。

在花卉总产量迅速增加的同时，产业组织结构和花卉产品的类别、品种布局结构日趋合理。“公司+基地+农户”的产业化格局初步形成，大众化的农户种植与高科技、高档次的企业育苗、栽培共同发展，相得益彰。以温带切花为主体、热带兰花、观叶植物、球根类花卉等几大类别、多品种共同发展的格局基本形成，产品结构和市场需求日趋协调。

从2005年开始，对荷兰、英国、澳大利亚、俄罗斯等世界高端花卉市场的出口分别增长了126%、192%、197%、171%。除传统鲜切花外，花卉出口品种呈现多元化，切叶、种苗、种球走向了海外市场，其中，种苗、种球出口货值分别上升了20%和119%。

据云南省花卉产业联合会统计，2006年上半年云花价格与2005年同期相比有较大幅度上涨：其中玫瑰上升29.7%，百合上升17.5%，康乃馨上升56.25%，勿忘我上升16.4%，满天星上升76.5%，这些主打的大宗花卉价格平均上涨40%。

云南花卉产业利润空间大幅拉升。随着市场流通渠道的拓宽与产品优势的加强，预计云南花卉业将保持较高的利润空间。但与云南花卉市场巨大发展空间形成鲜明对比的是，云南省内，特别是昆明本地人群的鲜花消费水平却一直处于较低状态，这与云南鲜花大省的形象极不符合。昆明市民目前对鲜花的需求和消费具有明显的针对性和季节性特点，即往往在探望病人、走亲访友和过年过节时才会购买鲜花，而将鲜花作为日常家居装饰的主要对象还远远没有成为昆明人的生活习惯。从这一点上看，鲜花消费市场在云南，尤其是昆明本地还存在着巨大的发展空间。在促进花卉产业不断发展的同时，如何进一步打开本地消费市场，扩大消费范围也是有待研究的问题。

（执笔：李　炎　王　莹　毕　任　王庆馨）

※ 感谢参与课题调研的云南大学文化产业研究院研究生白云　刘从水　何兰　潘春梅　姜虹　李德建　程浩然　袁晓娟同学。